Salve!

SECOND EDITION

Carla Larese Riga

Santa Clara University

HEINLE
CENGAGE Learning

Australia • Brazil • Japan • Korea • Mexico • Singapore • Spain • United Kingdom • United States

Salve!: Second Edition
Carla Larese Riga

Editor-in-Chief: PJ Boardman

Publisher: Beth Kramer

Executive Editor: Lara Semones

Development Editor: Christine Cervoni,
  Camelot Editorial Services

Assistant Editor: Patrick Brand

Editorial Assistant: Laura Kramer

Associate Media Editor: Katie Latour

Senior Media Editor: Morgen Murphy

Marketing Director: Lindsey Richardson

Marketing Coordinator: Janine Enos

Marketing Communications Manager:
  Glenn McGibbon

Content Project Manager: Tiffany Kayes

Art Director: Linda Jurras

Print Buyer: Susan Spencer

Senior Rights Acquisition Specialist, Image:
  Jennifer Meyer Dare

Senior Rights Acquisition Specialist,
  Text: Katie Huha

Production Service: PreMediaGlobal

Text Designer: Roy Neuhaus

Cover Designer: Leonard Massiglia

Cover Image: Francesca Benevento

Compositor: PreMediaGlobal

For product information and technology assistance, contact us at
Cengage Learning Customer & Sales Support, 1-800-354-9706
For permission to use material from this text or product,
submit all requests online at **www.cengage.com/permissions**
Further permissions questions can be emailed to
permissionrequest@cengage.com

Library of Congress Control Number: 2010937525

ISBN-13: 978-0-495-90777-0

ISBN-10: 0-495-90777-4

Annotated Instructor's Edition:

ISBN-13: 978-0-495-91469-3

ISBN-10: 0-495-91469-X

Heinle
20 Channel Center Street
Boston, MA 02210
USA

Cengage Learning is a leading provider of customized learning solutions with office locations around the globe, including Singapore, the United Kingdom, Australia, Mexico, Brazil, and Japan. Locate your local office at **www.cengage.com/global**

Cengage Learning products are represented in Canada by Nelson Education, Ltd.

To learn more about Heinle, visit **www.cengage.com/heinle**

Purchase any of our products at your local college store or at our preferred online store **www.cengagebrain.com**

Instructors: Please visit **login.cengage.com** and log in to access instructor-specific resources.

Printed in the United States of America
2 3 4 5 6 7 15 14 13 12 11

To the Student

Salve! introduces you to Italian life and culture as you gain the skills to understand and express yourself in Italian. Through this many-faceted program, you will encounter both the vibrant life of modern Italy and Italy's rich cultural heritage. As you are learning to express yourself in Italian, you will have opportunities to talk about your college experiences, family, friends, tastes, leisure activities, and the past as well as your plans for the future. You will be encouraged to compare your life and experiences with those of your Italian counterparts. You will also discover the Italian regions, their distinctive characteristics and their beauty. The material in *Salve!* is organized and presented in ways that make it easy and fun to learn Italian: it uses a "building-block method," approaching the structures of the language inductively through easy-to-understand dialogue and narrative, by recycling essential vocabulary throughout each chapter, and by creating activities that invite you to express yourselves freely in interesting real-life contexts. This stepped, yet streamlined approach allows you to assimilate the vocabulary and grammatical structures gradually, starting with practical and controlled situations and moving to more open ones that encourage you to express yourself and share your ideas. You will therefore be able to express yourself in Italian with confidence from the very start, yet feel comfortable as you master new concepts.

Chapter Organization

The core of *Salve!* consists of 14 chapters. They are preceded by a preliminary chapter, **Capitolo preliminare,** which deals with Italian pronunciation and cognates, and by a short introductory chapter, **Primo incontro,** which focuses on common everyday expressions and useful classroom vocabulary.

To work effectively with *Salve!* take a few minutes to learn about the easy-to-follow chapter structure.

Parole da ricordare

The *Parole da ricordare* section contains all the new words and expressions that will appear in the grammar and reading sections of the chapter, introducing them in a thematically coherent manner.

Informazioni and *Le regioni d'Italia*

In addition to the cultural information presented in these segments, each chapter has a new feature, which offers a brief introduction to the regions of Italy, chapter by chapter, from north to south. In addition, this section is linked to the website, where you can go on a virtual tour of the region and explore a particular region's economy, cuisine, and distinctiveness.

Note culturali

The *Note culturali* (two for each chapter) are designed to expand the cultural information that you will find linked to a website. They add depth to the material by encouraging you to go online and research the subject further on your own, if you so desire. The *Note culturali* are also useful for class discussion, exchange of opinions, and cross-cultural comparison.

La grammatica

Grammar concepts are presented in *La grammatica*. Each point is visually captured with a cartoon, photo, or piece of realia related to the new linguistic concept, and the explanations are clear and concise. These sections also provide you with many examples to show you how the language works. The exercises and activities follow in the *Pratica* section and offer different types of skills-building exercises and a wide variety of opportunities for you to practice your Italian while focusing on the new grammar and vocabulary. In order to learn key elements of grammar and also become familiar with patterns of Italian speech, several exercises are constructed in dialogue form. This will help you create your own sentences by imitating the dialogue's pattern. These exercises often convey cultural content.

Per finire

Each chapter's major themes and content are recombined in the *Per finire* reading, a more advanced narrative or dialogue that is audio-recorded and available in mp3 format. This section is accompanied by comprehension and personal questions that ask you to use your imagination and talk about your own opinions, experiences, and feelings. The readings are imbued with cultural content, to convey several aspects of contemporary Italian society.

Ascoltiamo!

This section, the second audio segment, provides an opportunity for you to develop your listening abilities without relying on a text.

Adesso scriviamo!

This section allows you to draw together and interactively use what you have learned throughout the chapter. *Adesso scriviamo!* specifically develops writing skills within a realistic context. A process approach guides you through the completion of an authentic writing task that is personally meaningful.

Parliamo insieme!

This activity provides open-ended and interactive opportunities—role-plays, interviews, discussion topics—that are often based on real documents such as advertisements, brochures, maps, or photos.

Attualità

This reading section, based on authentic texts, provides you with the opportunity to explore aspects of the chapter's thematic and cultural content in greater depth. These include a pre-reading section, which teaches a relevant reading strategy and provides cultural notes and extensive follow-up opportunities for discussion with a cross-cultural emphasis. The pedagogical aim is to assist you in grasping the general idea without relying excessively on dictionaries or word-for-word translations. In the second edition, many *Attualità* have been updated to include new material and to present today's Italian culture, society, and economy from a variety of prospectives. For example, *Attualità* explores the economic crisis, the challenges of recent immigration, and the difficulties new university graduates have finding work.

Video segments

New video segments have been added to 6 of the 14 chapters so that every chapter has a video section. The new segments are designed to explore in greater depth key cultural or social themes introduced in the chapters, e.g. university life, the home, work, and art and theater. In addition, the exercises following the video are tightly integrated with the chapter's grammar and vocabulary, and followed by a **Partecipazione** section that gives you the opportunity to discuss the topic of the video and relate what you see and hear to your own experiences. These new segments have been filmed in Italy and complement the award-winning segments from the first edition.

Vocabolario

The vocabulary lists at the end of the chapter contain all the new words and expressions not already presented in *Parole da ricordare* that appear elsewhere in the chapter's grammar sections or readings.

Acknowledgments

I would like to thank Beth Kramer, Publisher, and Lara Semones, Executive Editor, for the opportunity to work with Heinle and for her dedication to the success of this project. *Salve!* could not have been possible without the contribution of many people. First, I owe a great debt of gratitude to Esther Marshall for her contribution on the first edition, and to Tiffany Kayes for skillfully and generously guiding this project from start to finish. I am also greatly indebted to Liliana Riga for her invaluable assistance in assembling *Salve!* Their efforts are reflected in every chapter of the book. I would also like to thank the many people at Heinle who have contributed to this project. Many thanks to the marketing effort of Lindsey Richardson and Glenn McGibbon, the technology input of Katie Latour, and to Patrick Brand for his work on the development of the ancillary materials. My special thanks to the freelancers who have contributed their skills and expertise, and in particular Daniela Bartalesi-Graf for her work as the native reader and copy editor, and to Christine Cervoni for her many contributions to the development of this edition. Much appreciation is also owed to James Kennedy for research assistance and to Roberta Riga and Scott Rezendes for support and encouragement throughout. I also wish to thank Professor Victor Vari for his professional guidance. Thanks are also due to Francesca Benevento, who provided the cover image for this edition. Francesca Benevento is a freelance visual designer living in California. Her mother was born in Italy and Francesca often makes visits to her family in Italy. The photo of the two gondolas was taken on a small bridge near the Palazzo San Marco in Venice.

Finally, Heinle and I extend our thanks to the following reviewers whose constructive comments have helped to shape this edition of *Salve!*

John Ahern, *Vassar College*

Peter Arnds, *Kansas State University*

Teresa Brentegani, *Southern Methodist University*

James Cascaito, *Fashion Institute of Technology*

Mariastella Cocchiara, *Melrose High School*

Gail Cooper, *Francis T. Maloney High School*

Rita D'Amico, *Pasadena Community College*

Maria Devine, *Stanford University*

Patricia Di Silvio, *Tufts University*

Pettener Emanuele, *Florida Atlantic University*

Chiara Frenquellucci, *Harvard University*

Fred Iucci, *Monroe-Woodbury High School*

Stephanie Laggini Fiore, *Temple University*

Rosemaria LaValva, *SUNY Binghamton*

Susanna Lavorgna-Lye, *Trumbull High School*

Christopher Leoni, *Oregon State University*

Maria Mann, *Nassau Community College*

Rosella Marino, *Boston University*

Denise Martha, *Lyman Hall High School*

Francesca Mignosa, *Ohio University*

Patricia Miller, *California State University, Northridge*

Caterina Mongiat Farina, *Harvard University*

Frida Morelli, *George Mason University*

Teresa Murano, *St. John Fisher College*

Alexander Murzaku, *College of Saint Elizabeth*

Nuria Novella, *Middle Tennessee State University*

Augustus Pallotta, *Syracuse University*

Lucille Pallotta, *Onondaga Community College*

Samuel Pessah, *Riverside Community College*

Maria Procopio-Demas, *Newton North High School*

Dorothy Raviele, *Bristol Central High School*

Federica Santini, *Kennesaw State University*

Paola Servino, *Brandeis University*

Maria Stampino, *University of Miami*

Joseph Tarzia, *Westhill High School*

Nicoletta Tinozzi Mehrmand, *University of California, Riverside*

Santina Ventimiglia Fortunato, *Providence College*

Brunella Windsor, *California State University, Chico*

K. E. Bättig von Wittelsbach, *Cornell University*

Sandra Waters, *Texas Christian University*

Ancillary Contributors

Sandra Waters, *Texas Christian University*, creation of the new testing program

Veruska Cantelli, revision of the existing testing program

Giuseppe Tassone, *University of Washington*, revision of companion website quizzes

Giorgio Spanò, *City College of San Francisco*, creation of companion website cultural activities

Christopher Leoni, *Oregon State University*, creation of sample syllabi

Ilaria Serra, *Florida Atlantic University*, revision of diagnostic tests

Jacqueline Tabor, creation of transition guide

Antonella Giglio, copy editor and native reader

Brief Contents

Contents

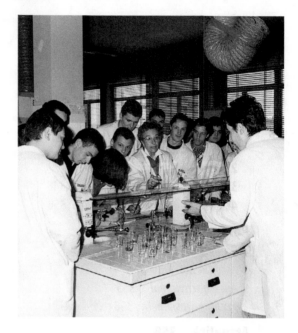

Appendices

Capitolo preliminare

La pronuncia italiana
Vocali
Dittonghi
Consonanti
Consonanti doppie
Sillabazione
Accento tonico
Intonazione

Parole affini per origine
Nouns
Adjectives
Verbs

Courtesy of the author; photo by Liliana Riga

Roma – Castel Sant'Angelo; sullo sfondo la Basilica di San Pietro

Risorse: iLrn

Internet   audio   video   ilrn.heinle.com

La pronuncia italiana   CD1, Track 2 🔊

There are 21 letters in the Italian alphabet. The written forms and names are:

a	**a**	g	**gi**	o	**o**	u	**u**
b	**bi**	h	**acca**	p	**pi**	v	**vu** (*or* **vi**)
c	**ci**	i	**i**	q	**qu**	z	**zeta**
d	**di**	l	**elle**	r	**erre**		
e	**e**	m	**emme**	s	**esse**		
f	**effe**	n	**enne**	t	**ti**		

Five additional letters appear in words of foreign origin:

j	**i lunga**	w	**doppia vu**	y	**ipsilon** (*or* **i greca**)
k	**cappa**	x	**ics**		

The following sections deal primarily with spelling–sound correspondences in Italian and their English equivalents. Listen carefully to your instructor, and then repeat the examples. Practice the pronunciation exercises recorded on the CD that correspond to the **Capitolo preliminare**; they have been devised to help you acquire good pronunciation. In describing Italian sounds, we will make use of the international phonetic symbols (shown between slash marks). You will notice that pronunciation in Italian corresponds very closely to spelling. This is particularly true of vowel sounds.

1 Vocali (*Vowels*)   CD1, Track 3 🔊

The five basic vowel sounds in Italian correspond to the five letters **a, e, i, o, u.** The pronunciation of **e** and **o** may vary slightly (closed or open sound).* Unlike English vowels, each Italian vowel represents only one sound. Vowels are never slurred or glided; when pronouncing them, the lips, jaw, and tongue must be kept in the same tense position to avoid offglide.

The vowels will be presented according to their point of articulation, **i** being the first of the front vowels and **u** the last of the back vowels, as illustrated in the following diagram:

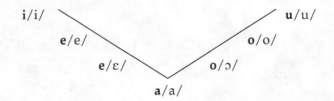

i	/i/	is like *i* in *marine*.	i vini di Rịmini
e	/e/	is like *a* (without glide) in *late*.	se Ebe vede te
e	/ɛ/	is like *e* in *let*.	ecco sette fratelli
a	/a/	is like *a* in *father*.	la mia cara mamma
o	/ɔ/	is like *o* in *soft*.	oggi no
o	/o/	is like *o* in *oh*.	nome e cognome
u	/u/	is like *u* in *rule*.	una mụsica pura

*Closed and open pronunciation of **e** and **o** are illustrated by the following words: **e** (*and*), **è** (*is*); **o** (*or*), **ho** (*I have*). The pronunciation of these two vowels often varies regionally.

2 Dittonghi (*Diphthongs*)   CD1, Track 4 ◀))

When **i** and **u** are unstressed and precede or follow another vowel, they form with this vowel a diphthong and acquire the semivowel sounds /j/ and /w/.

i   /j/   is like *y* in *yet*.   più piano   lei e lui
u   /w/   is like the *w* in *wet*.   un uomo buono

When two semivowels combine with a vowel, they form a triphthong (**miei, tuoi, guai**).

The vowels that form a diphthong or a triphthong are pronounced with just one emission of voice and correspond to just one syllable.

3 Consonanti (*Consonants*)   CD1, Track 5 ◀))

Many single consonants are pronounced in Italian as they are in English. The sounds of the consonants **b, f, m, n,** and **v** present no difference in the two languages. Several consonant sounds, however, need special attention because of the manner in which they are pronounced or the way they are spelled. In general, Italian consonants are clear-cut and without aspiration.

h is always silent:

ha   hanno   ahi!   oh!   hotel

d /d/ and **t** /t/ are similar to English but more dentalized:

due   denti   vado   grande   modo
tre   Tivoli   alto   tempo   molto

p /p/ is as in English but less plosive:

papà   Padova   dopo   piano   parola

q /kw/ is always followed by the letter **u** and is pronounced like *qu* in *quest*:

qui   quando   Pasqua   quale   quaderno

l /l/ is produced more forward in the mouth than in English:

la   lira   lei   libro   lingua

r /r/ is trilled. It is pronounced by pointing the tip of the tongue toward the gum of the upper front teeth:

Roma   caro   treno   amore   vero

s /z/ is pronounced as in *rose* when it is between vowels or when it begins a word in combination with the voiced consonants **b, d, g, l, m, n, r,** and **v:**

rosa   paese   esame   snob   sviluppo

s is voiceless /s/ as in *sell* in all other cases:

sto   studio   destino   rosso   sera

z is sometimes voiced /dz/ as in *beds*, sometimes voiceless /ts/ as in *bets:*

/dz/		/ts/	
zero	romanzo	marzo	Venezia
zeta	mezzo	pizza	grazie

c and **g** before **i** or **e** are soft /č/, /ǧ/ as in *chill* and *gentle:*

cento	baci	ciao	Cesare	cinema
gesto	gentile	giorno	viaggio	pagina

c and **g** in all other cases are hard /k/, /g/ as in *call* and *go:*

poco	caffè	caro	amico	cura	classe	scrivere
pago	guida	lungo	guerra	gusto	grosso	dogma

ch and **gh** (found only before **e** or **i**) are also hard /k/, /g/:

che	chi	pochi	perché	cuochi
aghi	righe	laghi	ghetto	paghiamo

gli /ʎ/ sounds approximately like *lli* in *million:*

gli	foglio	figlio	famiglia	voglio

gn /ɲ/ sounds approximately like *ni* in *onion:*

ogni	signora	lavagna	cognome	insegnare

sc before **i** or **e** has a soft sound /š/ as in *shell:*

sciare	pesce	scienza	scena	scemo

sch before **i** or **e** sounds hard /sk/ as in *skill:*

schiavo	schema	dischi	mosche	maschio

4 Consonanti doppie (*Double Consonants*)

Double consonants are a characteristic of Italian. The sound of a double consonant is longer than the sound of a single consonant. To pronounce it correctly, it is necessary to shorten the sound of the preceding vowel and hold the sound of the double consonant twice as long. (A similar phenomenon may also be observed in English when pronouncing pairs of words, such as *miss school; met Tim*.) The reverse happens when pronouncing a single consonant. In this case, one should keep the sound of the preceding vowel longer, especially if the vowel is stressed. Compare:

sono / sonno	sera / serra
casa / cassa	sano / sanno
rosa / rossa	camino / cammino
speso / spesso	lego / leggo

5 Sillabazione (*Syllabication*)   CD1, Track 6 🔊

Phonetically, the tendency in Italian is, whenever possible, to begin the syllable with a consonant sound and to end it with a vowel sound. Grammatically, the separation of a word into syllables follows these rules:

a. A single consonant between two vowels belongs with the following vowel or diphthong:

a-ma-re	no-me	i-ta-lia-no	be-ne	le-zio-ne

b. Double consonants are always divided:

bel-lo	mez-zo	sil-la-ba	mam-ma	ra-gaz-za

c. A combination of two different consonants belongs with the following vowel, unless the first consonant is **l, m, n,** or **r.** In this case, the two consonants are divided:

pre-sto	so-pra	si-gno-ra	ba-sta	li-bro
but: pron-to	gior-no	El-vi-ra	par-to	dor-mi	lam-po

d. In a combination of three consonants, the first belongs with the preceding syllable, but **s** always belongs with the following syllable:

al-tro	sem-pre	en-tra-re	im-pres-sio-ne	in-gle-se
but: fi-ne-stra	gio-stra	e-spres-so		

e. Unstressed **i** and **u** are not divided from the vowel they combine with:

uo-mo	**pia**-no	**pie**-de	**Gio**-van-ni	**Eu**-ro-pa
but: **mi**-o	**zi**-i	po-e-**si**-a	pa-**u**-ra	far-ma-**ci**-a

6 Accento tonico (*Stress*) CD1, Track 7 🔊

The great majority of Italian words are stressed on the next-to-the-last syllable:

signora   bambino   ragazzo   cantare   venire

Several words are stressed on the last syllable; these words have a written accent on the last vowel. The accent mark can be grave (`) or acute (´). Most words have the grave accent. A few words take the acute accent; the list that follows includes the most common:

perché	*why; because*
affinché	*so that*
né... né	*neither . . . nor*
macché	*no way*
benché	*although*
purché	*provided that*

A few monosyllabic words carry an accent mark to distinguish two words that are spelled the same but have different meanings:

e *(and)* vs. **è** *(is)*	**da** *(from)* vs. **dà** *(gives)*	**te** *(you)* vs. **tè** *(tea)*
si *(oneself)* vs. **sì** *(yes)*	**se** *(if)* vs. **sé** *(self)*	**la** *(the)* vs. **là** *(there)*

Some words have the stress on the third-from-the-last syllable and a few verb forms on the fourth-from-the-last syllable:

sabato   compito   tavola   difficile   dimenticano

NOTE: When the stress does not fall on the next-to-the-last syllable, or when the word ends in a diphthong, the stress is indicated with a dot under the stressed syllable in **Capitoli 1–5:**

facile   spiaggia   praticano

7 Intonazione (*Intonation*) CD1, Track 8 🔊

In general, the Italian sentence follows a homogeneous rhythm. Each syllable is important in determining its tempo. Pronounce the following sentence maintaining smooth, even timing:

Sono Marcello Scotti.	So -	no -	Mar -	cel -	lo -	Scot -	ti.
	1	2	3	4	5	6	7

The voice normally follows a gently undulating movement, usually dropping toward the end when the meaning is completed. In a question, however, the voice rises on the last syllable:

Declarative sentence: I signori Bettini sono di Milano.

Interrogative sentence: Sono di Milano i signori Bettini?

Parole affini per origine (*cognates*)

While studying Italian, you will encounter many cognates. A cognate is an Italian word that looks like an English word and has a similar meaning because the words have a common origin. The following are a few tips that should help you recognize and use cognates.

1 Nouns ending in:

-ia in Italian and *-y* in English.

biologia	*biology*	**filosofia**	*philosophy*
sociologia	*sociology*	**anatomia**	*anatomy*

-ica in Italian and *-ic(s)* in English.

musica	*music*	**politica**	*politics*
repubblica	*republic*	**matematica**	*mathematics*

-tà in Italian and *-ty* in English.

città	*city*	**identità**	*identity*
società	*society*	**università**	*university*

-za in Italian and *-ce* in English.

importanza	*importance*	**eleganza**	*elegance*
violenza	*violence*	**pazienza**	*patience*

-zione in Italian and *-tion* in English.

nazione	*nation*	**attenzione**	*attention*
educazione	*education*	**situazione**	*situation*

-ore in Italian and *-or* in English.

attore	*actor*	**dottore**	*doctor*
professore	*professor*	**motore**	*motor*

-ario in Italian and *-ary* in English.

segretario	*secretary*	**vocabolario**	*vocabulary*
salario	*salary*	**funzionario**	*functionary*

-ista in Italian and *-ist* in English.

artista	*artist*	**violinista**	*violinist*
pianista	*pianist*	**ottimista**	*optimist*

2 Adjectives ending in:

-ale in Italian and *-al* in English.

speciale	*special*	**personale**	*personal*
originale	*original*	**sentimentale**	*sentimental*

-etto in Italian and *-ect* in English.

perfetto	*perfect*	**corretto**	*correct*
eretto	*erect*	**diretto**	*direct*

-ico in Italian and *-ical* in English.

tịpico	*typical*	**clạssico**	*classical*
polịtico	*political*	**geogrạfico**	*geographical*

-oso in Italian and *-ous* in English.

generoso	*generous*	**curioso**	*curious*
nervoso	*nervous*	**ambizioso**	*ambitious*

3 Verbs ending in:

-care in Italian and *-cate* in English.

educare	*to educate*	**indicare**	*to indicate*
complicare	*to complicate*	**implicare**	*to imply, implicate*

-izzare in Italian and *-ize* in English.

organizzare	*to organize*	**simpatizzare**	*to sympathize*
analizzare	*to analyze*	**minimizzare**	*to minimize*

-ire in Italian and *-ish* in English.

finire	*to finish*	**abolire**	*to abolish*
punire	*to punish*	**stabilire**	*to establish*

Primo incontro

Courtesy of the Author

Due studentesse s'incontrano in un caffè dopo le lezioni

Parole da ricordare

1 Saluti ed espressioni di cortesia

2 In classe

3 I numeri da 0 a 49

4 I giorni della settimana

Per finire

Il primo giorno di scuola

Attualità

The Italian Language and Its Dialects

Risorse:

Internet   audio   video   ilrn.heinle.com

Parole da ricordare

Saluti ed espressioni di cortesia

Brevi incontri e… sorprese!

Ciao! Hello! Good-bye!

Salve! Hello! (more formal than Ciao!)

Buon giorno*, signore. Good morning (Good day), Sir.

Buona sera*, signora. Good evening, Madam.

Buona notte*, signorina. Good night, Miss.

Arrivederci.
ArrivederLa. (*formal sing.*) } Good-bye.

A domani. I'll see you tomorrow.

A presto. I'll see you soon.

Come si chiama? What is your name? (*formal sing.*)

Come ti chiami? What is your name? (*familiar sing.*)

Mi chiamo Marcello Scotti. My name is Marcello Scotti.

(Molto) piacere. (Very) Nice to meet you.

Ti presento... (*familiar sing.*) } Let me introduce . . . to you.
Vi presento... (*familiar pl.*) } (*lit.*, I introduce to you . . .)

Di dove sei tu? (*familiar sing.*) } Where are you from?
Di dov'è Lei? (*formal sing.*) }

Sono di... (*name of the city*) I am from . . .

Piacere mio. My pleasure.

Per favore. / Per piacere. Please.

Grazie. Thank you.

Grazie mille. Thanks a million.

Prego. You're welcome. / That's quite all right.

Scusi. (*formal sing.*) / **Scusa.** (*familiar sing.*) Excuse me.

Come sta? (*formal sing.*) / **Come stai?** (*familiar sing.*) How are you?

Come va? How's it going? (*familiar sing.*)

Bene, grazie, e Lei? (*formal sing.*) / **Bene, grazie, e tu?** (*familiar sing.*) Fine, thank you, and you?

Molto bene. Very well.

Non c'è male. Not bad.

Così così. So-so.

*The greetings **Buon giorno, Buona sera,** and **Buona notte** can also be spelled as one word: **Buongiorno, Buonasera,** and **Buonanotte.** Both forms are acceptable in Italian.

NOTE: Tu (*you, sing.*) is the familiar form used by young people, close friends, family members, and with children. **Lei** (*You, sing.*), the formal form, is used in all other cases.

Informazioni

Saluti

Italians tend to be more formal than Americans when greeting and addressing each other. Among adults, acquaintances are addressed as **signore, signora,** or **signorina** or by their titles: **professore(-ssa), dottore, ingegnere,** etc. The greeting **Ciao!,** which has become so popular abroad, is reserved in Italy only for very close friends, members of the family, relatives, and young people. **Salve!** is also a common greeting. It is slightly more formal than **Ciao!** but, like **Ciao!,** it is used for both "Hello!" and "Good-bye!" When meeting either friends or acquaintances, as well as in introductions, Italians customarily shake hands, without distinction between sexes.

In classe

In un'aula ci sono (In a classroom there are):

Il professore:
Attenzione!   Attention!
Ripetete!   Repeat!
Ancora una volta!   Once more!
Leggete!   Read!
Ascoltate!   Listen!
Guardate!   Look!
Che cos'è?   What is it?
A pagina...   On page . . .
Compito per domani (per lunedì)   Homework for tomorrow (for Monday)
Aprite i libri!   Open your books!
Capite?   Do you (*pl.*) understand?

Gli studenti:
(Sì), capisco.   (Yes), I understand.
(No), non capisco.   (No), I don't understand.
Ripeta, per favore.   Repeat, please.
Come si dice... in italiano?   How do you say . . . in Italian?
Come si scrive... ?   How do you write (spell) . . . ?
Che cosa vuol dire... ? / Che cosa significa... ?   What does . . . mean?

I numeri da 0 a 49

I numeri da 0 a 49

0 zero	10 dieci	20 venti	30 trenta	40 quaranta
1 uno	11 undici	21 ventuno	31 trentuno	41 quarantuno
2 due	12 dodici	22 ventidue	32 trentadue	42 quarantadue
3 tre	13 tredici	23 ventitrè	33 trentatrè	43 quarantatrè
4 quattro	14 quattordici	24 ventiquattro	34 trentaquattro	44 quarantaquattro
5 cinque	15 quindici	25 venticinque	35 trentacinque	45 quarantacinque
6 sei	16 sedici	26 ventisei	36 trentasei	46 quarantasei
7 sette	17 diciassette	27 ventisette	37 trentasette	47 quarantasette
8 otto	18 diciotto	28 ventotto	38 trentotto	48 quarantotto
9 nove	19 diciannove	29 ventinove	39 trentanove	49 quarantanove

Numbers above 49 are presented in **Capitolo 2**.

1. Note that the numbers **venti, trenta,** and **quaranta** drop the final vowel before adding **uno** and **otto.**

2. **Tre** takes an accent when it is added to **venti, trenta,** and **quaranta.**

I giorni della settimana (*The days of the week*)

Explain that in Italy, *lunedì* is considered the first day of the week.

Agosto

lunedì	martedì	mercoledì	giovedì	venerdì	sabato	domenica

Che giorno è oggi?	*What day is today?*
Oggi è martedì.	*Today is Tuesday.*
Che giorno è domani?	*What day is tomorrow?*
Domani è mercoledì.	*Tomorrow is Wednesday.*

Applicazione

A. Saluti. Complete each dialogue with a classmate, and then act it out.

1. — Buon _____, signore (signora, signorina). Come _____?
   — Bene, _____, e Lei?
   — _____, grazie.

2. — _____, Luisa, come va?
   — Bene, grazie, e _____?
   — Non c'è _____, grazie.

3. — Mi chiamo _____, e tu?
   — _____.
   — Di dove sei?
   — _____, e tu?
   — _____.
   — Io sono studente.
   — Anch'io _____.
   — A domani!
   — _____!

B. Incontri. How would you:

1. greet and introduce yourself to your professor?
2. ask your professor how he/she is?
3. ask another student how he/she is?
4. ask another student what his/her name is?
5. say good-bye to a classmate, adding that you will see him/her soon?

C. Presentazioni. Greet and introduce yourself to a student sitting nearby, indicating where you are from. Ask your classmate about himself/herself, and then introduce him/her to the class.

D. Che cos'è? Point to various objects in the classroom and ask another student to identify them, following the example.

■ **Esempio** — Che cos'è?
— *È una sẹdia.*

E. Situazioni. What would you say in the following situations?

1. You want to ask the meaning of the word **benịssimo.**
2. You don't understand what your instructor has said.
3. You want to ask how to say "You're welcome" in Italian.
4. You are not sure how to spell your instructor's name.
5. You would like your instructor to repeat something.

F. Giochiamo con i nụmeri. With a classmate, take turns reading aloud each series of numbers and adding the missing number.

■ **Esempio** 2, 4, 6, ...
— *due, quattro, sei, ...*
— *due, quattro, sei, otto, ...*

1. 3, 6, 9, ...
2. 1, 3, 5, ...
3. 12, 14, 16, ...
4. 5, 10, 15, ...

5. 10, 8, 6, ...
6. 42, 44, 46, ...
7. 41, 40, 39, ...

For additional practice with numbers, you may wish to consider the following: Call out numbers in English and have students give the Italian equivalents, either orally or in writing. Have students practice counting from 1 to 49 in order, by two, threes, fives, and tens. Then have them count backwards from 49 to 0.

G. I prefissi delle città italiane (*Area codes for Italian cities*). Look at the table below and take turns with a classmate asking and giving the area codes of some of the cities shown.

■ **Esempio** — Qual è il prefisso di *Milano*?
— *Il prefisso di Milano è zero due (02). Qual è il prefisso di Nạpoli?*
— *Il prefisso di Nạpoli è zero otto uno (081). Qual è il prefisso di... ?*

Explain that the area code, *il prefisso*, precedes the local telephone number and varies in length. Major cities, for which direct dialing was established earliest, tend to have shorter area codes.

Inform students that phone numbers can be read one, two, or three digits at a time. You may wish to go over the chart with students, practicing the pronunciation of the cities on a map of Italy. For further practice, have pairs of students tell each other, in Italian, their own phone numbers.

Città	Prefisso	Città	Prefisso
Ancona	071	Gẹnova	010
Bari	080	Milano	02
Bẹrgamo	035	Nạpoli	081
Bologna	051	Pạdova	049
Brẹscia	030	Palermo	091

Per finire

Il primo giorno di scuola CD1, Track 9

Oggi. Lezione di inglese. Ecco una conversazione **tra** uno
studente e una studentessa **prima** della lezione.

between
before

Laura	Ciao, io mi chiamo Laura, e tu?
Francesco	Ciao. Io mi chiamo Francesco.
Laura	Molto piacere.
Francesco	Piacere mio.
Laura	Di dove sei?
Francesco	Sono di Como, e tu?
Laura	Sono di Pavia.

La professoressa entra in classe.

La professoressa	Buon giorno, ragazzi. Come va?
Gli studenti	Bene, grazie, e Lei?
La professoressa	Non c'è male, grazie. Ragazzi, aprite i libri a pagina diciotto. Francesco, **leggi**, per favore.
Francesco (*legge in inglese*):	«Good morning Jennifer, how is it going?»
Laura	Scusi, signora, non capisco. Che cosa vuol dire «How is it going?»
La professoressa	Vuol dire «Come va?»
Laura	È un'espressione formale?
La professoressa	No, è un'espressione familiare.
Francesco	Per favore, signora, come si dice in inglese «Molto piacere»?
La professoressa	Si dice «Nice to meet you».
Francesco	Grazie.

read

> **For more listening practice,**
> you can listen to **CD1, Track 10**
> (*Ciao, come stai?*) and **Track 11**
> (*Buon giorno, come sta?*).

*Alle **undici** la lezione è finita.*

Laura	Ciao, Francesco, a domani.
Francesco	Arrivederci, Laura. Nice to meet you.

At eleven o'clock

> Suggestions for the dialogue:
> Have students, in groups of
> three, play the roles of Laura,
> Francesco, and the professor.
> Then, have one group present
> the dialogue in front of the class.

Comprensione

1. Che giorno è oggi?
2. È una lezione di matematica?
3. Di dov'è Laura? E Francesco?
4. «Come va?» è un'espressione formale?
5. Come si dice in italiano «Nice to meet you»?

Attualità
The Italian Language and Its Dialects

The Italian language stems directly from Latin. As the authority of ancient Rome fragmented, its language, Latin, also broke apart and formed several national European idioms. In the same way, numerous linguistic varieties, or dialects, took form within the Italian peninsula. They were the expressions of different centers of civilization within the larger Italian world.

The dialect of Tuscany was assured linguistic supremacy by the political importance and geographic position of its principal city, Florence, and above all by the authority of the thirteenth-century Tuscan writers Dante, Petrarca, and Boccaccio. Each of these men wrote works of major literary significance in their native Tuscan dialect. Eventually, the Tuscan dialect became recognized as the official Italian language.

For many centuries, however, the Italian language remained an exclusively literary mode of expression, used only by learned people. The different dialects continued to be spoken, a situation favored by the historical and political fragmentation of Italy, which remained divided into many separate city-states until the second half of the nineteenth century. The local dialect was often the official language of the court of that particular city-state. This was the case in Venice, a republic renowned for the skill of its diplomats. The eighteenth-century playwright Carlo Goldoni, who has been called by critics the Italian Molière, wrote many of his plays in Venetian. For example, in his dialect we find the word **schiao**, meaning *your servant*, which is derived from the Latin word for "slave," *esclavum*. This is the origin of the international greeting **ciao**.

Dante is considered the father of the Italian language and one of the greatest poets of the Western world. His major work is *la Divina Commedia*.

Today Italy has achieved political as well as linguistic unity, and with few exceptions everyone speaks Italian. The dialects, however, remain very much alive. Indeed, most Italians may be considered bilingual because, in addition to speaking Italian, they also speak or at least understand the dialect of their own region or city.

The Italian language has a much more limited vocabulary than the English language. For example, the word **signore** is translated as *sir, mister, gentleman,* and *lord*. Similarly, the word **signora** corresponds to *lady, madam,* and *Mrs.* The word **bello** means *beautiful* and *handsome*; **casa** is both *house* and *home*.

The Italian language itself continues to evolve, reflecting Italians' interchange with the world on a global basis and in particular with North America. Many words from English or derived from English have found their way into the everyday language. For example, the following words are common: **shopping, fast food, quiz,** and **hamburger.** And you will immediately recognize such new computer-related terms as the following: **mouse, cliccare,** and **formattare.**

Vocabolario 🔊

Nomi

la classe	class
il giorno	day
l'inglese (*m.*)	English (language)
l'italiano	Italian (language)
la lezione	lesson
il professore/	professor
la professoressa	
il ragazzo/	boy/girl
la ragazza	
la scuola	school
la settimana	week
lo studente/	student
la studentessa	

Aggettivi

primo	first

Altre Espressioni

benissimo	very well
che	what
con	with
di, d'	of, from
domani	tomorrow
oggi	today
perché	why, because

La città

Courtesy of the author: © Comune di Bologna

Bologna – al centro: le due torri, la Garisenda e la Torre degli Asinelli, simboli di indipendenza e resistenza alle dominazioni. (Foto: © Comune di Bologna)

1

Parole da ricordare
La città

Informazioni
Informazioni geografiche
Le regioni d'Italia:
Il Piemonte e la Valle d'Aosta

La grammatica
1 *Essere* (*To be*); *C'è, ci sono* e *Ecco*
2 Il nome
3 Gli articoli
4 Espressioni interrogative

Per finire
Cosa c'è in una città?
Ascoltiamo!
Adesso scriviamo!
Parliamo insieme!

Attualità
Milano

Attività video

Risorse: iLrn
Internet   audio   video   ilrn.heinle.com

Parole da ricordare

La città

Bergamo – una via con edifici: ci sono negozi, ristoranti, bar, uffici e appartamenti; nella strada c'è molto traffico.

Courtesy of the author; photo by Liliana Riga

Give the meaning of *un, una,* and say that it is an indefinite article, but without going into detail.

This section introduces the chapter's theme. The expressions and phrases listed here will reappear in different contexts throughout the chapter. Read these nouns aloud, and have students repeat them after you to practice their pronunciation.

una strada* street, road
una via* street, way
una piazza square
una fontana fountain
un monumento monument
una chiesa church
un museo museum
una scuola school
un'università university
un edificio building
un grattacielo skyscraper
un albergo hotel
un bar coffee shop
un ristorante restaurant
un negozio store, shop
un supermercato supermarket
un ufficio postale post office
un ufficio turistico tourist office
una banca (*pl.* **-che**) bank
una farmacia pharmacy
un ospedale hospital
un cinema(tografo) movie theater
un teatro theater
uno stadio stadium
un parco (*pl.* **-chi**) park
una stazione station
un treno train
un autobus bus

un tram streetcar
un'auto(mobile) (*f.*), **una macchina** car
una moto(cicletta) motorcycle
una bici(cletta) bicycle
un motorino, uno scooter moped, motorscooter
il traffico traffic
la metropolitana subway

Altre espressioni

lontano far
vicino, qui vicino near, nearby
Dov'è...? Where is ...?
Che cos'è...? What is ...?
C'è un tour, per favore? Is there a tour, please?
Sì, c'è. Ecco le informazioni. Yes, there is. Here is the information.
a destra, a sinistra to the right, to the left
avanti diritto straight ahead
Scusi, dov'è un ufficio postale? Pardon, where is a post office?
A destra, signora. To the right, madam.
in centro downtown

*****Strada** is a more general term; **via** is used before the name of a street: **via Mazzini, via Torino.**

Applicazione

A. Dov'è... ? Take turns with a partner asking and answering questions about where the things and people listed in column A are found. Select your response from column B and follow the example.

■ **Esempio**   un treno
— *Dov'è un treno?*
— *Un treno è in una stazione.*

A	B
1. una tigre	un ospedale
2. un motorino	una strada
3. un caffè	un'università
4. un turista	una piazza
5. un dottore	uno zoo
6. un film	un bar
7. una fontana	un ufficio informazioni
8. uno studente	un cinema

B. Che cos'è... ? Luigino does not know much about the world outside his hometown. With a classmate, recreate his questions and the responses of his friend Pierino, following the example.

■ **Esempio**   l'Empire State Building / a New York
— *Che cos'è l'Empire State Building?*
— *È un edificio, a New York.*

1. San Pietro / a Roma
2. il Louvre / a Parigi
3. Trafalgar Square / a Londra
4. il Golden Gate Park / a San Francisco
5. Napoli / in Italia
6. la Fifth Avenue / in America

Ask students if they know the location of these places: *È a Roma o a Milano San Pietro? Il Louvre è in Francia o in Italia?* Point out the use of the preposition *in* before a country and the preposition *a* before a city.

C. Cosa c'è in una città? With a partner, take turns asking each other questions about the cities you are from or the city in which your university is located. Use the vocabulary you have learned and follow the example.

■ **Esempio**   — *Di dove sei?*
— *Sono di San Diego. E tu?*
— *Sono di Denver. C'è un'università a San Diego?*
— *Sì, c'è un'università.*

Informazioni

In città

Most cities and towns have a tourist office called the **A.P.T. (Azienda di Promozione Turistica)**, which provides information about hotels, **pensioni***, transportation, tours, and reservations. Cities' main train stations have an **Ufficio Informazioni,** which provides tourists with lists of available accommodations (hotels, **pensioni**) and assists in making reservations.

Tickets for city buses, streetcars, and the **metropolitana** (in Rome, Milan, and Naples) must be purchased at a **Tabacchi** store or a newsstand before boarding. The tickets can be used interchangeably on all three means of transportation.

*pensione (*sing.*) = boarding house

Le regioni d'Italia 🌐

Oggi siamo in… **Piemonte** e **Valle d'Aosta.** Il Piemonte e la Valle d'Aosta sono nell'Italia settentrionale e confinano con la Francia e la Svizzera. Se vuoi visitare il Piemonte e la Valle d'Aosta, clicca qui: **www.cengagebrain.com**

■ Zona del Barolo (Piemonte) – il Piemonte produce il Barolo e il Barbera. Produce anche eccellenti vinelli.

La grammatica

1 Ẹssere (To be); C'è, ci sono e Ecco

A. Ẹssere (*To be*) is an irregular verb **(verbo).** It is conjugated in the present tense **(presente)** as follows:

Person	Singular	Plural
1st	io **sono** (*I am*)	noi **siamo** (*we are*)
2nd	tu **sei** (*you are, familiar*)	voi **siete** (*you are, familiar*)
3rd	lui **è** (*he is*)	
	lei **è** (*she is*)	loro **sono** (*they are*)
	Lei **è** (*you are, formal*)	Loro **sono** (*you are, formal*)

Luigi **è** italiano.	*Luigi is Italian.*
Marco e io **siamo** studenti.	*Marco and I are students.*
Lisa e Gino **sono** di Roma.	*Lisa and Gino are from Rome.*
Tu e Piero **siete** buoni amici.	*You and Piero are good friends.*

Marcello è in classe con Gabriella.

Introduce *essere* by asking questions about the drawing: *Dov'è Marcello? Dove sono Marcello e Gabriella? Dove sei tu?* Practice the different forms of *essere* in the expressions *essere a scuola / essere a casa: Io non sono a casa, sono a scuola. E lei, signorina Smith?* Point to (*Joan*) and ask a student: *È a scuola (Joan)?* and so on.

1. There are many rules regarding verbs and their usage:

    a. Unlike English verbs, Italian verbs have a different ending for each person.

    b. The negative of a verb is formed by placing **non** before the verb.

Non siamo a teatro.	*We are not at the theater.*
Filippo **non è** in classe.	*Filippo is not in class.*

    c. The interrogative of a verb is formed either by placing the subject at the end of the sentence or by leaving it at the beginning of the sentence. In both cases, there is a change in intonation, and the pitch rises at the last word:

È studentessa Gabriella?	
	Is Gabriella a student?
Gabriella è studentessa?	

2. The subject pronouns **(pronomi soggetto)** in Italian are:

io	*I*	**noi**	*we*
tu	*you (familiar sing.)*	**voi**	*you (familiar pl.)*
lui, lei	*he, she*	**loro**	*they*
Lei	*you (formal sing.)*	**Loro**	*you (formal pl.)*

   a. The subject pronoun *you* is expressed in Italian in several ways: **tu** (singular) and **voi** (plural) are the familiar forms. They are used to address relatives, close friends, and children; young people also use them to address each other.

Io sono di Pisa, e **tu**?	*I am from Pisa, and you?*
Siete a scuola **voi** oggi?	*Are you in school today?*

   Lei (singular) and **Loro** (plural) are formal forms and are used among persons who are not well acquainted. **Lei** and **Loro** are used for both men and women. They take, respectively, the third-person singular and the third-person plural of the verb and are often capitalized to distinguish them from **lei** (*she*) and **loro** (*they*).

Buona sera, signore. Come sta **Lei** oggi?	*Good evening, sir. How are you today?*
Maria è a casa; **lei** non sta bene.	*Maria is at home; she does not feel well.*
Sono a casa **Loro** stasera?	*Are you (formal pl.) at home tonight?*

NOTE: In contemporary Italian, the familiar plural form **voi** is used more frequently than **Loro**, particularly when addressing young people.

Ecco la Basìlica di San Pietro a Roma, dove c'è la *Pietà* di Michelàngelo.

Ecco la famosa scultura di Michelàngelo: la *Pietà*.

b. In Italian, the subject pronouns are often omitted since the subject of the sentence is indicated by the verb ending. However, the subject pronouns are used for emphasis and to avoid ambiguities. Note that the subject pronouns *it* and *they*, when referring to animals and things, are usually not expressed in Italian.

Sono Marcello.	*I am Marcello.*
Io sono Marcello.	*I am Marcello.* (emphatic)
Pio e Lina non sono a casa.	*Pio and Lina are not at home.*
Lui è a Nàpoli, **lei** è a Pisa.	*He is in Naples, she is in Pisa.* (for clarification)

B. **C'è** (*There is*) and **ci sono** (*there are*) are used to indicate the existence of someone or something (in sight or not). Their negative forms are **non c'è** and **non ci sono,** respectively.

C'è la metropolitana a Roma?	*Is there the subway in Rome?*
Oggi **ci sono** diciotto studenti.	*Today there are eighteen students.*
Non ci sono fiori in giardino.	*There are no flowers in the garden.*

C. **Ecco** is invariable and is used to *point out* someone or something *in sight*. It has several meanings: *Look!, Here is . . . !, Here are . . . !, There is . . . !,* and *There are . . . !*

Ecco l'àutobus!	*Here (There) is the bus!*
Ecco i signori Parini!	*There are Mr. and Mrs. Parini!*

Pratica

A. Ęssere o non ęssere? Complete each sentence with the correct present-tense form of **ęssere**.

■ **Esempio**   Los Angeles _____ in Amęrica.
              Los Angeles è in Amęrica.

1. Gabriella e io non _____ a Firenze.
2. Tu e lei _____ in California.
3. San Francisco e Chicago _____ in Amęrica.
4. Piazza San Marco _____ a Venęzia.
5. Tu _____ a scuola.

B. Dove siamo? With a classmate, take turns asking and answering these questions. Choose the answer you prefer.

■ **Esempio**   — Dove sei tu oggi? a casa / a scuola
              — *Oggi io sono a casa.* o *Oggi io sono a scuola.*

1. Quando sei a casa tu? oggi / domani / stasera
2. Dove siete tu e gli amici (*your friends*) domęnica? a un museo / al (*at the*) parco / a un concerto / al cinema / a un bar
3. Dove siamo tu e io adesso? in classe / alla (*at the*) lezione d'italiano / all'università

C. Siamo curiosi. Take turns asking and answering each other's questions based on the information given. Follow the example.

■ **Esempio**   Lucia è professoressa.
              — *È professoressa Lucia?*
              — *No, Lucia non è professoressa, è studentessa.*

1. Tu sei di New York
2. Il professore è in classe domani.
3. *L'Ụltima Cena* di Leonardo è a Roma.
4. Tu e la professoressa siete in biblioteca oggi.
5. Il professore e gli studenti sono a Firenze.

D. C'è… ? Ci sono… ? With a classmate, take turns asking each other about your hometowns, following the example.

■ **Esempio**   parchi
              — *Ci sono parchi a…* (your city)?
              — *Sì, ci sono.* o *No, non ci sono.*

1. un'università
2. ạutobus (*pl.*)
3. musei
4. una piazza
5. treni
6. ristoranti italiani
7. una metropolitana

For warm-up practice you may want to ask simple questions, pointing to yourself and others as appropriate: *Sono professoressa/professore? È una studentessa? È uno studente? È un professore? Lui e lei sono professori? E tu? Sei studente o professore? Io e lei siamo studentesse? Tu e lui siete professori?*

For additional practice, play *un gioco a catena* in class. The first student introduces himself/herself to the class. The second student introduces the first student again and then introduces himself/herself. Keep going until everybody has made introductions:

Io sono David, sono di San Francisco.

Io sono Jennifer, sono di Chicago. Lui è David, è di San Francisco. Io sono... Lei è Jennifer, è di Chicago.

Encourage students to give complete answers: *Sei di New York tu? No, non sono di New York. Sono di...*

2 Il nome

Ecco Venẹzia, con **il** mare, **la** chiesa, **il** campanile, **gli** edifici e **le** gọndole.

A. Gender of nouns

A noun **(nome)** is either masculine or feminine. Usually, nouns ending in **-o** are masculine and nouns ending in **-a** are feminine. There is also a class of nouns that end in **-e.** These nouns can be *either* masculine *or* feminine.

treno *(m.)* **casa** *(f.)*
ristorante *(m.)* **stazione** *(f.)*

NOTE:

a. Nouns ending in **-ore** or in a *consonant* are masculine.

| fi**ore** | dott**ore** | scult**ore** | ạutobu**s** | spor**t** | ba**r** |

b. Nouns ending in **-ione** are generally feminine.

| lezi**one** | presentazi**one** | conversazi**one** |

B. Plural of nouns

In Italian, the plural is usually formed by changing the final vowel of the noun. The chart below shows the most common changes.

Nouns ending in	-o	-i	un libr**o**	due libr**i**
	-a	-e	una cas**a**	due cas**e**
	-e	-i	un dottor**e** *(m.)*	due dottor**i**
			una stazion**e** *(f.)*	due stazion**i**

NOTE:

a. Some nouns are invariable and thus do not change in the plural.

- nouns ending in accented vowels
  una cit**tà**   due cit**tà**   un caf**fè**   due caf**fè**
- nouns ending in a consonant
  un ba**r**   due ba**r**   un fil**m**   due fil**m**
- nouns that are abbreviated
  un cinem**a**(tọgrafo)   due cịnema
  una fot**o**(grafia)   due foto

b. Nouns that end in **-ca** and **-ga** change to **-che** and **-ghe.**
  un'ami**ca**   due ami**che**
  una ri**ga** *(line)*   due ri**ghe**

c. Most nouns ending in **-io** change to **-i.**
  un negọz**io**   due negoz**i**
  uffịc**io**   due uffic**i**

Nota culturale

Courtesy of the author; Photo by Janet & Charles McGary

■ Ecco Venezia, con **il** mare, **la** chiesa, **il** campanile, **gli** edifici e **le** gondole.

Venezia

Venezia, stupenda città sul Mare Adriatico, fu costruita (*was built*) su una laguna. Se vuoi sapere perché, clicca qui: **www.cengagebrain.com**

Pratica

A. Singolare e plurale. Give the plural of each of the following nouns, following the example.

■ **Esempio**   stazione
        stazioni

1. bambino	8. piazza	15. studio
2. studente	9. professoressa	16. edificio
3. casa	10. classe	17. ristorante
4. amico	11. amica	18. autobus
5. bar	12. cinema	19. negozio
6. ospedale	13. città	20. sport
7. conversazione	14. banca	21. università

B. Plurali. Complete the following statements with the plural of the nouns in parentheses.

1. Oggi ci sono ventidue (studente) _____ in classe.

2. Io e... (*name a student*) siamo (amico) _____.

3. Venezia e Vicenza sono due belle (città) _____.

4. Lungo* la strada ci sono (autobus) _____, (automobile)   *Along*
   _____ e (bicicletta) _____.

5. In Piazza del Duomo ci sono (edificio) _____, (negozio)
   _____, (bar) _____, (caffè) _____, (banca)
   _____ e (ristorante) _____. Non ci sono (supermercato)
   _____.

C. Plurali con i numeri. You need a few items for school. Take turns with a friend saying what you are buying.

■ **Esempio**

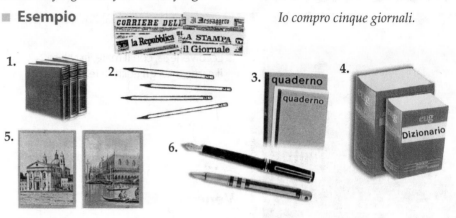

Io compro cinque giornali.

1.
2.
3. quaderno / quaderno
4. Dizionario
5.
6.

3 Gli articoli

A. Articolo indeterminativo

The *indefinite article* (*a, an*) has the masculine forms **un, uno** and the feminine forms **una, un'**, depending on the first letter of the noun that the article precedes.

		Masculine	Feminine
before	consonant	**un** libro	**una** casa
	vowel	**un** amico	**un'**amica
	z	**uno** zoo	**una** zebra
	s + consonant	**uno** studente	**una** studentessa

La Sicilia è **un'**isola.   *Sicily is an island.*
Dov'è **una** banca, per favore?   *Where is a bank, please?*
Ecco **un** ristorante!   *Here is a restaurant!*
C'è **uno** zoo in questa città?   *Is there a zoo in this city?*

B. Articolo determinativo

The *definite article* (*the*) agrees with the noun it precedes in gender (masculine or feminine) and in number (singular or plural). The masculine forms are **il, l', lo, i, gli,** and the feminine forms are **la, l', le,** according to the initial letter and the number of the word the definite article precedes.

			Singular	Plural
Masculine	before	consonant	**il** libro	**i** libri
		vowel	**l'**ospedale	**gli** ospedali
		z	**lo** zero	**gli** zeri
		s + consonant	**lo** stadio	**gli** stadi
Feminine	before	consonant	**la** casa	**le** case
		vowel	**l'**autostrada (*freeway*)	**le** autostrade

Point to a student and say: *È lo studente (John Brown). È la studentessa (Joan Brown).* Pointing to a group of male or female students, say: *Ecco gli studenti/le studentesse d'italiano.*

Read nouns from **Parole da ricordare** or the **Vocabolario** at the end of the chapter and have students repeat them with the correct form of the article.

Ecco l'autobus! — *Here is the bus!*
Dove sono **gli** studenti? — *Where are the students?*
Gina è l'amica di Maria. — *Gina is Maria's friend.*
Ecco **le** informazioni, signora. — *Here is the information, Madam.*

Use the English word "million" to help students with the pronunciation of *gli*.

If a noun ending in **-e** is masculine, it will have the appropriate masculine article **(il, l', lo, i, gli)**, depending on its initial letter. If a noun ending in **-e** is feminine, it will have the appropriate feminine article **(la, l', le)**, depending on its initial letter.

il fiore *(m.)* *(flower)* **i** fiori
l'automobile *(f.)* **le** automobili

NOTE:

a. When using a title to address someone, omit the article. When you are speaking *about* someone, use the appropriate definite article *before* the title.

Buon giorno, signor Neri. — *Good morning, Mr. Neri.*
Il professor Rossi non è in casa. — *Professor Rossi is not home.*
I signori Bianchi sono a teatro. — *Mr. and Mrs. Bianchi are at the theater.*

b. Titles such as **signore, professore,** and **dottore** drop the final **-e** in front of a proper name.

— Buon giorno, dottor Lisi.
— Buon giorno, professore.

Pratica

A. In una piccola (*small*) città. Provide the indefinite articles in the following list of buildings or locations found in a small town.

1. _____ scuola
2. _____ farmacia
3. _____ ufficio postale
4. _____ ristorante
5. _____ cinema
6. _____ bar
7. _____ chiesa
8. _____ stazione
9. _____ supermercato
10. _____ piazza
11. _____ stadio

B. Chi sono? Cosa sono? With a partner, take turns asking each other to identify the following people and things. Use the definite article in your responses.

Explain that *Chi sono?* and *Cosa sono?* or *Che cosa sono?* are the plural forms of *Chi è?* and *Cos'è?* or *Che cos'è?* Explain also that *chi* refers to people and that *cosa* refers to things.

■ **Esempio** — *Cosa sono?*
 — *Sono i CD.*

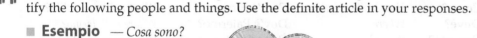

1.  2. 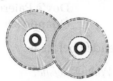 3.   4.

5.   6.   7.  8.   9.

C. È... ? Imagine you and a classmate are looking at pictures in an Italian magazine. Take turns asking and answering questions, following the example.

■ **Esempio**   monumento / a Garibaldi
  — *È un monumento?*
  — *Sì, è il monumento a Garibaldi.*

1. chiesa / di San Pietro
2. ufficio / di un architetto
3. stazione / di Firenze
4. università / di Milano
5. affresco / di Leonardo
6. parco / di Genova
7. caffè / «Sport»

8. zoo / di San Diego
9. automobile / di Berlusconi
10. studio / di un pittore
11. treno / Milano-Roma
12. banca / d'Italia
13. negozio / «Lui e Lei»

D. In un caffè. Here are fragments of conversations overheard in an Italian cafe. Supply the definite article where necessary. Then practice reading these sentences and responding to them with a classmate.

1. Buon giorno, _____ dottor Bianchi! Come sta?
2. Oh! Ecco _____ signor Rossi.
3. Scusi, dov'è _____ professor Marini oggi?
4. Quando è in ufficio _____ professoressa Rovati?
5. _____ signori Verdi sono a Parigi.
6. ArrivederLa, _____ dottore!

4 Espressioni interrogative

Some interrogative words and expressions are:

Chi?	*Who? Whom?*	**Chi** è Marcello?	*Who is Marcello?*
Che cosa? **Cosa?** **Che?**	*What?*	**Cos'**è un pronome?	*What is a pronoun?*
Come?	*How? Like what?*	**Com'**è Firenze?	*What is Florence like?*
Dove?	*Where?*	**Dov'**è Palermo?	*Where is Palermo?*
Quando?	*When?*	**Quando** sei a casa?	*When are you at home?*

Cosa, come, and **dove** are elided before **è**.

Cos'è?	*What is it? or What is he/she?*
Dov'è?	*Where is it? or Where is he/she?*

— Che cos'è?
— È un castello.
— Com'è?
— È grande e bello.
— Dov'è?
— È a Milano.

Pratica

A. Quiz. With a classmate, take turns asking and answering questions, following the examples.

■ **Esempi**   Filippo / studente
— *Chi è Filippo?*
— *È uno studente.*

Venẹzia / città
— *Che cos'è Venẹzia?*
— *È una città.*

1. il *Dạvide* / scultura (*sculpture*) di Michelạngelo
2. *Giulietta e Romeo* / tragẹdia di Shakespeare
3. Harvard / università
4. Leonardo da Vinci / pittore
5. Il Duomo di Milano / chiesa
6. La Scala / teatro
7. Marcello / ragazzo italiano
8. Andrea Bocelli / tenore

Name some students and ask: *Chi è Joan (or Giovanna)? Chi sono io?* to elicit the responses: *Giovanna è una studentessa. Lei è un (il) professore/ una (la) professoressa.* Continue with: *Che cos'è il Duomo di Milano? San Pietro è in Vaticano? Come si chiama lo studente vicino a... ?*

B. Qual è la domanda? Ask questions that would elicit the following answers, using **chi, che (che cosa, cosa), come, dove,** or **quando.**

■ **Esempio**   — Io sono a casa stasera.
— *Dove sei stasera?*

1. Io sono un amico di Francesca.
2. Tokio è in Giappone.
3. Gẹnova è un porto in Itạlia.
4. Piazza San Marco è a Venẹzia.
5. Bene, grạzie.
6. Oggi Francesca Rovati è all'università.
7. Capri è un'ịsola (*island*).
8. Dante Alighieri è un poeta.
9. Siamo a casa domani.
10. Sono Loredana.

Two students: one makes the statement, the other asks the question. Then reverse the roles. Point out that the word *poeta* is masculine, not feminine as one would expect because of its ending.

Per finire

Cosa c'è in una città?   CD1, Track 12 🔊

Ecco una conversazione **fra** due **ragazzi**.

Alberto	Dove **ạbiti?**	*between / boys* / *do you live*
Paolo	Ạbito a Milano, e tu?	
Alberto	Io ạbito a Rapallo. **Com'è** Milano?	*What is . . . like?*
Paolo	Milano è una grande città, con **molti** edifici: i negozi, le banche, i ristoranti, i caffè, i cinematọgrafi, i monumenti, le chiese, i musei, le scuole e un teatro famoso, La Scala.	*many*
Alberto	C'è uno zoo?	
Paolo	Sì, c'è. Con gli animali feroci. C'è **anche** un **castello**, in un grande parco, con gli alberi, i fiori e le fontane.	*also / castle*
Alberto	Ci sono molte automọbili? Ci sono le Ferrari?	
Paolo	Sì, ci sono molte automọbili e anche le Ferrari. Ci sono gli ạutobus, i tram e le stazioni **dei** treni. Com'è Rapallo?	*of the*
Alberto	Rapallo è una **pịccola** città, **però** è una città **molto bella.**	*small / but / very beautiful*

Since the dialogue recycles familiar expressions, you may immediately have two students play the roles of Alberto and Paolo. You may prefer to ask the **Comprensione** questions yourself or to pair students for this activity. Either way, add questions of your own, such as: *Com'è la città di Milano? È piccola? Ci sono ristoranti in una grande città? E automọbili?*

Have one student pose the first **Comprensione** question to another. The student who answers will then ask question 2, and so on. You might emphasize the correct response by repeating it.

Comprensione

1. Dove ạbita Pạolo?
2. Milano è una città pịccola o grande?
3. Cosa c'è a Milano?
4. Come si chiama il famoso teatro di Milano?
5. C'è o non c'è uno zoo?
6. Cosa c'è in un parco?
7. A Milano ci sono molte automọbili?
8. Com'è Rapallo, secondo (*according to*) Alberto?

Traffico lungo una strada di Milano

Ascoltiamo!

In un ufficio turistico   CD1, Track 13 🔊

Anna Verri, a visitor to Milan, has stopped by the tourist office to make an inquiry. Listen to her conversation with the clerk. Then answer the following questions.

Comprensione

1. Dov'è la turista Anna Verri?
2. La turista desidera (*wishes*) visitare Roma o Milano?
3. Che cosa (*What*) include il tour?
4. L'impiegato (*The clerk*) ha le informazioni?
5. Che cosa dice la turista per ringraziare (*to say thanks*)?

👥 Dialogo

With another student, play the roles of a tourist and an employee in the tourist office. After greeting each other, the tourist asks if there is a tour of Rome. The employee answers affirmatively and provides information. The tourist thanks him/her and both say good-bye.

In centro 🔊

For more listening practice, listen to CD1, Track 14, and answer the following questions.

Comprensione

1. Dove sono Liliana e Lucia?
2. Domani Liliana ha (*has*) un esame di matematica o un esame d'inglese?
3. Il professore di matematica è severo?
4. Con chi (*whom*) è Marcello oggi?
5. Di dov'è l'amica di Marcello?
6. Perché la chiesa di Santa Maria delle Grazie è famosa?
7. Chi (*Who*) è la signorina Clark?

Adesso scriviamo!

Io abito a...

Describe the city, town or the place where you live.
- What is its name?
- Is it big or small?
- In which state is it?

- What is there in your city? (a train station, an airport, parks, hospitals, post offices, universities, banks, theaters, museums, supermarkets, restaurants, stores)
- What else is in your city? Is it a beautiful city?

Parliamo insieme!

A. Descrizione. Using the vocabulary from the chapter, practice describing the photo of the city on page 30.

B. Conversazione. Take turns asking about and describing the cities which you come from. You can ask each other questions, such as: **Dove abiti? Com'è la città? Com'è il traffico? C'è uno zoo?**, etc.

Attualità
Milano

A. Prima di leggere. As you look at the pages from a brochure about Milan below, you will find that it is very helpful to watch for the many cognates among the words that describe the city. A cognate, as you will recall, is an Italian word that looks very much like an English word and has a similar meaning. For example, the Italian word **arte** and the English word *art* are cognates. On the other hand, it is important to be alert as you encounter false cognates: **spettacolo** does not mean *spectacle* here, as you might expect, but rather, *show*.

Le colonne di San Lorenzo

Alla scoperta della città...

Le vie dello shopping

Musica sui Navigli

*Museo Nazionale
della Scienza e della Tecnica
"Leonardo da Vinci"*

Una città per l'Europa

Work with a partner. How many cognates can you identify among the following nouns?

l'arte	la lirica	gli affari	lo sport
la storia	i concerti	il commercio	lo shopping
i musei	i balletti	la Fiera	la moda
la cultura	l'antiquariato	le università	i ritrovi
il teatro	il design	i congressi	la gastronomia

In visita a Milano: piccola guida per giovani viaggiatori

La città di Milano offre ai giovani visitatori numerose attrattive per soddisfare i gusti di tutti sia di chi passa per la nostra città solo per pochi giorni sia per chi si ferma più a lungo per studiare in una delle numerose università cittadine o per cercare lavoro: arte, cultura, eventi, manifestazioni, concerti, spettacoli teatrali, cinema, discoteche, parchi, pub, locali notturni.

Milano per i giovani
Informagiovani

Spazio Associazioni Giovanili

- Studiare
- Lavorare
- Fare volontariato Creare un'associazione
- Alloggiare a Milano
- Fare sport
- Viaggiare
- Vivere studiare e lavorare all'estero

The city of Milano offers numerous attractions to satisfy everyone's tastes for those who stay in our city for only a few days, and for those who stay longer to study at one of the city's numerous universities, or for those who look for work: art, culture, events, shows, concerts, theater, movies, discos, parks, pubs, night clubs.

Courtesy of Pagine Giovani—Comune di Milano

B. Alla lettura

1. Work with a partner. Read the information in the brochure and complete the following sentences:

   a. La città di Milano offre ai giovani visitatori _____ _____.

   b. ... per studiare in una delle _____ _____ _____.

2. Find the equivalent Italian words for the following:

   parks _____   concerts _____   art _____

   night clubs _____   culture _____   events _____

   shows _____   discos _____

Attività video ▶

Attività introduzione

A. Watch the segment of the video "**Gli Italiani.**" Then complete the following sentences.

1. Mi chiamo Erica Camurri e sono della provincia di _____.

2. Sono Giorgio Caniato, nato (*born*) a _____.

3. Mi chiamo Alessando e vengo (*I am from*) da _____.

4. Sono Davide Onnis e abito a _____.

5. Ciao! Sono Emanuele, sono nato a _____.

6. Mi chiamo Federico Guzman e abito (*I live*) a _____.

7. Mi chiamo Grazia e vengo da _____.

8. Mi chiamo Risarisi Roberta e sono nata a _____.

B. Domande sul video. Answer the following questions.

1. Erica Camurri studia matematica o archeologia?

2. Quanti anni ha (*How old is*) Alessandro?

3. Dove abita (*lives*) Davide Onnis?

4. Quanti anni ha Federico Guzman?

5. Dove abita la famiglia di Risarisi Roberta?

Attività vocabolario

A. Watch the segment of the video "**Gli Italiani**" a second time. Then complete the sentences with the appropriate words from the following list.

è, famiglia, vino, casa, un negozio, è, sono, ragazzo, è , Milano, sono nato (*I was born*)

1. Anna Marichiolo _____ proprietaria di _____ _____ di ceramiche.

2. Giorgio Camiato e Federico Guzman _____ di Milano.

3. Emanuele _____ un _____ italiano.

4. Federico Guzman dice: abito a _____ in questa (*this*) _____.

5. Moriero Mirco dice: _____ _____ in Svizzera.

6. La _____ di Riserisi Roberta _____ di Firenze.

7. Andrea dice: aiuto (*I help*) mio padre a fare il _____.

B. Partecipazione. In groups of two students, take turns asking each other the following questions.

- Come ti chiami?
- Di dove sei?
- C'è un'università nella tua (*in your*) città?
- Ci sono molti ristoranti?
- C'è molto traffico?
- Cos'altro (*What else*) c'è nella tua città?
- E nella tua (*in yours*)?

Courtesy of the Author

© Cengage Learning

© Cengage Learning

Vocabolario 🔊

Nomi

l'affresco	fresco
l'albero	tree
l'amico/l'amica	friend
l'animale (*m.*)	animal
la casa	house, home
il castello	castle
la città	city, town
la conversazione	conversation
il dottore/la dottoressa	doctor; university graduate
l'esame (*m.*)	examination
il fiore	flower
il giardino	garden
l'informazione (*f.*)	information
l'Italia	Italy
la lezione	lesson
lo studio	study
il traffico	traffic
il (la) turista	tourist

Aggettivi

bello(a)	beautiful, handsome
famoso(a)	famous
grande	big, large, wide; great
italiano(a)	Italian
molti, molte	many
piccolo(a)	small, little

Verbi

essere	to be

Altre Espressioni

a	in, at, to
anche	also, too, as well
c'è, ci sono	there is, there are
che?, che cosa?, cosa?	what?
chi?	who, whom?
come? com'è?	how? What is . . . like?
dove?, dov'è?	where?
e, ed (*often before a vowel*)	and
ecco!	here (there) is (are)!
in	in
in centro	downtown
molto (*inv.*)	very
no	no
per	for
quando?	when?
stasera	tonight
sì	yes

La personalità

2

Courtesy of the Author

La personalità si rivela dall'infanzia.

Risorse:
Internet audio video ilrn.heinle.com

Parole da ricordare

La descrizione

bello   forte   magro   grasso   vecchio

List on the blackboard other adjectives easily recognizable because of their similarity to English: *sincero, onesto, paziente, calmo, responsabile, dinamico, timido, socievole.* Warn students that *simpatico* and "sympathetic" are false cognates. After presenting the adjectives, ask students to choose two adjectives to describe themselves. Use a string to show the meaning of *corto* or use pencils of different lengths.

Come sei tu?

biondo(a)	blond	**intelligente**	intelligent
bruno(a)	dark-haired	**stupido(a)**	stupid
alto(a)	tall	**studioso(a)**	studious
basso(a)	short	**pigro(a)**	lazy
giovane	young	**simpatico(a)**	nice, charming
brutto(a)	ugly	**antipatico(a)**	unpleasant
ricco(a) (*pl.* **ricchi, ricche**) rich		**generoso(a)**	generous
povero(a)	poor	**avaro(a)**	stingy
fortunato(a)	lucky	**interessante**	interesting
sfortunato(a)	unlucky	**divertente**	amusing
buono(a)	good	**noioso(a)**	boring
cattivo(a)	bad	**contento(a)**	content, pleased
bravo(a)	good, talented	**triste**	sad

Hai i capelli... ?

neri	black	**rossi**	red
biondi	blond	**corti**	short
bianchi	white	**lunghi**	long
castani	brown		

Hai gli occhi... ?

castani	brown	**verdi**	green
azzurri	blue	**grigi**	gray

NOTE:

1. Although the adjectives **bravo** and **buono** are both translated in English as "good," **bravo** should be used when *good* means "talented."

2. **Basso** and **corto** are both translated as "short." However, **basso** refers to someone's or something's *height*, while **corto** refers to the *length* of objects: **capelli corti.**

3. **Castano** refers only to the color of eyes and hair: **capelli castani**; for everything else, *brown* is translated as **marrone.**

Applicazione

A. Domande. Answer the following questions using an appropriate adjective.

1. Come sono i capelli di Babbo Natale (*Santa Claus*)?
2. È generoso Scrooge?
3. Com'è Miss America?
4. Ha gli occhi castani Leonardo Dicaprio?
5. Com'è un topo di biblioteca (*bookworm*)?
6. È noioso in generale un film di Jim Carrey?
7. È brutto Brad Pitt?
8. Com'è Popeye?

 B. Conversazione. With a classmate, take turns asking each other about a roommate or good friend (**amico/amica**).

1. Hai un compagno/una compagna di stanza o un amico/un'amica?
2. Come si chiama? (*What is her/his name?*)
3. Di dov'è?
4. È bruno(a) o biondo(a)? alto(a) o basso(a)? Ha gli occhi castani o azzurri?
5. È simpatico(a)?
6. È intelligente? È studioso(a) o pigro(a)?
7. È avaro(a) o generoso(a)?
8. Quante lingue parla? Una? Due? Tre?

 C. Personalità. With a classmate, discuss the qualities of an ideal friend and the personality flaws that you cannot stand. Share your thoughts with the class as a whole.

■ **Esempio**   *L'amico/L'amica ideale è...*
          L'amico/L'amica ideale non è...

D. Descrizione. Introduce yourself to the class. Start with **Mi chiamo...**, and then describe your personality briefly using appropriate adjectives.

Drill adjectives and their opposites by moving rapidly from one student to another, asking: *È alta Maria? No, è bassa. È brutto Marcello? No, è bello*, etc. **Whole-class or group activity:** 1. Have students write brief descriptions of themselves, using *Sono* with three or four adjectives and read them aloud. 2. Have them bring in magazine photos of celebrities and describe them in a few sentences. 3. Ask a student to describe a classmate and have students guess who is being described, asking questions if necessary.

Informazioni

Informazioni geografiche

Italians speak of their country in terms of four geographical divisions, referring to the northern, central, and southern parts of the country as well as the islands: **Italia settentrionale (del nord), centrale (del centro), meridionale (del sud), and insulare (delle isole)**. Politically, Italy is divided into twenty regions, which are responsible for local administration. Each region has cities, towns, and villages. The most important city is the region's capital. The regions themselves are divided into provinces. There are two independent states within Italy: the Repubblica di San Marino, located between Emilia-Romagna and Marche, which is the smallest independent republic in the world, and the Città del Vaticano, within Rome.

Le regioni d'Italia ⊕

Oggi siamo in… **Lombardia**. La Lombardia è una regione dell'Italia settentrionale. È ricca di laghi (*lakes*), fiumi (*rivers*) e canali. Al nord confina con la Svizzera. Se vuoi visitare la Lombardia, clicca qui: **www.cengagebrain.com**

Courtesy of the Author

■ Ville intorno al Lago di Como

LOMBARDIA

Lago Maggiore
Lago Di Como
• Bellagio
Lago d'Iseo
Bergamo •
• Milano
Lago di Garda
Cremona

La grammatica

1 L'aggettivo; *Buono* e *bello*

A. An adjective (**aggettivo**) must agree in gender and number with the noun it modifies. When an adjective ends in **-o**, it has four endings: **-o** (*m. sing.*), **-i** (*m. pl.*), **-a** (*f. sing.*), and **-e** (*f. pl.*).

	Singular	Plural
Masculine	il bambino biond**o**	i bambini biond**i**
Feminine	la bambina biond**a**	le bambine biond**e**

Luigi è alto e biondo.	*Luigi is tall and blond.*
Maria è bassa e bruna.	*Maria is short and brunette.*
Maria e Carlo sono generosi.	*Maria and Carlo are generous.*

When an adjective ends in **-e**, it has two endings: **-e** (*m. & f. sing.*) and **-i** (*m. & f. pl.*).

	Singular	Plural
Masculine	il ragazzo intelligent**e**	i ragazzi intelligent**i**
Feminine	la ragazza intelligent**e**	le ragazze intelligent**i**

Luigi è felice.	*Luigi is happy.*
Maria è felice.	*Maria is happy.*
Maria e Luigi sono felici.	*Maria and Luigi are happy.*

If an adjective modifies two nouns of different gender, the masculine plural ending is used. An adjective usually follows the noun it modifies. However, the following common adjectives usually precede the noun:

bello	*beautiful, handsome, fine*	**piccolo**	*small, short*
brutto	*ugly, plain*	**stesso**	*same*
buono	*good*	**nuovo**	*new*
bravo	*good, talented*	**altro**	*other*
cattivo	*bad, mean, naughty*	**caro***	*dear*
giovane	*young*	**vero**	*true*
vecchio	*old*	**primo**	*first*
grande	*big, large; great*	**ultimo**	*last*

l'**altro** giorno	*the other day*
un **caro** amico	*a dear friend*
una **grande** casa	*a big house*

When an adjective precedes the noun, the form of the article depends on the first letter of the adjective.

gli studenti   BUT: **i** bravi studenti

NOTE: All adjectives follow the noun when they are modified by the adverb **molto** (*very*), **poco** (*little, not very*), **abbastanza** (*enough, rather*), or **un po'** (*a little*).

un amico **molto** caro	*a very dear friend*
una casa **abbastanza** grande	*a rather big house*

*Caro, after the noun, means "expensive": **un'automobile cara**, *an expensive car.*

È brutta o carina Roberta? Ha i capelli lunghi o corti? Ha gli occhi verdi o castani?

Introduce gender and number of adjectives ending in -o, using two students with the same characteristics: *alti, bruni,* or *biondi (capelli) lunghi* or *corti. Com'è Joan (John)? Come sono Joan e John? Come sono i capelli di... ? E i capelli di... ?* Introduce adjectives ending in -e: *È giovane e intelligente... ? Sono giovani e intelligenti... ? E gli studenti d'italiano come sono?* Invite them to compile a list of positive adjectives and to boast their own good qualities.

Please note that although *bello* and *buono* are introduced here, students are not expected to use either adjective actively until part B of this section, where both of these irregular adjectives are presented. Point out that *giovane* (young) and *nuovo* (new) have the same opposite: *vecchio.*

Adjectives denoting *nationality* or *color* always follow the noun:

italiano	*Italian*	**tedesco** (*pl.* **tedeschi**)	*German*
spagnolo	*Spanish*	**africano**	*African*
francese	*French*	**greco**	*Greek*
irlandese	*Irish*	**russo**	*Russian*
inglese	*English*	**cinese**	*Chinese*
canadese	*Canadian*	**giapponese**	*Japanese*
messicano	*Mexican*	**americano**	*American*

una signora **inglese**	*an English lady*
la lingua **cinese**	*the Chinese language*
una macchina **tedesca**	*a German car*
due belle donne **americane**	*two beautiful American women*

I colori

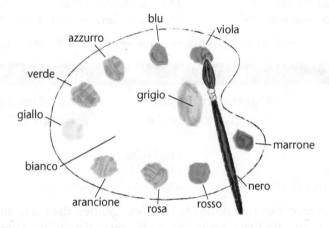

chiaro, scuro	*light, dark*
verde chiaro	*light green*
grigio scuro	*dark grey*

un fiore **giallo**	*a yellow flower*
due case **rosse**	*two red houses*

The adjectives **rosa, blu, viola,** and **marrone** are invariable.

due biciclette **blu**	*two blue bicycles*

NOTE: Like nouns ending in **-ca** and **-ga**, adjectives ending in **-ca** and **-ga** change in the plural to **-che** and **-ghe**.

due case **bianche**	*two white houses*
due strade **lunghe**	*two long streets*

B. *Buono e bello*

1. When the adjective **buono** (*good*) precedes a singular noun, it has the same endings as the indefinite article **un.**

un libro, un **buon** libro	*a book, a good book*
un'amica, una **buon'**amica	*a friend, a good friend*

NOTE: Buono in its plural forms has regular endings:

due **buoni** amici	*two good friends*
due **buone** ragazze	*two good girls*

Buona Pasqua (Happy Easter)!
A Pasqua gli Italiani augurano
«Buona Pasqua» a parenti e amici,
e comprano per i bambini un
grosso uovo di cioccolato. Dentro
l'uovo c'è una sorpresa: una piccola
automobile o un giocattolo (toy)
per i bambini e una piccola
bambola (doll) o un giocattolo
per le bambine.

2. When the adjective **bello** (*beautiful, handsome*) precedes a noun, it has the same endings as the definite article **il**.

il ragazzo, il **bel** ragazzo	*the boy, the handsome boy*
i fiori, i **bei** fiori	*the flowers, the beautiful flowers*
l'albero, il **bell'**albero	*the tree, the beautiful tree*
la casa, la **bella** casa	*the house, the beautiful house*
l'amica, la **bell'**amica	*the friend, the beautiful friend*
gli occhi, i **begli** occhi	*the eyes, the beautiful eyes*
le parole, le **belle** parole	*the words, the beautiful words*
lo stato, il **bello** stato	*the state, the beautiful state*

NOTE: When the adjective **bello** follows the noun it has regular forms: **bello, bella, belli, belle.**

Maria ha due bambini **belli** e **buoni.** BUT: Maria ha due **bei** bambini.

Pratica

 A. Com'è? Come sono? In pairs, ask each other about the following people and things, as in the examples.

■ **Esempi** piazza / grande ragazzi / sportivo
— *Com'è la piazza?* — *Come sono i ragazzi?*
— *È grande.* — *Sono sportivi.*

1. cattedrale di Firenze / bello **2.** ragazze italiane / bruno **3.** compagne di classe / simpatico **4.** gelati italiani / buono **5.** lezioni d'italiano / interessante **6.** professore(ssa) d'italiano / buono, bello, bravo **7.** Bill Gates / ricco **8.** macchine tedesche / caro **9.** studenti d'italiano / intelligente

B. Mettiamo al plurale. Change the following phrases from the singular to the plural, following the example.

■ **Esempio** una bella macchina rossa
due belle macchine rosse

1. una bella signorina canadese **2.** una piccola casa verde **3.** un ragazzo simpatico e generoso **4.** una ragazza intelligente e studiosa **5.** un vecchio cane nero **6.** una storia interessante e divertente **7.** una bella signora francese **8.** una vecchia bicicletta verde **9.** un ragazzo intelligente e sportivo (*athletic*)

For further practice, you may want to ask students, working in pairs, to come up with several questions of their own. For example: *Com'è l'aula? Com'è il compagno di stanza?* They can then take turns asking their classmates for answers.

Nota culturale

■ Firenze – l'interno della cupola (*dome*) della Cattedrale

La cupola della Cattedrale di Firenze 🌐

La cupola della Cattedrale di Firenze (Santa Maria del Fiore) è il capolavoro di Brunelleschi. Se vuoi saperne di più, clicca qui: **www.cengagebrain.com**

C. Intervista. Ask an American student studying in Siena what the experience is like. Imagine the conversation, using the cues as in the example.

■ **Esempio** facile / gli esami
— *Sono facili gli esami?*
— *Gli esami sono molto facili (o abbastanza facili).*

1. paziente / i professori
2. divertente / la classe d'italiano
3. interessante / i corsi
4. bravo / i compagni
5. simpatico / gli amici
6. cordiale / gli Italiani
7. bello / la città di Siena
8. buono / i gelati italiani

D. Che fortuna! Explain why Donata Belli, an Italian businesswoman, is a lucky person. Complete each sentence with the suggested adjective(s).

■ **Esempio** (tedesco) Donata Belli lavora per una compagnia.
— *Donata Belli lavora per una compagnia tedesca.*

1. (intelligente) Donata Belli è una persona.   2. (grande) Lavora in un ufficio. 3. (bravo) Ha una segretaria.   4. (simpatico) Lavora con colleghi (*colleagues*).   5. (giovane, dinamico) Ha impiegati.   6. (interessante) Ha un lavoro.   7. (nuovo, rosso) Ha anche una Ferrari.   8. (fortunato) È davvero (*really*) una persona.

👥 **E. Di che colore è (sono)... (What color is [are] . . .)?** In pairs, ask each other questions, following the example.

■ **Esempio** gli alberi (*trees*)
— *Di che colore sono gli alberi?*
— *Sono verdi.*

1. i tassì (*taxis*) di New York   2. la bandiera (*flag*) americana   3. la bandiera italiana   4. la neve (*snow*)   5. gli occhi della compagna di classe vicino a te (*near you*)   6. i capelli del compagno di classe vicino a te   7. il cielo (*sky*) quando piove (*it rains*)   8. il cielo quando è sereno (*it is clear*)

F. Domande personali. Find out how your classmates would describe themselves. Ask each other questions using the following adjectives and respond using **molto, poco,** and **abbastanza.**

■ **Esempio**   generoso
              — *Mary, sei generosa?*
              — *Sì, sono abbastanza generosa.*

1. studioso
2. pigro
3. fortunato
4. felice

5. timido
6. socievole
7. calmo

G. Le classi. Two students exchange comments about their classes. Complete their dialogue.

Andrea   Marc, com'è il corso d'italiano?

Marc   _____. Com'è il corso di filosofia?

Andrea   _____. Il professore d'italiano è severo?

Marc   _____, e la professoressa di filosofia?

Andrea   _____. Com'è la lingua italiana?

Marc   _____.

Andrea   Ci sono molti compiti?

Marc   _____. Gli esami sono _____.

Andrea   Come sono gli studenti?

Marc   _____.

H. *Buono.* In pairs, ask each other questions, following the examples.

■ **Esempi**   caffè
             — *Com'è il caffè?*
             — *È un buon caffè.*

             compagni
             — *Come sono i compagni?*
             — *Sono buoni compagni.*

1. ristorante   2. lezione   3. automobile   4. libro   5. idea   6. amici
7. cane   8. consigli (*advice*)

I. *Bello.* You are showing a friend some photos. Your friend comments on each one, using **bello.**

■ **Esempio**   casa di Anna
              — *Ecco la casa di Anna.*
              — *Che bella casa!*

1. fontana di Trevi   2. negozio Gucci   3. ufficio di mio padre   4. automobile di Marcello   5. ragazzo di Gabriella   6. zoo di San Diego

2 *Avere (To have)* e frasi idiomatiche con *avere*

A. *Avere*

The present tense (**presente**) of **avere** is conjugated as follows:

Person	Singular	Plural
1st	io **ho** *(I have)*	noi **abbiamo** *(we have)*
2nd	tu **hai** *(you have, familiar)*	voi **avete** *(you have, familiar)*
3rd	lui **ha** *(he has)*	loro **hanno** *(they have)*
	lei **ha** *(she has)*	Loro **hanno** *(you have, formal)*
	Lei **ha** *(you have, formal)*	

To use the verb **avere** in the negative or interrogative form, follow the general rules presented for the verb **essere** in **Capitolo 1**.

Io **ho** un cane. E tu?	*I have a dog. And you?*
Gianni non **ha** i capelli neri.	*Gianni does not have black hair.*
Voi non **avete** il libro.	*You don't have the book.*
Ha una mącchina americana Lei?	*Do you have an American car?*
I signori Scotti **hanno** una bella casa?	*Do Mr. and Mrs. Scotti have a nice house?*

Another way to ask a question of fact or to request confirmation is to add (**non è**) **vero?** at the end of a statement.

Hai una bicicletta, (non è) vero?	*You have a bicycle, don't you?*
Marcello **ha** gli occhi verdi, (non è) vero?	*Marcello has green eyes, doesn't he?*

— Cara, non hai paura, vero?

B. Espressioni idiomatiche con *avere*

In Italian, the following idiomatic expressions (**espressioni idiomatiche**) are formed using **avere** + *noun*. In English, by contrast, they are formed in most cases using *to be* + *adjective*.

avere fame	*to be hungry*	**avere caldo**	*to be hot*
avere sete	*to be thirsty*	**avere freddo**	*to be cold*
avere sonno	*to be sleepy*	**avere ragione**	*to be right*
avere paura (di)	*to be afraid (of)*	**avere torto**	*to be wrong*
avere vǫglia (di)	*to feel like*	**avere fretta**	*to be in a hurry*
avere bisogno (di)	*to need*		

Hai paura di un esame difficile?	*Are you afraid of a difficult exam?*
Ha bisogno di un quaderno?	*Do you need a notebook?*
Ho caldo e **ho** anche **sete**.	*I am hot and I am also thirsty.*
Hai vǫglia di mangiare un buon gelato?	*Do you feel like eating a good ice cream?*

NOTE: When referring to an object as hot or cold, use **ęssere**: **Il caffè è caldo.** *The coffee is hot.*

Nota culturale

■ — Che naso ha Pinocchio?
— Ha un naso lungo.

Pinocchio

Contrariamente a quanto molti pensano, Pinocchio non è un personaggio di Walt Disney, ma è un burattino nato in Italia nel 1881. Se vuoi saperne di più, clicca qui: **www.cengagebrain.com**

Pratica

A. Una conversazione. Lilli, Tina, and her sister Lisa are talking about their friends. Complete their dialogue with the correct form of the verb **avere**, and add the missing words using your imagination.

Tina _____ molti amici tu?

Lilli Sì, _____ molti amici, e tu e Lisa?

Tina Noi _____.

Lisa Il mio (*my*) amico Gianni _____ una Ferrari rossa.

Lilli Voi _____ amici ricchi!

Tina No, il papà e la mamma di Gianni _____ molti soldi (*money*).

Lilli Tu e Lisa _____ la macchina?

Tina Noi _____, e tu?

Lilli _____.

B. Contraddizione. In pairs, ask each other questions and respond in a contradictory way, following the example.

■ **Esempio** Fabio / cane stupido
— *Fabio ha un cane stupido?*
— *No, non ha un cane stupido. Ha un cane intelligente.*

1. voi / amici avari **2.** tu / compagni pigri **3.** i professori / una professione noiosa **4.** una persona povera / una vita facile **5.** tu / un grande appartamento

Encourage students to ask additional questions of their own, following the exercise format.

C. Non è vero? A classmate asks you to confirm his/her statements. Respond by providing the correct information, following the example.

■ **Esempio** tu / una macchina tedesca /americano
— *Tu hai una macchina tedesca, non è vero?*
— *No, ho una macchina americana.*

1. gli studenti / corsi noiosi / interessante **2.** voi / una vecchia Honda / nuovo **3.** tu / due compagni francesi / canadese **4.** tu / una grande stanza / piccolo **5.** il tuo amico / una ragazza messicana / argentino

D. Un'intervista. With a classmate, take turns asking each other the following questions. Then, report to the class what you have learned.

■ **Esempio** David, hai un grande appartamento?
— *No, ho un piccolo appartamento...*
— *David ha un piccolo appartamento...*

1. Hai una macchina o una bicicletta? Di che colore è? È italiana?   2. Hai un cane o un gatto? Ha un nome? Come si chiama?   3. Hai un lavoro? È un buon lavoro? Hai un buono stipendio?   4. Hai un compagno/una compagna di stanza? Ha i capelli biondi? Ha gli occhi azzurri? È studioso(a)?

 E. Cosa desideri (*What do you want*)? With a classmate, take turns asking and answering the questions, using the cues provided.

■ **Esempio** — Cosa desideri quando *hai fame?*
— *Vorrei* (I would like) *una pizza.*

Cosa desideri quando...

1. hai fame?
2. hai sete?
3. hai sonno?
4. hai caldo?
5. hai freddo?
6. hai paura?
7. non hai voglia di studiare?

Explain that the word *cappuccino* comes from *cappuccio*, the white-lined hood that monks wear, because the foam on top of the cup looks like a hood.

Risposte possibili: una Coca-Cola, un piatto di spaghetti, un'acqua minerale fresca, un bel letto (*bed*), un gelato alla panna, andare (*to go*) al cinema, un caffè caldo, essere alle Bahamas, parlare con gli amici, essere in Alaska, avere un po' di coraggio, una torta al cioccolato, un buon cappuccino

F. Perché? With a classmate, take turns asking and answering the following questions. Use idioms with **avere**.

You may want to expand on this exercise by asking students to work in groups of four to come up with responses to each question. The group with the most answers in five minutes wins.

1. I ragazzi mangiano (*eat*) una pizza. Perché?
2. Il professore d'italiano dice che tu studi molto. Ha ragione o ha torto?
3. Perché stasera tu non guardi (*watch*) la televisione?
4. È agosto, e noi beviamo (*drink*) molta acqua minerale. Perché?
5. Oggi tu non studi; è perché sei stanco(a) (*tired*) o perché non hai voglia di studiare?

3 *Quanto? (How much?)* e i numeri cardinali

Practice *quanto?* as an adjective and the question *Quanto costa... ?*
1. *Quanto costa il libro di matematica? E il libro d'italiano? E due cappuccini? un CD?* 2. *Quanti studenti ci sono in classe? Quanti libri hai a casa? Quante finestre ci sono in questa classe?*, etc.
3. Have students ask their partners the approximate ages of famous people (e.g., *Quanti anni ha Julia Roberts, il presidente degli Stati Uniti?*, etc.).

A. *Quanto* (*Quanta, Quanti, Quante*) used as an interrogative adjective agrees in gender and number with the noun it modifies.

Quante lezioni hai oggi?   *How many classes do you have today?*

Quanto is invariable when it precedes a verb and is used as an indefinite interrogative expression.

Quanto costa la torta?   *How much is the cake?*
Quanto fa quaranta meno sette?   *How much is forty minus seven?*

To express age, Italian uses **avere** + *number* + **anni**.

Quanti **anni ha** Pietro? *How old is Pietro?*
Pietro **ha diciannove anni**. *Pietro is 19 (years old).*

B. You have already learned the cardinal numbers from 0 to 49. Here are the numbers from 50 to 100:

50 cinquanta   58 cinquantotto
51 cinquantuno   59 cinquantanove
52 cinquantadue   60 sessanta
53 cinquantatrè   70 settanta
54 cinquantaquattro 80 ottanta
55 cinquantacinque 90 novanta
56 cinquantasei   100 cento
57 cinquantasette

1. All the numbers are invariable except **zero** and **uno**. **Uno** has the same forms **(un, uno, una, un')** as the indefinite article **un** when it precedes a noun. (**Un amico** translates as *a friend* or *one friend*.)

   C'è **una** fontana in Piazza Navona?   *Is there **one** fountain in Piazza Navona?*

2. The numbers **ventuno, trentuno, quarantuno,** up to **novantuno,** drop the final **-o** before a noun.

   Lisa ha **ventun** anni.   *Lisa is twenty-one years old.*

3. The numbers **venti, trenta, quaranta,** up to **cento,** usually drop the final vowel before the word **anni**.

   La nonna ha **ottant'anni**.   *Grandma is eighty.*

NOTE: In decimal numbers, Italian uses a comma (**vịrgola**) where English uses a period (**punto**): $3,35 = **tre dọllari e trentacinque centẹsimi**.

4. The numbers above 100 are:

101 centouno   2.000 duemila
200 duecento   3.000 tremila
300 trecento   100.000 centomila
1.000 mille   1.000.000 un milione
1.001 milleuno   2.000.000 due milioni
1.100 millecento   1.000.000.000 un miliardo

NOTE:

- The plural of **mille** is **mila**.

  duemila chilọmetri   *two thousand kilometers*

- In Italian, **cento** and **mille** are not preceded by the indefinite article **un**.

  cento euro   *a hundred euros*
  mille persone   *a thousand people*

- When **milione** (*pl.* **milioni**) and **miliardo** (*pl.* **miliardi**) are immediately followed by a noun, they take the preposition **di**.

  Ci sono **due milioni di** abitanti a Roma?   *Are there two million inhabitants in Rome?*

— O dividiamo i cento milioni o chiamo mio marito!

Pratica

Call some students to the board, and have other students dictate simple math problems to them.

A. Quanto fa... ? With a classmate, take turns dictating and solving these math problems.

1. 11 + (**più**) 30 = (**fa**) _____
2. 80 − (**meno**) 22 = _____
3. 10 × (**per**) 7 = _____
4. 100 ÷ (**diviso**) 4 = _____

B. Quiz. Answer the following questions.

1. Quanti minuti ci sono in un'ora (*hour*)?
2. Quante ore ci sono in un giorno?
3. Quanti giorni ci sono nel mese di aprile?
4. Quanti anni ci sono in un sẹcolo (*century*)?
5. Quante stelle ci sono sulla bandiera americana?
6. Quante libbre (*pounds*) ci sono, approssimativamente, in un chilogrammo?
7. Quanti zeri ci sono in 1.000 dọllari?
8. Quanti studenti ci sono nella classe d'italiano?
9. Quante sịllabe ci sono nella parola più lunga (*longest*) della lịngua italiana: «precipitevolissimevolmente» (*very fast*)?

C. Quanto costa? Your family has won the lottery and is making some luxurious purchases. A relative asks how much everything costs. Recreate the questions and answers with a classmate, following the example.

■ **Esempio** bicicletta / 450
— *Quanto costa la bicicletta?*
— *Costa quattrocentocinquanta dọllari.*

1. motocicletta / 4.300
2. computer / 3.700
3. frigorịfero / 1.170
4. casa / 650.000
5. Ferrari / 100.000
6. televisore / 990

4 *Quale? e che? (Which? and what?)*

Al mercato: la bancarella (*stall*) delle sciarpe (*scarves*). Quale colore preferisci?

Quale and **che** are interrogative adjectives. **Quale**, like *which*, implies a choice among alternatives. It usually drops the **-e** before **è** and, like other adjectives ending in **-e**, has only two forms: **quale** and **quali**.

Ho bisogno di un libro.	*I need a book.*
Quale libro?	*Which book?*
Il libro di biologia.	*The biology book.*

Che indicates *what kind* and is an invariable adjective.

Che mạcchina hai?	*What (kind of) car do you have?*

NOTE: The expression **che** is also used in exclamations. In this case, it means *What . . . !* or *What a . . . !*

Che bravo studente!	*What a good student!*
Che bei bambini!	*What beautiful children!*

Pratica

A. Quale... ? Ask a friend where some places and things are located. He or she will ask you to specify which place or thing you mean. Follow the example.

You may ask students to expand this exercise by specifying the locations of the things and places in question: *È (Sono) sullo scaffale / nel garage / in via...*

■ **Esempio** libro / Giancarlo
— *Dov'è il libro?*
— *Quale libro?*
— *Il libro di Giancarlo.*

1. compiti / italiano
2. fotografie / Roma
3. orologio (watch) / Maria
4. negozio / frutta
5. aula / chimica
6. indirizzo / Marisa

B. Che... ? A friend is thinking of making several purchases today. Request more specifics by asking **Che... ?,** following the example.

■ **Esempio** macchina / Fiat
— *Oggi compro una macchina.*
— *Che macchina?*
— *Una (macchina) Fiat.*

1. motocicletta / Honda
2. bicicletta / Bianchi
3. cane / setter
4. orologio (*watch*) / Gucci
5. computer / Macintosh

C. Che... ! One student will make a statement, the other will react with an exclamation, as in the example.

■ **Esempio** — La signora Maria ha due *belle* bambine.
— *Che belle bambine!*

1. Lucia ha una stanza *disordinata*.
2. Marco non studia perché è un ragazzo *pigro*.
3. Il (La) professore(ssa) è *paziente* quando spiega.
4. Questa (*This*) pizza è molto *buona*.
5. Stefano è un ragazzo molto *generoso* con gli amici.

Per finire

Due compagni di stanza   CD1, Track 15 🔊

Marcello Scotti e Antonio Catalano sono compagni di stanza e sono buoni amici. Marcello ha diciannove anni. È un bel ragazzo, alto e **snello**. Ha gli occhi e i capelli castani. Il padre di Marcello è ricco, e Marcello ha una bella Ferrari rossa. Marcello è studente **all'**università. **Non studia** molto, ma è un ragazzo molto generoso.

   Anche Antonio è studente. Ha la stessa **età** di Marcello. Antonio è basso, ha i capelli biondi e gli occhi azzurri. È un ragazzo molto simpatico e uno studente molto bravo. Antonio non è ricco, è povero. Non ha la macchina, ha una vecchia bicicletta e un vecchio cane che si chiama Fido. Oggi i due amici hanno bisogno di studiare molto perché domani hanno un esame.

Marcello	Antonio, io ho fame e sete, e tu?
Antonio	Anch'io ho fame.
Marcello	**Andiamo** a mangiare in un buon ristorante!
Antonio	Perché non andiamo a mangiare un bel gelato?
Marcello	**Ma** io ho molta fame! Un gelato non è abbastanza.
Antonio	Ma io, oggi, non ho abbastanza **soldi**.
Marcello	**Non importa**. Oggi **offro io**.

slender

at the / He doesn't study

age

Let's go

But

money

It doesn't matter. / I offer, I'll pay.

Ecco Fido, il vecchio cane di Antonio.

Jerry Shulman/SuperStock

Have students notice the use of *molto* before adjectives. Ask: *È un bel ragazzo Marcello?* Have them answer: *È un ragazzo molto bello.* Ask: *È un vecchio cane Fido?* etc.

Comprensione

1. Chi sono Marcello e Antonio?
2. Sono vecchi?
3. È vero che Marcello è un brutto ragazzo?
4. Di che colore sono gli occhi di Marcello?
5. Che macchina ha?
6. È un amico avaro?
7. È un ragazzo simpatico Antonio? È alto?
8. Di che colore sono gli occhi di Antonio?
9. Ha la macchina? Che cos'ha?
10. Com'è Antonio in classe?
11. È un bravo studente Marcello?
12. Perché Marcello paga (*pays for*) la pizza?

Ascoltiamo!

La sera della festa   CD1, Track 16 🔊

It is the evening of Marco's party. Marco is greeting Rita and introducing her to Claudio. Listen to the exchange that follows. Then answer the following questions.

Comprensione

1. Dove sono Claudio e Rita?
2. Di dov'è Claudio?
3. Come si chiama l'amica di Claudio? È inglese?
4. Di quale (*which*) città è Marilyn?
5. Come sono, in generale, i giovani americani?

👥 Dialogo

Imagine that you are at a discotheque and are describing to your best friend a person you have just met. Your friend wants to know where your new acquaintance is from, if he/she is a student and where, and what he/she is like. Act out this conversation with a classmate.

You can begin by saying: **Ho conosciuto** (*I met*)... Your friend can then ask questions.

Com'è il tuo compagno di stanza? 🔊

For more listening practice, listen to CD1, Track 17, and answer the following questions.

Comprensione

1. Chi è Rita?
2. Quando s'incontrano Rita e Luciano?
3. Quanti compagni di stanza ha Luciano quest'anno?
4. Come si chiama?
5. Di che città è?
6. È uno studente mediocre?
7. Quante lingue parla?
8. Che cosa c'è domani sera?
9. È invitata Rita?

Adesso scriviamo!

La descrizione di una persona

Write a brief paragraph (six to eight sentences) describing a friend. Use the descriptions of Marcello and Antonio in **Due compagni di stanza** as models.

A. Before you begin to write, organize your information by completing the chart below with appropriate words and phrases that you have learned.

Nome e cognome (*last name*): _____
Descrizione fisica: _____
La personalità: _____
È studente/studentessa o lavora? _____
Ha la macchina? _____
È un buon amico/una buon'amica? _____

B. Now write your description based on the information in your chart. Start with: **Si chiama...**

A. Presentazioni. You are the host/hostess at a reception for new students at the Università per Stranieri (*Foreigners*) di Siena. With a classmate, take turns making introductions by referring to the students' nametags.

Philippe Dulac
Parigi

■ **Esempio** Philippe Dulac, Parigi
— *Vi presento Philippe Dulac. È francese. Abita* (He lives) *a Parigi.*

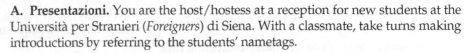

1 Sean O'Brien Dublino
2 Lupita Leal Acapulco
3 Olympia Naxos Atene
4 Annette Moreau Québec
5 Juan Solis Madrid
6 Otto Bauer Berlino
7 Daniela Koenig Zurigo
8 Yoko Yamada Tokio
9 Laura Parker Oxford

B. Dati personali. You are applying for a part time job at the library. Take turns with a partner to play the role of the employee who asks you the questions and fills the form. Then reverse the role. Start with: **Nome? Cognome** (*Last name*)**?** etc.

DATI PERSONALI

NOME
COGNOME
PROFESSIONE
INDIRIZZO
CITTÀ
CODICE POSTALE (ZIP CODE)
NUMERO DI TELEFONO
POSTA ELETTRONICA

NOTE: The symbol @ in Italian is called **chiocciola** (which means "snail" because of its shape). For example, the following e-mail address, Franco@libero.it, is read in Italian as: **Franco chiocciola libero punto it.**

C. Italiani noti. Identify each of the well-known Italians on the left and indicate what his or her profession is. Then describe him or her briefly. Present one of your descriptions to the class and see how it compares to your classmates' description of the same person.

Umberto Eco, scrittore

Cecilia Bartoli, soprano

Roberto Cavalli, stilista

Vocabolario utile:

eyeglasses **gli occhiali**
beard **la barba**
tie **la cravatta**
moustache **i baffi**
bald **calvo**

Attualità

Alcune città italiane

A. Prima di leggere. You are going to read about a few of the main cities in Italy. Every city has its own distinctive characteristics. Every region has its regional capital.

La diversità delle regioni italiane si riflette nelle loro città: ogni (*every*) città ha un aspetto caratteristico che la distingue dalle altre. Ogni regione ha la sua città-capoluogo (*regional capital*).

Roma è il capoluogo del Lazio, e dal 1870 (milleottocentosettanta) è la capitale d'Italia. Roma è chiamata (*called*) «la città eterna», centro dell'antico impero romano e sede (*seat*) dei Papi.

Roma – il Colosseo

Milano, capoluogo della Lombardia, si trova nella fertile pianura del fiume (*river*) Po. Milano è il centro industriale e finanziario d'Italia. L'industria della moda (*fashion*) e la Fiera Campionaria (*Trade Show*) sono di fama internazionale.

Venezia è una città romantica: una città sull'acqua, con i canali, i ponti, le gondole e i palazzi pittoreschi.

Firenze, capoluogo della Toscana è la culla (*cradle*) del Rinascimento (*Renaissance*). Artisti e studenti arrivano da tutto il mondo per studiare l'arte e le opere (*masterpieces*) dei grandi artisti del Rinascimento. Donatello, Brunelleschi, Botticelli, Michelangelo e Leonardo da Vinci sono solo alcuni dei grandi artisti del Rinascimento toscano.

Firenze – la facciata della Cattedrale di Santa Maria del Fiore

Bologna, nell'Emilia-Romagna, è chiamata «la dotta» per la sua tradizione universitaria, e «la grassa» per la ricchezza della sua cucina.

Napoli, capoluogo della Campania, è il più (*the most*) importante porto meridionale. Nel suo golfo ci sono le due belle isole di Capri e Ischia.

Napoli – veduta del porto e del golfo

Palermo è il capoluogo della Sicilia. La Sicilia, a causa (*because of*) della sua posizione strategica, è stata invasa (*was invaded*) da molti popoli, tra cui (*among which*) i Cartaginesi, i Greci, i Romani, i Bizantini, gli Arabi, i Normanni. Questi popoli hanno lasciato (*left*) la loro impronta (*their imprint*) nell'arte, nell'architettura e nel folklore dell'isola.

Palermo – la Cattedrale

B. Alla lettura. Answer the following questions.

1. Quale città è chiamata: «la città eterna»? Di quale regione è il capoluogo?
2. Quale città è il centro industriale e finanziario d'Italia? Quale industria è di fama internazionale?
3. Che cosa c'è a Venezia?
4. Quale città è il capoluogo della Toscana? Perché artisti e studenti arrivano da tutto il mondo?
5. Perché Bologna è chiamata «la dotta» e «la grassa»?
6. Come si chiamano le due belle isole nel golfo di Napoli?
7. Quale città è il capoluogo della Sicilia? Dove hanno lasciato la loro impronta gli invasori (*invaders*) dell'isola?
8. Hai la possibilità di visitare solo una delle città descritte: quale vorresti visitare (*You have the possibility to visit only one of the cities described above: which one would you like to visit*)?

Attività video ▶

Attività vocabolario

A. Watch the segment of the video "**Buon compleanno!**" Then complete the following sentences with the words given.

> **generoso, bella, cinquanta, contento, piccola, grande, ha, buona, fortunato**

1. Zio Jerry è andato in America _____ anni fa (*ago*).

2. In America zio Jerry ha creato una _____ azienda (*firm*).

3. Adesso (*Now*) zio Jerry _____ una _____ azienda, in una _____ posizione.

4. Zio Jerry è _____ (*lucky*) e _____ (*generous*).

5. Zio Jerry e la sua (*his*) famiglia fanno una _____ festa per il suo compleanno.

6. Marco telefona a suo zio per fargli gli auguri (*to wish him happy birthday*) e lo zio è _____.

Courtesy of the author; Photo by Shira Katz

B. Domande sul video.

1. Quando è andato (*did he go*) in America lo zio Jerry?

2. Che cosa ha creato in America?

3. Oggi l'azienda è piccola?

4. Marco telefona a suo zio. Perché?

5. Lo zio festeggia (*celebrates*) il suo compleanno a casa o al ristorante?

6. Marco e Giovanni fanno (*film*) un video in giro per l'Italia. Viaggiano (*Do they travel*) in macchina o in treno?

© Cengage Learning

7. Il primo intervistato (Federico Guzman) festeggia il suo compleanno a casa con gli amici o al ristorante?

8. Un altro intervistato (Alessandro) con chi (*with whom*) mangia la pizza? Cosa offre agli amici? Alessandro paga (*pays for*) la pizza agli amici o «fanno alla romana» (*each person pays for his/her bill*)?

9. Per il giorno di Pasqua, un'intevistata (Benedetta) invita i parenti (*relatives*) a casa. Chi cucina per tutti? Benedetta o la mamma di Benedetta?

Attività grammatica

A. Watch the segment of the video "**Buon compleanno!**" for a second time. Then complete the sentences below with the following verbs (in the correct form), verbal expressions, nouns, or adjectives.

> **avere (×2), avere fretta, avere bisogno, avere voglia (×2), tanti, nuova, zio, grande, in giro** (*around*)

1. Marco _____ una macchina _____: è una Mini Cooper. È un regalo (*present*) dello _____ Jerry.

2. Lo zio Jerry è andato in America _____ anni fa.

3. Lo zio Jerry _____ una _____ azienda (*firm*) in America.

4. Marco e il suo amico Giovanni sono _____ per l'Italia per fare (*to film*) un video.

5. Marco _____ della macchina per viaggiare (*to travel*) da Roma a Venezia.

6. Un'intervistata dice che la sera di Natale (*Christmas*) lei e gli amici _____ una festa.

7. Un intervistato dice che per le feste (*holidays*) lui e gli amici _____ di stare insieme (*together*) per mangiare e dire cavolate (*nonsenses*).

8. Marco dice: «Dai (*Come on*) Giovanni, andiamo... su (*let's go*)», perché Marco _____ di partire (*to leave*).

B. Partecipazione. In groups of three students, take turns asking one another the following questions.

- Tu hai dei parenti (*relatives*) che abitano all'estero (*abroad*)? In quale paese (*country*)?

- Hai uno zio ricco come lo zio di Marco?

- Hai una macchina? Se sì, che macchina hai? Com'è?

- Come festeggi il tuo compleanno? Inviti gli amici a casa? Inviti gli amici al ristorante? Al ristorante paghi tu il conto (*you pay the bill*) o pagate «alla romana»?

- Quando festeggi il compleanno a casa e inviti gli amici, chi cucina per tutti (*who cooks for everybody*)?

- Il giorno di Natale festeggi con la famiglia o con gli amici? E il giorno di Pasqua (*Easter*)?

- Cosa dici a un amico/un'amica il giorno del suo compleanno? E il giorno di Natale? E il giorno di Pasqua? E prima (*before*) di un esame importante o difficile? E a tavola, prima di mangiare, cosa dici alla famiglia e agli amici?

Vocabolario 🔊

Nomi

l'anno	year
la bicicletta	bicycle
il cane	dog
il cognome	surname
il colore	color
il compagno/ la compagna di stanza, di scuola	roommate, classmate
l'età	age
l'indirizzo	address
la lingua	language
il minuto	minute
il nome	name, noun
il numero	number
l'occhio (*pl.* gli occhi)	eye(s)
la parola	word
la persona	person
la stanza	room
il tempo	time

Aggettivi

africano	African
altro	other
americano	American
azzurro	light blue
bianco (*pl.* bianchi)	white
blu (*inv.*)	dark blue
canadese	Canadian
carino	pretty, cute
caro	dear; expensive
castano	brown (for eyes and hair)
che... ?	what . . . ?
cinese	Chinese
corto	short (for objects)
difficile	difficult
facile	easy
francese	French
giallo	yellow
giapponese	Japanese
greco	Greek
grigio	gray
inglese	English

irlandese	Irish
lungo	long
marrone (*inv.*)	brown (for objects)
messicano	Mexican
nero	black
nuovo	new
primo	first
quale... ?	which . . . ?
quanti? quante?	how much?
rosa (*inv.*)	pink
rosso	red
russo	Russian
spagnolo	Spanish
sportivo	athletic
stesso	same
tedesco (*pl.* tedeschi)	German
ultimo	last
verde	green
vero	true
viola (*inv.*)	purple

Verbi

avere	to have

Altre espressioni

abbastanza	quite, rather
avere... anni	to be . . . years old
avere bisogno (di)	to need
avere caldo	to be hot
avere fame	to be hungry
avere freddo	to be cold
avere fretta	to be in a hurry
avera paura (di)	to be afraid (of)
avere ragione	to be right
avere sete	to be thirsty
avere sonno	to be sleepy
avere torto	to be wrong
avere voglia (di)	to feel like; to want
ma	but
o	or
poco	little
Quanti anni hai?	How old are you?
Quanto fa... ?	How much is . . . ?

L'università

3

Parole da ricordare
Il sistema italiano degli studi

Informazioni
L'università
Le regioni d'Italia:
Il Trentino-Alto Adige

La grammatica
1 Verbi regolari in -*are*: il presente
2 Verbi irregolari in -*are*
3 Le preposizioni: semplici, articolate, avverbiali
4 I giorni della settimana

Per finire
La settimana di Filippo
Ascoltiamo!
Adesso scriviamo!
Parliamo insieme!

Attualità
La vita degli studenti

Attività video

Courtesy of the Università di Trento

L'Università di Trento – studentesse al laboratorio

Risorse:
Internet   audio   video   ilrn.heinle.com

Parole da ricordare

Il sistema italiano degli studi

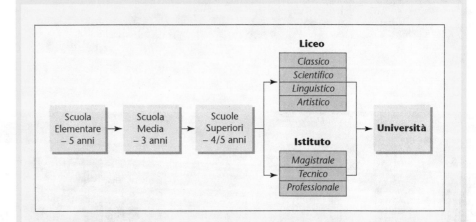

la biologia biology
la psicologia psychology
la sociologia sociology
la chimica chemistry
la fisica physics
l'informatica computer science
l'economia economics
la letteratura literature
la musica music
la storia history
la storia dell'arte art history
la filosofia philosophy
le lingue straniere foreign languages
le relazioni internazionali international relations
le scienze naturali natural sciences
le scienze politiche political sciences
la Facoltà di Scienze (Legge, Medicina, Ingegneria, Economia e Commercio) School of Science (Law, Medicine, Engineering, Economics, and Business)

il titolo di studio degree
la borsa di studio scholarship
il corso course, class
la materia subject
la conferenza lecture
la biblioteca library
gli appunti notes
la laurea university degree
l'esame orale, scritto oral, written exam
il voto grade
il trimestre quarter
il semestre semester
studiare to study
frequentare to attend
insegnare to teach
l'insegnante teacher
il maestro/la maestra elementary school teacher
presente present
assente absent
il liceo high school
iscriversi to enroll
laurearsi to graduate (from university)

NOTE: Children begin elementary school at the age of six. After middle school **(scuola media),** students attend high school. There are many different choices. The programs are controlled by the State. Students who want to study humanities or the sciences choose a **liceo classico** or **scientifico.** Those who want to start working soon, without going on to a university, go to an **istituto tecnico** where they can learn a practical trade.

Applicazione

A. Studenti. Complete the following sentences, which describe Italian universities and students.

1. In un anno accademico, ci sono due _____ o tre _____.

2. Marisa studia il tedesco e il russo: frequenta la Facoltà di _____.

3. In un trimestre ci sono esami _____ e _____.

4. Gianni non ha bei voti perché è spesso (non è in classe) _____.

5. Alla fine del liceo molti studenti s'iscrivono (*enroll*) all' _____.

6. Alla fine dell'università gli studenti ricevono la _____.

B. In quale facoltà? With a partner take turns asking the questions. Look at the list **Facoltà e diplomi di laurea** to find the answers.

■ **Esempio** ingegneria elettronica
— *In quale facoltà s'insegnano* (are taught) *corsi di ingegneria elettronica?*
— *Nella Facoltà d'Ingegneria.*

1. filosofia
2. chimica industriale
3. informatica
4. scienze giuridiche
5. fisioterapia
6. lingue straniere
7. psicologia
8. tecnologie alimentari
9. economia aziendale

C. Conversazione. Answer the following questions.

1. Quanti corsi hai questo trimestre / semestre? Quali sono?
2. Quale corso è interessante?
3. Quali compiti sono noiosi?
4. Hai bisogno di un computer per i compiti d'italiano?
5. Hai un computer? Un computer portatile (*laptop*)?
6. Che cosa studi oggi?
7. Hai molto tempo libero (*free*)?

FACOLTÀ E DIPLOMI DI LAUREA

AGRARIA

Scienze e tecnologie alimentari
3 anni

ARCHITETTURA

Scienze dell'Architettura
3 anni

ECONOMIA

Economia aziendale
3 anni

Economia finanza
3 anni

FARMACIA

Informazione Scientifica sul farmaco
3 anni

Farmacia Corso di Laurea Specialistica a Ciclo Unico

GIURISPRUDENZA

Scienze Giuridiche
3 anni

INGEGNERIA

Ingegneria civile
3 anni

Ingegneria delle telecomunicazioni
3 anni

Ingegneria elettronica
3 anni

Ingegneria gestionale
3 anni

Ingegneria informatica
3 anni

Ingegneria meccanica
3/5 anni

LETTERE E FILOSOFIA

Studi Filosofici
3 anni

Civiltà Letterarie
3 anni

Civiltà e Lingue Straniere Moderne
3 anni

Psicologia
3 anni/telematico

MEDICINA E CHIRURGIA

Scienze delle attività motorie
3 anni

Medicina e chirurgia
6 anni
Laurea Specialistica

Fisioterapista Infermiere Logopedista
4 anni

MEDICINA VETERINARIA

Medicina veterinaria
5 anni
Laurea Specialistica

SCIENZE MM. FF. NN.

Chimica industriale
3 anni

Fisica
3 anni

Matematica
3 anni

Scienze e tecnologie ambientali
3 anni

Scienze geologiche
3 anni

Scienze naturali
3 anni

This listing from Università degli Studi di Parma (Emilia-Romagna) shows the various **facoltà,** as well as representative **dipartimenti** and **corsi di laurea.**

Explain the difference between *facoltà* and *corso di laurea* with an example: In this chart, *la Facoltà di Lettere e Filosofia* offers four *corsi di laurea,* which correspond approximately to American departments.

Nota culturale

L'università in Italia e l'università in America 🌐

Se vuoi sapere qual è la differenza tra i due sistemi universitari, clicca qui: **www.cengagebrain.com**

Informazioni

L'università

Every year over half a million students in Italy take **l'esame di maturità.** Those who pass receive **il diploma di maturità,** the culmination of their years of schooling. Those who receive the diploma are eligible to enroll in a **facoltà**: currently, about 75 percent do so. However, only about 35 percent of Italian university students actually receive a degree.

University life can be very stressful. Almost all universities are located in big cities and are very crowded. Contacts between students and professors are minimal. Only a very few newer institutions have campuses similar to those in North America. The various buildings, instead, are often widely separated from each other. Most do not have dormitories, although some big-city universities have **case dello studente,** which are limited to low-income students who usually are from out of town. Most students live with their families and attend local universities. Those who can afford to study in a different town rent a room or an apartment with other students.

Even students who graduate face challenges finding jobs. Within three years of receiving their degree, 78 percent are employed, but only half have secure positions.

Le regioni d'Italia

Oggi siamo in… **Trentino-Alto Adige.** Il Trentino-Alto Adige è una regione dell'Italia settentrionale e confina con l'Austria. Se vuoi visitare il Trentino-Alto Adige, clicca qui: **www.cengagebrain.com**

■ La città di Trento, con alcuni edifici dell'Università di Trento

Selva
Brunico
Monguelfo
Dobbiaco
Parco Nazionale dello Stelvio
Bolzano
San Martino di Castrozza
Trento
Riva del Garda

TRENTINO-ALTO ADIGE

La grammatica

1 Verbi regolari in -*are*: il presente

Mamma e Nino suọnano; il papà canta.

I tre ragazzi giọcano: a golf, a tẹnnis, a pallone.

You may wish to ask students the following questions about the illustrations: *Chi suona la chitarra? Anche il papà suona? A che cosa giocano i ragazzi?*

Verbs that end in **-are,** known as first-conjugation verbs, are the most frequently used. With few exceptions, they are regular. The infinitive of a regular verb, such as **cantare** consists of the stem **cant-** (invariable) and the ending **-are.** To conjugate the present tense **(presente)** of **cantare,** we replace **-are** with a different ending for each person: **-o, -i, -a, -iamo, -ate, -ano.**

Drill *suonare* and *cantare,* having students provide the second verbal form. For example, *Io suono, ma non... canto. Andrea suona, ma non... Loro suonano, ma non...* Use other verbs and drill other persons. Ask questions: *Chi di voi suona il violino, la tromba, il piano, la chitarra?* Write these expressions on the board: *Chi canta? Con chi canta lei? Canta solo o in coro? Io parlo italiano. E tu? Che lingua parli? Quante lingue parla lei, signorina? Che lingua imparate in questa classe? Chi ascoltate? Gli studenti insegnano o imparano? Il professore insegna. È l'insegnante.*

cantare (*to sing*)	
io cant**o**	noi cant**iamo**
tu cant**i**	voi cant**ate**
lui/lei/Lei cant**a**	loro cạnt**ano**

The present tense in Italian is rendered in English in different ways:

Io canto.	*I sing.* *I am singing.* *I do sing.*
Canta Maria?	*Does Maria sing?* *Is Maria singing?*
Maria non canta.	*Maria does not sing.* *Maria is not singing.*

Aspetti un amico?	*Are you waiting for a friend?*
Desịdero guardare la TV.	*I want to watch TV.*
Quante lịngue **parli?**	*How many languages do you speak?*
(Loro) **Ạbitano** in una piccola città.	*They live in a small city.*

Here is a list of some common **-are** verbs:

abitare	*to live*	**imparare**	*to learn*
ascoltare	*to listen (to)*	**(in)cominciare**	*to begin*
aspettare	*to wait (for)*	**lavorare**	*to work*
cantare	*to sing*	**mangiare**	*to eat*
comprare	*to buy*	**parlare (a)/(di)**	*to speak (to)/(about)*
desiderare	*to wish, to want*	**pensare (a)/(di)**	*to think (of someone,*
domandare	*to ask*		*something)/(of doing something)*

(continued)

giocare (a)	to play (a game)	**spiegare**	to explain
guardare	to watch, look at	**suonare**	to play (an instrument)
cercare	to look for	**incontrare**	to meet
		trovare	to find

Giochiamo a tẹnnis oggi? — *Are we playing tennis today?*
Quando parli a Franco? — *When are you speaking to Franco?*

A. Verbs ending in **-iare** drop the **i** of the infinitive stem before adding the endings **-i** and **-iamo.**

stud**iare**: stud**i**, stud**iamo**   incominc**iare**: incominc**i**, incominc**iamo**

Point out some *-care* and *-gare* verbs. Have students conjugate the verbs *giocare* and *praticare*, and spell out the *tu* and *noi* forms. Do the same for the verb *spiegare*. Ask the following questions: *Che cosa spiego io in questo momento? Giochiamo a tennis oggi pomeriggio?*

B. Verbs ending in **-care** and **-gare** add an **h** before the endings **-i** and **-iamo** to preserve the hard sounds of /k/ and /g/.

gio**care**: gio**chi**, gio**chiamo**
spie**gare**: spie**ghi**, spie**ghiamo**

You may want to ask questions like the following as a warm-up exercise: *Abiti in Italia?* Then, pointing at another student: *Lei abita in Italia? Lui abita in Italia? Loro abitano in Italia? Io e lei abitiamo in Italia? Voi abitate in Italia?*

C. Unlike their English equivalents, the verbs **ascoltare, aspettare, guardare,** and **cercare** take a direct object and therefore are *not* followed by a preposition.

Aspettiamo l'ạutobus. — *We are waiting for the bus.*
Perché non **ascolti** la rạdio? — *Why don't you listen to the radio?*
Guardate le foto? — *Are you looking at the photographs?*
Cerco i miei appunti. — *I am looking for my notes.*

Pratica

A. In una libreria–cartoleria (*stationery store*). Cosa compriamo (*What are we buying*)? Play the role of the students shopping in the stationery store and choose from the items listed below.

una carta geogrạfica	una calcolatrice	una rivista di
due penne	un poster di Como	Internet
le matite	due quaderni	

■ **Esempio** Carlo: Io _____.
               Io compro una carta geografica.

Remind students that *ascoltare, aspettare,* and *guardare* are followed directly by their object, while *pensare* and *giocare* take the preposition *a.* Give some examples: *Ascoltate la radio? Io aspetto l'autobus la mattina. Che cosa guardiamo la sera? Guardiamo la televisione? Un film? A che cosa pensate voi? Pensate al weekend?*

1. **Pietro:** Io _____, e voi?
2. **Luigi:** Franco ed io _____, e tu, Gino?
3. **Gino:** _____, e Marisa?
4. **Luigi:** Marisa _____.
5. **Pietro:** Tu e Franco _____ altre cose?
6. **Luigi:** Sì, _____.

B. No! With a classmate, take turns asking and answering questions using the cues provided and following the example.

■ **Esempio**   abitare in Italia / ...
— Abiti in Italia?
— No, non abito in Italia, abito in America.

1. studiare fisica / ...
2. desiderare un CD dei Coldplay / ...
3. imparare la lingua giapponese / ...
4. giocare a golf / ...
5. ascoltare la musica classica / ...
6. parlare tre lingue / ...
7. mangiare all'università / ...
8. comprare una Mini / ...

C. Un giorno di vacanza. Tino, Marco, and Lisa have a one-day vacation from school. They talk about their project. Complete their dialogue. Choose from the verbs listed and put them in the right form.

lavorare, mangiare, giocare, suonare, ascoltare, guardare, studiare

Marco   Oggi Lisa ed io _____ a tennis. Perché tu

non _____ con noi?

Tino   No, oggi io _____ per l'esame d'italiano

di domani. Voi non _____ per l'esame?

Lisa   Noi _____ stasera, dopo cena (*dinner*).

Tino   Nel pomeriggio (*afternoon*) voi _____

la TV?

Marco   No, io _____ la musica, e stasera Lisa ed io

_____ nella banda della scuola. E tu?

Tino   Io ho un lavoro part-time. Oggi pomeriggio

_____ due ore in un negozio di articoli

sportivi.

Marco   A mezzogiorno noi _____ da

McDonald's, e tu dove _____?

Tino   _____.

D. Attività di un nuovo amico/una nuova amica. You want to find out more about your new friend's activities. Take turns asking each other questions using the following verbs:

ascoltare, aspettare, incontrare, abitare, guardare, giocare, lavorare, studiare

You may start with: **dove, come, quando, cosa, chi,** etc.

■ **Esempio**   — Dove studi, a casa o in biblioteca?

2 Verbi irregolari in -are

Courtesy of Gad A. Marshall and Shira Fischer

—Se **facciamo** un viaggio a Roma, **andiamo** a visitare i Musei Vaticani.

To present *andare*, write the following expressions on the board: *andare a casa, andare a scuola, andare a Roma, andare in biblioteca, andare in centro,* etc. Then ask: *Io vado al cinema da solo(a), e tu? Dove vai da solo(a)? E dove vai con gli amici? Io stasera vado al cinema, e tu, dove vai stasera? Dove vai nel pomeriggio? Dove vai domani? Dove vai dopo le lezioni?* etc.

A. The following **-are** verbs are irregular in the present tense:

andare* *(to go)*		fare *(to do; to make)*		dare *(to give)*		stare *(to stay; to feel)*	
vado	andiamo	faccio	facciamo	do	diamo	sto	stiamo
vai	andate	fai	fate	dai	date	stai	state
va	vanno	fa	fanno	dà	danno	sta	stanno

*****Andare** is followed by the preposition **a** before an infinitive.

Cosa **fai** stasera?	*What are you doing tonight?*
Vado a vedere un film.	*I am going to see a movie.*
Come **sta** Maria?	*How is Maria?*
Maria **sta** a casa perché **sta** male.	*Maria stays (is staying) home because she feels ill.*

B. Fare is used in many idiomatic expressions, some of which are listed below:

fare attenzione	*to pay attention*
fare il bagno, la doccia	*to take a bath, a shower*
fare colazione	*to have breakfast*
fare una domanda	*to ask a question*
fare una foto	*to take a picture*
fare una gita	*to take a short trip*
fare una passeggiata	*to take a walk*
fare una pausa	*to take a break*
fare un regalo	*to give a present*
fare la spesa	*to buy groceries*
fare le spese	*to go shopping*
fare un viaggio	*to take a trip*
fare una telefonata	*to make a phone call*

Emphasize the difference between *fare un viaggio* and *fare una gita.* (*Una gita* is an "excursion.")

Facciamo un viaggio in Italia.	*We are taking a trip to Italy.*
Faccio una passeggiata prima di mangiare.	*I take a walk before eating.*

C. Stare is used in the following idiomatic expressions:

stare bene (male)	*to feel well (badly, ill)*
stare attento(a)	*to be careful; to pay attention*

Stare per + *infinitive* translates as *to be about to (do something).*

I corsi **stanno per** finire.   *Classes are about to end.*

Nota culturale

■ Roma – la Basilica di San Pietro

Lo Stato Vaticano

Il Vaticano è un piccolo Stato indipendente nel territorio italiano. Se vuoi sapere perché e da quando, clicca qui: **www.cengagebrain.com**

Roberta Riga

Pratica

 A. Dove andate? You want to know where your friend and his family and friends are going on Saturday night. Work in pairs. For the answers, choose from the activities listed below.

al teatro, al cinema, al ristorante, ad ascoltare un concerto jazz, a dormire, a una festa, a fare i compiti d'italiano, a una pizzeria

■ **Esempio**   tu / sabato sera
— *Dove vai tu sabato sera?*
— *Vado in discoteca.*

1. i tuoi genitori (*your parents*)   **2.** tu e il tuo amico   **3.** il tuo compagno di stanza
4. tu   **5.** tu e la tua ragazza/il tuo ragazzo   **6.** i tuoi amici   **7.** tuo nonno

B. Descrizione. With a classmate, describe what the people shown are doing. Use expressions with **fare** and your imagination to elaborate as much as you can.

Have students read these sentences aloud after they have supplied the missing verbs. Review *fare* by asking such questions as: *Fai molte telefonate? Fai telefonate brevi o lunghe? Cosa fai il lunedì? Quando fai la spesa?*

1.

2.

3.

4.

5.

Review *fare* with questions such as: *Fai il letto la mattina? A chi fai una telefonata oggi? Fai sempre colazione? Fai una passeggiata la sera? Fai molte foto quando fai un viaggio?* Expand by asking students what their classmates have answered, for example: *Fa il letto la mattina David? A chi fa una telefonata Jessica?*

C. Quale verbo? Take turns asking and answering these questions, using a form of **andare, fare, dare,** and **stare.**

■ **Esempio** Dove _____ voi stasera?
— *Dove **andate** voi stasera?*
— *Andiamo al cinema.*

1. Come _____ tua mamma?
2. Quando _____ una festa, tu?
3. Dove _____ gli studenti quando non stanno bene?
4. Tu _____ i compiti solo(a) o con dei compagni?
5. Desideri _____ una passeggiata o giocare a tennis?
6. Tu _____ a casa oggi o _____ fuori?
7. Dopo le lezioni tu ed io _____ a comprare un gelato?
8. Voi _____ a letto presto o tardi (*early or late*) la sera?

D. Cosa facciamo stasera? Marco, Lisa and Gino make plans for the evening. Play their roles and complete their dialogue using the verbs: **fare, stare, andare,** and **dare.**

Gino   Marco, cosa _____ tu stasera?

Marco È sabato. Perché non telefoniamo a Lisa e a Franca e _____ con loro in discoteca?

Gino   OK, se (*if*) tu mi _____ il numero di telefono di Lisa, io le telefono (*I'll call her*).

Gino   Pronto? Lisa? Cosa _____ tu e Franca stasera?

Lisa   Franca non _____ bene. Stasera lei preferisce

_____ a casa, perché ha un po' d'influenza.

Gino   Anche tu _____ a casa?

Lisa   No, io non vorrei (*I wouldn't like*) _____ a casa. Dove
_____ tu e Marco?

Gino   Pensiamo di _____ in discoteca. Vieni (*Are you coming*) con noi?

Lisa   Perché no? Se voi mi _____ un passaggio (*lift*) in macchina, vengo (*I'm coming*) con voi.

Gino   Bene. Passiamo a prenderti alle otto (*We'll pick you up at eight*).

E. Conversazione

1. La mattina fai il bagno o la doccia?
2. Fai sempre colazione? Cosa mangi?
3. Cosa fai il pomeriggio dopo le lezioni? (una passeggiata? jogging? mandi SMS [*text message* = **esse emme esse**] agli amici?)
4. Cosa fai quando hai bisogno di frutta, carne e verdura?
5. Che cosa fai quando hai bisogno di vestiti (*clothing*) nuovi?
6. Che cosa fai il weekend (messaggi agli amici, le pulizie di casa, una gita, una festa... ?)

Point out that *la sera* translates as "in the evening"; *la mattina* as "in the morning"; *il pomeriggio* as "in the afternoon."

3 Le preposizioni: semplici, articolate, avverbiali

You may want to ask students the following questions about this illustration: *Dove siamo oggi? Dov'è il professore? Cosa c'è sugli scaffali?*

Oggi siamo all'università. Il professore è alla lavagna.
Nella biblioteca i libri sono sugli scaffali.

A. Le preposizioni semplici (*Simple prepositions*)

The following chart lists all the simple prepositions.

di (d')	*of*	**con**	*with*
a	*at, to, in*	**su**	*on, over, above*
da	*from, by*	**per**	*for, in order to*
in	*in*	**tra (fra)**	*between, among*

Practice the use of some prepositions:

di: Walk around the room pointing at objects. Ask: *Di chi è il quaderno? Di chi è il dizionario? la penna nera?*, etc. Ask students where they come from: *Di dov'è Lei signorina? e Lei? e tu?* Answer: *Sono di...*

a: *Dove abiti tu, Andrea? E tu, Anna?*

tra: *Tra quali studenti è seduto(a) Paolo / Lucia?*

Abitiamo **a** New York.	*We live in New York.*
Il treno arriva **da** Roma.	*The train is arriving from Rome.*
Siamo **in** America.	*We are in America.*
Giochi **con** Gino?	*Are you playing with Gino?*
Il dizionario è **su** uno scaffale.	*The dictionary is on a shelf.*
La bicicletta è **per** Lia.	*The bicycle is for Lia.*
Il quaderno è **tra** due libri.	*The notebook is between two books.*

Note that **di** is used to express:

possession:	**Di chi** è il dizionario?	*Whose dictionary is it?*
	È **di** Antonio.	*It is Antonio's.*
place of origin:	**Di dov'è** il signor Smith?	*Where is Mr. Smith from?*
	È **di** Londra.	*He is from London.*

B. Le preposizioni articolate

When the prepositions **a, da, di, in,** and **su** are used with a definite article, the preposition and the article combine to form one word **(preposizione articolata)**, as follows:

	il	lo	l' (*m.*)	la	l' (*f.*)	i	gli	le
a	al	allo	all'	alla	all'	ai	agli	alle
da	dal	dallo	dall'	dalla	dall'	dai	dagli	dalle
di	del	dello	dell'	della	dell'	dei	degli	delle
in	nel	nello	nell'	nella	nell'	nei	negli	nelle
su	sul	sullo	sull'	sulla	sull'	sui	sugli	sulle

Practice some contractions: *Siamo al liceo o all'università? Quando non mangiamo a casa, dove mangiamo? Siamo nell'aula d'italiano: dove sono i libri del professore? Sul tavolo degli studenti o sulla cattedra del professore? Che cosa c'è alla parete? E all'altra parete?* Accompany your questions with gestures.

Studiamo **all'**università.	*We are studying at the university.*
Ecco l'ufficio **del** professore.	*Here is the office of the professor.*
Lavorano **negli** Stati Uniti.	*They work in the United States.*
Lisa aspetta **nello** studio.	*Lisa is waiting in the study.*
La penna è **sul** tavolo.	*The pen is on the table.*

NOTE: Contraction with the definite article occurs when a noun is preceded by the definite article. First names and names of cities do not have an article.

È il libro **di** Luca?
No, è il libro **della** professoressa.
Loro abitano **a** Verona.

Is it Luca's book?
No, it is the professor's book.
They live in Verona.

Courtesy of the author; Photo by Janet and Charles McGary

A Firenze:
— Scusi, il *Davide* davanti al Palazzo Vecchio è l'originale?
— No, è una copia. L'originale è alla Galleria dell'Accademia.
— Dov'è? È lontano da qui?
— No, è vicino al Museo di San Marco.

C. Le preposizioni avverbiali

The following adverbs are often used as prepositions:

sopra	*above, on (top of)*	**davanti (a)**	*in front (of), before*
sotto	*under, below*	**dietro**	*behind, after*
dentro	*in, inside*	**vicino (a)**	*near, beside, next to*
fuori	*out, outside*	**lontano (da)**	*far (from)*

Il giardino è **dietro** l'università.
La Facoltà d'Ingegneria è **vicino alla** biblioteca.
Abiti **lontano dall'**università?

The garden is behind the university.
The engineering building is near the library.
Do you live far from the university?

Pratica

A. Sei distratto quando studi? Complete your thoughts choosing the correct simple prepositions among the following: **a, da, in, con, di, su, per, tra.**

1. Oggi studio _____ biblioteca. **2.** La biblioteca è _____ l'edificio di lingue e l'edificio di chimica. **3.** Studio _____ un compagno di classe. **4.** Studiamo _____ l'esame di chimica. **5.** Mentre (*While*) studio, penso _____ una bella ragazza bionda/un bel ragazzo bruno. **6.** Dov'è il mio libro ____ chimica? **7.** È _____ una sedia, perché non ho voglia _____ studiare. **8.** Penso _____ mandare (*to send*) un SMS (*text message*) _____ un amico, perché ho fame e ho voglia _____ andare in pizzeria _____ il mio (*my*) amico.

B. Contrazioni. Provide the article and combine it with the preposition given, following the example.

■ **Esempio** È il libro (di) / studente
È il libro (di) lo studente
È il libro dello studente.

1. Il professore spiega (a) / studenti   2. Siamo (a) / lezione d'italiano
3. Il dizionario è (su) / tavolo   4. Ho bisogno (di) / appunti di storia
5. Oggi parliamo (a) / impiegato   6. I quaderni sono (su) / scaffale (*shelf, m.*)
7. Pietro lavora (in) / ristorante vicino (a) / università   8. Ecco la macchina (di) / ragazzo di Gabriella   9. Ci sono due semestri (in) / anno accademico
10. C'è un virus (in) / computer (di) / mio compagno di stanza

C. Sostituzioni. With a classmate, take turns asking and answering the questions. Replace the italicized expressions with the new ones suggested.

■ **Esempio** — Vai *al supermercato* oggi? (no / università, biblioteca, parco)
— *No, vado all'università, alla biblioteca, al parco.*

1. Vai alla *conferenza*, domenica? (no / stadio, discoteca, cinema)

2. Hai bisogno del *dizionario*? (no / appunti, computer, dischetti)

3. I tuoi (*your*) libri d'italiano sono sullo *scaffale*? (no / tavolo, scrivania, sedie)

4. Siete nell'*aula* di fisica oggi? (no / Facoltà d'Ingegneria, libreria dell'università, archivi della biblioteca)

D. Di chi (*Whose*) è... ? Take turns asking and answering to whom various things belong.

■ **Esempio** libro / bambino
— *Di chi è il libro?*
— *È del bambino.*

1. casa con il bel giardino / signori Giusti

2. edificio rosso / dottor Galli

3. orologio / Antonio

4. quaderno nero / studentessa di medicina

5. due computer / ingegner Scotti

6. belle foto di Venezia / Lucia

E. Dov'è... ? With a classmate, look at the drawings and then take turns asking each other the related questions. Use **sotto, sopra, dentro, davanti (a), dietro, vicino (a), lontano (da)**, or other prepositions in your responses.

Inform students that the article is not used in front of people's names.
To drill prepositions, move an object (a sheet of paper) from one place to another (on the table, inside a book, etc.), asking: *Dov'è il foglio?*

1. Dov'è la lampada? E il cane?   2. Dov'è la fotografia? E il gatto?   3. Dov'è la sedia? E la ragazza?   4. Dov'è il tavolo? E la tazza (*cup*)? E il caffè?

F. Un po' di geografia. With a classmate, look at the maps of Italy at the beginning of the book and take turns asking each other the following questions.

1. Bari si trova (*is located*) vicino all'isola di Capri?
2. Torino si trova lontano dal fiume (*river*) Po?
3. Napoli si trova lontano dal vulcano Vesuvio?
4. La Sardegna si trova sotto la Corsica o sopra la Corsica?

4 I giorni della settimana

Sul calendario italiano, quasi ogni giorno è dedicato ad un santo. Se una persona si chiama Marcello or Marcella, per esempio, celebra il suo onomastico (*his/her saint's day*) il 16 gennaio, e in quel giorno riceve un biglietto di auguri e dei regali. (Marcella riceve anche un mazzo di fiori.)

The days of the week, which you learned in the **Primo incontro,** are masculine except **domenica,** which is feminine. **Sabato** and **domenica** are the only two days whose plural forms differ from the singular (**ogni sabato, tutti i sabati; ogni domenica, tutte le domeniche; ogni lunedì, tutti i lunedì**).

1. The preposition *on* is not expressed in Italian when used in expressions, such as *on Monday, on Tuesday,* and so on.

   Lunedì il prof. Bini dà una conferenza. *On Monday Prof. Bini is giving a lecture.*

2. The singular definite article is used before the days of the week to express a habitual event.

   Il sabato gioco a golf. *On Saturdays (Every Saturday) I play golf.*

   BUT

   Sabato invito degli amici. *(This) Saturday I am inviting some friends.*

3. The expressions **una volta a, due volte a,** etc., + *definite article* translate into English as *once a, twice a,* etc.

   Vado al cinema **una volta alla settimana.** *I go to the movies once a week.*

Pratica

Conversazione

1. Quali giorni della settimana hai lezioni? 2. Qual è il tuo giorno della settimana preferito? Perché? 3. Quante volte al mese vai al cinema?
4. Che cosa fai il sabato? 5. In quale giorno vedi gli amici?
6. Cosa fai domenica? Vai fuori a pranzo? Vai in discoteca? Fai un giro in macchina? 7. Scarichi (*Do you download*) la musica sul tuo iPod?

Per finire

La settimana di Filippo CD1, Track 18 🔊

Lunedì	Filippo va all'università. Dopo le lezioni gioca a tennis con Gabriella. Accompagna Gabriella a casa, va a casa e fa la doccia. La sera Filippo e i suoi compagni d'università **si ritrovano** ad una tavola calda per festeggiare l'anno accademico che sta per finire.	*they gather*
Martedì	La mattina Filippo lavora in ufficio. Nel pomeriggio fa jogging e nuota in piscina. La sera manda un SMS a Gabriella **per invitarla** al cinema. Non riceve risposta. Probabilmente Gabriella è fuori con le amiche. Filippo decide di stare a casa a studiare.	*to invite her*
Mercoledì	Filippo sta solo poche ore in ufficio perché domani ha un esame difficile. La sera fa una lunga telefonata a Gabriella.	
Giovedì	Filippo dà l'esame. L'esame è **un osso duro**. Gabriella lo aspetta al parco e vanno insieme in discoteca. Filippo ha bisogno di rilassarsi.	*tough*
Venerdì	Domenica gli amici di Filippo vanno a **sciare** e Filippo **vorrebbe** andare con loro, ma **è al verde**. Manda un'e-mail al padre: «Caro papà, qui a Milano **tutto** costa molto caro e io sono a corto di soldi. Ho bisogno di 200 euro per arrivare alla fine del mese».	*to ski* *would like* *he is broke* *everything*
Sabato	Filippo riceve un'e-mail dal padre: «Mio caro figlio, capisco la tua situazione e **mi dispiace**. Una soluzione al tuo problema c'è: spendere **meno** o lavorare di **più**.»	*I am sorry* *less* *more*
Domenica	Gabriella è in vacanza con la famiglia e gli amici sono in montagna a sciare. Filippo è solo e senza soldi. Apre il **portafoglio**: ci sono due euro e cinquanta centesimi. Non sono sufficienti per andare al cinema, alla partita di calcio, o in pizzeria. Filippo compra un gelato da passeggio al pistacchio, fa una passeggiata al parco, e arriva alla conclusione che essere poveri non è **divertente**.	*wallet* *fun*

Courtesy of Gad A. Marshall and Shira Fischer

Comprensione

1. Cosa fa Filippo dopo le lezioni all'università? E la sera dove va?
2. Cosa fa Filippo il pomeriggio di martedì? Perché manda un SMS a Gabriella? Cosa decide di fare?
3. Perché Filippo sta poche ore in ufficio mercoledì?
4. Com'è l'esame? Dove lo aspetta Gabriella? Perché vanno in discoteca?
5. Dove vanno domenica gli amici di Filippo? Perché non può (*can't he*) andare con loro?
6. Perché Filippo ha bisogno di soldi? Di quanto?

7. Qual è la soluzione del padre al problema di Filippo?

8. Quanti soldi ha Filippo nel suo portafoglio? Può andare alla partita di calcio? Cosa può comprare? A quale conclusione arriva Filippo?

Conversazione

You may want to instruct students to ask these questions using the *Lei* form.

1. Vai all'università tutti i giorni della settimana? Quali?

2. Dove vai dopo le lezioni?

3. Che cosa fai dopo cena?

4. Cosa fai il sabato sera?

5. Stai a casa la domenica? Cosa fai?

6. Che cosa desideri fare questo fine settimana?

7. Quando sei al verde, chiedi soldi ai tuoi genitori (*your parents*)?

8. Cosa fai il fine settimana quando sei al verde?

Ascoltiamo!

In classe   CD1, Track 19 ◀))

A teacher is greeting his students in a **liceo** in Rome and asking and answering a variety of questions at the beginning of class. Listen to the exchanges. Then answer the following questions.

Comprensione

1. Che (*What*) scuola frequentano gli studenti?

2. Hanno un esame d'informatica oggi?

3. Sono tutti presenti?

4. Quanti minuti hanno gli studenti per l'esame?

5. Gli studenti hanno tre esami orali questo (*this*) trimestre?

6. Secondo (*According to*) il professore, è difficile l'esame?

7. Gli studenti hanno bisogno di concentrazione. Una studentessa ha bisogno di un miracolo. Secondo voi, è preparata per l'esame?

♟♟ Dialogo

Act out the following exchange with a classmate: You are thinking of signing up for a class but want to know more about it. Ask the professor questions to obtain the following—and related—information: Is the class difficult? How many exams are there? Are the exams written or oral? Is there a lot of homework?

Oggi studio per gli esami ◀))

For more listening practice, listen to CD1, Track 20, and answer the following questions.

Comprensione

1. Quante lezioni ha Pietro oggi?

2. Che cosa studia Gina oggi? Perché?

3. Chi è Franca?

4. Com'è?

5. Perché Gina e Pietro mangiano vicino alla biblioteca?

6. Dove lavora oggi Pietro?

7. Com'è la vita degli studenti?

Adesso scriviamo!

Una settimana molto occupata

Look at your calendar and write down your activities for the coming week.

13 lunedì s. Ilario vescovo	
14 martedì Battesimo del Signore	
15 mercoledì s. Mauro abate	
16 giovedì s. Marcello papa	
17 venerdì s. Antonio abate	
18 sabato s. liberata vergine	
19 domenica ss. Mario, Marta e compagni	

■ **Esempio**

13 lunedì s. Ilario vescovo	*andare all'università*
14 martedì Battesimo del Signore	*lavorare in ufficio* *andare in biblioteca*

Parliamo insieme!

 A. Cerco un(a) compagno(a) di stanza (*I'm looking for a roommate*). You read the ad circled in red in the newspaper and have decided to rent the apartment. Now you need a roommate to share rent and expenses. Interview a probable roommate (another student) to find out if you are compatible.

- You may want to ask what his/her name is, if he/she studies at home or in the library, if he/she smokes or listen to music a lot, if he/she works part-time, if he/she has a lot of furniture (**mobili**). Tell him/her how much the rent is, to divide (**da dividere**) in two. Is it OK?

- The person interviewed wants to know on which floor (**piano**) the apartment is, if it is near the university, if there is a bus stop (**fermata dell'autobus**) near the apartment. He/She does not have furniture, only a laptop and a small TV. He/She has also a cat. Is it OK?

B. Gli appuntamenti di Cristina. Looking at Cristina's planner, answer the following questions regarding her weekly appointments.

gym

lunch

hairdresser

presents

dinner

19 Lunedì Monday Lundi Lunes / Понедельник المنين Montag — Dicembre December	20 Martedì Tuesday Mardi Martes / Вторник الثلاثاء Dienstag — Décembre Diciembre Декабрь	21 Mercoledì Wednesday Mercredi Miércoles / Среда الاربعاء Mittwoch — Dezember
Palestra°	dentista	Jogging con Monica
Pranzo° con Lucia	Pranzo con Papà	veterinario con gatta Eva
elettricista	Shopping regali° Papà e mamma teatro	parrucchiera°
Cinema con Monica		prendere torta
		cena° da Carlo

22 Giovedì Thursday Jeudi Jueves / Четверг الخميس Donnerstag — Dicembre December	23 Venerdì Friday Vendredi Viernes / Пятница الجمعة Freitag — Décembre Diciembre Декабрь	24 Sabato Saturday Samedi Sábado / Суббота السبت Samstag — Dezember
fare la spesa	ultime spese Carlo?	cena da mamma e papà
shopping con mamma	Pranzo con Carlo	25 Domenica Sunday Dimanche Domingo / Воскресенье الاحد Sonntag — regali!
a casa della nonna	babysitting	Dicembre

25 Domenica Sunday Dimanche Domingo / Воскресенье الاحد Sonntag

Dicembre						Gennaio						
L		5	12	19	26	L		2	9	16	23	30
M		6	13	20	27	M	3	10	17	24	31	
M		7	14	21	28	M	4	11	18	25		
G	1	8	15	22	29	G	5	12	19	26		
V	2	9	16	23	30	V	6	13	20	27		
S	3	10	17	24	31	S	7	14	21	28		
D	4	11	18	25		D	1	8	15	22	29	

La settimana di Cristina

1. Dove va Cristina martedì mattina?
2. Quando pranza con Lucia?
3. Va in palestra mercoledì mattina?
4. Quando cena con Carlo?
5. Quante volte vede Carlo?
6. Quando va al cinema? Con chi?
7. Quando ha l'appuntamento con la parrucchiera?

Attualità
La vita degli studenti

A. Prima di leggere. You are about to read the text of an interview between a **giornalista** (*reporter*) and three Italian students studying in Milan: Leonardo (from Milan), Daniele (from Rome), and Vincenzo (from Naples). The reporter is interested in talking to them about their studies and leisure-time activities.

Giornalista	Buon giorno ragazzi, grazie di essere stati così **disponibili**. **Potete dirmi i vostri** nomi e di dove siete?	*available / Can you tell me / your*
Daniele	**Certo!** Io mi chiamo Daniele e sono di Roma. Lui è Leonardo ed è di Milano, lui invece è Vincenzo ed è di Napoli.	*Sure!*
Giornalista	Benissimo, grazie. **Adesso ditemi** che cosa studiate all'università.	*Now tell me*
Leonardo	Va bene. Io studio economia e commercio.	
Daniele	Io invece sono qui perché mio padre fa il training per sei mesi in una **ditta** di Milano; così frequento due corsi di lingue straniere per imparare l'inglese e il tedesco.	*firm*
Vincenzo	Io studio informatica; così, con **questo** diploma, **posso** trovare **facilmente** un lavoro.	*this / I can easily*
Giornalista	Allora, ditemi: cosa fate durante il tempo libero?	
Daniele	Andiamo al pub o in discoteca.	
Leonardo	Oppure andiamo al cinema.	
Vincenzo	Andiamo anche a fare un giro in centro, guardiamo i negozi e incontriamo altri ragazzi e ragazze.	
Giornalista	Bene, grazie ragazzi! Leggete l'articolo sul «Giornalino dei giovani»!	
Daniele, Leonardo, Vincenzo	Certo! Prego, arrivederci!	

B. Alla lettura

1. Come si chiamano i tre ragazzi che il giornalista intervista?
2. Di dove sono?
3. Cosa studia Leonardo all'università?
4. Perché Daniele è a Milano? Quali corsi frequenta? Quali lingue straniere desidera imparare?
5. Che cosa studia Vincenzo? Che cosa spera (*hopes*) di trovare con il suo diploma?
6. Che cosa fanno i tre ragazzi quando hanno tempo libero?
7. Dove leggeranno (*will they read*) l'articolo?

Courtesy of the Università di Trento

Attività video ▶

Attività vocabolario

A. Watch the segment of the video "Studenti universitari." Then complete the sentences with the expressions that follow.

ingegneria, casa dello studente, corsi, fisica (x2), analisi, biologia, filosofia, università pubbliche, 30%, semestre, chimica, informatica (x2), laurea, trimestre, matematica, Facoltà, storia, lettere, università private, anno accademico

Cosa dicono gli studenti?

1. Studente 2: I corsi più frequentati nel primo anno di università sono _____, _____, _____.

2. Studente 1: In Italia si può ottenere una _____ breve in tre anni.

3. Studente 3: Al Politecnico di Milano gli studenti del primo anno studiano _____, _____, _____.

4. Studente 4: Ho studiato presso la _____ di Scienze e in particolare, ho studiato _____.

5. Studente 4: Nel passato (*In the past*) i _____ duravano (*lasted*) un _____ o un _____ _____, ora alcuni durano un _____.

6. Studente 1: In Italia la maggior parte (*most*) delle università sono _____ _____, mentre negli Stati Uniti la maggior parte delle università sono _____ _____.

7. Studente 4: A Milano pochi studenti fortunati trovano alloggio (*housing*) presso una _____.

8. Studente 3: Gli studenti che arrivano alla fine dei cinque anni di studio sono una percentuale più alta nelle Facoltà di _____ e _____. La percentuale è più bassa per gli studenti che studiano _____.

9. Studente 4: La percentuale di studenti che arrivano alla laurea è del _____.

B. Domande sul video. Answer the following questions.

1. In Italia dove trovano alloggio (*housing*) gli studenti che vivono lontano dall'università che frequentano?

2. Con la riforma universitaria, tutti i corsi durano (*last*) un anno accademico?

3. Il mondo universitario è collegato (*connected*) con le imprese (*companies*) come negli Stati Uniti?

4. In quale facoltà la percentuale di studenti che arrivano alla laurea è più bassa (*lower*)?

5. In quale settore è più facile trovare lavoro in Italia per i neolaureati?

6. Negli Stati Uniti ci sono molte università private. Anche in Italia?

7. L'insegnamento è più teorico o pratico in Italia? E negli Stati Uniti?

8. Per quali ragioni (*reasons*) gli studenti dicono che è una buona idea fare un'esperienza di lavoro all'estero?

9. Come si divertono gli studenti quando hanno tempo libero?

Attività grammatica

A. Watch the segment of the video "Studenti universitari" a second time and complete the sentences with the verbs and expressions in parentheses.

1. Gli studenti del primo anno di università (*attend*) _____ corsi di fisica, informatica e analisi.

2. Al Politecnico di Milano gli studenti (*study*) _____ matematica, chimica e fisica.

3. Molti studenti (*live*) _____ lontano dall'università e (*have*) _____ un problema quando (*they look for*) _____ un alloggio. Gli appartamenti (*cost*) _____ molto.

4. La percentuale di studenti che (*arrive*) _____ alla laurea non è molto alta.

5. In Italia i neolaureati non (*find*) _____ lavoro facilmente.

6. Nelle università italiane i professori (*teach*) _____ più la teoria che la pratica.

7. Gli studenti desiderano (*to do*) _____ un'esperienza all'estero per (*to learn*) _____ le lingue straniere e per migliorare (*to improve*) il loro curriculum.

8. Cosa (*do they do*) _____ gli studenti quando hanno tempo libero? Loro (*go*) _____ in discoteca o escono con gli amici.

B. Completate con la preposizione corretta (**semplice** o **articolata**).

1. Gli studenti _____ primo anno studiano molto.

2. Gli studenti non vanno _____ università tutti i giorni.

3. Molti studenti vivono lontano _____ università e abitano _____ casa _____ studente.

4. È più facile trovare lavoro per gli studenti della Facoltà _____ Ingegneria.

5. La percentuale di studenti che arrivano _____ laurea è bassa.

6. I neolaureati desiderano fare un'esperienza _____ estero (*abroad*).

 C. Partecipazione. In groups of three students, talk about the following topics.

- Quali sono le materie che preferite studiare?

- In cosa vi laureate (Mi laureo in…) e in quanto tempo?

- In quale settore è più facile trovare lavoro negli Stati Uniti (commercio, industria, insegnamento, servizi sociali, ecc.)?

- Quando finite gli studi, preferite trovare un lavoro immediatamente o fare un'esperienza all'estero? Perché?

Vocabolario 🔊

Nomi

la cosa	thing
la festa	party
il pomeriggio	afternoon
lo scaffale	shelf
la sera	evening
il tempo	weather

Aggettivi

solo	alone

Verbi

abitare	to live
andare	to go
ascoltare	to listen to
aspettare	to wait for
cantare	to sing
cercare	to look for
comprare	to buy
dare	to give
desiderare	to wish
domandare	to ask
fare	to do, to make
giocare (a)	to play (a game)
guardare	to look at, to watch
imparare	to learn
(in)cominciare	to begin
incontrare	to meet
lavorare	to work
mangiare	to eat
parlare (a)/(di)	to speak (to)/(about)
pensare	to think
spiegare	to explain
stare	to stay, to feel
suonare	to play (an instrument); to ring (a bell, etc.)
trovare	to find

Altre Espressioni

con	with
da	from, by
davanti (a)	in front (of)
dentro	in, inside
dietro	behind
essere al verde	to be broke
fare il bagno, la doccia	to take a bath, a shower
fare colazione	to have breakfast
fare una domanda	to ask a question
fare una foto	to take a picture
fare una gita	to take a short trip
fare una passeggiata	to take a walk
fare un regalo	to give a present
fare la spesa	to go shopping (for groceries)
fare le spese	to go shopping
fare un viaggio	to take a trip
fare una telefonata	to make a phone call
fuori	out, outside
insieme	together
lontano (da)	far (from)
poi	then
sopra	on, on top of
sotto	under
su	on, over, above
tra (*or* fra)	between, among
una volta a...	once a . . .
una volta (due, tre volte) al giorno (al mese, all'anno)	once (twice, three times), a day (a month, a year)
vicino (a)	near

A tavola

4

© Comune di Bologna

Una salumeria a Bologna,
nell'Emilia-Romagna, dove la
cucina è la più opulenta d'Italia.

Risorse: **iLrn**

Internet   audio   video   ilrn.heinle.com

Parole da ricordare
Pasti e piatti

il pollo
le patate
l'insalata mista
l'arrosto di vitello
i funghi
gli spaghetti
il risotto
la bistecca
la minestra
lo spumante
gli gnocchi
il pane
i grissini
il salmone
la trota

Al bar un panino al prosciutto (*ham sandwich*) o al formaggio, con salame o mozzarella e pomodoro, una pizzetta, una brioche, un succo di frutta, un caffè, una Coca-Cola, un'aranciata, un aperitivo, un gelato

il cameriere (*waiter*), la cameriera (*waitress*); i clienti (*customers*); il conto (*check, bill*); la mancia (*tip*)

I pasti   (*Meals*)

la colazione, il pranzo, la cena (*breakfast, lunch, dinner*); **pranzare** (*to eat lunch*), **cenare** (*to eat dinner*)

A colazione
il caffè espresso, il caffelatte, il cappuccino, il tè, il latte (*milk*), il succo d'arancia o di pompelmo (*orange or grapefruit juice*); i cereali, le uova strapazzate (*scrambled eggs*), il toast, il pane (*bread*); il burro (*butter*), la marmellata (*jam*)

A pranzo o a cena
l'antipasto (*appetizer*): prosciutto e melone (*ham and cantaloupe*), il cocktail di gamberetti (*shrimp*), avocado con olio e limone

Point out that one can order many types of coffee at coffee shops: *caffè corretto, lungo, ristretto, macchiato* (with a bit of milk), *decaffeinato*.

Although *i cereali* are gaining popularity in Italy, *il caffelatte* (warm milk with coffee and bread) is still a children's favorite.

Il primo piatto (*First course*)	**Il secondo piatto** (*Second course*)
la zuppa di verdura vegetable soup	**le scaloppine** veal cutlets
gli spaghetti al pomodoro . . . with tomato sauce	**il pesce fritto** fried fish
i ravioli alla panna . . . with cream sauce	**la sogliola ai ferri** grilled sole
le lasagne alla bolognese . . . with tomato, meat, and white sauce	**la bistecca ai ferri** grilled steak
i cannelloni alla napoletana stuffed pasta with tomato sauce	**Il contorno** (*Side dish*)

Il primo piatto (*First course*)

la zuppa di verdura vegetable soup

gli spaghetti al pomodoro
. . . with tomato sauce

i ravioli alla panna . . . with cream sauce

le lasagne alla bolognese . . . with tomato, meat, and white sauce

i cannelloni alla napoletana stuffed pasta with tomato sauce

Le bevande (*Drinks*)

la birra beer

il vino wine

l'acqua minerale mineral water

il ghiaccio ice

Il dessert

Il dolce: la torta al cioccolato (*chocolate cake*), **la torta di mele** (*apple pie*), **le paste** (*pastries*), **il gelato (al cioccolato, alla panna** [*whipped cream*], **al limone** [*lemon*]**)**

La frutta: la mela (*apple*), **la pera** (*pear*), **l'arancia, la banana, la fragola** (*strawberry*), **la pesca** (*peach*), **l'uva** (*grapes*), **la macedonia di frutta** (*fruit cup*)

Il formaggio (*cheese*)

Il secondo piatto (*Second course*)

le scaloppine veal cutlets

il pesce fritto fried fish

la sogliola ai ferri grilled sole

la bistecca ai ferri grilled steak

Il contorno (*Side dish*)

le verdure vegetables

le carote carrots

i piselli peas

gli spinaci spinach

le zucchine, gli zucchini squash, zucchini

le patate fritte fried potatoes

le melanzane eggplant

i broccoli broccoli

i peperoni bell peppers

Explain the double meaning of the word *pasta* as "pasta" and "pastry." Explain *primo piatto* and *secondo piatto*, and that salad and vegetables are served with the *secondo piatto*.

Point out that "food" is *cibo*, but that the expression *generi alimentari* is used to mean "groceries" (the cost of food: *il costo dei generi alimentari*).

Explain that *alla bolognese* and *alla milanese* mean "in the style of Bologna" and "in the style of Milano."

Remind students that *peperoni* are bell peppers; if they order *una pizza con peperoni*, they will get a pizza with bell peppers.

Ask your students to name all the types of Italian cheese they know.

NOTE: I pasti degli Italiani

La mattina gli Italiani fanno una leggera (*have a light*) colazione: un espresso o un cappuccino con una brioche. A mezzogiorno molti Italiani ritornano a casa per il pasto principale (specialmente nei paesi). Chi lavora lontano da casa va a un ristorante, a una trattoria o a una tavola calda (*cafeteria*). Molti giovani e studenti comprano un tramezzino (*crustless sandwich*) in una paninoteca. Oggi è molto popolare fra i giovani il «fast food» all'americana, specialmente gli hamburger e le patatine fritte (*French fries*). La sera si cena verso (*People have supper at about*) le otto con un pasto leggero, o si va (*people go*) a una pizzeria. Dopo (*After*) cena ci sono gelaterie e pasticcerie che offrono una grande varietà di gelati e di paste (*pastries*).

Applicazione

A. A tavola. In pairs, take turns asking and answering the following questions.

1. Quanti e quali sono i pasti del giorno?
2. Con che cosa incomincia un pranzo elegante?
3. In Italia il pasto principale è il pranzo. Negli Stati Uniti è la stessa cosa?
4. Gli spaghetti sono un primo o un secondo piatto?
5. Cos'è la prima cosa che il cameriere porta in un ristorante?
6. Se abbiamo ancora (*still*) fame dopo la carne, che cosa ordiniamo?
7. Che cosa porta il cameriere alla fine (*at the end*) del pranzo?

B. Mi piace. Non mi piace. (*I like [it]. I don't like [it].*) Recreate an exchange in a restaurant, with one student portraying a waiter, the other the customer. The waiter will suggest items from the **primo piatto** or **secondo piatto**; the customer will respond: **Mi piace** or **Non mi piace** (+ *singular noun*)..., **Mi piacciono** or **Non mi piacciono** (+ *plural noun*)...

■ **Esempio** — *Oggi, come primo, abbiamo spaghetti alle vongole.*
— *Sì, mi piacciono o No, non mi piacciono. Vorrei i ravioli della casa.*
— *Per dessert abbiamo la panna cotta.*
— *Sì, mi piace. o No, non mi piace. Preferisco un semifreddo.*

C. Cena al ristorante. Lisa and Francesco are in a restaurant ready to order. The waiter brings the menu and takes their orders. In groups of three play their parts.

Cameriere Buona sera, signorina. Buona sera, signore. Ecco il menù.

Lisa _____.

Francesco _____.

Cameriere Desiderano dell'antipasto?

Lisa Sì, io vorrei (*I would like*) _____.

Cameriere Benissimo. E Lei, signore?

Francesco _____.

Cameriere Ecco la lista dei vini. Porto una bottiglia di acqua minerale? Come la preferiscono: frizzante o naturale?

Francesco _____.

Lisa Per me un bicchiere di vino bianco, per favore.

Cameriere Come primo, cosa desiderano?

Lisa _____.

Francesco _____.

Cameriere Come secondo abbiamo del salmone dell'Atlantico molto buono, con contorno di spinaci al burro.

Lisa _____, e tu Francesco?

Francesco Io preferisco _____.

Cameriere Questa sera c'è la torta di fragole con panna.

Lisa	Per me una porzione piccola, per favore.
Francesco	Per me invece _____.
	(*Finita la cena, Francesco chiede il conto.*)
Francesco	Cameriere, _____.
Cameriere	_____.

RIPOSO SETTIMANALE IL GIOVEDI

RISTORANTE **IL PINO**	☐ FATTURA - RICEVUTA FISCALE
S.N.C. di Tamburini Gabriella & C.	☐ RICEVUTA FISCALE
Via S. Matteo, 102	XRF 8652
53037 SAN GIMIGNANO (SI)	Li 27 5
P. IVA 00654100528	N. 2702

S. _____

Quantità	Natura e qualità dei servizi		CORRISPETTIVO IVA INCLUSA
2	Coperto	L.	6,00
1	Vino	»	30,00
1	Acqua minerale	»	3,00
2	Antipasti	»	12,00
2	Minestre	»	20,00
2	Secondi Piatti	»	28,00
1	Contorni	»	5,00
	Formaggi	»	
	Frutta	»	
2	Dessert	»	10,00
2	Caffè	»	3,00
		»	

CONTEGGIO			
IVA _____ %		TOTALE (IVA compresa)	117,00
IMPONIBILE			
IMPOSTA	Servizio		
		TOTALE	

Al ristorante il servizio è solitamente compreso (*included*) nel conto, come in questa ricevuta dove c'è la parola «coperto». Se nel conto non c'è la parola «coperto», il cliente lascia (*leaves*) la mancia sul tavolo per il cameriere.

D. Conversazione

1. Incontri gli amici a un ristorante elegante o alla mensa (*cafeteria*) dell'università?

2. Che cosa ordini spesso? Ti piace il pesce?

3. Che cosa non mangiamo quando siamo a dieta: il formaggio, il pane, la verdura, la frutta, il pesce fritto, le paste? E quando fa molto caldo (*it's very hot*)? E quando siamo occupati e non abbiamo molto tempo?

4. Sei vegetariano(a)?

5. A colazione, cosa bevi (*do you drink*)? Una tazza di caffè, una tazza di tè, un bicchiere di latte, un succo di frutta?

Informazioni

Ristoranti e bar

Colazione all'albergo

Gli Italiani possono (*can*), a qualunque (*any*) ora del giorno, mangiare qualcosa in un bar o in una tavola calda, dove panini, pizzette e piatti caldi sono sempre disponibili (*available*). I ristoranti e le trattorie, in generale, non aprono prima di mezzogiorno per il pranzo, e non prima delle 7:30 per la cena.

Quando un cliente entra in un bar, prima paga alla cassa (*cashier*) e riceve uno scontrino. Con lo scontrino, poi, chiede al banco (*counter*) il panino, la pizzetta o l'insalata e la bibita. I clienti ricevono lo scontrino o la ricevuta fiscale in tutti i negozi e ristoranti.

Le regioni d'Italia 🌐

Oggi siamo nel... **Veneto** e **Friuli-Venezia Giulia.** Si trovano a nord-est dell'Italia settentrionale e confinano con l'Austria e la Slovenia. Se vuoi visitare il Veneto e il Friuli-Venezia Giulia, clicca qui: **www.cengagebrain.com**

■ Il Veneto – le Dolomiti e il Lago di Misurina

La grammatica

1 Verbi regolari in *-ere* e *-ire:* il presente

Use the caption to introduce *-ere* and *-ire* verbs: *Cosa legge il papà? E tu cosa leggi?*, etc. Then you may want to ask students the following questions about the two scenes shown: *A chi scrive Gabriella? Perché il signor Brambilla perde l'autobus?*

Gabriella scrive a Filippo. Papà legge il giornale.

La mattina il signor Brambilla dorme troppo e perde l'autobus.

scrivere (*to write*)		dormire (*to sleep*)	
io scriv**o**	noi scriv**iamo**	io dorm**o**	noi dorm**iamo**
tu scriv**i**	voi scriv**ete**	tu dorm**i**	voi dorm**ite**
lei/lui/Lei scriv**e**	loro scriv**ono**	lui/lei/Lei dorm**e**	loro dorm**ono**

A. Verbs ending in **-ere** (second conjugation) and verbs ending in **-ire** (third conjugation) differ only in the ending of the **voi** form: **scriv***ete*, **part***ite*. Both **-ere** and **-ire** verbs differ from **-are** verbs in the endings of the **lui, voi,** and **loro** forms: **parlare — parl***a,* **parl***ate,* **parl***ano.*

Scrivo una lettera a Gino.

> *I write a letter to Gino.*
> *I am writing a letter to Gino.*
> *I do write a letter to Gino.*

Dormi in classe?

> *Do you sleep in class?*
> *Are you sleeping in class?*

B. Some common verbs ending in **-ere** are:

chiędere	*to ask*	**ricęvere**	*to receive*
chiųdere	*to close*	**ripętere**	*to repeat*
crędere	*to believe*	**rispọndere (a)**	*to answer*
lęggere	*to read*	**scrivere**	*to write*
pęrdere	*to lose; to miss (the bus, etc.)*	**vedere**	*to see*
pręndere	*to take*	**vivere**	*to live*

Oggi **prendo** solo il primo piatto.   *Today I'm only having the first course.*
Vediamo cosa c'è sul menù.   *Let's see what there's on the menu.*
Quando **rispondete** all'invito?   *When are you responding to the invitation?*

Point out that although *chiedere* and *domandare* are often used interchangeably, *chiedere* means "to ask for, to make a request"; *domandare* means "to ask a question, to inquire"; *Chiedi dei soldi a Luigi. Domanda quanto costa.* Point out that *prendere* (not *avere*) is used in sentences, such as: *La mattina prendo un tè con i biscotti.* Explain that *portare* means "to take (accompany) someone or something to a place"; *Porto il mio amico all'aeroporto. Prendere* means "to pick up someone or something at a place"; *Vado a prendere mio figlio a scuola.* Point out the difference between *vivere* and *abitare: Abito a Milano. Vivo una vita tranquilla.*

C. Some common verbs ending in **-ire** are:

aprire	*to open*	**seguire**	*to follow; to take a course*
dormire	*to sleep*	**sentire**	*to hear*
offrire	*to offer*	**servire**	*to serve*
partire (da)	*to leave (a place)*	**partire (per)**	*to leave for (a place)*

Mi **offri** un caffè?	*Are you offering me a coffee?*
Non **sentite** il telefono?	*Don't you hear the phone?*
Cosa **serviamo** agli invitati?	*What are we serving our guests?*

Pratica

 A. Che cosa fanno? In pairs, take turns asking and answering the questions.

■ **Esempio** cosa / **ricevere** / la cameriera (la mancia)
 — *Cosa riceve la cameriera?*
 — *La cameriera riceve la mancia.*

1. cosa / **leggere** / voi al ristorante (menù)
2. chi / **servire** / i clienti al ristorante (…)
3. quante ore / **dormire** / tu la notte (…)
4. quando tu e il tuo compagno/la tua compagna / **scrivere** / ai parenti (per Natale) (…)
5. tu / **vivere** / con la tua famiglia (…)
6. tu / cosa / **offrire** / quando inviti gli amici (…)
7. tu e il tuo compagno/la tua compagna / **rispondere** / immediatamente / quando **ricevere** / un SMS (*text message*)
8. tu / **chiedere** / dei soldi al papà o alla mamma quando hai bisogno di soldi (...)

B. Scambi rapidi. Complete the following sentences as in the example.

■ **Esempio** A scuola
 — Ragazzi, che cosa (vedere) _____ dalla finestra?
 — *Ragazzi, che cosa **vedete** dalla finestra?*

1. Al bar   — Signori, cosa (prendere) _____ Loro?

   — Io _____ una birra e la signora _____ un'acqua minerale.

2. Al ristorante — Ragazzi, (leggere) _____ il menù. Oggi io (offrire)

   _____ il pranzo.

   — Grazie. Noi (prendere) _____ solo il secondo piatto.

   — Voi non (vedere) _____ che ci sono dei buoni dolci?

   Then   — Allora* io (seguire) _____ il tuo
   advice   consiglio* e (prendere) _____ il tiramisù.

Nota culturale

Courtesy of the Author

■ Il «tiramisù»

Il tiramisù (*lit., pick me up*)

Il «tiramisù» è un dolce squisito e molto popolare in Italia. Si prepara rapidamente e si serve freddo. Se vuoi sapere come prepararlo, clicca qui: **www.cengagebrain.com**

 C. Un po' d'immaginazione. In pairs, ask each other questions using the following verbs: **lęggere, rispọndere, prẹndere, dormire, ricẹvere.** Start with **cosa, dove,** or **quando.**

Introduce the new verbs in *-isc-* with questions, such as: *Io preferisco il tè, e tu, preferisci il tè o il caffè / il teatro o il cinema / il riso o la pasta?*

■ **Esempio** — *Cosa riceve tua madre per la Festa della Mamma?*
— *Riceve dei fiori.*

2 Verbi in *-ire* con il suffisso *-isc-*

Many **-ire** verbs add **-isc-** between the stem and the endings of the **io, tu, lui,** and **loro** forms. In the vocabulary lists of this book and in some dictionaries, these verbs are indicated in this way: **finire (-isc-).**

finire* (to finish)	
finisco	finiamo
finisci	finite
finisce	finiscono

*Finire takes **di** before an infinitive.

— Preferisce con l'anestesia o senza?

Some common verbs that follow this pattern are:

capire	*to understand*
finire	*to finish*
preferire	*to prefer*
pulire	*to clean*
restituire	*to give back*

Quando **finisci** di studiare? — *When do you finish studying?*
Preferiamo un esame fạcile. — *We prefer an easy exam.*
Pulisco la casa il sạbato. — *I clean the house on Saturdays.*

Point out that the pronunciation of *-sc-* depends on the vowel that follows: it is pronounced *sk*, as in *skill*, before *o*, and *sh*, as in *shell*, before *e* and *i*.

Pratica

 A. Preferenze. Ask each other what the people you are inviting to the party prefer to eat.

> ■ **Esempio** Ornella / un gelato alla panna
> — *Cosa preferisce Ornella?*
> — *Ornella preferisce un gelato alla panna.*

1. tu e il tuo amico / ...
2. la professoressa / il tiramisù
3. tu / ...
4. la tua ragazza / ...
5. i tuoi genitori / la torta al cioccolato
6. tu ed io / ...

 B. Il dovere o il piacere (*Duty or pleasure*)? In groups of three, play the roles of Pietro, Gino, and Franco. Complete their conversation with the proper form of the following verbs: **restituire, pulire, preferire, finire, capire.**

Pietro Gino, tu _____ sempre quando il professore parla in italiano?

Gino Qualche volta _____ e qualche volta _____, e tu?

Pietro _____

Franco Ragazzi, oggi pomeriggio voi _____ andare a fare un giro o andare ai videogiochi?

Gino Veramente (*Actually*) oggi devo (*I have to*) _____ la mia stanza, perché è un disastro.

Franco Perché non _____ la tua stanza domani che è sabato, e oggi andiamo ai videogiochi.

Pietro Sì, Franco ha ragione; io _____ la mia stanza solo una volta al mese!

Gino OK, però prima _____ i compiti di italiano.

Pietro E noi _____ i libri alla biblioteca; poi ci incontriamo in centro ai videogiochi.

Gino D'accordo.

C. Intervista. Take turns asking questions using the following verbs: **preferire, pulire, capire, finire, restituire.** Start your questions with the interrogative expressions: **quando, cosa, dove.**

3 Il partitivo (*some, any*); *alcuni, qualche, un po' di*

Use the captions to start introducing the partitive: *Marco desidera il tè. E tu Joan, desideri la torta o della torta?* Go on with the drill.

il tè	del tè	la torta

della torta le paste delle paste

Desideri del tè o della torta?

A. The partitive (**partitivo**) is used to indicate a part of a whole or an undetermined quantity or number. In English, it is expressed by *some* or *any*. In Italian, it is expressed by the contraction of **di** and the definite article in all its forms (**del, dello, dell'; della, dell'; dei, degli; delle**).

Vorrei **dell'**acqua minerale.	*I would like some mineral water.*
Abbiamo **del** vino francese.	*We have some French wine.*
Ho **degli** amici simpatici.	*I have some nice friends.*

Remind students they have already studied contractions of *di* + articles.

NOTE:

a. The plural forms of the partitive may be thought of as plural forms of the indefinite article **un, uno, una.**

Ho **un** amico a Roma e **degli** amici a Napoli.	*I have a friend in Rome and some friends in Naples.*

b. The partitive is omitted in negative statements.

No, non compriamo frutta, compriamo **del** gelato.	*No, we are not buying (any) fruit, we're buying (some) ice cream.*

B. **Alcuni, qualche,** and **un po' di** are other forms that translate as *some*. The adjective **alcuni (alcune)** is *always followed by a plural noun*. The adjective **qualche** is invariable and is *always followed by a singular noun*. Both may replace the partitive when *some* means *a few*.

Point out the slight difference between *alcuni* and *qualche*, *qualche* connoting fewer than *alcuni*.

Invitiamo	**alcuni** amici. **qualche** amico. **degli** amici.	*We invite some (a few) friends.*
Pio porta	**alcune** bottiglie. **qualche** bottiglia. **delle** bottiglie.	*Pio brings some (a few) bottles.*

NOTE: With nouns that designate substances that can be measured but not counted, such as **pane, latte, carne, caffè, minestra,** etc., the partitive article **del, della, dello** cannot be replaced by **qualche** or **alcuni.**

— Cosa desideri? Ci sono alcune mele.

— C'è anche un po' di torta.

Point out that *un po' di* is invariable, followed by the definite article only when talking about something specific: *Desidero un po' della torta del compleanno di Enrico.*

C. Un po' di (Un poco di) may replace the partitive only when *some* means *a little, a bit of.*

Mangio **un po' di** pollo. (del pollo)   *I eat some chicken.*

Pratica

A. Che cosa preferisci? Imagine that you are deciding what to order in a restaurant. In pairs, take turns asking and answering these questions as in the example.

■ **Esempio**   acqua minerale / latte
— *Preferisci dell'acqua minerale?*
— *No, preferisco del latte.*

1. gelato / torta
2. spinaci / zucchine
3. pane e formaggio / frutta
4. tè / Coca-Cola
5. spaghetti / pizza

6. vino / birra
7. arrosto di vitello / scaloppine
8. insalata verde / pomodori
9. biscotti (*cookies*) / paste

B. Nel negozio di frutta e verdura. Look inside the baskets and take turns with a classmate telling what you are buying. Use the partitive or **alcuni(e).**

■ **Esempio**   1.      — Io compro delle arance (o *alcune arance*), e tu?

2.   3.    4.    5.

6.   7.    8.    9.

 C. Che cosa compri? With a classmate, take turns asking and answering questions about what you are buying at the grocery store. Use **qualche** in your answers, following the example.

■ **Esempio**   patate
— *Compri delle patate?*
— *Sì, compro qualche patata.*

1. panini
2. bistecche
3. mele

4. biscotti
5. bottiglie d'acqua minerale

D. Hai fame? Vorresti (*Would you like*)... ? You and a friend are thinking about dinner. Ask each other questions, following the example.

■ **Esempio** pane
— *Vorresti del pane?*
— *Sì, vorrei un po' di pane.*

1. formaggio Bel Paese
2. insalata di pomodori
3. pollo ai ferri
4. spinaci al burro

5. pesce fritto
6. macedonia di frutta
7. minestra di verdura

E. I generi alimentari (*groceries*). Anna, Lilli, and Mauro are at the supermarket. All three are buying three items. Play their roles and tell what they are buying. Use the **partitivo** or **qualche, alcuni.**

■ **Esempio** **Anna:** Io compro delle banane, del pane, dell'olio.

Courtesy of the Author

Anna: _____

Lilli: _____

Mauro: _____

4 *Molto, tanto, troppo, poco, tutto, ogni*

A. The following adjectives express quantity:

molto, molta; molti, molte	*much, a lot of; many*
***tanto, tanta; tanti, tante**	*much, so much; so many*
troppo, troppa; troppi, troppe	*too much; too many*
poco, poca; pochi, poche	*little; few*

Lavorate **molte** ore?
I bambini mangiano **troppo** gelato.
Lui invita **pochi** amici.

Do you work many hours?
Children eat too much ice cream.
He invites few friends.

— Hai molta fame?
— Sì, ma ho pochi soldi.

*****Tanto** and **molto** can be used interchangeably: **Ho molti amici,** or **Ho tanti amici.** However, to express *So much! That much!,* **tanto** is used instead of **molto:** **Costa così tanto!** *It costs so much!*

B. When **molto, tanto, troppo,** and **poco** modify an adjective or a verb, *they are adverbs* (**avverbi**). As adverbs, they are invariable.

L'Italia è **molto** bella.	*Italy is very beautiful.*
Tu parli **troppo.**	*You talk too much.*

C. Tutto, tutta; tutti, tutte (*the whole; all, every*). When the adjective **tutto** is used in the singular, it means *the whole;* when it is used in the plural, it means *all, every.* The adjective **tutto** is followed by the definite article.

Studi **tutto il** giorno?	*Are you studying the whole day?*
Studio **tutti i** giorni.	*I study every day.*

D. Ogni (*Each, Every*) is an *invariable* adjective. It is *always* followed by a singular noun.

Lavoriamo **ogni** giorno.	*We work every day.*
Ogni settimana gioco a tennis.	*Every week I play tennis.*

NOTE: Tutto and **ogni** are often used interchangeably.

tutti i giorni ⎫
ogni giorno ⎬ *every day*

Pratica

A. Scambi rapidi. Complete each sentence using **molto** as an adverb or the correct form of **molto** as an adjective. Then act out the exchanges with a classmate.

1. Fra compagni:
   — Scrivi _____ cartoline (*postcards*) agli amici quando sei in viaggio?
   — Affatto (*Not at all*), perché non mi piace _____ scrivere.

2. Fra amiche:
   — Paola, oggi ti vedo (*you look*) _____ preoccupata (*worried*). Perché?
   — Cara mia, ho _____ carte di credito, ma ho anche debiti (*debts*).

3. Fra colleghi:
   — Come mai (*How come*) dormi in ufficio? Non dormi _____ di solito la notte?
   — No, dormo poche ore la notte, e di giorno ho _____ sonno.

4. Fra conoscenti:
   — Ingegnere, desidero invitare Lei e la signora a un ristorante cinese _____ buono.
   — Grazie, accetto volentieri (*with pleasure*). Mi piace _____ il cibo cinese.

Nota culturale

Roberta Riga

 Roma – un ristorante cinese

Gli Italiani e i cibi ẹtnici

Se vuoi sapere come gli Italiani hanno
accolto (*received*) i cibi ẹtnici, clicca qui:
www.cengagebrain.com

B. La dieta personale. Using **molto** and **poco,** exchange information with a
classmate about your eating habits.

■ **Esempio** — *Quanta pasta mangi?*
— *Mạngio poca (molta) pasta.*

1. pane, pasta, riso…
2. verdura
3. frutta
4. carne
5. latte, formaggi
6. zụcchero, dolci

C. Tutti(e)–Ogni. Take turns with your classmates asking each other about
everyday activities. Follow the example.

■ **Esempio** studiare / sere
— *Studiate tutte le sere?*
— *Sì, studiamo ogni sera.* o *No, non studiamo ogni sera.*

1. lavorare / giorni
2. mangiare a casa / giorni
3. preparare la colazione / mattine
4. imparare / parole del vocabolạrio
5. studiare / lezioni
6. parlare con / compagni di classe
7. guardare la televisione / sere

Il mercato all'aperto – al banco (*stand*) del salumiere si possono comprare molti generi alimentari, come, per esempio: prosciutto, salame, salsicce, vari tipi di formaggio (parmigiano, ricotta, mozzarella, gorgonzola, fontina), yogurt, uova, burro, olive, funghi sott'olio, acciughe (*anchovies*), eccetera.

Vocabolario utile:

1 kilo = 2.2 pounds

1 etto = .1 kilo

D. Il mercato all'aperto. You have invited a few friends for tonight, and you want to prepare a couple of dishes with **antipasti** and **formaggi**. You are now at the open market at the counter of the **salumiere**, played by another student. First practice the dialogue; then using it as a guideline, create your own dialogue with your partner. (You can select the food items from the caption on the side of the photo.)

— Buon giorno. Mi dica!

— Del grana padano, per favore.

— Mezzo chilo?

— No, è troppo! Tre etti. E anche due etti di gorgonzola.

— Ha bisogno d'altro?

— Sì, del prosciutto di Parma, tagliato fine (*sliced thin*), alcune uova, un po' di burro, e delle olive. Le uova sono fresche?

— Sì, molto fresche. Sono di ieri mattina. Basta così?

— Sì, grazie. Quanto fa?

— Benissimo, il totale è di 35 euro e 50 centesimi.

— Va bene, ecco a Lei, arrivederci.

— ArrivederLa e grazie!

E. Conversazione

1. Gli studenti mangiano spesso nei ristoranti eleganti? Perché sì o perché no?
2. Gli studenti italiani mangiano spesso al McDonald's. Anche tu?
3. Ti piacciono le verdure? Quali verdure ti piacciono e quali non ti piacciono?
4. Ti piace la torta al cioccolato o preferisci il tiramisù?
5. Mangi molta frutta? Quale preferisci?
6. Ti piace molto il gelato? Quale tipo (al limone, alla fragola, alla pesca, al cioccolato, alla nocciola, al pistacchio)?
7. Qual è il tuo cibo (*food*) preferito (messicano, italiano, cinese, francese, giapponese, ...)? Qual è il nome del tuo ristorante favorito e dove si trova? È un ristorante molto caro?

Per finire

Una festa di compleanno   CD1, Track 21 🔊

Domani Gabriella **compie** ventun anni. Lucia organizza una
festa e invita Filippo, il ragazzo di Gabriella, e tutti gli altri
amici.

Lucia	Marcello, tu **che** hai sempre **un sacco di soldi**, che cosa porti?	*who / a lot of money*
Marcello	**Macché** un sacco di soldi! Se aspetto i soldi di papà... Io compro alcune bottiglie di spumante Asti. E porto Liliana e Antonio con me nella Ferrari.	*No way*
Lucia	E loro, cosa portano?	
Marcello	Liliana ha intenzione di portare dei panini al prosciutto perché non ama cucinare. Antonio, sempre **al verde**, porta Fido e la chitarra.	*broke*
Lucia	Filippo, che cosa porti tu?	
Filippo	Del vino rosso e una torta Motta*. Va bene?	
Marcello	Molto bene. Con ventun **candeline**, vero? E tu, Lucia, che sei una **cuoca** molto brava, che cosa prepari?	*small candles* *cook*
Lucia	Vorrei preparare un arrosto con delle patate fritte.	
Marcello	Perché non offriamo un regalo **insieme**? Qualche CD, per Esempio, **dato che** a Gabriella piace la musica.	*together* *since*
Lucia	D'accordo. E tu, Filippo, **che cosa regali**? Che cos'è? Siamo curiosi.	*what present are you bringing*
Filippo	Ho due **biglietti** per l'opera, ma **silenzio**, per piacere. È una sorpresa! Ho anche il **biglietto di auguri**. Perché non scrivete qualche parola anche voi?	*tickets / silence* *birthday card*

La sera della festa tutti gli amici sono a casa di Lucia e aspettano
Gabriella e Filippo. Quando i due aprono la porta gli amici
augurano: «Buon compleanno, Gabriella!»   *wish her*

*A popular brand of pastries and cakes.

Ventun rose rosse per Gabriella.

Courtesy of the Author

Explain that *compleanno* means
"birthday." The verb is *compiere*:
Oggi compio diciannove anni.

Tell students that "best wishes"
is *tanti auguri.* Point out that
the verb "to wish" is expressed
with *desiderare* when the
subject wishes something
for him/herself: *Desidero una
macchina nuova.* It is expressed
with *augurare* when you wish
something to someone else: *Ti
auguro buon viaggio.*

Comprensione

1. Perché organizza una festa Lucia?
2. Chi invita Lucia?
3. Chi è Filippo?
4. È ricco o povero il padre di Marcello?
5. Che cosa porta Marcello? E Antonio?
6. Come arriva alla festa Marcello? Con chi?
7. Perché Liliana porta dei panini?
8. Che cosa porta Filippo?
9. Quante candeline ci sono sulla torta?
10. Che piatto prepara Lucia?
11. Che cosa regala Filippo? Perché?
12. Che cosa augurano tutti gli amici quando Gabriella e Filippo aprono la porta?

Conversazione

1. Che regalo desịderi per il tuo (*your*) compleanno?
2. Di sọlito, dove festeggi (*do you celebrate*) il tuo compleanno? Che cosa desịderi mangiare in questo (*this*) giorno?
3. Organizzi molte o poche feste per gli amici?
4. Che cosa pọrtano gli amici?
5. Dimẹntichi il compleanno di un amico/un'amica o compri sempre un regalo?

Ascoltiamo!

Una colazione   CD1, Track 22

Mr. Wilson is staying at an elegant **pensione** in Florence. After admiring the view of the city from his window, he has come down to have breakfast. Listen to his conversation with the waitress who takes his order. Then answer the following questions.

Comprensione

1. Per che cosa è pronto il signor Wilson?
2. È in un albergo?
3. Sono freddi i panini e le brioche? Perché?
4. Che cosa desịdera mangiare il signor Wilson?
5. Che succo di frutta ọrdina? Ọrdina anche caffè e latte?
6. Di che frutta sono le marmellate sul tạvolo?
7. È contento il signor Wilson? Perché?

Dialogo

Colazione alla pensione. In groups of three, play the roles of two customers and a waiter/waitress. It's 8 A.M., and you are ordering breakfast at your inn.

Al ristorante

For more listening practice, listen to CD1, Track 23, and answer the following questions.

Comprensione

1. Sono in un grande ristorante lussuoso Linda e Gianni?
2. Chi desịdera mangiare molto? Perché?
3. Che cosa raccomanda il cameriere come antipasto?
4. Che primo e secondo ọrdina Gianni? E Linda? Perché?
5. Che cosa ọrdina Gianni? Ạcqua minerale?

Adesso scriviamo!

Un compleanno

Invent a story about the people seated on the grass: who they are and what their names are, why they are celebrating, and what the circumstances are. Be sure to describe the various elements of the celebration and where the items are located.

Parliamo insieme!

In caso di necessità vengono usati prodotti surgelati

2° COLAZIONE ORE 12.20

Carrello d'antipasti assortito
* * * *
Pasticcio di lasagne alla bolognese
Mezzemaniche alla Rustica
Zuppa di riso, sedano e pomodoro
Ristretto in tazza
Succhi di frutta
* * * *
Braciola di vitello alla brace
Fesa di maiale alla carabiniera
Cordon Bleu di pollo
con patate fritte e salsa tartara
Peperonata alla napoletana
Patate a spicchio
Buffet d'insalate e verdure
* * * *
Piatto di formaggi
Coppa di gelato con ventaglio e sciroppo
Cestino di frutta

CENA ORE 19.20

Spianata calabrese, coppa nostrana e
bresaola con sottaceti
* * * *
Spaghetti al tonno e olive
Risotto al petto d'anitra e pepe verde
Zuppa alla fiorentina
Consommé Diavoletto
Succhi di frutta
* * * *
Sogliola di Dover alla Mugnaia
Battuta di manzo al Mercante di vino
Uova al tegamino con funghi
Patate saltate
Broccoli calabresi con pancetta
Verdure miste e insalata
* * * *
Assortimento di formaggi
Cestino di frutta fresca

> Questa sera alle ore 21.00 danze. Auguriamo
> alla nostra gentile Clientela una piacevole serata.

RISTORANTE AL PONTE

Montegrotto Terme, Martedi il 20 Novembre

NOTE: **Seconda colazione** is sometimes used instead of **pranzo**.

Vocabolạrio ụtile:

cart **carrello**	*duck* **ạnitra**
pork **maiale**	*beef* **manzo**
basket **cestino**	

Explain that *carrello* means "cart": the waiter brings the cart with the food—desserts, for example—to your table, so you can chose what you want.

 A. Al ristorante. You are in the restaurant «Al Ponte». One student portrays the waiter and brings the menu. Two or three others order **un pranzo all'italiana** (*Italian style*): **antipasto, primo piatto, secondo piatto, ecc.**

Have students rearrange their seats to resemble a restaurant, and then order from the menu.

B. Un picnic al parco. It is your turn to organize a picnic in the park. You and your friends take turns to tell what you are bringing (look at the items suggested). Use the **partitivo.** You also need plastic cups and dishes **(bicchieri e piatti di plạstica),** and the drinks of your choice.

Courtesy of the Author

Attualità

Dove andiamo a mangiare?

A. Prima di leggere. Following are descriptions of different types of restaurants that are common in Italy. As you read, try to determine what the main characteristics of each type of restaurant are and to make comparisons. Consider, for example, how formal or informal each type of restaurant is, what kind of food each serves, how expensive a meal typically is, and who the usual patrons are.

Al ristorante

Un ristorante è un **locale** elegante, dove gli Italiani ordinano un pasto completo: un primo piatto, un secondo piatto con uno o due contorni, della frutta, del dolce e un caffè. Ci sono molti ristoranti in Italia e sono divisi in categorie di qualità e **prezzi**.

place

prices

Una tavola calda

In trattoria

Questo è un locale dove lavora tutta la famiglia. Gli Italiani vanno in una trattoria per mangiare i piatti tipici della regione. Non è necessario ordinare un pranzo completo ma anche solo un primo piatto o un secondo piatto e il dolce. L'atmosfera è di solito **meno** formale e i prezzi sono **inferiori di quelli** di un ristorante.

less / lower than those

In pizzeria

Questo è un locale dove gli Italiani mangiano di solito solo la pizza. La pizza è molto più **sottile** della pizza americana, ed è **cucinata** in **un forno di pietra a legna**. L'atmosfera è molto informale e gli Italiani bevono una Coca-Cola o una birra quando mangiano la pizza. Ci sono molte pizzerie in Italia e sono tutte diverse **l'una dall'altra**. Non ci sono **catene di pizzerie** come in America e gli Italiani scelgono il locale dove la pizza è più buona o dove **conoscono il proprietario**.

thinner / cooked / a wood-burning stone oven

one from another / pizzeria chains

know / the owner

Alla tạvola calda

Questo è un locale dove gli Italiani vanno quando hanno fretta. C'è molta **varietà di cibi** che sono **già pronti** e i clienti **scẹlgono** i piatti che preferịscono. Quando un cliente ha il **vassọio** pronto va alla **cassa** dove paga i piatti **scelti**. Poi va a sedersi a un tạvolo; non ci sono camerieri. Una tạvola calda **di sọlito** è in centro, vicino alle banche e ad altri uffici dove gli Italiani che lavọrano pọssono andare a mangiare durante **l'ora lịbera** per il pranzo.

choice of dishes / already prepared / choose / tray / cash register / chosen / usually
the hour free

In paninoteca

Questo è un locale che serve una grande varietà di panini: caldi o freddi, ma anche pizzette o insalate. Gli Italiani, soprattutto i giọvani, mạngiano in una paninoteca quando hanno fretta o non hanno molti soldi. Ci sono molte paninoteche vicino alle università dove gli studenti vanno durante **l'intervallo** del pranzo o **prima di** andare a casa nel pomerịggio. In una paninoteca gli studenti pạrlano **dei** corsi, dei professori e stụdiano insieme.

break / before
about

Courtesy of Gad A. Marshall and Shira Fischer

B. Alla lettura. Dove andiamo a mangiare? On the basis of the information you have gathered, suggest where the following people are likely to go for a meal.

■ **Esempio** I signori Bianchi hanno tre bambini e non hanno molti soldi.
Mạngiano in una trattoria.

1. Il signor Rossi lavora in centro a Milano in una banca.
2. Giọrgio e Alessandra sono studenti universitari e le lezioni sono finite.
3. L'architetto Moretti porta fuori (*is taking out*) la moglie per il suo compleanno.
4. Marco e Alẹssia hanno vọglia di un piatto tịpico e di un buon dolce.
5. È domẹnica sera, Pạolo vede gli amici per andare al cịnema, ma prima mạngiano insieme.

Attività video ▶

Attività vocabolario

A. Watch the segment of the video "**Piatti preferiti.**" Then complete the sentences choosing from the following words.

primo piatto, caffè, pastasciutta, cotoletta, pizza, verdure, dolce, tortellini, gnocchi, secondo piatto, hamburger, pasta (x2), tagliatelle, antipasto, frutta, paella alla valenziana, lasagne

Marco e Giovanni sono in un agriturismo.

1. Il piatto preferito della prima intervistata è decisamente la _____.

2. Per il secondo intervistato il piatto preferito è la _____.

3. La terza persona intervistata preferisce la _____, però le piace molto la _____.

4. Un'intervistata dice che i piatti tipici di Bologna sono i _____, ma anche le _____ e le _____.

5. Un'intervistata (Paola) dice che le piace la _____ al pomodoro, gli _____ e le _____.

6. L'ultimo intervistato dice che non mangia gli _____, che piacciono tanto agli Americani.

7. Marco dice che in Italia il pasto è composto da: _____, _____, _____ con contorno, _____, _____, _____, e ammazzacaffè.

B. Domande sul video.

1. Dove si fermano a dormire questa sera Marco e Giovanni?

2. Che cosa hanno intenzione di mangiare per cena?

3. Che generi alimentari (*food products*) produce questo agriturismo?

4. Quali sono alcuni primi piatti preferiti dagli Italiani intervistati? E quali sono i due secondi piatti preferiti?

5. Quali sono le specialità di Bologna?

6. In un ristorante, con quale portata (*dish*) incomincia il pasto in Italia? Cosa si beve alla fine del pasto?

7. Secondo Marco, come si mangia in Italia? Ci sono gli stessi piatti in tutte le regioni? Perché no?

Attività grammatica

A. Watch the segment "**I piatti preferiti**" a second time. Then complete the sentences with the words given (the verbs in the correct form) and with the correct form of the partitive.

finire, molto, dormire, tutti, ogni, preferire, ordinare, mangiare

1. Marco e Giovanni si fermano (*stop*) a _____ e a _____ in un agriturismo.

2. In generale gli Italiani _____ i piatti a base di pasta.

3. Marco _____ il pranzo con un buon caffè.

4. Quale dolce _____ spesso gli Italiani al ristorante?

5. Con il pasto gli Italiani bevono _____ vino o _____ birra. (partitivo)

6. Il secondo piatto si serve (*is served*) con _____ verdure cotte. (partitivo)

7. In Italia, dice Marco, si mangia _____ bene.

8. _____ regione ha le sue specialità.

9. A _____ gli intervistati piace bere il vino.

B. Partecipazione. In groups of three students, talk about the following topics.

- Come festeggiate il vostro (*your*) compleanno? (in casa? al ristorante? con la famiglia? con gli amici?)

- Immaginate di essere con Marco in un ristorante di Roma.

  a. ordinate un pranzo completo:

  antipasto _____

  primo piatto _____

  secondo piatto _____

  contorni _____

  dolce _____

  caffè _____

  b. cosa ordinate da bere? _____

  c. come pagate il conto? «alla romana»?

- Marco dice che «il vino fa buon sangue!» Significa che il vino fa bene o fa male alla salute (*to your health*)?

Vocabolario 🔊

Nomi

il bicchiere	glass
il biscotto	cookie
la bottiglia	bottle
la candelina	little candle
la carne	meat
il cibo	food
il compleanno	birthday
la cucina	kitchen; cooking, cuisine
il cuoco/la cuoca	cook
i generi alimentari	groceries
il piatto	dish, course
il regalo	gift, present
i soldi	money
la sorpresa	surprise
la tazza	cup

Aggettivi

alcuni(e)	some, a few
occupato	busy
ogni (*inv.*)	each, every
poco (*pl.* pochi)	little; few
qualche (*sing.*)	some
squisito	delicious
tanto	much, so much
troppo	too much
tutto	the whole; all, every
vegetariano(a)	vegetarian

Verbi

amare	to love
aprire	to open
arrivare	to arrive
augurare	to wish
capire	to understand
chiedere	to ask
chiudere	to close
credere	to believe
cucinare	to cook
dormire	to sleep
festeggiare	to celebrate
finire	to finish
invitare	to invite
leggere	to read
offrire	to offer
ordinare	to order
organizzare	to organize
pagare	to pay
partire	to leave
perdere	to lose
portare	to bring, to carry; to wear
preferire	to prefer
prendere	to take, to catch
preparare	to prepare
pulire	to clean
regalare	to give a present
restituire	to give back
ricevere	to receive
ripetere	to repeat
rispondere	to answer
scrivere	to write
seguire	to follow
sentire	to hear
servire	to serve
vedere	to see
vivere	to live

Altre espressioni

adesso	now
Buon compleanno!	Happy birthday!
d'accordo	OK, agreed
essere a dieta	to be on a diet
Ti piace (piacciono)... ?	Do you like . . .? (*familiar*)
Le piace (piacciono)... ?	Do you like . . .? (*formal*)
Mi piace (+ *sing. noun*)	
Mi piace la torta	I like the cake
Mi piacciono (+ *plural noun*)	
Mi piacciono i biscotti	I like the cookies
un po' di (un poco di)	some, a bit of
un sacco di	a lot of
se	if
senza	without
solo (*inv.*)	only
spesso	often
va bene?	Is it OK?
volentieri	with pleasure
vorrei	I would like

La famiglia

5

Parole da ricordare
I parenti

Informazioni
La parentela
Le regioni d'Italia: La Liguria

La grammatica
1 Aggettivi e pronomi possessivi
2 Verbi irregolari in -ere e in -ire; sapere e conoscere
3 I pronomi diretti
4 I mesi e la data

Per finire
Il fidanzamento
Ascoltiamo!
Adesso scriviamo!
Parliamo insieme!

Attualità
La famiglia in Italia

Attività video

Oggi, generalmente, tanto il padre quanto la madre lavorano. Più che una scelta è una necessità, a causa (*because of*) dell'alto costo della vita.

Courtesy of the Author

Risorse: iLrn

Internet   audio   video   ilrn.heinle.com

Parole da ricordare

I parenti (*Relatives*)

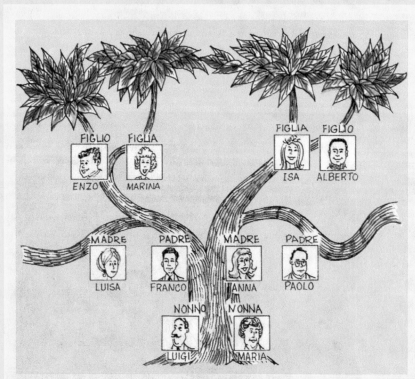

Albero genealogico

Fidanzato(a) and *vedovo(a)* may also be nouns: as nouns, they are preceded by the article. Point out that *parente* is a false cognate.

i genitori parents
il marito husband
la moglie wife
il fratello brother
la sorella sister
lo zio/la zia uncle, aunt
il cugino/la cugina cousin
il nipote grandson; nephew
la nipote granddaughter; niece
i figli children
il suocero father-in-law
la suocera mother-in-law

nubile, single unmarried, single female
celibe, single unmarried, single male
fidanzato(a) fiancé(e)
sposato(a) married
separato(a) separated
divorziato(a) divorced
vedovo(a) widower, widow
il mio ragazzo my boyfriend
la mia ragazza my girlfriend

Nota culturale

Courtesy of Benetton © 2008; Photo by David Sims

■ Nel passato la famiglia italiana era molto numerosa. Oggi la famiglia è piccola, con uno o due figli, a causa dei cambiamenti (*changes*) economici e culturali in Italia.

Steprelatives

I nomi «patrigno/matrigna», «figliastro/figliastra» e «fratellastro/sorellastra» (*stepfather/mother, stepson/daughter, stepbrother/stepsister*) sono raramente usati. Se vuoi sapere perché, clicca qui: **www.cengagebrain.com**

Applicazione

A. Chi è? Completate le seguenti frasi con l'espressione appropriata.

1. Il fratello di mio padre è mio _____.
2. La madre di mia madre è mia _____.
3. I nonni hanno un debole (*a weak spot*) per i loro _____.
4. Rina non ha marito; è _____.
5. La figlia dello zio Piero è mia _____.

 B. Conversazione. In coppie, fatevi a turno domande sulle vostre famiglie.

1. Hai dei fratelli o delle sorelle?
2. Quante persone ci sono nella tua famiglia? (Nella mia famiglia...) Hai una famiglia numerosa?
3. Come si chiama tuo padre? E tua madre?
4. Vai spesso a trovare i parenti?
5. Dove abitano i genitori, in città o in campagna?
6. Hai molti cugini?

Explain that to express "to visit," Italian uses two different verbs: *andare a trovare. Vado a trovare la mia famiglia. Visitare* is used to express "to visit a place": *Oggi visito la città di Roma.*

Informazioni

La parentela

Oggi è raro trovare in Italia la famiglia tradizionale del passato, quando due o tre generazioni vivevano nella stessa casa. La necessità di trovare un lavoro ha spinto (*forced*) i figli ad allontanarsi dalla casa paterna e a crearsi la loro famiglia altrove (*elsewhere*). Molte volte i giovani anziché (*instead of*) sposarsi preferiscono convivere. Oggi, a causa della lontananza, è più difficile dare un aiuto ai genitori anziani (*elderly*), che si ritrovano soli e sono spesso costretti ad andare nelle case di riposo. Inoltre (*Besides*), i nonni non possono badare (*take care*) ai nipotini, che devono stare negli asili d'infanzia (*children facilities*) quando i genitori sono al lavoro. Nonostante ciò (*In spite of this*), la famiglia è ancora unita da forti legami (*ties*) e i membri della famiglia si riuniscono per festeggiare matrimoni, battesimi, compleanni, lauree e feste religiose o civili.

Le regioni d'Italia 🌐

Oggi siamo in... **Liguria**. La Liguria è una regione dell'Italia settentrionale. È bagnata dal Mare Ligure e confina con la Francia. Se vuoi visitare la Liguria, clicca qui: **www.cengagebrain.com**

■ Portofino, la perla nel golfo del Mare Ligure

Courtesy of the Author

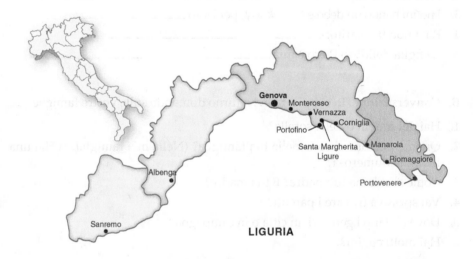

LIGURIA

La grammatica

1 Aggettivi e pronomi possessivi

Giacomo   Maria
Antonio   Pietro
Teresa
Anna   Maria
Fido
Giacomo   Luigi   Pierino

Ecco Antonio, con la sua famiglia: suo padre, sua madre, le sue sorelle, i suoi fratelli e il suo cane. Alla parete c'è il ritratto dei suoi nonni.

A. Possessive adjectives express ownership or relationship (*my, your, his*, etc.). They agree in gender and number with the noun they modify, *not* with the possessor, and they are preceded by an article.

Suggestion: Say: *Ecco la mia penna! Ecco il mio libro!* Pick up a male student's book and say: *Ecco il suo libro!* Then pick up a female student's book to show that the possessive adjective does not agree with the possessor: *Ecco il suo libro!* Continue the drill with other objects.

Possessor	Singular		Plural	
	Masculine	Feminine	Masculine	Feminine
io *my*	il mio	la mia	i miei	le mie
tu *your (familiar sing.)*	il tuo	la tua	i tuoi	le tue
lui, lei *his, her, its*	il suo	la sua	i suoi	le sue
Lei *your (formal sing.)*	il Suo	la Sua	i Suoi	le Sue
noi *our*	il nostro	la nostra	i nostri	le nostre
voi *your (familiar pl.)*	il vostro	la vostra	i vostri	le vostre
loro *their*	il loro	la loro	i loro	le loro
Loro *your (formal pl.)*	il Loro	la Loro	i Loro	le Loro

È **la famiglia** di Antonio?
Sono **i fratelli** di Antonio?
Sono **le sorelle** di Antonio?

Sì, è **la sua** famiglia.
Sì, sono **i suoi** fratelli.
Sì, sono **le sue** sorelle.

il mio ragazzo, **la mia** ragazza
Signor Riva, **la Sua** macchina
  è pronta.

my boyfriend, my girlfriend
Mr. Riva, your car is ready.

NOTE: Remember that whenever certain prepositions precede a definite article, the two words contract: **Nella mia famiglia ci sono sei persone.**

Telefona **dal Suo** ufficio?
Ritornano **dal loro** viaggio.

Are you calling from your office?
They are returning from their trip.

— Mio figlio si chiama Luigi. E i Loro?
— I nostri si chiamano Mina, Lisa, Tino, Gino, Nino.

1. The article is *not* used when a possessive adjective precedes a singular noun that refers to a relative. The article is used, however, if the noun referring to relatives is plural or if it is modified by an adjective or a suffix.

mio zio Baldo	*my uncle Baldo*
nostra cugina Nella	*our cousin Nella*
suo fratello	*his (her) brother*

BUT:

i miei zii e **le mie** cugine	*my uncles and my cousins*
la mia bella cugina Lia	*my beautiful cousin Lia*
il tuo fratellino	*your little brother*

2. **Loro** is invariable and is *always* preceded by the article.

la loro sorella	*their sister*
i loro vicini	*their neighbors*

3. Phrases such as *a friend of mine* and *some books of yours* translate as **un mio amico** and **alcuni tuoi libri.**

4. The idiomatic constructions **a casa mia, a casa tua,** etc., mean *at (to) my house, at (to) your house,* etc.

B. The *possessive pronouns* have the same forms as the possessive adjectives. They are preceded by an article, even when they refer to relatives.

mia madre e **la sua**	*my mother and his (hers)*
la tua casa e **la nostra**	*your house and ours*
i suoi amici e **i miei**	*his/her friends and mine*

Pratica

A. **Cosa cerchi?** Tu e il tuo compagno/la tua compagna siete un po' disorganizzati e cercate alcune cose. Fatevi a turno le domande usando gli aggettivi possessivi.

■ **Esempio**
— *Cosa cerchi?*
— *Cerco i miei quaderni.*

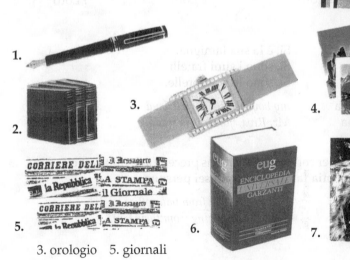

quaderno
quaderno

cartoline
(*postcards*)

1.

2.

3.

4.

5.

6.

7.

3. orologio   5. giornali

B. Chi portate? Attività in gruppo. La tua università celebra il centenario della sua fondazione. Alla celebrazione gli studenti possono invitare due persone, oltre (*besides*) ai genitori. Ogni studente dice chi porta.

■ **Esempio** cugino / amico Marco
— *Io porto mio cugino e il mio amico Marco.*

1. sorella / fratellino   2. zio / zia   3. fratello / compagno(a) del liceo
4. parenti dall'Italia   5. nonna / migliore (*best*) amica   6. cugine di Roma
7. …?   8. …?   9. …?

C. Di chi è? Domandate ad un altro studente/un'altra studentessa di chi sono i seguenti oggetti (*the following objects*). La risposta è affermativa o negativa, secondo (*according to*) l'informazione e l'esempio. Fatevi a turno le domande.

■ **Esempio** — È il computer di tuo fratello? / sì
— *Sì, è il suo computer.*

1. È la Mini di tua sorella? / no
2. Sono i DVD del tuo amico? / sì
3. È la Mercedes di tuo zio? / no
4. Sono gli indirizzi dei tuoi compagni di scuola? / sì
5. È il telefonino di tuo cugino? / no
6. È la ragazza di tuo fratello? / sì

D. Un'amica curiosa. La tua compagna di stanza desidera sapere molte cose. Fatevi a turno le domande. Nella risposta usate la preposizione articolata + aggettivo possessivo. Seguite l'esempio.

■ **Esempio** — Dove sono le chiavi? / (*my*) borsa (*bag*)
— *Sono nella mia borsa.*

1. A chi scrivi? / (*my*) parenti
2. Di chi è la foto? / (*my*) nonni
3. Dov'è l'indirizzo di Luigi? / (*your*) scrivania
4. Dov'è la macchina di Fiona? / (*her*) garage
5. Dove sono gli appunti di storia? / (*your*) scaffale (*m.*)
6. Di chi è quest'orologio? / (*my*) amica
7. Dov'è il gatto? / (*your*) letto
8. Dove sono i portafogli di Lina e Marco? / (*their*) zaini

E. Le cose che faccio io e le cose che fai tu. In due, fatevi a turno le domande. Rispondete con il pronome possessivo corretto: **il tuo, la tua, i tuoi, le tue.** Usate la preposizione quando è necessaria.

■ **Esempio** — *Io scrivo a mio padre, e tu?*
— *Io scrivo al mio.*

1. Io faccio i miei compiti, e tu?   2. Io parlo alla mia insegnante, e tu?
3. Io vedo mio cugino, e tu?   4. Io invito le mie sorelle, e tu?   5. Io uso il mio telefonino, e tu?   6. Io scrivo a mio fratello, e tu?   7. Io pago i miei conti, e tu?

2 Verbi irregolari in -*ere* e in -*ire; sapere* e *conoscere*

Io qui non posso entrare

Sulle porte dei negozi c'è spesso questo cartello. I padroni dẹvono lasciare fuori il loro cane.

Point out that *dire* uses the Latin stem *dic-*. Point out that *bere* uses the Latin stem *bev-*.

A. The following verbs ending in **-ere** are irregular in the present tense:

bere (to drink)		dovere (to have to, must; to owe)		potere (can, may, to be able to)		volere (to want)	
bevo	beviamo	devo	dobbiamo	posso	possiamo	voglio	vogliamo
bevi	bevete	devi	dovete	puoi	potete	vuoi	volete
beve	bẹvono	deve	dẹvono	può	pọssono	vuole	vọgliono

You may wish to introduce *bere* with questions such as: *Cosa bevi tu a colazione a pranzo a cena? Cosa beve tuo padre/tua madre / tuo fratello/tua sorella a pranzo?*

Stasera **devo** uscire.
Possiamo fare molte cose.
Cosa **vuoi** mangiare?

Tonight I have to go out.
We can do many things.
What do you want to eat?

NOTE: Dovere, followed by a noun, corresponds to the English *to owe.*

Devo cento euro a mia zia.

I owe my aunt one hundred euros.

Introduce *dire* with *A chi...* questions: *A chi dici i segreti?* Practice these verbs using questions such as: *La sera esci spesso? poco? con amici?* Elicit negative responses by asking: *Esce spesso John? Escono spesso John e Mary?* Do the same with *venire: Vieni a scuola (all'università) a piedi? in bicicletta? in autobus? in macchina?* Introduce *venire* with questions such as: *Da dove vieni? Come vieni a scuola?*

B. The following verbs ending in **-ire** are irregular in the present tense.

dire (to say, to tell)		uscire (to go out)		venire (to come)	
dico	diciamo	esco	usciamo	vengo	veniamo
dici	dite	esci	uscite	vieni	venite
dice	dịcono	esce	ẹscono	viene	vẹngono

Veniamo domani.
Esce tutte le sere.

We'll come tomorrow.
He (She) goes out every night.

Un provệrbio dice: «Dopo la piọggia viene il sole». Che cosa vuol dire questo provệrbio? C'è un provệrbio sịmile in inglese?

C. *Sapere* e *conọscere*

In Italian there are two verbs that both translate as *to know* in English: **sapere** and **conọscere.** They are conjugated as follows:

sapere		conọscere	
so	sappiamo	conosco	conosciamo
sai	sapete	conosci	conoscete
sa	sanno	conosce	conọscono

1. **Sapere** is an irregular verb. It means *to know how to do something, to know a fact.*

2. **Conọscere** is a regular verb. It means *to be acquainted with a person or a place* and *to meet someone for the first time.*

Nino **sa** suonare il piano.	*Nino knows how to play the piano.*
Sai che domani è vacanza?	*Do you know that tomorrow is a holiday?*
No, non lo **sappiamo.**	*No, we do not know (it).*
Non **conosco** il signor Paoli.	*I don't know Mr. Paoli.*
Conosciamo bene Venẹzia.	*We know Venice well.*

— Pietro! Cosa fai!? Mia madre non sa nuotare!

Point out that, unlike in English, *che* can not be omitted from phrases using *So che,* i.e. *So che domani è venerdì.*

Pratica

A. Cosa beviamo? Completate il diạlogo usando il verbo **bere.**

— Cosa _____ tu quando hai molta sete? Io _____.

— Quando tu e i tuoi amici _____ dello champagne? Noi _____ _____.

— Cosa _____ gli Italiani, in generale, a cena? Gli Italiani _____ _____.

— Cosa _____ tu la mattina, a colazione? Io _____.

👥 **B. Cosa possiamo fare con 1.000 euro?** Un compagno/Una compagna dice che cosa vogliono fare le seguenti persone con 1.000 euro. Tu rispondi se possono o non possono.

■ **Esempio**   i miei genitori / andare in Italia
   — *I miei genitori vogliono andare in Italia.*
   — *I tuoi genitori non possono andare in Italia.*

1. io / comprare una macchina fotografica
2. mio fratello / fare un viaggio a New York
3. mia sorella ed io / portare i nostri genitori all'opera
4. i miei cugini / comprare una barca (*boat*)
5. tu ed io / dare una festa per tutti gli studenti
6. io / affittare (*to rent*) una villa in Toscana per un mese (*month*)
7. mio marito ed io / fare una crociera (*cruise*) alle isole Hawaii
8. tu / comprare un computer Macintosh

C. Cosa fate se... ? Rispondete usando il verbo **dovere** e la vostra immaginazione.

■ **Esempio**   Cosa fai se hai sete?
   — *Se ho sete, devo bere dell'acqua.* (o...)

1. Cosa fanno gli studenti se ricevono un brutto voto?
2. Cosa fai se hai fame la mattina?
3. Cosa facciamo se non stiamo bene?
4. Cosa fai se hai sonno?
5. Cosa fate se volete organizzare un picnic?
6. Cosa fai se non capisci la spiegazione?
7. Cosa facciamo se abbiamo bisogno di soldi?

👥 **D. Cosa diciamo?** Con un compagno/una compagna, fatevi a turno le seguenti domande. Seguite l'esempio.

■ **Esempio**   tu / quando arrivi in classe
   — *Cosa dici tu quando arrivi in classe?*
   — *Dico «Buon giorno».* (o...)

1. voi / al compleanno di un amico
2. noi / quando rispondiamo al telefono
3. i tuoi genitori / quando vedono i tuoi voti
4. tu / quando un tuo parente o un tuo amico parte
5. tu / a un compagno prima di un esame difficile
6. voi / agli amici la sera tardi (*late*) dopo una festa
7. gli Italiani / quando fanno un brindisi (*they make a toast*)

Ask pairs of students to write down two things they want to do but cannot, and then share their statements with the class. Ask: *Perché?* to elicit answers such as: *Perché dobbiamo* or *devo lavorare (studiare, andare a...).*

E. Qual è il verbo corretto? Completate con le forme corrette di **uscire** e **venire**, secondo il caso (*according to the context*).

1. Questa sera io non _____ perché i miei nonni _____ a cena.

2. Tu e il tuo compagno _____ tutte le sere! Dove andate?

3. Oggi mia madre non _____ di casa perché aspetta sua sorella che _____ dall'Italia.

4. Se noi _____ presto (*early*) dall'ufficio, possiamo fare una passeggiata.

5. Quando _____ a casa mia voi?

6. Se volete, possiamo _____ insieme stasera.

F. Conversazione

1. Esci spesso il sabato sera?

2. Esci solo(a) o con gli amici?

3. Quando tu e la tua amica/il tuo amico uscite, dove andate di solito?

4. Dite ai vostri genitori a che ora tornate?

5. Sabato sera do una festa a casa mia, vieni anche tu?

6. Viene anche la tua compagna/il tuo compagno? Venite insieme?

G. Un padre curioso. Il padre di Gabriella domanda informazioni a un conoscente (*acquaintance*) su (*about*) Filippo. Cominciate la domanda con **Sa... ?** o **Conosce... ?**

■ **Esempio** suo padre
         — *Conosce suo padre?*

1. dove abita
2. con chi lavora
3. la sua famiglia
4. se è un ragazzo serio
5. i suoi amici
6. quanti corsi segue all'università

7. i suoi genitori
8. quanti anni ha
9. sua madre
10. quanti fratelli o quante sorelle ha
11. quando finisce gli studi

H. Lo sai o non lo sai? In due, fatevi a turno le domande e date la risposta esatta. Se non sapete rispondere dite semplicemente: **Non lo so** (*I don't know*).

■ **Esempio** — Sai chi ha inventato la radio?
         — *Lo so. È stato Marconi.*

1. Sai dov'è Torino?

2. Sai quante regioni ci sono in Italia?

3. Sai in quale città si trova (*is found*) il Colosseo?

4. Sai cos'è *La Divina Commedia*?

5. Sai chi è l'autore?

6. Sai in quale isola è Palermo?

7. Sai cos'è il tiramisù?

3 I pronomi diretti

A. The direct-object pronouns are used to replace direct-object nouns. The direct object of a sentence answers the questions *whom?* or *what?*

Chiamo **il cameriere. Lo** chiamo.   Visito **il museo. Lo** visito.
Chiamo **la signora. La** chiamo.   Visito **la chiesa. La** visito.
Chiamo **gli amici. Li** chiamo.   Visito **i giardini. Li** visito.
Chiamo **le ragazze. Le** chiamo.   Visito **le città. Le** visito.
Mi chiami? Sì, **ti** chiamo.   **Ci** chiami? Sì, **vi** chiamo.

Here is a chart showing all of the direct-object pronouns.

Singular		Plural	
mi (m') me	**mi** chiamano	**ci** us	**ci** chiamano
ti (t') you *(familiar)*	**ti** chiamano	**vi** you *(familiar)*	**vi** chiamano
lo (l') him, it	**lo** chiamano	**li** them *(m.)*	**li** chiamano
la (l') her, it	**la** chiamano	**le** them *(f.)*	**le** chiamano
*****La (L')** you *(formal, m. & f.)*	**La** chiamano	**Li, Le** you *(formal, m. & f.)*	**Li/Le** chiamano

*The formal pronoun **La (L')** is both masculine and feminine, as in **arrivederLa**.

La mamma porta **la sua bambina** al parco. **La** porta ogni giorno.

First practice these pronouns with the verb *guardare*. Make statements, while pointing to the people in question and have students replace the nouns with the pronouns (e.g., *lo guardo Marco. Lo guardo. Guardo gli studenti. Guardo voi, le ragazze,* etc.). Introduce the polite forms *La, Li, Le,* using the verb *vedere* (e.g., *Io sono l'insegnante. Mi vedete? Sì, La vediamo. Vedete me e la professoressa Neri?* etc.). Ask the same questions requesting negative answers. Then use other verbs (*ascoltare, salutare*).

B. Note that the direct-object pronoun immediately precedes the verb. This is also true in the negative sentence. The final vowel of a singular direct-object pronoun may be dropped before a vowel or an **h.**

Apro il frigo. **L'**apro.   *I open the refrigerator. I open it.*
Leggo le lettere. **Le** leggo.   *I read the letters. I read them.*
Mi vedono? No, non **ti** vedono.   *Do they see me? No, they don't see you.*
Non **ci** invitano mai.   *They never invite us.*
Buona sera, dottore. **La** vedo   *Good evening, Doctor. I'll see you*
   domani.   *tomorrow.*

C. Unlike their English equivalents, Italian verbs such as **ascoltare** (*to listen to*), **guardare** (*to look at*), **cercare** (*to look for*), and **aspettare** (*to wait for*) are not followed by a preposition; they therefore take a direct object.

Cerchi la ricetta?   *Are you looking for the recipe?*
Sì, **la** cerco.   *Yes, I am looking for it.*
Vi aspetto stasera alle otto.   *I will be waiting for (expecting) you at*
                                                              eight o'clock tonight.

D. A direct-object pronoun attaches to the expression **ecco!**

Eccolo!   *Here (There) he is!*
Eccomi!   *Here I am!*

Pratica

A. Sostituzione. Rispondete alle domande sostituendo le parole in corsivo (*italic*) con un pronome diretto.

■ **Esempio** — Dove aspetti *il tuo* amico?
— *L'aspetto al caffè.* (o...)

1. Dove incontri *i tuoi compagni?*
2. Quando guardi *la TV?*
3. Vedi spesso *i tuoi genitori?*
4. *Mi* chiami stasera dopo cena?
5. Usi *il telefonino* tutti i giorni?
6. Fai *i compiti* da solo(a) o con un compagno/una compagna?
7. *Ci* offri qualcosa (*something*) da bere?
8. Fai *colazione* la mattina?
9. Prendi *il caffè* nero o macchiato (*with a drop of milk*)?

B. Quando? Un amico vuole sapere quando tu fai le seguenti cose. Rispondi usando il pronome diretto appropriato. In due, fatevi a turno le domande.

Ask students to add questions of their own.

■ **Esempio** fare la spesa
— *Quando fai la spesa?*
— *La faccio venerdì pomeriggio.* (o...)

1. fare i tuoi compiti
2. scaricare (*to download*) la musica sul tuo iPod
3. comprare i fiori per tua mamma
4. invitare il tuo ragazzo/la tua ragazza fuori a cena
5. guardare la televisione
6. incontrare i tuoi amici

C. Scambi rapidi. I genitori parlano con il figlio Aldo, giornalista, che è ritornato da un lungo viaggio. Completate il dialogo con i pronomi appropriati.

Pair students for the conversation.

Aldo Cari mamma e papà, finalmente _____ rivedo (*I see you again*)! Come state?

Il Papà Noi stiamo benone. Ma tu, come _____ trovi (*do you find us*)? Più vecchi forse?

Aldo Anzi (*On the contrary*), _____ trovo sempre giovani e in ottima forma, e _____ rivedo con tanto piacere!

Mamma Anche noi _____ rivediamo tanto volentieri. Siamo tanto contenti quando tu _____ chiami e vieni a trovar _____.

Aldo Purtroppo devo partire domani! A proposito, papà, domani tu _____ accompagni alla stazione in macchina?

Papà Sì, _____ accompagno volentieri.

Mamma Noi _____ aspettiamo sempre, e speriamo che tu ritorni ad abitare nella nostra città.

D. Conversazione. In due, fate la parte di Tino e Renza.

Tino Fai il tuo compito d'italiano stamattina o stasera?

Renza _____, e tu?

Tino _____

Renza Ascolti i CD a casa o al laboratorio di lingue?

Tino _____

Renza Hai gli appunti di storia?

Tino Sì, _____

Renza Io non trovo i miei appunti. Mi dai i tuoi?

Tino Sì, _____ do i miei.

Renza Io e Maria siamo in biblioteca nel pomeriggio (*afternoon*). Ci incontri in biblioteca?

Tino Sì, _____ incontro in biblioteca alle 4.00.

E. Dove sono? Il tuo compagno/La tua compagna domanda dove sono alcune cose nella classe. Rispondi usando **ecco** e il pronome appropriato.

■ **Esempio** — *Dov'è la penna?*
　　　　　　　 — *Eccola!*

4 I mesi e la data

I mesi sono:

gennaio	aprile	luglio	ottobre
febbraio	maggio	agosto	novembre
marzo	giugno	settembre	dicembre

Dates are expressed according to the following pattern:

definite article +	*number* +	*month* +	*year*
il	**20**	**marzo**	**2010**

The abbreviation of the above date would be written **20/3/2010**.

Note that *cardinal* numbers are used to express days of the month except for the first of the month, which is indicated by the ordinal number **primo**.

Oggi è il **primo** (di) aprile. *Today is April first.*
È il **quattordici** (di) luglio. *It is July fourteenth.*
È l'**otto** di agosto. *It is August eighth.*

To ask the day of the week, the day of the month, and the date, the following questions are used:

Explain that in the question *Quanti ne abbiamo oggi?*, *ne* is a pronoun that stands for *giorni del mese* in this case.

Che giorno è oggi? *What day is today?*
Oggi è venerdì. *Today is Friday.*
Quanti ne abbiamo oggi? *What day of the month is it today?*
Oggi ne abbiamo tredici. *Today is the thirteenth.*
Qual è la data di oggi? *What is the date today?*
Oggi è il tredici (di) dicembre. *Today is the thirteenth of December.*

The article **il** is used before the year.

Il 1996 è stato un anno bisestile.   *1996 was a leap year.*
Siamo nati **nel** 1984.   *We were born in 1984.*

NOTE: In Italian the year cannot be expressed as two digits as it can in English (1999: nineteen ninety-nine). One can say either: "in one thousand one hundred ninety-nine" or just "in ninety-nine" (**nel millenovecentonovantanove** or **nel novantanove**).

Pratica

 A. Qual è la data di oggi? In due, chiedẹtevi a turno qual è la data.

■ **Esempio**   15/8
　　　　　　　— *Qual è la data di oggi?*
　　　　　　　— *Oggi è il quindici (di) agosto.*

1. 13/4　　　　　　　　　**5.** 31/7
2. 23/2　　　　　　　　　**6.** 11/6
3. 5/5　　　　　　　　　　**7.** 8/9
4. 1/1　　　　　　　　　　**8.** 28/12

B. Guardate i disegni e dite qual è la data di queste feste.

■ **Esempio**　— Qual è la data?
　　　　　　　— *È il trentuno di dicembre.*

1. 　　**2.** 　　**3.**

Nota culturale

■ Buon Natale e Buone Feste!

Tradizioni di Natale

Il Natale ha antiche tradizioni e tradizioni importate da altri paesi. Se vuoi sapere come gli Italiani festeggiano il Natale, clicca qui:
www.cengagebrain.com

C. Un quiz su date importanti. In gruppi di tre studenti. Uno studente/Una studentessa fa le domande agli altri due studenti che (*who*) hanno il libro chiuso (*closed*). Se la risposta è corretta, lo studente/la studentessa dice: «Giusto!» Se la risposta non è corretta, dice: «Sbagliato!». Se uno studente non sa rispondere, dice: «Non lo so (*I don't know it*)».

1. Qual è l'anno della scoperta dell'America?
2. Qual è l'anno della fondazione della Repubblica Italiana?
3. Qual è l'anno della dichiarazione dell'Indipendenza Americana?
4. Qual è l'anno dell'unificazione dell'Italia?
5. Qual è l'anno in cui (*when*) gli Stati Uniti sono entrati nel conflitto della seconda guerra mondiale?
6. Qual è l'anno in cui un uomo è sbarcato sulla luna?

   1941   1776   1492   1946   1861   1969

D. Conversazione

1. Che giorno è oggi?
2. Qual è la data di oggi?
3. Quanti ne abbiamo oggi?
4. Quand'è il tuo compleanno?
5. In che anno sei nato(a) (*were you born*)? Sono nato(a) nel...
6. In che anno pensi di finire gli studi?

Per finire

Il fidanzamento   CD1, Track 24 🔊

Courtesy of the Author

Stasera c'è una festa a casa di Gabriella. Gabriella festeggia il suo fidanzamento con Filippo. Gabriella è figlia unica. È studentessa universitaria. Suo padre lavora in una **ditta** di assicurazioni e sua madre è professoressa di musica ed è una bravissima cuoca.   *firm*

Alla festa ci sono anche i nonni di Gabriella, suo zio Aldo e sua zia Milena con i loro due figli: Nino e Franco, due ragazzini di otto anni. Nino e Franco sono gemelli. Viene anche Betulla, la cugina di Gabriella che abita a Brescia. Filippo viene con i suoi genitori. Gabriella e sua madre hanno preparato una cena squisita.

Dopo cena tutti **sono seduti** in **salotto**. Betulla ammira **l'anello** di fidanzamento di Gabriella: un anello in oro bianco con tre **piccoli brillanti**.   *are sitting / living room / ring diamonds*

La Zia Milena	Gabriella, dove **hai conosciuto** Filippo?	*did you meet*
Gabriella	L'ho conosciuto all'università.	
Betulla	Quando pensate di **sposarvi**?	*to get married*
Gabriella	Speriamo l'anno prossimo.	
Filippo	Prima dobbiamo prendere la laurea **tutt'e due**.	*both*
Lo Zio Aldo	Quando finite gli studi?	
Gabriella	Li finiamo quest'anno.	
Filippo	**Poi** dobbiamo trovare un lavoro.	*Then*
La Madre di Gabriella	Devono anche cercare un appartamento.	
Gabriella	Speriamo di venire ad abitare vicino ai miei genitori.	
Nino	Possiamo venire anch'io e Franco al matrimonio?	
Gabriella	Certamente, voi tutti siete invitati.	

Comprensione

Rispondete usando gli aggettivi possessivi.

1. Che cosa festeggia Gabriella questa sera?
2. Che cosa fa Gabriella? Lavora?
3. Dove lavora il padre di Gabriella?
4. Che cosa sa fare molto bene la madre di Gabriella?
5. Chi viene alla festa di stasera?
6. Dove ha conosciuto il suo fidanzato Gabriella?
7. Cosa devono fare Gabriella e Filippo prima di sposarsi?
8. Quando finiscono gli studi?
9. Dove vogliono trovare un appartamento?
10. Che cosa chiede Nino?

1. Quando incontri i tuoi parenti? Spesso o in occasioni speciali (festa di Thanksgiving, Natale, Hannukah, compleanni, anniversari, ...)?
2. Quale parente vedi più spesso?
3. I tuoi parenti vivono vicino o lontano? Li vedi spesso?
4. Hai parenti che vivono in altri paesi? Quali?
5. Qual è il tuo parente/la tua parente più simpatico/a? Perché?

Ascoltiamo!

A casa degli zii   CD1, Track 25 🔊

Ornella and her friend Bianca have just arrived at the house of her aunt and uncle in the country. Listen as everyone exchanges greetings and a few words. Then answer the following questions.

Comprensione

1. Dove arrivano Ornella e la sua amica Bianca?
2. Dove abitano gli zii?
3. Cosa dice lo zio quando Ornella presenta la sua amica?
4. Come stanno i genitori di Ornella?
5. Dove lavora suo padre?
6. Qual è la professione di sua madre?
7. Cosa prepara la zia?

👫 Dialogo

In due, fate la parte di Bianca e della zia (o dello zio) di Ornella. La zia chiede a Bianca se ha un ragazzo, come si chiama, se lavora o va all'università, quanti anni ha. Bianca chiede alla zia quanti figli ci sono nella famiglia, quanti anni hanno, come si chiamano, se ha una fotografia dei bambini, eccetera.

Una famiglia numerosa 🔊

For more listening practice, listen to CD1, Track 26, and answer the following questions.

Comprensione

1. Che giorno è?
2. Con chi va a trovare gli zii Ornella?
3. Quanti figli ci sono nella famiglia di Ornella?
4. Come si chiama suo fratello?
5. Che opinione hanno i suoi professori?
6. Bianca vuole conoscere Marco?
7. Secondo te, Bianca ha un ragazzo?
8. Con chi esce Bianca domani sera?

Adesso scriviamo!

La mia famiglia

Descrivi la tua famiglia. Comincia con: **Nella mia famiglia siamo in...** Descrivi tutti i membri: chi sono, come si chiamano, come sono fisicamente, qual è il loro carattere, la loro occupazione (lavoro o scuola), quali sono i loro passatempi o sport.

■ **Esempio**   Mio fratello si chiama Jimmy, ha 18 anni, è alto, biondo e molto simpatico e generoso. È studente all'Università di... , gioca a basket e fa cardiofit training. Non studia troppo, ma è molto intelligente e i suoi voti sono buoni.

Parliamo insieme!

A. Un'occasione speciale. Un amico/Un'amica annuncia il suo fidanzamento. Voi volete sapere molte cose e domandate:

1. if you know his/her fiancé(e).
2. if you may see his/her picture
3. what he/she is like
4. how old he/she is
5. if he/she is a student or has a diploma or **laurea** (or is working, and where)
6. where he/she lives. Add that you would like to meet the fiancé(e) and to be invited to the wedding (**nozze,** *f. pl.*).

B. Consigli pratici. Immagina di essere uno psicologo/una psicologa che dà dei consigli alla persona che ha i problemi qui descritti. Fate a turno le due parti, e usate la vostra immaginazione.

Heinle Image Resource Bank/Cengage Learning

■ **Esempio** — *Ho dei problemi con il mio lavoro.*
— *Allora deve lasciare* (to leave) *il Suo lavoro e cercare un nuovo lavoro.*

C. Le mie attività durante le festività di: Natale, Pasqua, San Valentino e il mio compleanno. Attività in gruppi di tre o quattro studenti. Ogni studente del gruppo racconta (*tells*) cosa fa durante le feste indicate.

This activity allows students to review the vocabulary of this chapter and of the previous ones.

Suggerimenti (*Suggestions*): *I go shopping, buy presents, give presents to my friends and relatives, set up (***fare***) the Christmas tree; I go skiing, send Christmas cards, receive many presents: DVDs, some books, new clothes (***vestiti***). I eat "panettone," etc.*

le uova di Pasqua

Suggerimenti: *I have (**fare**) a picnic in the park with my friends. I color (**colorare**) the Easter eggs, buy flowers for my mother, call my relatives in America, send sms, go (**fare**) jogging, take walks in the park; I take short trips, etc.*

Suggerimenti: *I give chocolates to my girlfriend/boyfriend; we go to the movie (**al cinema**); I throw a party and invite all my friends and my schoolmates. I make many phone calls. I download the music on my iPod, etc.*

Vocabolario utile:

to ski **sciare**

cards **cartoline**

to download **scaricare**

to send **mandare**

chocolates **cioccolatini**

phone calls **telefonate**

Suggerimenti: *I receive many presents, birthday cards and phone calls from my friends and relatives. I eat in a very expensive restaurant; I order my favorite food. I eat the whole birthday cake; I go to a "discoteca," and also to a rock concert with my girlfriend/boyfriend.*

Attualità
La famiglia in Italia

A. Prima di leggere. You are about to read how the Italian family has evolved historically and socially. The two wars of the 20th century were the catalysts that have propelled the Italian women into the workforce. In 1970, the Italian Parliament passed a law permitting divorce. In 1975, the new **Diritto di famiglia** declared moral and judicial equality between husband and wife. The family nucleus has changed.

In Italia, i Governi sono stati lenti (*have been slow*) a seguire, con leggi opportune (*needed laws*), i cambiamenti (*changes*) sociali. Inoltre (*Besides*), gli Italiani hanno sempre avuto (*always had*) un comportamento (*behavior*) tradizionale e abitudinario: la famiglia in Italia risentiva ancora (*was still under the influence*) del concetto patriarcale. Il marito-padre era il capofamiglia: a lui spettavano (*he was supposed to make*) le principali decisioni per la famiglia: la scelta (*choice*) della residenza, l'educazione dei figli, e la donna-moglie-madre, doveva (*had to*) rispettare la sua autorità. Certamente anche in Italia incominciavano i primi movimenti femministi che rivendicavano la parità tra donna e uomo in tutti i campi (*fields*) della vita sociale e familiare.

Le due guerre (*wars*) mondiali del XX secolo (*20th century*) sono state i catalizzatori (*catalysts*) dei cambiamenti sociali. Le due guerre hanno messo in evidenza (*have shown*) tutte le capacità delle donne nel campo produttivo e gestionale (*managerial*), quando le donne hanno sostituito gli uomini andati in guerra.

Un momento decisivo nel cambiamento della mentalità esistente, è stato (*was*) il movimento degli studenti (chiamato il movimento studentesco del sessantotto [*1968*]). L'Italia si era ripresa (*had recovered*) dai disastri dell'ultima guerra, e la società era pronta (*ready*) ad affrontare (*to face*) i cambiamenti sociali.

Nel 1970 il Parlamento italiano ha approvato la legge sul divorzio. A quel tempo il *New York Times* scrisse (*wrote*) che con quella legge anche l'Italia era uscita (*had come out*) dal Medioevo (*Middle Ages*).

La componente cattolica del Paese, naturalmente, non si era arresa (*did not give up the fight*), e nel 1974 domandò (*demanded*) un referendum abrogatorio. La popolazione, in grande maggioranza, votò contro (*voted against*) l'abrogazione della legge.

Nel 1975 il Nuovo Diritto di Famiglia dichiarò (*declared*) l'uguaglianza morale e giuridica (*judicial*) del marito e della moglie.

I cambiamenti sociali ed economici sono evidenti nella composizione del nucleo familiare, una volta molto numeroso, oggi con uno o due figli. Il nucleo familiare è cambiato: marito e moglie, e uno o due figli; nuclei composti da «single», sia uomini che donne, e nuclei allargati (*extended*) che comprendono coniugi (*couples*) già (*already*) divorziati e risposati o conviventi, con nuovi figli o con i figli dei matrimoni precedenti.

È di data recente una proposta del Governo di riconoscere i diritti delle «coppie di fatto», cioè (*i.e.*) non sposate, ma semplicemente conviventi.

B. Alla lettura. Rileggi di nuovo la lettura. Poi rispondi alle seguenti domande.

1. Com'è stato per molto tempo (e in parte ancora oggi) il **comportamento** (*behavior*) degli Italiani?
2. Quali decisioni spettavano, **nel passato** (*in the past*), esclusivamente al padre?
3. Quali sono stati i catalizzatori che hanno iniziato i cambiamenti sociali? Perché?
4. Qual è stato un altro momento decisivo?
5. Quando il Parlamento italiano ha approvato la **legge** (*law*) sul divorzio?
6. Che cosa **scrisse** (*wrote*) il *New York Times*?
7. Qual è la differenza tra il nucleo familiare del passato e quello di oggi?

- Famiglie italiane: 21.503.080 con numero medio di componenti di 2.6
- Coppie con figli: 45% – Coppie senza figli 26% – Persone sole 23%
- Coppie miste sposate o conviventi: nel 1991: 65.000
  nel 2006: 600.000
  (Dati statistici da censimenti decennali e da indagini ISTAT.)

Attività video ▶

Attività vocabolario

A. Guardate la sezione del video «**La mia famiglia**» poi completate le frasi con i seguenti nomi.

sposata, zio, figli (x2), madre, anni, mamma, sorelle, moglie, fidanzata, padre, famiglia

1. Marco telefona a sua _____.

2. Domani è il compleanno di suo _____.

3. La prima intervistata ha due _____ gemelli.

4. Un'intervistata ha una famiglia di cinque persone. Chi sono, oltre (*besides*) l'intervistata? _____, _____ e due _____.

5. Un intervistato preferisce solo due cose al mondo: sua _____ e i suoi _____.

6. La ragazza che è figlia unica vorrebbe (*would like*) avere una _____ numerosa.

7. La ragazza che non è ancora (*not yet*) sposata, è _____.

8. L'ultima intervistata ha 45 _____. È _____ e non ha figli, ma ha due cani bellissimi.

B. Domande sul video. Rispondete alle seguenti domande.

1. Quanti anni hanno i figli gemelli della prima intervistata? Dove studiano?

2. I genitori del secondo intervistato lavorano tutt'e due (*both*). Qual è la loro professione?

3. Dove vive la giovane signora che è sposata con un ragazzo tedesco di Leipzig? Dove lavora?

4. Studia o lavora la ragazza che è fidanzata? Qual è il suo hobby?

Attività grammatica

A. Guardate la sezione del video «**La mia famiglia**» una seconda volta, e completate le frasi con la forma corretta dei seguenti verbi: **dovere, potere, volere, dire, sapere,** e con gli aggettivi possessivi dove mancano (*are missing*).

1. Marco chiede a _____ mamma se lei _____ telefonare dopo (*later*) perché lui sta guidando (*is driving*).

2. Marco non _____ (o non ricorda) che dopodomani è il compleanno dello zio Jerry.

3. Marco _____ telefonare a _____ zio per fargli gli auguri.

4. La ragazza che è fidanzata _____ sposarsi presto (*soon*).

5. Un intervistato _____ che _____ moglie e _____ figli sono le cose più importanti per lui.

B. Partecipazione. In gruppi di tre studenti converste sui seguenti argomenti (*subjects*).

- La vostra famiglia: Quante persone ci sono? Chi sono e come si chiamano? Cosa fanno (lavoro, scuola, attività)?

- La differenza tra la famiglia italiana e quella americana. (Se non conoscete una famiglia italiana, avete certamente visto dei film su (*about*) famiglie italiane.)

Vocabolario ◀))

Nomi

il carattere	temperament
la donna	woman
il fidanzamento	engagement
il fratellino/ la sorellina	little brother/little sister
la giornata	(the whole) day
i giovani	young people
il lavoro	work, job
il matrimonio	marriage, wedding
il membro	member
le nozze	wedding ceremony
la persona	person
due o tre persone	two or three people
la riunione	reunion
la serata	(the whole) evening
lo sposo/la sposa	groom/bride
la storia	story
il telefonino	cell phone
l'uomo (*pl.* gli uomini)	man

Aggettivi

eccellente	excellent
importante	important
meraviglioso	wonderful
numeroso	numerous
strano	strange
tranquillo	quiet

Verbi

bere	to drink
cercare	to look for
conoscere	to know, to be acquainted with, to meet for the first time
descrivere	to describe
dire	to say, to tell
fumare	to smoke
potere	to be able to, can, may
presentare	to introduce
raccontare	to tell (a story)
sapere	to know
uscire	to go out
venire	to come
vivere	to live
volere	to want

Altre espressioni

andare a trovare	to visit (people)
come	as, like
meravigliosamente	wonderfully

Buon viaggio!

6

Roberta Riga

Roma – Piazza della Rotonda

Risorse: iLrn

Internet   audio   video   ilrn.heinle.com

Parole da ricordare

Arrivi e partenze (*Arrivals and departures*)

— A che ora parte il treno
espresso per Roma?
— Parte alle 8.25.
— Non c'è un espresso che parte
alle 9?
— No, signora, parte alle 9.15.

La stazione ferroviaria (*The train station*)

l'agenzia di viaggi   travel agency
prenotare   to reserve
la prenotazione   reservation
fare il biglietto   to buy the ticket
viaggiare   to travel
il viaggio   trip
la gita   short trip, excursion
il pullman   tour bus
la carta d'identita   I.D. card
il passaporto   passport
all'estero   abroad
la nave   ship
la crociera   cruise
la dogana   customs
il biglietto di andata e ritorno
   round-trip ticket

confermare   to confirm
annullare   to cancel
la prima (seconda) classe   first
   (second) class
il posto   seat
salire   to get on
scendere   to get off
la coincidenza   connection
in orario   on time
perdere il treno (l'aereo, ecc.)
   to miss the train (plane, etc.)
**la fermata del treno (dell'autobus,
   del tram)**   train (bus, street car)
   stop

— Scusi, sono liberi questi posti?   Excuse me, are these seats free?
— No, sono occupati.   No, they are taken.
— Dove scende Lei?   Where do you get off?
— Alla seconda fermata.   The second stop.

L'aeroporto

la linea aerea   airline
la classe turistica   economy class
il volo   flight
l'assistente di volo   flight attendant
i passeggeri   passengers

ESPRESSIONI DI TEMPO NEL PASSATO

Quanto tempo fa?	(How long ago?)
stamattina	this morning
ieri mattina	yesterday morning
ieri pomeriggio	yesterday afternoon
ieri sera	yesterday evening, last night
l'altro ieri	the day before yesterday
la notte scorsa	last night
la settimana scorsa	last week
l'anno scorso	last year
due ore fa	two hours ago
tre giorni fa	three days ago

— Scusi, quando parte il treno per Firenze?
— È partito un treno espresso 10 minuti fa. Il prossimo treno parte alle 11.45.

Applicazione

A. Cosa fanno? Guardate il disegno a pagina 140 e rispondete alle domande.

1. Cosa fanno le persone in fila (*in line*) davanti alla biglietteria?
2. Un viaggiatore guarda l'orologio e corre (*runs*): di cosa ha paura?
3. Se i viaggiatori vogliono essere sicuri (*sure*) di trovare un posto in treno (o in aereo), che cosa devono fare?
4. Per viaggiare comodamente (*comfortably*), in quale classe devono viaggiare?
5. Di quale documento hanno bisogno se vanno all'estero?

B. Una notte in albergo. Sei appena arrivato(a) all'aeroporto dopo un lungo viaggio in aereo. Sei stanco(a), e decidi di fermarti (*to stop*) una notte in albergo prima di continuare il viaggio in treno. Telefona all'albergo e chiedi (*ask*) se hanno una camera libera per una notte e quanto costa. Uno studente/Una studentessa fa la parte dell'impiegato(a) dell'albergo. Nella conversazione usate la forma di cortesia **Lei.**

Pair students to work with the questions. Explain that citizens of European Union (EU) countries do not need a passport to travel from one EU country to another. Their I.D. cards suffice.

C. Conversazione

1. Come preferisci viaggiare: in treno, in macchina o in aereo? Perché?
2. Quando viaggi in aereo, viaggi in prima classe? Perché?
3. Di solito, viaggi con molte valigie?
4. Con chi viaggi di solito?
5. Quando sei in aereo, dormi, leggi, ascolti musica o parli con altri viaggiatori?
6. Hai paura di viaggiare in aereo?
7. Che cosa dicono i tuoi amici quando parti per un viaggio?

You may want to ask your students to do Exercise C in the *Lei* form.

Informazioni

I treni

Il sistema ferroviario (*railway system*) in Italia è gestito dallo Stato: è efficiente e i treni rispettano gli orari. Oltre ai treni Eurostar (ad alta velocità), Eurocity e Intercity, le Ferrovie dello Stato (FFSS) hanno iniziato il servizio del treno Frecciarossa (*Red Arrow*), un treno che collega Milano a Roma in 3 ore e mezzo, ad una velocità di 300–350 chilometri orari (*190 miles*). La Frecciarossa è in concorrenza (*competition*) con le linee aeree.

Autobus e treni speciali collegano gli aeroporti alle stazioni dei treni; i biglietti si comprano all'aeroporto. Prima di salire sul treno, i viaggiatori devono convalidare (*validate*) il loro biglietto ad una macchina (di solito gialla) situata vicino ai binari del treno. I viaggiatori che partono senza convalidare il biglietto ricevono una multa (*fine*) dal controllore sul treno.

Le regioni d'Italia 🌐

Oggi siamo in... **Emilia-Romagna.** L'Emilia-Romagna è una regione dell'Italia settentrionale con una popolazione di oltre 4.000.000 di abitanti. Se vuoi visitare l'Emilia-Romagna, clicca qui: **www.cengagebrain.com**

© Comune di Bologna

La grammatica

1 Il passato prossimo con *avere*

Jane ha comprato un biglietto per Roma.

A Roma ha visto il Colosseo.

Ha dormito in una pensione vicino a Piazza Navona.

A. The **passato prossimo** (*present perfect*) expresses an action completed in the recent past. Today, however, many Italians also use it informally to indicate an action or an event that occurred either in the recent or not-so-recent past. Like the present perfect tense in English, the **passato prossimo** is a compound tense. For most Italian verbs and all transitive verbs (verbs that take a direct object), the **passato prossimo** is conjugated with the present of the auxiliary verb **avere** + the *past participle* (**participio passato**) of the main verb.

The **participio passato** of regular verbs is formed by replacing the infinitive endings **-are, -ere,** and **-ire** with **-ato, -uto,** and **-ito,** respectively.

comprare	comprato
ricevere	ricevuto
dormire	dormito

You may want to ask the following questions about the drawings to start your introduction of the *passato prossimo: Che cosa ha comprato Jane? Che cosa ha visto a Roma? Dove ha dormito?* You may want to explain transitive verbs by using the following examples: in the sentence *Mangio una mela* e *Saluto gli amici, mela* and *amici* are direct objects. (They answer the questions: "What?" and "Whom?") Thus the verbs *mangiare* and *salutare* are transitive verbs.

comprare		ricevere		dormire	
ho		ho		ho	
hai		hai		hai	
ha	comprato	ha	ricevuto	ha	dormito
abbiamo		abbiamo		abbiamo	
avete		avete		avete	
hanno		hanno		hanno	

Drill past participles: *ricevere, ricevuto; dormire, dormito; mangiare, mangiato; ripetere, ripetuto; sentire, sentito,* etc. Ask questions such as: *Cosa hai ricevuto per il tuo compleanno? Quante ore hai dormito ieri notte? Hai mangiato bene ieri sera? Che cosa hai mangiato?* Have students ask their classmates other questions.

B. The **passato prossimo** is expressed in English in the following ways, depending on the context.

Ho portato due valigie.
{ *I have carried two suitcases.*
I carried two suitcases.
I did carry two suitcases.

C. The *negative form* is expressed by placing **non** in front of the auxiliary verb.

Hai telefonato all'agenzia di viaggi?   *Did you call the travel agency?*
No, non ho telefonato.   *No, I haven't called.*

Add questions: *Hai visitato l'Italia? Quando? Quanti anni fa* (ago) *l'hai visitata? E il Canada? Chi l'ha visitato? Quanti di voi l'hanno visitato? Hai finito gli studi della scuola secondaria? Io li ho finiti molti anni fa. E tu, quanti anni (mesi) fa?* Ask for complete sentences.

Point out that most verbs with an irregular past participle are second-conjugation verbs.

Point out the difference between *chiedere* (to request, to ask for) and *domandare* (to inquire, to ask a question).

Point out the difference between *spendere* (to spend money) and *passare* (to spend time).

Ask: *Chi ha visto un film il weekend scorso* (past)*? Quale film? Quanto hai speso per il biglietto d'ingresso* (entrance)*? Hai passato due ore interessanti o noiose?* Add other questions about everyday activities, using verbs from the list.

D. The past participle of a **passato prossimo** conjugated with the auxiliary **avere** must agree in gender and number with the direct-object pronouns **lo, la, li,** and **le** when they precede the verb.

Hai comprato **il giornale**?   Sì, l'ho **comprato**. No, non l'ho **comprato**.
Hai comprato **la rivista**?   Sì, l'ho **comprata**. No, non l'ho **comprata**.
Hai comprato **i biglietti**?   Sì, **li** ho **comprati**. No, non **li** ho **comprati**.
Hai comprato **le vitamine**?   Sì, **le** ho **comprate**. No, non **le** ho **comprate**.

E. Many verbs, especially those ending in **-ere**, have an irregular past participle. Here are some of the most common:

fare (*to make*)	*fatto*
bere (*to drink*)	*bevuto*
chiedere (*to ask*)	*chiesto*
chiudere (*to close*)	*chiuso*
conoscere (*to know*)	*conosciuto*
leggere (*to read*)	*letto*
mettere (*to put, to wear*)	*messo*
perdere** (*to lose*)	*perduto (perso)*
prendere (*to take*)	*preso*
rispondere (*to answer*)	*risposto*
scrivere (*to write*)	*scritto*
spendere* (*to spend*)	*speso*
vedere** (*to see*)	*veduto (visto)*
aprire (*to open*)	*aperto*
dire (*to say, to tell*)	*detto*
offrire (*to offer*)	*offerto*

Hai letto il giornale di ieri?   *Did you read yesterday's newspaper?*
Abbiamo scritto ai nonni.   *We wrote to our grandparents.*
Ho risposto all'e-mail.   *I answered the e-mail.*
Hai fatto le prenotazioni?   *Did you make the reservations?*

NOTE: Some verbs that are irregular in the present have a regular past participle: **dare:** *dato;* **avere:** *avuto;* **volere:** *voluto;* **potere:** *potuto;* **dovere:** *dovuto;* **sapere:** *saputo.*

Cartelli che possiamo leggere sulle porte dei negozi. Immaginate (con un po' di fantasia) e dite dove sono andati i negozianti (*store keepers*) che hanno chiuso i negozi. Quali sono i motivi (*reasons*) familiari? Un matrimonio? Un funerale? Una malattia (*illness*)? Una vincita (*win*) alla lotteria?

In Italia, durante il mese di agosto, molti negozi sono chiusi per le ferie. Le città sono semideserte perché la gente è in vacanza o in ferie (*paid vacation*).

***Spendere** means *to spend money; to spend time* is **passare. Ho passato due giorni al mare.**
****Perdere** and **vedere** have a regular and an irregular past participle. The two forms are interchangeable, but the irregular ones, **perso** and **visto,** are more frequently used.

Pratica

A. Quante scuse! Roberto ha sempre una giustificazione da dare a sua madre per le cose che non ha fatto. Con un compagno/una compagna, ricreate il loro scambio seguendo l'esempio.

■ **Esempio**   rispondere / sentire il telefonino
— *Perché non hai risposto?*
— *Perché non ho sentito il telefonino.*

1. fare colazione / non avere tempo
2. bere un succo d'arancia / prendere un caffè al bar
3. mangiare alla mensa / comprare un panino in paninoteca
4. fare la spesa al supermercato / dovere tornare a casa a studiare
5. preparare la cena / il mio compagno cucinare

B. Prima di andare all'università. Fatevi a turno le seguenti domande. Rispondete con il passato prossimo e i pronomi (quando è possibile)

■ **Esempio**   — Hai trovato i tuoi appunti?
— *Sì, li ho trovati.*

1. Hai fatto colazione stamattina? Cos'hai mangiato?
2. Hai preso l'autobus per venire a scuola?
3. Quando hai fatto i compiti per oggi? Li hai finiti?
4. Quando hai studiato «i possessivi»? Hai capito «il passato prossimo»?
5. Quando hai scritto la composizione per il corso d'italiano?
6. Hai trovato le tue chiavi (*keys*)?
7. Hai mandato i messaggi elettronici? A chi?
8. Hai chiuso la porta a chiave?

C. Preparativi per un viaggio. In coppie, fatevi a turno le seguenti domande usando il passato prossimo e i pronomi diretti nella risposta. Seguite l'esempio.

■ **Esempio**   chiamare / l'agente di viaggi
— *Hai chiamato l'agente di viaggi?*
— *Sì, l'ho chiamato.*

1. fare / le prenotazioni   **2.** comprare / i biglietti   **3.** prendere / i traveler's cheques   **4.** preparare / la valigia   **5.** invitare / il tuo migliore amico/la tua migliore amica   **6.** salutare / gli amici   **7.** prendere / il passaporto
8. confermare / il volo

D. Cosa avete fatto voi... ? In gruppi di due, fatevi a turno le seguenti domande.

■ **Esempio**   in cucina
— *Cosa avete fatto in cucina?*
— *Abbiamo preparato un'insalata mista.* (o...)

1. al supermercato
2. all'agenzia di viaggi
3. al ristorante
4. in biblioteca
5. alla stazione dei treni
6. al telefono pubblico
7. al caffè
8. in piscina
9. alla conferenza del professore
10. al cinema
11. al campo da tennis

E. Attività in gruppi. In gruppi di cinque o sei studenti, dite che cosa avete fatto durante le vacanze d'inverno. Tutti gli studenti del gruppo partecipano facendo delle domande. Usate il passato prossimo. Potete scegliere tra i seguenti verbi, oppure usarne altri: **fare, scrivere, rispondere, conoscere, spendere, leggere, comprare, prendere, mangiare, ricevere, telefonare, invitare, preparare,** eccetera.

■ **Esempio**   Ho comprato dei regali per i miei genitori e per mia sorella.
(Uno studente può chiedere: Che cosa hai comprato?)

2 Il passato prossimo con *essere*

A. Most intransitive verbs (verbs that do not take a direct object) are conjugated with the auxiliary **essere.** In this case, the past participle *must agree with the subject* in gender and number.

andare			
sono		siamo	
sei	} andato(a)	siete	} andati(e)
è		sono	

— A che ora siete partiti?
— Siamo partiti alle sette dalla stazione centrale di Milano.

Point out that when a plural subject includes both masculine and feminine nouns, the past participle agrees with the masculine.

Point out that *partire* takes the preposition *per* and *da.* Explain the difference between *Parto per Roma* and *Parto da Roma.*

Point out that *essere* and *stare* have the same past participle. Ask questions, such as: *Sei stato(a) a casa il weekend scorso? Sei venuto(a) a scuola a piedi? Sei arrivato(a) in classe in orario?* etc.

B. Most verbs that take the auxiliary **essere** are verbs of coming and going. Here is a list of the most common ones:

andare *(to go)*	*è andato(a)*
arrivare *(to arrive)*	*è arrivato(a)*
cadere *(to fall)*	*è caduto(a)*
diventare *(to become)*	*è diventato(a)*
entrare *(to enter)*	*è entrato(a)*
essere *(to be)*	*è stato(a)*
morire *(to die)*	*è morto(a)*
nascere *(to be born)*	*è nato(a)*
partire *(to leave)*	*è partito(a)*
restare *(to remain)*	*è restato(a)*
(ri)tornare *(to return)*	*è ritornato(a)*
rimanere *(to remain, to stay)*	*è rimasto(a)*
salire *(to go up, to climb)*	*è salito(a)*
scendere *(to go down)*	*è sceso(a)*
stare *(to be, to stay)*	*è stato(a)*
uscire *(to go out)*	*è uscito(a)*
venire *(to come)*	*è venuto(a)*

C. Note that **essere, morire, nascere, rimanere, scendere,** and **venire,** have irregular past participles.

Ieri noi **siamo andati** al cinema.	*Yesterday we went to the movies.*
Maria non **è uscita** con il suo ragazzo.	*Maria didn't go out with her boyfriend.*
Siete partiti in treno o in aereo?	*Did you leave by train or by plane?*
Dove **sei nato(a)**?	*Where were you born?*
Giovanni **è stato** in Italia tre volte.	*Giovanni has been to Italy three times.*

NOTE: The verbs **camminare** *(to walk),* **viaggiare, passeggiare** *(to go for a walk)* are conjugated in the past with **avere.**

Ho viaggiato in treno.	*I traveled by train.*
Abbiamo camminato per due ore.	*We walked two hours.*

Nota culturale

photo by Istituto Italiano di Cultura; Courtesy of the painter, Enzo Santini

■ Siena – Il dipinto sul carro, *Notturno senese* è opera dell'affermato artista senese Enzo Santini.
— Dove sei stato l'estate scorsa?
— Io e la mia famiglia siamo andati a Siena a vedere il Palio.

Il Palio di Siena

Il Palio di Siena è la famosa corsa dei cavalli che ha luogo due volte all'anno in Piazza del Campo. Dieci delle diciassette contrade (*citywards*) della città vi partecipano. Se vuoi saperne di più, clicca qui:
www.cengagebrain.com

Pratica

A. Un viaggio a Siena. Ieri avete fatto il tour di Siena, in pullman con una guida. In coppie, a turno, raccontate il tour agli amici.

■ **Esempio** la guida e l'autista (*driver*) / arrivare all'albergo alle 10.
La guida e l'autista sono arrivati all'albergo alle 10.

1. noi e gli altri turisti / uscire dall'albergo
2. tutti noi / salire in pullman
3. il pullman / partire la mattina
4. noi / arrivare a Piazza del Campo a mezzogiorno
5. la guida / scendere con noi per ammirare la piazza e prendere un caffè
6. l'autista / restare sul pullman
7. noi tutti / ritornare all'albergo la sera
8. l'autista e la guida / andare a cenare in una trattoria lì vicino

B. Il primo giorno a Firenze. Dite che cosa hanno fatto i giovani signori Jones dopo il loro arrivo all'aeroporto?

■ **Esempio** prendere un tassì
Hanno preso un tassì.

1. dare l'indirizzo della pensione al tassista
2. salire alla loro camera
3. fare la doccia
4. chiedere informazioni sulla città
5. mangiare in un buon ristorante

You may want to do a warm-up activity, asking questions such as the following: *Io sono uscito(a) ieri sera, e tu sei uscito(a) o sei restato(a) a casa? Dove sei andato(a)? Con chi?*

6. visitare Santa Maria del Fiore
7. ammirare le vetrine (*windows*) dei negozi sul Ponte Vecchio
8. passare alcune ore in piazza della Signoria
9. scrivere delle cartoline (*postcards*) ad alcuni amici
10. ritornare alla pensione
11. cenare nel ristorante della pensione

C. La giornata di un'impiegata. Un'amica curiosa vuole sapere molti particolari (*details*) sulla giornata di lavoro che Luisa Rossi ha avuto ieri. Create il loro dialogo seguendo l'esempio. Usate l'ausiliare **essere** o **avere**, secondo il verbo, e il pronome corretto (dove è possibile).

■ **Esempio** fare colazione
— *Hai fatto colazione?*
— *L'ho fatta.* o *No, perché non ho avuto tempo. (o...)*

1. quando partire da casa
2. prendere l'autobus
3. dove scendere
4. quante ore stare in ufficio
5. la pausa di mezzogiorno essere lunga o breve
6. dove andare per la spesa
7. ritornare a casa in autobus o a piedi

D. Incontro tra due amici. In coppie, completate la conversazione tra Gigi e Tino usando il passato prossimo dei verbi elencati (*listed*). Completate le parti mancanti (*missing*) con la vostra immaginazione.

invitare   andare   portare   uscire   vedere   mangiare

Tino Ciao, Gigi. Ieri ho cercato (*I tried*) di telefonarti, ma non ti ho trovato. Dove _____?

Gigi Ieri Mirella ed io _____ insieme.

Tino Voi _____ a fare una gita?

Gigi No, _____ al cinema.

Tino Quale film _____?

Gigi _____, con George Clooney e Brad Pitt.

Tino Dopo il film, voi _____ al ristorante?

Gigi No, la mamma di Mirella ci _____ a cena.

Tino Cosa _____?

Gigi _____.

Tino E tu, cosa _____ alla mamma di Mirella?

Gigi Io _____ una scatola (*box*) di cioccolatini e _____.

E. Attività in gruppi. In gruppi di cinque o sei studenti. Ogni studente/studentessa dice dove è andato(a) e cosa ha fatto durante le vacanze estive (*summer*). Gli altri studenti partecipano con domande.

■ **Esempio** *L'estate scorsa* (Last summer) *ho fatto il campeggio* (camping) *in montagna con due miei amici/mie amiche. Siamo andati(e) a Yosemite, ed è stato molto divertente.*
Gli altri studenti possono chiedere: Quanto tempo siete stati a Yosemite? Come avete viaggiato? Avete visto degli orsi (bears)? *ecc.*

3 L'ora (*Time*)

A. The hour and its fractions are expressed in Italian as follows

È l'una.

È l'una e dieci.

È l'una e un quarto (*o* e quindici).

È l'una e mezzo (*o* e trenta).

Sono le due meno venti.

Sono le due meno un quarto (*o* meno quindici).

B. To ask what time it is, either of two expressions can be used:
Che ora è? *or* **Che ore sono?**

To answer, **è** is used in combination with **l'una, mezzogiorno,** and **mezzanotte**. **Sono le** is used to express all other hours.

È l'una.	*It is one o'clock.*
È mezzogiorno.	*It is noon.*
È mezzanotte.	*It is midnight.*
Sono le due, le tre, ecc.	*It is two o'clock, three o'clock, etc.*

To distinguish A.M. and P.M., the expressions **di mattina, del pomeriggio, di sera,** and **di notte** are added after the hour.

Sono le cinque **di mattina**.	*It is 5:00 A.M.*
Sono le tre **del pomeriggio**.	*It is 3:00 P.M.*
Sono le dieci **di sera**.	*It is 10:00 P.M.*
È l'una **di notte**.	*It is 1:00 A.M.*

C. The question **A che ora?** (*At what time?*) is answered as follows:

A mezzogiorno (*o* mezzanotte).	*At noon (or midnight).*
All'una e mezzo.	*At 1:30.*
Alle sette di sera.	*At 7:00 P.M.*

D. Italians use the 24-hour system for official times (travel schedules, museum hours, theater times).

La Galleria degli Uffizi apre **alle nove** e chiude **alle diciotto**.	*The Uffizi Gallery opens at 9:00 A.M. and closes at 6:00 P.M.*

E. The following expressions are associated with time:

la mattina	*in the morning*	**in anticipo**	*ahead of time, early*
il pomeriggio	*in the afternoon*	**in orario**	*on time*
la sera	*in the evening*	**in ritardo**	*late*
la notte	*at night*	**presto**	*early*
in punto	*sharp, precisely*	**tardi**	*late*

La mattina vado in biblioteca.	*In the morning I go to the library.*
La sera guardiamo la TV.	*In the evening we watch TV.*
Il treno è **in orario.**	*The train is on time.*
Sono le due **in punto.**	*It is two o'clock sharp.*
Franco è uscito **presto** ed è arrivato a scuola **in anticipo.**	*Franco left early and arrived at school ahead of time.*
Gina si è alzata **tardi** e ora è **in ritardo** all'appuntamento.	*Gina got up late and now she is late for her appointment.*

The adverbs **presto** and **tardi** are used with **essere** only in impersonal expressions.

È presto (tardi).	*It is early (late).*

BUT:

Lui è in anticipo (in ritardo).	*He is early (late).*

F. The English word *time* is translated as **tempo, ora,** or **volta,** depending on the context.

Non ho **tempo.**	*I don't have time.*
Che **ora** è?	*What time is it?*
Tre **volte** al giorno.	*Three times a day.*

Pratica

A. I fusi orari (*Time zones*). In gruppi di due, confrontate (*compare*) l'ora di alcune città del mondo (*world*).

■ **Esempio** — *Quando a New York sono le sette di sera, che ore sono a Roma?*
— *È l'una di notte.*

LONDRA (A.M.)	ROMA (A.M.)	SAN PIETROBURGO (A.M.)	NAIROBI (A.M.)	PECHINO (A.M.)	TOKYO (A.M.)	SYDNEY (A.M.)	LOS ANGELES (P.M.)

B. A che ora parte / arriva? Siete a Firenze per una conferenza. Nel pomeriggio siete liberi(e) e desiderate fare delle brevi gite vicino alla città. All'albergo dove alloggiate c'è una bacheca (*bulletin board*) con gli orari degli autobus che portano a varie destinazioni. Fatevi a turno le domande sugli orari degli autobus.

■ **Esempio** — *A che ora parte l'autobus per Fiesole?*
— *Alle tredici e trentadue.*
— *A che ora arriva?*
— *Alle quattordici e trenta.*

Autobus	Parte	Arriva
San Gimignano	12.30	14.45
Siena	13.00	14.00
Fiesole	13.32	14.30
Pisa	15.11	16.15
Viareggio	11.40	13.55

San Giminiano (Toscana) – alcune delle torri che dominano questa cittadina medievale.

C. A che ora? Domandate a un compagno/una compagna a che ora fa di solito le seguenti attività.

1. fare colazione   2. uscire di casa   3. arrivare al lavoro o a scuola
4. ritornare a casa   5. cenare   6. andare a letto

D. La puntualità è un problema. Fatevi a turno le domande.

1. La lezione di matematica comincia alle nove. Oggi Gianna è arrivata alle nove e un quarto. È arrivata in anticipo?

2. Tu devi essere dal dentista alle tre del pomeriggio e arrivi alle tre in punto. Sei in ritardo?

3. È sabato. Noi siamo a letto e guardiamo l'orologio: sono le sei di mattina. Restiamo ancora (*still*) a letto. Perché?

4. Ieri sera Pippo è andato al cinema ed è ritornato alle due di mattina. È ritornato presto?

4 Usi di *a, in, da* e *per*

I turisti vanno **in** pullman **da** Napoli **a** Pompei **per** vedere le rovine.

A. The prepositions **a**, **in**, and **da** are used to indicate location or means of transportation. Each is used as follows:

1. The preposition **a**:

   • before the names of cities and small islands
   • before nouns such as **casa, scuola, teatro, piedi** (*on foot*), **letto**, and **tavola**

Abitano **a** Venezia.	*They live in Venice.*
Siamo andati **a** Capri.	*We went to Capri.*
Sei venuta **a** scuola ieri?	*Did you come to school yesterday?*
No, sono restata **a** casa.	*No, I stayed (at) home.*
Andiamo a casa **a** piedi?	*Are we going home on foot?*
Vado **a** letto.	*I'm going to bed.*

2. The preposition **in**:

   • before the names of continents, countries, states, regions, and large islands
   • before nouns such as **classe, biblioteca, ufficio, chiesa, città, montagna, campagna, viaggio, crociera,** and **vacanza**
   • before nouns indicating means of transportation, such as **treno, aereo, macchina, bicicletta, autobus, tassì,** and **pullman** (*tour bus*)

Siete stati **in** Europa?	*Have you been to Europe?*
Vorrei abitare **in** Toscana.	*I would like to live in Tuscany.*
Vai **in** montagna?	*Are you going to the mountains?*
Vivono **in** città o **in** campagna?	*Do they live in the city or in the country?*
Siamo venuti **in** macchina.	*We came by car.*
Sono andati **in** vacanza **in** Sicilia.	*They went on vacation to Sicily.*

3. The preposition **da**:

   • before a person's name, title, or profession to refer to that person's home or workplace
   • before a disjunctive pronoun to represent a person's home or workplace

Stasera andiamo **da** Pietro.	*Tonight we are going to Pietro's.*
Vado **dalla** dottoressa Pini.	*I'm going to Doctor Pini's office.*
Venite **da** me domani?	*Are you coming to my house tomorrow?*

   NOTE: If the *definite article* is expressed, it contracts with **da.**

Vai **dal** tuo amico?	*Are you going to your friend's house?*

B. To indicate purpose, Italian uses **per** + *infinitive*. This construction corresponds to the English *(in order) to* + *infinitive*.

Studio **per** imparare.   *I study (in order) to learn.*
Lavoro **per** vivere.   *I work (in order) to live.*

Pratica

 A. Dove e come vanno le seguenti persone? In due, a turno, chiedetevi (*ask each other*) dove e come vanno queste persone.

You may want to do warm-up activities, asking the following questions: *Io vengo a scuola in bicicletta. E tu, come vieni a scuola? Come vai al lavoro? Dove preferisci andare da solo(a)? E con gli amici? Dove vai dopo le lezioni?*

■ **Esempio**   Pietro, scuola / bicicletta
           — *Dove va Pietro?*
           — *Pietro va a scuola in bicicletta.*

1. Gabriella e Filippo, teatro / tassì
2. la signora Giacomi, chiesa / piedi
3. i signori Betti e il figlio, Rapallo / treno
4. il signor Agnelli, montagna / aereo

Nota culturale

■ Veduta del Vesuvio e del Golfo di Napoli

Pompei e Ercolano

Pompei ed Ercolano furono (*were*) distrutte dall'eruzione del vulcano Vesuvio nell'anno 79 d.C. Se vuoi saperne di più, clicca qui: **www.cengagebrain.com**

B. Dove sono andate queste persone? L'anno scorso le seguenti persone hanno fatto un viaggio. In due chiedetevi dove sono andate.

■ **Esempio** Liliana / Inghilterra
— *Dove è andata Liliana?*
— *Liliana è andata in Inghilterra.*

1. tu / Austria
2. voi / Alaska
3. Gabriella e Filippo / Toscana, Roma, Napoli e Capri
4. i signori Betti / Liguria
5. la famiglia Catalano / Sicilia
6. Marcello e suo zio / Africa

C. In vacanza. Completate con le preposizioni corrette.

L'anno scorso sono andata _____ vacanza _____ Italia. Ho viaggiato _____ aereo. Sono arrivata _____ Milano. Sono andata _____ macchina _____ mia madre. Sono restata _____ mia madre per tre settimane. Ho visitato la città _____ piedi e _____ autobus. Sono andata _____ miei nonni che abitano _____ campagna, e sono andata _____ sciare _____ montagna. Dopo tre settimane sono ritornata _____ California _____ aereo.

D. Perché? Con un compagno/una compagna fatevi a turno le domande. Spiegate il perché (*the reason*) delle vostre azioni. Nella risposta usate **per** + l'infinito.

■ **Esempio** telefonare all'agenzia di viaggi
— *Perché hai telefonato all'agenzia di viaggi?*
— *Ho telefonato all'agenzia di viaggi per chiedere informazioni. (o...)*

1. ritornare a casa presto
2. andare al supermercato
3. comprare i biglietti di prima classe
4. chiedere dei soldi a tuo padre
5. stare a casa ieri sera
6. chiedere l'orario dei treni

For practice, you may want to have students ask and answer these questions using the *Lei* form.

E. Conversazione

1. Sei stato(a) in Europa? Quanto tempo fa? Con chi sei andato(a)? Per quanto tempo?
2. In quali paesi europei sei stato(a)? Qual è la tua città europea preferita? Perché?
3. Come hai viaggiato in Europa? Hai comprato l'Eurail pass? Hai guidato (*have you driven*) una macchina in Europa? Con chi hai viaggiato?
4. Hai avuto dei problemi con le lingue straniere? Quante lingue parli? Hai incontrato dei giovani turisti americani in Europa? Degli studenti americani? In quale città?
5. Hai mai fatto una crociera? Dove sei andato(a)?
6. In quali città degli Stati Uniti hai abitato?

Per finire

Un viaggio di nozze CD1, Track 27 🔊

Ieri Lucia ha ricevuto un'e-mail da Gabriella. L'amica si è sposata alcuni giorni fa e ora è in viaggio di nozze.

Cara Lucia, ho scritto solo due giorni **fa** dal computer dell'albergo qui a Capri, ma oggi Filippo ha fatto una passeggiata nel pomeriggio e ha trovato questo posto che si chiama Internet Point, molto comodo, vicino al porto. Così ora, **mentre** aspettiamo l'aliscafo per Napoli, scrivo le ultime notizie. Capri è bellissima, ieri pomeriggio abbiamo visitato la grotta azzurra e abbiamo conosciuto due turisti americani molto simpatici e abbiamo parlato inglese. È stata una conversazione un po' difficile perché abbiamo dimenticato molte delle espressioni che abbiamo studiato a scuola. **Ricordi?**

Ieri sera, **invece** di mangiare la solita pizza, siamo andati in un piccolo ristorante qui vicino al porto, molto romantico. Io ho mangiato una **zuppa ai frutti di mare** buonissima.

Filippo, invece, non ha voluto mangiare pesce e ha preso una bistecca con delle verdure. Mah! Forse non ha capito che a Capri il pesce è squisito. Poi abbiamo trovato una gelateria e io ho preso un gelato gigante con tanta frutta mentre Filippo ha bevuto solo un caffè. Dopo una settimana di matrimonio conosco **meglio** Filippo. Adesso so che prende troppi caffè e poi perde la pazienza perché è troppo nervoso. Scusa, **devo scappare** perché è arrivato l'aliscafo.

A presto, Gabriella

ago

while

Do you remember

instead

seafood soup

better

I must go

Hotel Caesar Augustus, Isola di Capri

Capri, bellissima isola nel golfo di Napoli

Comprensione

1. A chi ha scritto l'e-mail Gabriella?
2. Perché è in viaggio?
3. Da quale città scrive Gabriella?
4. Che cosa hanno visitato lei e Filippo ieri pomeriggio?
5. Chi hanno conosciuto?
6. Perché la loro conversazione in inglese è stata un po' difficile?
7. Che cosa hanno mangiato al ristorante ieri sera?
8. Dove sono andati dopo la cena? Che cosa hanno preso?
9. Come finisce il messaggio Gabriella? Perché ha fretta?

Conversazione

1. Con che mezzo preferisci viaggiare? Perché?
2. Quale paese o quali paesi stranieri vorresti visitare?
3. Quali sono, secondo te, le città più belle che hai visitato all'estero o negli Stati Uniti?
4. Preferisci fare un viaggio in Europa o una crociera nel mare dei Caraibi (*Caribbean*)?
5. Dove vuoi andare in luna di miele (*honeymoon*)?

For practice you may want to have students ask these questions using *Lei.*

Ascoltiamo!

In treno   CD1, Track 28 🔊

The Betti family have boarded the train for Rapallo. They are now in a compartment where there is already one other person, to whom they speak briefly. Listen to their conversation. Then answer the following questions.

Comprensione

1. Di quanti posti hanno bisogno i Betti?
2. Dove scendono?
3. Con chi iniziano una conversazione?
4. Il loro compagno di viaggio va a Genova per un viaggio di piacere (*pleasure*) o per un viaggio d'affari (*business*)?
5. Che cosa domanda la signora Betti al viaggiatore?
6. Perché è contenta la signora Betti?

👥 Dialogo

All'ufficio prenotazioni: una conversazione con l'impiegato della stazione. Dopo una notte in albergo, tu sei pronto(a) a continuare il viaggio, e prenoti un biglietto sul treno Milano–Roma. (Osserva attentamente il biglietto.)

Cominci con: Vorrei prenotare un posto sul treno. Di' (*Tell*) all'impiegato: dove desideri andare, che tipo di biglietto desideri comprare, in che tipo di carrozza desideri viaggiare; chiedi quanto costa il biglietto e in quante ore il treno arriva a... Alla fine, paghi il biglietto, ringrazi e saluti l'impiegato.

1. Dove va questo viaggiatore? 2. Vuole una carrozza per fumatori? 3. Fino a quando è valido il biglietto? 4. Per quanti posti è valido questo biglietto? 5. Quanto costa?

Alla stazione 🔊

For more listening practice, listen to CD1, Track 29, and answer the following questions.

Comprensione

1. Dove vanno i Betti?
2. Da dove partono?
3. Perché il padre non ha comprato i biglietti di prima classe?
4. Come sono i treni il venerdì?
5. Perché la madre è preoccupata?
6. Che cosa desidera sapere Pippo? Perché?
7. Su quale binario è arrivato il treno?

Adesso scriviamo!

Un viaggio interessante

Descrivi un viaggio o una gita interessante che hai fatto recentemente. Includi le seguenti informazioni nella tua descrizione.

- Dove sei andato(a)
- Con chi sei andato(a)

- Con quale mezzo hai viaggiato
- Quanto tempo è durato il viaggio
- Quali città o posti interessanti hai visitato
- Alcune cose che hai fatto o visto

Parliamo insieme!

A. Il viaggio di Marisa. In due, guardate i disegni e dite dove è andata e cosa ha fatto Marisa. (Mettete i tempi al passato prossimo.)

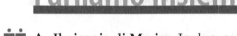

1.

2.

3.

4.

5.

6.

7.

8.

9.

10.

B. Alcuni giorni di vacanza. Nicola e la sua ragazza passano un lungo weekend a Santa Margherita (Riviera Ligure). In piccoli gruppi descrivete le loro attività durante i 4 giorni. Create delle frasi con i verbi e le parole suggerite (o con le vostre). Usate il passato prossimo.

■ **Esempio** Venerdì Nicola e Gisella sono partiti in macchina da Bologna.

Possibilità:

venerdì	partire	viaggiare	arrivare
sabato	stare	mangiare	fare
domenica	passeggiare	nuotare	passare la sera
lunedì	visitare	comprare	mandare

ristorante, trattoria, pensione, picnic, mare, spese, sms, cartoline, spiaggia, macchina, discoteca, autostrada, villaggi vicini

C. Attività. In piccoli gruppi leggete l'articolo e discutete di cosa ne pensate. Vi piacerebbe fare questa esperienza durante il vostro prossimo viaggio in Italia? O preferite un albergo, una pensione o un ostello per la gioventù? Spiegate la ragione della vostra preferenza.

DAI GIORNALI

Da qualche anno i conventi e i monasteri hanno aperto le porte ai turisti. La ragione? Per risanare le loro finanze, in quanto le spese di manutenzione sono diventate insostenibili. Sempre più spesso i turisti, italiani e stranieri, ne approfittano e vi soggiornano. Quali sono i vantaggi? I prezzi sono modici, l'ambiente è molto pulito e tranquillo, specialmente per le famiglie. Inoltre i conventi si trovano nelle vicinanze del centro città. Gli svantaggi? Le camere sono arredate con molta semplicità, spesso disadorne (erano le antiche celle del convento), non sono fornite di televisione o aria condizionata, e la sera si deve rientrare entro una determinata ora o si rischia di rimanere fuori.

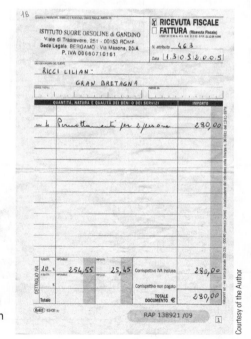

Ecco una ricevuta fiscale rilasciata dall'Istituto delle Suore Orsoline in Trastevere, a Roma.

Attualità

Il Rinascimento

A. Prima di leggere. The following is a reading about Italian Renaissance, a broad humanist movement lasting from the mid-15th to the end of the 16th centuries. It broke from the prevailing religiosity of the medieval period and brought forth not only a rebirth of humanist values, as expressed in art, litera ture, and science, buy also key elements of modern Western culture. The Re naissance ushered a renewed interest in classical humanism, as well as a com mitment to secularism, to scientific inquiry, and to naturalism in art. Financed by Florence's wealthy patrons, most notably the Medici, these principles found expression in the works of art of great artists, which echoed the naturalism of Hellenic antiquity and embodied the central claim of the Renaissance: a world organized by God was now premised on doubt; man has free will, but is con fronted by the laws of nature and reality in creating his own destiny.

The Art Archive/Musée du Louvre Paris/Gianni Dagli Orti/Picture Desk

Il Rinascimento è un movimento umanistico che si è affermato (*took place*) tra la metà del quindicesimo (*15th*) secolo e la fine del sedicesimo secolo: ha segnato un distacco dalla prevalente (*prevailing*) religiosità del Medio- evo e una «rinascita» (*rebirth*) dei valori umani, dell'arte, della letteratura e delle scienze. Il Rinascimento ha dato origine alla moderna civiltà occi- dentale. La visione del mondo diventa, con il Rinascimento, una visione terrena e laica, accompagnata dalla sete di conoscere, di investigare tutti i rami (*branches*) della scienza. Il Rinascimento segna un ritorno a una classica *humanitas*, con un modo nuovo di vedere l'uomo e il mondo che si manifesta in tutte le espressioni della cultura e dell'arte. Nell'arte c'è un ritorno ai principi naturalistici adottati dai classici dell'antichità. Con Masaccio, la realtà diventa arte e l'arte diventa realtà: Masaccio dipinge (*paints*) la vita com'è, con le sue brutture e i suoi difetti, un'innovazione nella pittura che sbalordì (*ashtonished*) i concittadini del suo tempo. Donatello esalta la bellezza del corpo umano nel suo Davide scolpito per i giardini privati dei signori di Firenze. Per ritrovare le statue nude bisogna risalire al periodo ellenistico.

Con il trionfo della sua indipendenza, l'uomo ha perso qualcosa: il dubbio (*doubt*) è entrato a far parte della sua vita. Il Davide di Michelangelo è libero di scegliere, ma è solo di fronte alle forze incontrollabili della natura. La certezza (*certainty*) di un mondo organizzato secondo le leggi divine è sostituita dal dubbio, dall'incognito, dall'incertezza. L'uomo è libero, ma è solo di fronte al suo destino. Questo nuovo sentimento è presente anche nella musica di questo periodo che non è esente (*exempt*) da una nota di tristezza.

Il Rinascimento è nato in Toscana, favorito dalla ricchezza economica e dalla vita raffinata di una classe di mercanti: le grandi famiglie toscane. La più famosa è la famiglia De'Medici, protettori delle arti.

La letteratura, arrivata alla perfezione nel trecento con le opere di Dante, Petrarca e Boccaccio è diventata nel Rinascimento un modello da seguire per gli scrittori italiani e dei paesi occidentali.

B. Alla lettura. Rileggi di nuovo la lettura. Poi rispondi alle seguenti domande.

1. In che periodo si è affermato il Rinascimento?
2. Il Rinascimento è una rinascita. Di che cosa?
3. La nuova visione del mondo, da cosa è accompagnata?
4. Nell'arte, a quali principi si ritorna nel Rinascimento?
5. In che modo la pittura di Masaccio è innovativa?
6. Per chi ha scolpito il suo Davide, Donatello?
7. Da cosa è sostituita la certezza di un mondo organizzato secondo le leggi divine?
8. Che cosa ha favorito il sorgere (*birth*) del Rinascimento?

Attività video ▶

Attività vocabolario

A. Guardate la sezione del video «Le vacanze». Poi, in coppie, completate le frasi con le seguenti espressioni.

> **hanno viaggiato, valigia, anno scorso, viaggio, aereo, pullman, scorsi, all'estero**

1. Marco continua il suo _____ verso Venezia.

2. Marco vorrebbe prendere l'_____ e volare in un'isola tropicale.

3. Un intervistato (Andrea) dice che sono stati in Turchia e _____ colla macchina.

4. Un intervistato è arrivato con un gruppo a Orvieto. Sono venuti in _____.

5. Un altro intervistato (Pietro) dice che negli anni _____ è andato _____ (*abroad*).

6. Giovanni dice che se dovesse andare (*if he had to go*) su un'isola deserta, metterebbe (*he would put*) nella sua _____ il suo iPod.

7. Un intervistato (F.G.) dice che l'_____ (*last year*) ha fatto in macchina tutto il giro della Germania.

👥 **B. Domande sul video.** In coppie, fatevi a turno le seguenti domande.

1. Il tempo (*weather*) è ancora brutto. Cosa dicono le previsioni del tempo (*weather forecasts*)? Dove ha deciso di andare Marco?

2. Dov'è andato in vacanza il primo intervistato? Come hanno viaggiato? Dove hanno preso il traghetto (*ferryboat*)?

3. Quali città ha visitato la seconda intervistata (Grazia)? È venuta ad Orvieto sola? Con la famiglia? Con che mezzo ha viaggiato?

4. Un intervistato dice che alterna le sue vacanze: un anno sono vacanze di divertimento, e l'anno seguente?

5. Con chi è stato in Sardegna l'intervistato che si chiama Pietro?

6. Che cosa consiglia (*advice*) l'intervistato Davide Onnis rispetto (*with regards to*) alla Sardegna? Perché conosce bene la Sardegna?

7. Dove ha soggiornato l'ultima intervistata durante le sue vacanze? Cos'ha fatto durante il suo soggiorno?

Attività grammatica

A. Guardate la sezione del video «**Le vacanze**» una seconda volta e, in coppie, completate le frasi con il verbo in parentesi al passato prossimo, e con le preposizioni semplici appropriate.

1. Poiché il tempo è brutto, Marco (pensare) _____ di proseguire verso est.

2. Quando Marco (arrivare) _____ _____ Venezia, il tempo era (*was*) ancora brutto.

3. Il primo intervistato (stare) _____ un mese _____ Turchia.

4. Dopo due giorni di traghetto, (*ferryboat*) l'intervistato e i suoi compagni di viaggio (arrivare) _____ _____ Turchia e (fare) _____ il giro per la parte ovest della Turchia.

5. Un'intervistata, con gli altri turisti, (venire) _____ _____ Orvieto _____ pullman.

6. Negli anni scorsi un intervistato (andare) _____ all'estero: _____ Spagna e _____ Tunisia.

7. Un intervistato (fare) _____ tutto il giro della Germania _____ macchina.

B. Partecipazione. In gruppi di tre studenti, conversate sui seguenti argomenti (*subjects*).

- Dove siete andati(e) in vacanza l'anno scorso (o…)?

- Dove preferite passare le vacanze: negli Stati Uniti o all'estero e perché?

- Come preferite viaggiare: in macchina, in treno, in pullman e perché?

- Quali paesi stranieri avete visitato, quale vi piace di più (*more*) e perché?

- Se siete stati in vacanza in inverno, dove siete stati e cosa avete fatto (esempio: sciare, il bob)?

- Con chi preferite andare in vacanza: con la famiglia, con gli amici, con la vostra ragazza/ il vostro ragazzo? O se preferite viaggiare con un gruppo organizzato da un'agenzia turistica? Dite quale è meno stressante, quale preferite e perché.

Vocabolario ◀))

Nomi

l'agente (*m.*)	agent
l'albergo	hotel
la camera	room
la cartolina	postcard
il documento	document
la guida	tour guide
l'indirizzo	address
la mezzanotte	midnight
il mezzogiorno	noon
l'ora	time, hour
l'orologio	watch, clock
la pensione	inn
il pomeriggio	afternoon
il posto	place; seat
la racchetta da tennis	tennis racket
lo sposo/la sposa	groom/bride
il tassì	taxi
il tassista	taxi driver
la trattoria	restaurant
la vacanza	vacation

Aggettivi

comodo	comfortable
nervoso	nervous
scorso	last
sicuro	sure
stanco	tired

Verbi

ammirare	to admire
cadere	to fall
correre (*p.p.* **corso**)	to run
dimenticare	to forget
(di)scendere	to descend, to go down,
(*p.p.* **[di]sceso**)	to get off

diventare	to become
entrare	to enter
lasciare	to leave (someone, something)
mettere (*p.p.* **messo**)	to put; to wear
morire (*p.p.* **morto**)	to die
nascere (*p.p.* **nato**)	to be born
passare	to spend (time)
perdere	to lose
restare	to remain
ricordare	to remember
rimanere	to remain
ritornare	to return
salire	to climb, to go up, to get on
salutare	to greet; to say good-bye
spendere (*p.p.* **speso**)	to spend (money)
visitare	to visit (a place)

Altre espressioni

Buon viaggio!	Have a nice trip!
comodamente	comfortably
durante	during
fa	ago
fare una pausa	to take a break
ieri	yesterday
in anticipo	early, ahead of time
in orario	on time
in punto	sharp, precisely (time)
in ritardo	late
la luna di miele	honeymoon
presto; Presto!	early, fast, soon; Hurry up!
purtroppo	unfortunately
Quanto tempo fa?	How long ago?
tardi	late
viaggio d'affari	business trip
di nozze	honeymoon trip
di piacere	pleasure trip

Il mondo degli affari

7

Creatas/Photolibrary

Una telefonata d'affari dalla Stazione Centrale di Milano

Risorse: iLrn

Internet   audio   video   ilrn.heinle.com

Parole da ricordare

Albergo, banca, telefono

— Per favore, vorrei cambiare 500 dollari in euro.
— Ha un documento d'identità?
— Sì, ho il passaporto.

Albergo

prenotare to reserve
alloggiare to lodge, to stay
un albergo hotel
  di lusso deluxe
  economico moderately priced
una pensione boarding house
un ostello della gioventù youth hostel

una camera singola single room
  doppia double room
  con bagno with bath
  con doccia with shower
  con aria condizionata with air conditioning
noleggiare una macchina to rent a car

Banca

il denaro, i soldi money
pagare in contanti to pay cash
  con carta di credito with credit card
il Bancomat ATM machine

cambiare to change, to exchange
mostrare un documento d'identità to show an ID
la firma signature
la ricevuta receipt

Telefono

il telefono pubblico public phone
il telefono cellulare (telefonino) cellular phone
la ricarica recharge for cellular phones
l'elenco telefonico phone book
il numero di telefono phone number
il prefisso area code
libero free
occupato busy
il (la) centralinista operator
la telefonata interurbana long distance phone call
la carta telefonica prepaid phone card

la segreteria telefonica answering machine
fare una telefonata ⎱ to make a
telefonare ⎰ phone call,
chiamare ⎰ to phone
parlare al telefono to talk on the phone
rispondere al telefono to answer the phone
una telefonata a carico del destinatario a collect call
un SMS (esse emme esse) text message

Explain that the access code for all international calls from the U.S. is 011, and Italy's country code is 39. The city code follows, and finally the local number. To call Milan from the U.S., dial 011-39-02-, then the number.

Applicazione

A. Domande. Rispondete alle domande.

1. Quando uno studente/una studentessa che non ha molti soldi viaggia all'estero, dove alloggia?

2. Una coppia prenota una camera singola?

3. Cosa è bene fare, prima di partire per un viaggio, per essere sicuri di trovare una camera in un albergo?

4. Come si chiama in Italia «l'ATM machine»?

5. Quant'è il cambio del dollaro adesso? Più o meno di un euro?

6. Dove cerchiamo un numero di telefono?

7. Se un numero non è nell'elenco, chi chiami tu?

8. Quando abbiamo bisogno del prefisso?

— Pronto? Sono... (*Hello. This is . . .*)
— Vorrei parlare con... (*I would like to speak with . . .*)
— C'è... ? (*Is . . . in?*)
— Mi dispiace, non c'è. (*I'm sorry, he/she is not in.*)
— Vorrei lasciare un messaggio. (*I would like to leave a message.*)
— Qual è il numero di telefono di... ? (*What is the phone number of . . . ?*)

B. Conversazione

1. Che cosa prenoti quando vai all'estero: una camera in un albergo di due o quattro stelle?

2. Quando è una buon'idea prenotare una camera con aria condizionata?

3. Quando vuoi prenotare una camera in un albergo all'estero, telefoni all'albergo o mandi un fax?

4. Quando sei in un paese straniero, noleggi una macchina o usi i mezzi di trasporto (*means of transportation*) pubblici?

5. Quando compri qualcosa (*something*) in un negozio, come paghi?

6. Fai molte telefonate interurbane? Perché? Fai telefonate a carico del destinatario?

7. Hai una segreteria telefonica? una carta telefonica? un telefono cellulare (telefonino)? Mandi molti SMS? A chi?

Informazioni

Alberghi e banche

Courtesy of the Author

All'esterno di ogni banca c'è il Bancomat che permette di effettuare prelievi a qualsiasi ora.

Gli alberghi in Italia sono classificati in categorie: da una a cinque stelle (*stars*). Una pensione è generalmente più piccola e più economica di un albergo; è spesso gestita (*run*) da una famiglia. Gli alberghi e le pensioni possono offrire la scelta: pensione completa (*full board*) con i tre pasti, o mezza pensione con solo colazione e cena (o pranzo). Per i giovani viaggiatori che non vogliono spendere molto, gli ostelli per la gioventù offrono alloggio a prezzi modici (*low cost*), però sono molto affollati durante l'estate.

Gli orari (*hours*) delle banche di solito sono dalle 8.30 del mattino alle 12.30 del pomeriggio e dalle 2.45 alle 4 del pomeriggio, dal lunedì al venerdì. Questi orari possono variare da banca a banca e da una città all'altra.

Le regioni d'Italia

Oggi siamo in... **Toscana**. La Toscana è una regione dell'Italia centrale. Firenze è la città-capoluogo. Se vuoi visitare la Toscana, clicca qui: **www.cengagebrain.com**

Barry Winiker/Index Stock/Photolibrary

■ Il Ponte Vecchio

TOSCANA

Carrara
Massa
Pisa
Firenze
San Gimignano
Arezzo
Siena
Grosseto

La grammatica

1 I verbi riflessivi e reciproci

Mi chiamo Gino; sono impiegato di banca.

Mi alzo alle sette.

Mi lavo e mi vesto.

Mi riposo la sera.

A. I verbi riflessivi

1. A verb is reflexive when the action expressed by the verb refers back to the subject. Only transitive verbs (verbs that take a direct object) may be used in the reflexive construction.

Lavo la macchina.	*I wash the car.* (transitive)
Mi lavo.	*I wash myself.* (reflexive)
Vedo la ragazza.	*I see the girl.* (transitive)
Mi vedo nello specchio.	*I see myself in the mirror.* (reflexive)

The infinitive of a reflexive verb is formed using the infinitive of the non reflexive form without the final **-e** + the reflexive pronoun **si** (*oneself*): **lavar-si, metter-si, vestir-si.**

lavarsi (*to wash oneself*)			
mi lavo	*I wash myself*	**ci laviamo**	*we wash ourselves*
ti lavi	*you wash yourself*	**vi lavate**	*you wash yourselves*
si lava	*he/she/it washes himself/herself/itself*	**si lavano**	*they wash themselves*
si lava	*you wash yourself (formal sing.)*	**Si lavano**	*you wash yourselves (formal pl.)*

The reflexive pronouns are **mi, ti, ci, vi,** and **si.** They must always be expressed and must agree with the subject, since the object and subject are the same. Usually the pronoun precedes the reflexive verb. Some common reflexive verbs are:

chiamarsi	*to be called*
svegliarsi	*to wake up*
alzarsi	*to get up*
lavarsi	*to wash (oneself)*
vestirsi	*to get dressed*
prepararsi	*to get ready*
mettersi	*to put on*
divertirsi	*to have fun, to enjoy oneself*
annoiarsi	*to get bored*

Point out that: (1) in English, the reflexive meaning is rarely expressed, while in Italian, it is always expressed: *Mi lavo* (I wash); and (2) reflexive verbs are recognizable in the dictionary by their endings: *-arsi, -ersi, -irsi.* Ask questions using some of these verbs: *Ti alzi presto o tardi la mattina? Ti lavi sotto la doccia o fai un bagno? Ti metti i jeans quando vai a una festa? Come ti senti oggi? Ti fermi con gli amici per la strada? Quando vuoi divertirti, vai al cinema o in discoteca? Quando hai un esame, come ti prepari (abbastanza bene, bene, benissimo, qualche minuto prima)?*

sentirsi	*to feel*
fermarsi	*to stop (oneself)*
riposarsi	*to rest*
addormentarsi	*to fall asleep*
arrabbiarsi	*to get angry*
innamorarsi	*to fall in love*
sposarsi	*to get married*
scusarsi	*to apologize*
laurearsi	*to graduate from a university*

(Noi) **ci alziamo** presto.	*We get up early.*
Come **ti chiami**?	*What's your name?*
Mi sveglio tutti i giorni alle otto.	*I wake up every day at eight.*

If a reflexive verb is used in an infinitive form, the appropriate reflexive pronoun is attached to the infinitive after dropping the final **-e.**

Desidero divertir**mi.**	*I want to enjoy myself (have a good time).*
Non dobbiamo alzar**ci** presto.	*We do not have to get (ourselves) up early.*

Stress the difference between *sedersi* (action) and *essere seduto(a)* (situation). Ask: *Dove ti siedi di solito quando entri in classe? Vicino alla finestra? Davanti al professore? Dove sei seduto(a) adesso? Vicino a chi? A destra / A sinistra di quale compagno(a)?*

2. Sedersi (*To sit down*) has an irregular conjugation.

mi siedo	**ci sediamo**
ti siedi	**vi sedete**
si siede	**si siedono**

Passato prossimo: *mi sono seduto(a)*

Carlo e Maria si telefonano.

Write on the board some common reciprocal verbs: *incontrarsi, darsi la mano, abbracciarsi, baciarsi,* etc. Then use them in questions: *Quando vi incontrate con gli amici, vi date la mano? Vi abbracciate? Vi baciate? Vi dite semplicemente «ciao»? Se siete lontani dalla famiglia, vi scrivete o vi telefonate?*

B. I verbi reciproci

When a verb expresses reciprocal action (we know *one another,* you love *each other*), it follows the pattern of a reflexive verb. In this case, however, only the plural pronouns **ci, vi,** and **si** are used.

Lia e Gino **si salutano.** (Lia saluta Gino e Gino saluta Lia.)	*Lia and Gino greet each other.*
Noi **ci scriviamo** spesso, ma voi non **vi scrivete** mai.	*We write to each other often, but you never write to each other.*

CON TIM
HAI IL BLACKBERRY
BOLD 9000.

MAIL E INTERNET
A TUTTA VELOCITÀ.

Tu, senza confini.

Tra amici.

Gino	Hai un cellulare nuovo?
Franco	Sì, è un TIM.
Gino	Costa molto?
Franco	295 euro.
Gino	Costa parecchio (*a lot*)!
Franco	Sì, ma vale la pena (*it is worth*); mi diverto a fare le fotografie.

Nota culturale

Il telefonino

Gli Italiani hanno un «love affair» con il telefonino. Se vuoi saperne di più, clicca qui:
www.cengagebrain.com

Pratica

A. Una questione di abitudini (*habits*). Completate il paragrafo.

Io (chiamarsi) _____ Alberto e il mio compagno di stanza (chiamarsi) _____ Stefano. Lui (svegliarsi) _____ molto presto la mattina, ma io (svegliarsi) _____ tardi. Lui (lavarsi) _____ e (vestirsi) _____ rapidamente ed io (lavarsi) _____ e (vestirsi) _____ lentamente*. Io non (prepararsi) _____ la colazione perché non ho tempo, ma Stefano (prepararsi) _____ una colazione abbondante. Io (divertirsi) _____ quando gioco a tennis, ma Stefano non (divertirsi) _____. Io (annoiarsi) _____ quando guardo la TV e lui (annoiarsi) _____ quando è solo. Io (innamorarsi) _____ delle ragazze bionde e lui (innamorarsi) _____ delle ragazze brune. Io (arrabbiarsi) _____ perché Stefano è sempre in ritardo, e lui (arrabbiarsi) _____ perché io dimentico sempre i miei appuntamenti. A mezzogiorno Stefano ed io (fermarsi) _____ a una tavola calda e mangiamo insieme. Poi noi (riposarsi) _____ al parco prima di ritornare in banca. La sera noi (addormentarsi) _____ presto perché siamo stanchi morti*.

slowly

Ask students if they have friends, or brothers or sisters, whose habits may contrast with their own. Have them discuss this in small groups.

dead tired

B. Che cosa fate quando... ? Fatevi a turno le domande e rispondete con il verbo riflessivo appropriato.

■ **Esempio** la sveglia suona (*goes off*)? svegliarsi
— *Cosa fate quando la sveglia suona?*
— *Ci svegliamo.*

1. un amico è in ritardo?	mettersi un golf (*sweater*)
2. avete freddo?	addormentarsi
3. andate a una festa?	divertirsi
4. ascoltate un discorso (*speech*) noioso?	arrabbiarsi
5. avete sonno?	annoiarsi
6. vedete un amico/un'amica?	fermarsi a salutare

TTT **C. Cosa fate il weekend?** In gruppi di tre studenti. Lilli, Aldo e Gino parlano di come si divertono durante il weekend. Completate il loro dialogo con i verbi riflessivi dati (*given*) nella forma corretta, e scegliete (*choose*) tra le espressioni suggerite (*suggested*) per completare il dialogo.

svegliarsi alzarsi annoiarsi divertirsi fermarsi

andare al cinema	fare le spese
fare jogging	andare ai concerti
andare in montagna	giocare a tennis
uscire con gli amici	andare in palestra (*gym*)

Lilli Cosa fate voi durante il weekend? Come vi _____?

Aldo Noi _____ quando _____, e tu?

Lilli Io _____ quando _____.

Gino Noi questa domenica andiamo in montagna. Vuoi venire con noi?

Lilli Sì, _____.

Aldo Però tu devi _____ presto, perché noi partiamo la mattina presto.

Lilli Io di solito _____ alle 6.30. Andate in macchina?

Gino Sì, se vuoi venire, noi possiamo _____ a casa tua verso (*at about*) le 7.

Lilli Sì, vengo volentieri, perché io, la domenica, _____ quando sto a casa sola.

D. Conversazione. Rispondete usando la costruzione reciproca.

1. Dove vi incontrate, tu e i tuoi compagni?
2. Dove vi vedete, tu e il tuo ragazzo/la tua ragazza?
3. Quante volte all'anno vi scrivete, tu e i tuoi genitori?
4. Quando vi telefonate, tu e tua madre?
5. Quando sei arrabbiato(a) (*mad*) con il tuo compagno/la tua compagna di stanza, vi parlate o non vi parlate?
6. Quando tu e i tuoi amici vi vedete, vi abbracciate o vi date la mano?

TTT **E. Conosciamoci.** Hai una nuova compagna/un nuovo compagno di stanza e desiderate conoscervi meglio (*better*). Create delle domande con i verbi della lista e poi praticate con un compagno/una compagna di classe.

Lista di verbi: alzarsi, prepararsi, divertirsi, riposarsi, addormentarsi, arrabbiarsi, laurearsi

■ **Esempio** alzarsi
— *A che ora ti alzi di solito?*
— *Mi alzo alle otto.*

2 Il passato prossimo con i verbi riflessivi e reciproci

Laura e Massimo si sono sposati questa mattina.

All reflexive and reciprocal verbs are conjugated with the auxiliary **essere** in the **passato prossimo.** The past participle must agree with the subject in gender and number.

lavarsi (to wash oneself)			
mi sono lavato(a)	*I washed myself*	**ci siamo lavati(e)**	*we washed ourselves*
ti sei lavato(a)	*you washed yourself*	**vi siete lavati(e)**	*you washed yourselves*
si è lavato(a)	*he/she washed himself/herself*	**si sono lavati(e)**	*they washed themselves*

Lia, **ti sei divertita** ieri?   *Lia, did you have fun yesterday?*
Ci siamo alzati alle sei.   *We got up at six.*
Il treno **si è fermato** a Parma.   *The train stopped in Parma.*

Verbi reciproci

Ci siamo incontrati(e).   *We met each other.*
Vi siete incontrati(e).   *You (plural) met each other.*
Si sono incontrati(e).   *They met each other.*

Ask students to create some questions using the reflexive and reciprocal verbs in the past tense.

Pratica

A. Sì, ma... Completate con il verbo riflessivo al passato prossimo.

■ **Esempio**   Ti alzi presto? Sì, ma questa mattina _____.
          *Ti alzi presto? Sì, ma questa mattina **mi sono alzato(a) tardi.***

1. Vi fermate a salutare i nonni? Di solito sì, ma questa volta non _____.
2. Ti annoi alle conferenze? Di solito sì, ma alla conferenza di ieri io non _____.
3. Ti svegli presto la mattina? Sì, ma questa mattina io _____.
4. Vi scrivete spesso tu e la tua famiglia? Sì, ma quest'anno _____.

B. Una storia d'amore. Raccontate la storia di Laura e Francesco al passato prossimo.

Un bel giorno Laura e Francesco s'incontrano. Si guardano e si parlano: s'innamorano a prima vista (*at first sight*). Si scrivono e si rivedono spesso. Finalmente si fidanzano e, dopo pochi mesi, si sposano.

Il Foro Romano – Il Foro, ai piedi dei colli di Roma, era il cuore dell'antica Roma, dove i Romani s'incontravano per discutere sugli affari pubblici e giudiziari.

C. Vacanze romane. Completate le seguenti frasi usando il passato prossimo.

Raffaella (arrivare) _____ a Roma ieri sera per incontrare l'amica Marina. Stamattina Raffaella (svegliarsi) _____ presto, (alzarsi) _____ e (telefonare) _____ all'amica. Poi (lavarsi) _____ e (vestirsi) _____. Quando le due ragazze (incontrarsi) _____, (salutarsi) _____ con molto affetto e (uscire) _____ dall'albergo. Marina e Raffaella (visitare) _____ la città e (divertirsi) _____ molto. A mezzogiorno le due ragazze (sentirsi) _____ stanche e *snack bar* (fermarsi) _____ a una tavola calda*, dove (riposarsi) _____ per un'ora. Dopo il pranzo, Marina e Raffaella (fare) _____ le spese nei negozi e (comprare) _____ delle cartoline e dei francobolli. Poi le due amiche (sedersi) _____ a un caffè e (scrivere) _____ le cartoline ai loro parenti e amici.

D. Conversazione

1. A che ora ti sei alzato(a) stamattina?
2. Hai avuto tempo di prepararti la colazione?
3. Ti sei fermato(a) al caffè a prendere qualcosa?
4. Ti sei divertito(a) o ti sei annoiato(a) in classe? Perché?
5. Tu e i tuoi amici, vi siete visti o vi scambiati (*exchanged*) SMS oggi?
6. Come pensate di divertirvi il prossimo weekend?

3 I pronomi indiretti

— Che cosa regali a tua madre per Natale?
— Le regalo un bell'oggetto per la casa.

A. An indirect object designates the person *to whom* an action is directed. It is used with verbs of *giving:* **dare, prestare, offrire, mandare, restituire, regalare,**

portare, etc., and with verbs of *oral* and *written communication:* **parlare, dire, domandare, chiedere, consigliare, rispondere, telefonare, scrivere, insegnare, spiegare,** etc. The preposition **a** follows these verbs and precedes the name of the person to whom the action is directed.

Scrivo **una lettera.** (*direct object*)
Scrivo una lettera **a Lucia.** (*indirect object*)

Here are the forms of the indirect-object pronouns:

Singular		Plural	
mi (m') (*to*) *me*	**mi** scrivono	**ci** (*to*) *us*	**ci** scrivono
ti (t') (*to*) *you (familiar)*	**ti** scrivono	**vi** (*to*) *you (familiar)*	**vi** scrivono
gli (*to*) *him*	**gli** scrivono	**loro** *or* **gli** (*to*)	scrivono **loro** *or*
le (*to*) *her*	**le** scrivono	*them (m. & f.)*	**gli** scrivono
Le (*to*) *you*	**Le** scrivono	**Loro** *or* **Gli** (*to*) *you*	scrivono **Loro**
(formal, m. & f.)		*(formal, m. & f.)*	*(very formal)*

NOTE: Indirect-object pronouns differ from direct-object pronouns only in the third-person singular and plural.

Direct-Object Pronouns	Indirect-Object Pronouns
mi	mi
ti	ti
lo, la, La →	gli, le, Le
ci	ci
vi	vi
li, le, Li, Le →	gli (loro), Loro

Like the direct-object pronouns, indirect-object pronouns precede the conjugated form of the verb, except **loro** which always follows the verb. In negative sentences, **non** precedes the pronouns.

Mi dai un passaggio?	*Will you give me a lift?*
Chi **ti** telefona?	*Who is calling you?*
Non **gli** parlo.	*I am not speaking to him.*
Perché non **ci** scrivevate?	*Why didn't you write to us?*
Le offro un caffè.	*I am offering you a cup of coffee.*
Gli parlo. *or* Parlo **loro.**	*I am speaking to them.*

In contemporary Italian, the tendency is to replace **loro** with the plural **gli.**

B. In the **passato prossimo,** the past participle *never* agrees with the indirect-object pronoun.

Le ho parlato ieri.	*I spoke to her yesterday.*
Non **gli** abbiamo telefonato.	*We did not call them.*

You may want to ask students questions along these lines: *Che cosa regalate per Natale a vostro padre? a vostra madre? alle sorelle? agli amici?* Then ask: *E a me? Non mi mandate almeno un biglietto di auguri?* Ask some questions calling for a *no* answer. Mix direct and indirect objects: *Mi hai telefonato ieri?* If they answer *No, non ti ho telefonato,* also ask for the polite form. *No, non Le ho telefonato. Hai telefonato a Maria (una studentessa)? Hai visto Maria?* etc. Point out that indirect objects are usually preceded by the preposition *a,* and that the past participle does not agree with the indirect object.

Pratica

A. Sostituzione. Sostituite le parole in corsivo con i pronomi appropriati.

■ **Esempio**   Telefono *all'agente di viaggi.*
              Gli telefono.

1. Lascio un messaggio *alla mia professoressa.*
2. Do il mio numero di telefono *all'impiegato di banca.*
3. Domando *alla proprietaria della pensione* se ha una camera libera.
4. Mostro *al direttore della banca* il mio documento d'identità.
5. Faccio *a te e a Renata* i miei migliori auguri per il vostro fidanzamento.
6. Auguro buon viaggio *ai miei compagni di classe.*
7. Mando dei fiori *alla mia ragazza.*
8. I miei genitori mandano una e-mail *a me e al mio compagno di stanza.*

B. Quando? Una persona curiosa vuole sapere quando tu fai le seguenti cose. Un compagno/Una compagna fa la parte della persona curiosa.

■ **Esempio**   — Quando dai dei consigli *al tuo amico?* / quando ha dei problemi
              — *Gli do dei consigli quando ha dei problemi.*

1. Quando telefoni *a tua madre?* / la domenica
2. Quando *ci* mandi una cartolina? / quando arrivo a Roma
3. Quando scrivi *ai tuoi genitori?* / quando ho bisogno di soldi
4. Quando *mi* fai gli auguri? / il giorno del tuo compleanno
5. Quando *ci* offri un gelato? / dopo cena
6. Quando rispondi *ai tuoi parenti?* / quando ho tempo
7. Quando porti un regalo *a tua madre?* / per Natale

C. Una persona generosa. Il tuo compagno/La tua compagna di stanza è una persona molto generosa. Tu vuoi sapere cos'ha regalato per Natale a parenti ed amici. Fate a turno la parte della persona generosa.

■ **Esempio**   a tuo fratello / un maglione
              — *Cos'hai regalato a tuo fratello?*
              — *Gli ho regalato un maglione.*

1. a tua madre / una macchina per fare il cappuccino   2. alle tue sorelle / due DVD   3. a tuo fratello / un giocattolo (*toy*) e caramelle (*candy*) 4. a tua zia / una scatola di cioccolatini Perugina   5. al tuo migliore amico / un portafoglio di pelle marrone   6. ai tuoi nonni / _____   7. alla tua ragazza (al tuo ragazzo) / _____   8. alla professoressa d'italiano / _____

Have students work in pairs for Exercise C. They will alternate asking the questions. Have them ask the questions using the possessive adjectives (to review the possessives), e.g.: *Cos'ha regalato a sua madre? ...alle sue sorelle?*

D. Diretto o indiretto? Tu e il tuo compagno/la tua compagna organizzate un viaggio. Il tuo compagno/La tua compagna doveva fare alcune cose e tu vuoi sapere se le ha fatte.

■ **Esempio**   invitare Luisa
              — *Hai invitato Luisa?*
              — *Sì, l'ho invitata.*

1. telefonare all'agente di viaggi   2. fare le prenotazioni   3. comprare i biglietti   4. cercare i passaporti   5. confermare il volo   6. cambiare i dollari   7. telefonare ai tuoi cugini di Roma   8. scrivere a tua zia di Napoli   9. preparare le valigie   10. comprare i regali   11. rispondere alla proprietaria della pensione   12. prenotare la macchina

E. Cosa regaliamo? Flora e suo fratello Gianni discutono cosa comprare per parenti ed amici. Completate il loro dialogo usando i pronomi (diretti e indiretti) e scegliete tra gli articoli (*items*) suggeriti.

pantofole (*slippers*)	**crema da notte**
pigiama	**portachiavi d'argento** (*silver keyholder*)
camicia da notte (*nightgown*)	**borsa di pelle** (*leather purse*)
profumo	

Flora   Cos'hai comprato per i nonni?

Gianni   _____, e tu cos'hai comprato per la mamma?

Flora   _____. E per il nostro nipotino Luca? Hai dimenticato il nostro nipotino?

Gianni   No, _____. _____ ho comprato un orsacchiotto (*teddy bear*) e il gioco del Lego.

Flora   E per la tua ragazza, cos'hai comprato?

Gianni   _____, e tu, per il tuo ragazzo?

Flora   _____.

4 I pronomi con l'infinito

Lisa   Guarda Gina! Quello è Luigi che ti fa la proposta di matrimonio!
Gina   Oh! Luigi è così romantico!
Lisa   Vuoi sposarlo?
Gina   Sì, voglio sposarlo! E tu vuoi farmi da testimone?
Lisa   Con molto piacere!

When a direct or indirect pronoun is the object of an infinitive, it—with the exception of **loro**—is attached to the infinitive, which drops the final **-e**.

Non desidero veder**la**.   *I don't wish to see her.*
Preferisco scriver**le**.   *I prefer to write to her.*

NOTE: With the verbs **potere, volere, dovere,** and **sapere,** the object pronoun may either be placed before the conjugated verb or attached to the infinitive.

Ti posso parlare?   *May I speak to you?*   Posso parlar**ti**?

Pratica

Ask students to create two or three sentences of their own and to substitute appropriate object pronouns, following the pattern of Exercise A.

A. Sostituzione. Sostituite le espressioni in corsivo con il pronome appropriato.

1. Incomincio a capire *questa lingua*.
2. Abbiamo bisogno di parlare *a Tonino*.
3. Preferisco scrivere *a Luisa* domani.
4. Ho deciso di invitare *gli amici*.
5. Ho dimenticato di comprare *le uova*.
6. Quest'anno non posso fare molti regali *ai miei amici*.
7. Desidero invitare *le mie amiche* a una festa.
8. Sapete parlare bene *lo spagnolo*?
9. Voglio trovare *le mie chiavi*!
10. Non posso aspettare *mio fratello*.
11. Devi prendere *la macchina*?

—Vuole darmi quel salame, per favore?

B. Intenzioni. Tua sorella ti domanda quando hai intenzione di fare alcune cose importanti. Fatevi a turno le seguenti domande.

■ **Esempio** telefonare a papà / domani
— *Quando pensi di telefonare a papà?*
— *Penso di telefonargli domani.*

1. comprare il telefonino / sabato
2. prenotare l'albergo / questo weekend
3. telefonare ai tuoi parenti in Italia / stasera tardi
4. rispondere alla zia / appena trovo il suo indirizzo
5. pagare la bolletta (*bill*) del telefono / domani mattina
6. mandare l'e-mail all'albergo / oggi pomeriggio
7. comprare i traveler's cheques / quando la banca apre

C. In banca. Il Signor Johnson è entrato in una banca a Vicenza per cambiare dei dollari in euro. Completate il dialogo del Signor Johnson e dell'impiegato della banca con i due pronomi mancanti (*missing*).

Il Signor Johnson	Buon giorno.
Impiegato	Buon giorno.
Il Signor Johnson	Scusi, può cambiar _____ 1.500 dollari in euro?
Impiegato	Mi dispiace, _____ posso cambiare solo 1.000 dollari questa mattina.
Il Signor Johnson	Quando _____ può cambiare il resto?
Impiegato	Posso cambiar_____ il resto domani, o Lei può andare in un'altra banca dove _____ cambiano i 500 dollari.
Il Signor Johnson	Va bene. Posso ritornare domani.
Impiegato	Può mostrar_____ un documento d'identità per favore?
Il Signor Johnson	_____ posso mostrare il passaporto. Eccolo.
Impiegato	Devo fare una fotocopia. Ecco gli euro. Lei deve firmar _____ la ricevuta.
Il Signor Johnson	Bene. Grazie e arriveder_____.
Impiegato	Grazie a Lei e buona permanenza in Italia.

Per finire

Un viaggio d'affari   CD1, Track 30 🔊

John White è un uomo d'affari americano. È arrivato a Roma e **soggiorna**
all'albergo «Excelsior» in via Veneto, dove ha prenotato una **camera singola** con
doccia. Dall'albergo telefona a Davide, un collega che lavora alla **filiale** di Roma.

stays
single room
branch

John	Pronto, Davide? Sono John White. Come stai?	
Davide	**Salve**, John! Come va? Hai fatto un buon viaggio?	*Hello*
John	Sì, **abbastanza**, però è stato un viaggio lungo e mi sono annoiato **parecchio**.	*good enough* / *a lot*
Davide	In che albergo stai? Hai una macchina?	
John	Sono all'«Excelsior». No, **non ho noleggiato** la macchina. A Roma preferisco prendere il tassì. Inoltre ho lasciato a casa la **patente**.	*I haven't rented* / *driver's license*
Davide	Hai ragione. Qualche giorno fa ho preso una **multa** perché ho parcheggiato dov'era vietato. Hai telefonato all'ingegner Rusconi per dirgli che sei arrivato?	*fine*
John	Sì, gli ho telefonato, ma era fuori. Gli ho lasciato un messaggio sulla segreteria telefonica.	
Davide	**Allora**, ci vediamo per il pranzo? Al «Gladiatore»?	*So*
John	Sì, certo, però prima devo farmi la doccia, vestirmi e andare in banca per cambiare dei dollari.	
Davide	Allora, ci incontriamo al ristorante all'una. Va bene?	
John	D'accordo. A presto.	

Nota culturale

■ Roma – Piazza di Spagna

Piazza di Spagna 🌐

Piazza di Spagna è il luogo di ritrovo di
artisti e poeti. Alcuni secoli fa i fuorilegge
(*outlaws*) e i banditi si rifugiavano qui.
Se vuoi sapere perché, clicca qui: **www.
cengagebrain.com**

Comprensione

1. Chi è John White?
2. È venuto a Roma per un viaggio di piacere?
3. Cos'ha prenotato all'albergo?
4. Perché John si lamenta (*complain*) del viaggio?
5. Ha noleggiato una macchina? Perché?
6. Perché Davide ha preso una multa?
7. Perché John non ha potuto parlare con Rusconi? Ha lasciato un messaggio? Dove?
8. Dove s'incontrano John e Davide?
9. Cosa deve fare John prima di incontrare Davide?
10. Per che ora è fissato l'appuntamento?

Conversazione

1. Usi spesso il telefonino?
2. Telefoni spesso al tuo migliore amico? Gli mandi degli SMS?
3. Spendi molto per le telefonate?
4. Quando prenoti una camera in un albergo, telefoni o mandi un fax?
5. Quando alloggi in un albergo, come paghi il conto?
6. Hai dei parenti che abitano lontano da te? Quando gli telefoni? Gli mandi gli auguri per le feste e per i compleanni?
7. Hai dei parenti che vivono all'estero?
8. Quando vai all'estero, noleggi una macchina, usi i mezzi di trasporto pubblici o chiami un tassì?

Ascoltiamo!

Una telefonata d'affari   CD1, Track 31 🔊

An architect, Gino Paoli, is making a business phone call to an engineer, Rusconi (**l'ingegner Rusconi**), about an appointment. Listen to his conversation with Rusconi's secretary. Then answer the following questions.

Comprensione

1. L'architetto Paoli telefona a casa o all'ufficio dell'ingegner Rusconi?
2. C'è l'ingegnere?
3. Che cosa lascia Paoli?
4. Per quand'è l'appuntamento?
5. L'ufficio di Rusconi è nella stessa città da dove telefona Paoli? Perché no?
6. La telefonata di Paoli è una telefonata personale o d'affari?

👫 Dialogo

You are calling your doctor's office for an appointment. His secretary answers. You say **Pronto. Sono...** and ask if the doctor is in. The secretary answers that she is sorry, but the doctor is not in. Tell her you would like to leave a message: Is it possible (**È possibile**) to see the doctor tomorrow? Then give her your phone number and say good-bye. In pairs, play the roles of the secretary and the patient.

Il primo giorno di lavoro 🔊

For more listening practice, listen to CD1, Track 32, and answer the following questions.

Comprensione

1. Quando si è laureato Andrea? In quale università?
2. Ha trovato un lavoro a tempo pieno (*full time*)? Dove ha trovato un lavoro?
3. Dove si sono incontrati Andrea e il suo amico?
4. Perché Andrea ha dovuto alzarsi presto? Perché non è una cosa facile per lui?
5. Andrea è entusiasta di questo lavoro? Perché lo ha accettato?
6. Perché Gianni è stato fortunato?
7. Scondo Andrea, qual è il lato (*side*) positivo della situazione?

Adesso scriviamo!

Il primo giorno

Racconta il tuo primo giorno di lavoro per una nuova **compagnia**. O, se preferisci, racconta il tuo primo giorno di lezioni all'università. Organizza il tuo tema (*composition*) con l'aiuto di queste domande.

- Ti sei alzato(a) più presto del solito (*than usual*)? Ti sei svegliato(a) da solo(a) o con una sveglia (*alarm clock*)? A che ora?

- Hai fatto colazione prima di uscire?
- Come sei andato(a) al lavoro/a scuola? È stata una giornata interessante, noiosa, impegnativa (*challenging*)? Perché?

HOTEL ★★★★
METROPOLE

Santa Margherita Ligure
(Portofino) Italy

Situato in splendida posizione con terrazze
soleggiate e vasto parco che scende
direttamente al mare. Stabilimento Bagni
e spiaggia privata con servizio snack-bar.
Cucina eccellente. Parcheggio custodito
e Garage. Diretto personalmente dai proprietari.

Hotel Metropole

A. La telefonata di un amico/un'amica. Attività in gruppi di due studenti. Un amico/Un'amica o collega è arrivato(a) nella tua città e ti telefona. Inizia con un compagno/una compagna una conversazione telefonica sull'esempio del dialogo «Un viaggio d'affari». Tu gli domandi:

- If he/she had a good trip; in which hotel he/she is staying; if he/she has rented a car.
- Tell him/her that if he/she does not have a car you can give him/her a lift (*passaggio*). He/She will thank you and will tell you it is not a problem (*un problema*) to find a cab.
- Invite him/her to dinner, and ask which type of restaurant he/she prefers (Italian, Mexican, French, Chinese, Japanese, Middle Eastern, etc.). Tell him/her the name of the restaurant where you will meet, and what time.
- Give him/her your cell phone number. You say good-bye to each other.

B. All'hotel. Immagina di essere un uomo/una donna d'affari che è arrivato(a) a Santa Margherita Ligure ed è andato(a) all'Hotel Metropole, dove vuole prenottare (*spend the night*). Un compagno/Una compagna fa la parte dell'impiegato dell'albergo.

- You want to know if they have a room for one night, if it has air conditioning, how much it costs, and if breakfast is included (*compresa*). You also ask if you can make a phone call to rent a car, and ask for Hertz's phone number. Then thank the employee.
- The employee will ask you how many suitcases you have, and after you answer, he will tell you he will take your suitcase(s) to your room. He tells you that if you want to wake up early he can call your room. You thank him and tell him you have an alarm clock. He also tells you that breakfast is served (**è servita**) from 6.30.

Attualità

L'economia in Italia

A. Prima di leggere. The following reading highlights certain features of contemporary Italian economy. It notes that government debt in Italy is higher than in other European countries. With the introduction of the euro, the cost of living in Italy rose, while incomes remained steady. Those hardest hit were the elderly and pensioners on fixed incomes. The recent global economic and financial crisis of 2008 has made the situation in Italy even more difficult: individual savings were harmed, small businesses struggled to get credit, and unemployment, already quite high, increased even further. Some say that luckily, Italy is in the Eurozone, otherwise this recent crisis would have been worse and, because Italy has guaranteed universal health care that is not tied to employment, some of the worst effects of unemployment have been attenuated. But Italians on the whole believe that they are resilient and that they can come through this financial crisis.

Courtesy of the Author

Il *deficit* del governo italiano è da molti anni superiore a quello degli altri paesi europei. Per poter adottare l'euro ed entrare nell'Unione Monetaria Europea, il governo italiano ha dovuto prendere delle misure per ridurre, almeno in parte, il deficit: ridurre la spesa pubblica ed aumentare le tasse, azioni che hanno creato delle difficoltà per la popolazione. Con l'introduzione dell'euro gli Italiani hanno dovuto affrontare (*to face*) un aumento (*increase*) del costo della vita: i prezzi sono aumentati, specialmente quelli dei generi alimentari (*groceries*), ma le pensioni e gli stipendi sono rimasti gli stessi. Le persone che pagano di più le conseguenze di questa crisi sono gli anziani (*the elderly*), che hanno delle difficoltà a farcela (*to make ends meet*) con la loro pensione.

La situazione economica in Italia si è aggravata ulteriormente quando la crisi finaziaria e bancaria iniziata negli Stati Uniti nel 2008 si è propagata diventando una crisi economica globale. I cittadini, piccoli o grandi risparmiatori, hanno visto la loro sicurezza economica svanire (*disappear*) quando le polizze che avevano acquistato con «capitale garantito» e «senza rischio», avevano invece (*instead*) il valore della carta straccia (*worthless paper*). Altra conseguenza della crisi è la difficoltà che le aziende (*companies*) hanno ad ottenere il credito, e sono costrette (*forced*) a licenziare dei dipendenti (*employees*). La disoccupazione aumenta, e quelli che hanno un impiego non spendono i loro soldi perché hanno paura di perdere il lavoro.

È un bene (*a good thing*) che l'Italia abbia (*has*) adottato l'euro, altrimenti (*otherwise*) la sua situazione sarebbe stata (*would have been*) drammatica, come quella dell'Islanda, della Danimarca o dell'Ungheria. È anche un bene che il SSN (Sistema Sanitario Nazionale) (*National health system*) provveda l'assistenza medica e sanitaria a tutti i cittadini, indipendentemente dalla loro condizione economica: perdere il lavoro non significa perdere l'assistenza medica.

Gli Italiani sono sicuri che supereranno questa crisi: sanno di avere le capacità di recupero (*that they are resilient*), grazie a lezioni imparate e ben assimilate nel passato. Molti dicono, scherzando (*as a joke*), che metteranno i loro soldi nei materassi, o nei sacchi della farina, come hanno fatto i loro nonni fino a quando le banche hanno sparso la voce (*spread the rumor*) di un'invasione di topi.

B. Alla lettura

1. Che cosa ha dovuto fare il governo italiano per entrare nell'Unione Monetaria Europea?
2. Che cosa hanno dovuto affrontare gli Italiani con l'introduzione dell'euro?
3. Chi paga di più le conseguenze dell'alto costo della vita?
4. Quando e perché si è aggravata la situazione economica in Italia?
5. Perché i risparmiatori hanno visto la loro sicurezza economica svanire?
6. Perché la gente (*people*) non spende i soldi?
7. Perché è un bene che l'Italia abbia adottato l'euro?
8. A chi provvede assistenza medica il SSN?
9. Cosa dicono molti Italiani scherzando (*as a joke*)?

La sede della Borsa a Milano (*Stock market*)

Attività video

Attività vocabolario

A. Guardate la sezione del video «**Il mondo degli affari**». Poi completate le frasi con i nomi, i verbi e le espressioni che seguono.

albergo, agriturismo, cellulare, telefonate interurbane, SMS, carta di credito, telefonare, segreteria telefonica, noleggio

Cosa dicono le persone intervistate?

1. **Nr. 1**   Sì, ho un _____. A casa non ho la linea fissa del telefono. Faccio molte _____ _____.

2. **Nr. 1**   Per le feste di Natale sono pigra… e preferisco _____.

3. **Nr. 2**   Quando visito aree fuori dalle grandi città, allora _____ l'auto.

4. **Nr. 2**   Detesto fare regali. Mando messaggi tramite il cellulare con _____.

5. **Nr. 3**   Di solito pago con la _____ _____ _____.

6. **Nr. 4**   Ho sia il telefono con la _____ _____ a casa e il cellulare.

7. **Nr. 4**   Quando vado in vacanza, preferisco stare in _____ ed anche in un _____.

B. Domande sul video. Rispondete alle seguenti domande.

1. La prima intervistata ha la linea fissa del telefono in casa? Cosa usa per telefonare? Fa telefonate interurbane?

2. Quando il secondo intervistato noleggia l'auto? Quanti telefoni ha il secondo intervistato?

3. La terza intervistata si alza presto o tardi la mattina? Cosa si prepara per colazione?

4. Perché la prima intervistata deve alzarsi presto la mattina?

5. Quando piace alla quarta intervistata alzarsi un pochino più tardi?

6. A chi fa dei regali la prima intervistata?

7. Perché il secondo intervistato non fa regali a nessuno?

8. Cosa ha regalato a suo figlio per il suo compleanno, la quarta intervistata? Perché?

Attività grammatica

A. Guardate la sezione del video «**Il mondo degli affari**» una seconda volta e completate le frasi traducendo i verbi in parentesi.

Cosa dicono le persone intervistate?

1. **Nr. 1** Sì, (*I get up*) _____ alle 6 la mattina. Avendo un'ora e mezza di viaggio da fare con la macchina, (*I have to get up*) _____ presto.

2. **Nr. 2** Sì, ho parenti negli Stati Uniti e... (*we see each other*) _____ non con tutti, ma con molti. C'è la possibilità di (*to see each other*) _____ tramite Welcome.

3. **Nr. 3** Non lavorando, (*I get up*) _____ abbastanza tardi, e (*I prepare for myself*) _____ la colazione. Prendo i Cornflex e poi un caffè. Sì, ho una cognata che abita a Trieste e (*we hear each other*) _____ molto spesso al telefono.

4. **Nr. 3** Preparo il pranzo. (*I prepare for myself*) _____ di solito una pastasciutta con sugo di carne.

5. **Nr. 4** Se non ho un appuntamento (*I like to get up*) _____ un pochino più tardi.

6. **Nr. 4** Alcuni dei miei parenti abitano all'estero e purtroppo (*we don't see each other*) _____ spesso.

B. Rispondete alle seguenti frasi usando i pronomi indiretti.

1. La prima intervistata fa dei regali agli amici?

   _____

2. Il secondo intervistato fa dei regali ai parenti?

   _____

3. Fa dei regali a qualche amico la quarta intervistata? _____ E ai figli? _____

   E a sua madre? _____

C. Partecipazione. In gruppi di tre studenti, conversate sui seguenti argomenti.

- Avete un cellular? Lo usate molto? Mandate molti SMS? Avete una segreteria telefonica e fate telefonate interurbane?

- A che ora vi alzate la mattina? Vi preparate la colazione? Che cosa vi preparate e a che ora vi addormentate la sera?

- Viaggiate all'estero? Noleggiate una macchina o usate i mezzi di trasporto pubblici?

- Preferite pagare in contanti o con la carta di credito quando fate le spese e perché?

- Voi e i vostri parenti vi telefonate spesso o vi scrivete e in quali occasioni?

- A chi fate dei regali, in che occasioni e che cosa regalate?

- Quando siete in vacanza, dove vi piace soggiornare: in albergo, in pensione, in un agriturismo o fare il campeggio?

Vocabolario 🔊

Nomi

l'abbraccio	hug
l'affare (*m.*)	business
il bacio	kiss
il (la) collega (*pl.*) (i colleghi/ le colleghe)	colleague
il lavoro	work, job
il messaggio	message
la multa	fine (ticket)
parecchio	a lot
la patente	driver's license
un SMS (esse emme esse)	text message
la sveglia	alarm clock

Aggettivi

arrabbiato	mad
stanco	tired

Verbi

abbracciarsi	to embrace each other
addormentarsi	to fall asleep
alzarsi	to get up
annoiarsi	to get bored
arrabbiarsi	to get mad
baciarsi	to kiss each other
chiamarsi	to be called
divertirsi	to have fun, to enjoy oneself
fermarsi	to stop
fidanzarsi	to get engaged

innamorarsi (di)	to fall in love (with)
laurearsi	to graduate from a university
lavarsi	to wash (oneself)
mandare	to send
mettersi	to put on
parcheggiare	to park
prepararsi	to prepare oneself, to get ready
riposarsi	to rest
risparmiare	to save
salutarsi	to greet each other; to say good-bye
scusarsi	to apologize
sedersi	to sit down
sentirsi	to feel
soggiornare	to stay (at a hotel, etc.)
sposarsi	to get married
suonare	to ring
svegliarsi	to wake up
vestirsi	to get dressed

Altre Espressioni

abbastanza	enough
fissare un appuntamento	to make an appointment
una telefonata personale	a personal phone call
una telefonata d'affari	a business phone call
un uomo/una donna d'affari	a businessman/woman

Mezzi di diffusione

8

Photo: Liliana Riga

Risorse:

Internet audio video ilrn.heinle.com

Parole da ricordare

Stampa, televisione, cinema

La stampa (*The press*)

il (la) giornalista   reporter
il giornale   newspaper
la rivista   magazine
l'articolo   article
l'autore/l'autrice   author
lo scrittore/la scrittrice   writer
il racconto   short story
il romanzo   novel

giallo   mystery
di fantascienza   science fiction
di avventure   adventure
il riassunto   summary
il personaggio   character
il titolo   title
la trama   the plot

La televisione (tivù) – Il DVD

il televisore   TV set
il canale   channel
l'annunciatore/l'annunciatrice
   anchorman/anchorwoman,
   newscaster
il telegiornale   TV news
le notizie   news
la trasmissione   transmission

il programma   TV program
il documentario   documentary
il videoregistratore   VCR
il DVD   DVD
i videogiochi   video games
accendere (*p.p.* acceso)   to turn on
spegnere (*p.p.* spento)   to turn off
il telecomando   remote control

Il cinema

girare un film   to make a movie
l'attore/l'attrice   actor/actress
il (la) regista   director
lo spettatore/la spettatrice
   viewer, spectator
i sottotitoli   subtitles

il cartone animato   cartoon
l'articolo (il libro, il film) tratta
   di...   the article (book, movie)
   deals with . . .
fare la parte   to play the role
dare un film   to show a movie

Applicazione

A. Domande

1. Cosa sono il *New York Times* e il *Corriere della Sera*?
2. Che cosa fa un(a) giornalista?
3. Chi era Steinbeck? Può nominare il titolo di qualche suo romanzo?
4. Se andiamo a vedere un film straniero, che cosa ci aiuta a capire il dialogo?
5. Che cosa offre il telegiornale? Chi lo presenta?
6. Quando si usa il telecomando?

You may want to go over the vocabulary by asking additional questions, such as: *Che cosa usi per cambiare canale? Dove comprano il giornale gli Italiani? Chi scrive per un giornale?* etc.

B. Per i patiti (*fans*) del cinema

1. Sapete dire il titolo in inglese di questi film?
2. Quale di questi film è sentimentale? drammatico? un giallo? una commedia? di fantascienza?
3. Guardate i giudizi dei critici. Secondo voi, quale di questi film è memorabile? Molto bello? Niente male? Così così? Brutto? Quante stelle dareste (*would you give*) al film *Il signore degli anelli*?

- *La Bella e la Bestia* di Walt Disney
- *Mi presenti i tuoi* con Bel Stiller, Robert De Niro, Barbra Streisand
- *Il gladiatore* con Russell Crowe
- *Il signore degli anelli* con Elijah Wood
- *Pantera rosa 2*
- *Harry Potter e il principe mezzosangue* con Daniel Radcliffe
- *Il silenzio degli innocenti* con Anthony Hopkins
- *Le cronache di Narnia: il principe Caspian* con Liam Neeson
- *Senza paura* con Jeff Bridges
- *A qualcuno piace caldo* con Marilyn Monroe
- *Il pirata dei Caraibi* con Jonny Depp

GIUDIZI	
★★★★★	Memorabile
★★★★	Molto bello
★★★	Niente male
★★	Così così
★	Brutto

LE NOSTRE INDICAZIONI

sentimentale

avventura

giallo

drammatico

commedia

C. Conversazione

1. Vai spesso al cinema? Che genere di film ti piace?
2. Noleggi spesso le videocassette o DVD? Preferisci noleggiarle o andare al cinema?
3. Chi è il tuo attore/la tua attrice preferito(a)?
4. Quali programmi preferisci vedere alla TV (film, spettacoli, giochi, programmi di politica, musica, sport, scienze, National Geographic)?
5. A che ora di solito guardi la TV? Tieni la TV accesa quando fai i compiti o ascolti la musica?
6. Discuti sui film con i tuoi amici?

CANALE 5

6.30 Tg 5 Prima pagina

13.00 Tg 5 Notiziario
13.35 Le più belle scene da un matrimonio

18.00 Flash Tg 5 Notiziario
18.05 Ok il prezzo è giusto!
Gioco Conduce Iva Zanicchi
19.00 La ruota della fortuna
Gioco Con Mike Buongiorno
Regia di M. Bianchi
20.00 Tg 5 Notiziario
20.20 Film Agente 007 Vivi e lascia morire Spionaggio

Courtesy of the Author

Informazioni

Il cinema italiano

Per il cinema italiano il riconoscimento internazionale è arrivato nel dopoguerra, con i due grandi maestri del neorealismo, Vittorio De Sica e Roberto Rossellini. Questi registi hanno descritto la realtà povera del paese durante e dopo la seconda guerra mondiale.

Negli anni Cinquanta-Settanta, due nomi hanno dominato la scena cinematografica: Federico Fellini e Michelangelo Antonioni, due registi sempre pronti a sperimentare nuovi temi. Fellini è considerato il grande genio del cinema italiano: ha ritratto (*painted*) l'Italia e gli Italiani con l'occhio (*eye*) di un visionario. I film *La strada* e *La dolce vita* sono diventati dei classici. Negli ultimi dieci anni il cinema italiano si è affermato oltre frontiera (*beyond its borders*) coi film come *Mediterraneo* e *Io non ho paura* di Giuseppe Salvatore, e *La vita è bella*, vincitore di tre Oscar, diretto e interpretato da Roberto Benigni. Una nuova generazione di registi promette di continuare la gloria del cinema italiano. Ecco il nome di alcuni: Ferzan Orzpetec, Gabriele Muccino, Nanni Moretti, Silvio Soldini.

Le regioni d'Italia

Oggi siamo in... **Umbria** e nelle **Marche** e nella **Repubblica di San Marino**. Siamo nell'Italia centrale, nelle verdi colline umbre e nella mistica città di Assisi. Se vuoi visitare l'Umbria, le Marche e la Repubblica di San Marino, clicca qui: **www.cengagebrain.com**

■ Assisi – la Basilica di San Francesco

UMBRIA

LE MARCHE

La grammatica
1 L'imperfetto

The **imperfetto** (from the Latin *imperfectum*) means "imperfect," that is, incomplete. It is used to express an action that took place in the past but whose duration cannot be specified. Its endings are identical in all three conjugations.

parlare → parla-**vo** = *I was speaking, I used to speak, I spoke*

parlare	ricevere	dormire
parla**vo**	ricevе**vo**	dormi**vo**
parla**vi**	ricevе**vi**	dormi**vi**
parla**va**	ricevе**va**	dormi**va**
parla**vamo**	ricevе**vamo**	dormi**vamo**
parla**vate**	ricevе**vate**	dormi**vate**
parla**vano**	ricevе**vano**	dormi**vano**

C'era una volta, un burattino di legno (*wooden puppet*) che si chiamava Pinocchio. Aveva il naso molto lungo perché diceva molte bugie...

The following verbs are irregular in the imperfect tense:

essere:	**ero, eri, era, eravamo, eravate, erano**
fare:	**facevo, facevi, faceva, facevamo, facevate, facevano**
bere:	**bevevo, bevevi, beveva, bevevamo, bevevate, bevevano**
dire:	**dicevo, dicevi, diceva, dicevamo, dicevate, dicevano**

The imperfect tense is used to describe:

1. environment, time, weather; physical and mental states; and age in the past.

Erano le sette di sera.	*It was 7:00 P.M.*
Fuori **faceva** freddo e **pioveva**.	*Outside it was cold and it was raining.*
La gente **aveva** fame.	*People were hungry.*

2. habitual actions in the past.

Leggeva favole tutte le sere.	*He read (used to read) fables every night.*

3. an action in progress while another action was taking place or was completed.

Mentre **scrivevo** una lettera, Nino **suonava** il piano.	*While I was writing a letter, Nino was playing the piano.*
Luisa **pranzava** quando Marcello è entrato.	*Luisa was having dinner when Marcello walked in.*

Have students recite the *imperfetto* forms rapidly, paying attention to the stressed syllables. Then proceed to discuss its usage. Start with simple sentences. For example, *Da bambino(a) io giocavo tutti i giorni. Anche tu giocavi? Noi giocavamo. E voi? / Io leggevo delle favole, e voi?*, etc. Point out that words, such as *di solito, sempre, spesso, ogni...*, and *qualche volta*, help to identify habitual actions in the past, and to signal when a sentence, such as "I drank milk" means "I used to drink milk."

Remind students that in English, an action in progress in the past is usually expressed by the progressive past: I was reading; We were eating. Ask students to describe some illustrations in the text, using the *imperfetto: Che cosa faceva Filippo? A chi telefonava? Che cosa portava? o Com'era vestito? Perché c'erano ombrelli vicino alla porta?* (See p. 167)

Pratica

Personalize by asking students:
*Che cosa facevi quando andavi alla
scuola elementare? quando vedevi
i tuoi amici? la domenica? quando
incontravi i nonni? quando arrivavano
le vacanze?* etc.

A. Vacanze veneziane. Che cosa faceva tutti i giorni Franca quand'era a Venezia?

■ **Esempio**   visitare la città
   Visitava la città.

1. prendere il vaporetto (*motorboat*)
2. ammirare i palazzi veneziani
3. camminare lungo le calli (*narrow Venetian streets*) e i ponti (*bridges*)
4. entrare nelle chiese e nei negozi
5. visitare i musei
6. fare le spese
7. la sera, sedersi in un caffè di piazza San Marco
8. divertirsi a guardare la gente

 B. Da ragazzini(e) (*As young children*). Cosa facevate quando eravate ragazzini(e)? Fate a turno le domande.

■ **Esempio**   che libri (leggere)
   — *Che libri leggevi?*
   — *Leggevo i libri di avventure.*

1. che cosa (guardare) alla TV
2. quali film (andare) a vedere
3. (dire) bugie
4. cosa (volere) diventare
5. con chi (giocare)
6. cosa (fare) durante l'estate
7. (avere) un amico/un'amica del cuore
8. come (chiamarsi)

C. Frammenti di ricordi. Sostituite l'infinito con la forma appropriata dell'imperfetto.

Ricordo che quand'ero bambino, io (passare) _____ ogni estate con i nonni. I nonni (abitare) _____ in una piccola casa in collina*. La casa (essere) _____ bianca, con un tetto* rosso. Davanti alla casa (esserci) _____ un bel giardino. Ogni giorno, quando (fare) _____ caldo, io (stare) _____ in giardino, e se (avere) _____ sete, la nonna (portare) _____ delle bevande fresche. Il pomeriggio io (guardare) _____ i cartoni animati alla tivù, (divertirsi) _____ a giocare a palla, o (fare) _____ lunghe passeggiate nei campi con il vecchio cane. Alle sette, la nonna (chiamare) _____ me e il nonno per la cena, e io (aiutarla) _____ ad apparecchiare* la tavola. La sera noi (stare) _____ fuori a guardare il cielo stellato*.

hill
roof

to set
starry

Nota culturale

La televisione in Italia

Se vuoi sapere quali programmi piacciono ai giovani italiani, clicca qui:
www.cengagebrain.com

D. Come ci divertivamo. Tommaso, Luca e suo fratello Rico parlano di come si divertivano quand'erano ragazzini. Completate il loro dialogo con i verbi suggeriti all'imperfetto.

incontrarsi	guardare	andare	fare passeggiate
divertirsi	annoiarsi	preferire	giocare a tennis (a pallavolo, a pallone)

Tommaso   Dove andavate in vacanza tu e Rico?

Luca   Noi _____ in montagna, e tu?

Tommaso   Io _____ al mare. Come vi divertivate voi?

Luca   Io _____.

Rico   Io invece (*instead*) _____.

Tommaso   E la sera che cosa facevate?

Luca   Qualche volta noi _____ la TV.

Rico   No, tu _____ la TV. Io _____ ai video giochi.

Luca   Sì, è vero, mi dimenticavo. Tu e i tuoi amici vi _____ ai video giochi.

Tommaso   Io non mi divertivo ai video giochi, mi _____. Io _____ guardare i cartoni animati.

For more personal follow up to Exercise C, ask students to prepare a brief account of their childhood recollections and present it to the class. Or have them share recollections in small groups.

2 Contrasto tra imperfetto e passato prossimo

«Sono andata al cinema perché il mio videoregistratore non funzionava».

Both the **passato prossimo** and the **imperfetto** present events and facts that took place in the past. However, they are not interchangeable.

A. If a past action took place only *once*, was repeated a *specific* number of times, or was performed within a *definite* time period, the **passato prossimo** is used.

B. If a past action was *habitual,* was repeated an *unspecified* number of times, or was performed for an *indefinite* period (with no beginning or end indicated), the **imperfetto** is used. It is also used to *describe circumstances* surrounding a past action or event (time, weather, physical appearance, age, feelings, attitudes, etc.).

The following sets of sentences illustrate the contrast between these two tenses.

Ieri sera **ho ascoltato** la radio.	*Last night I listened to the radio.*
Tutte le sere **ascoltavo** la radio.	*Every evening I would (= used to) listen to the radio.*
La settimana scorsa Gianni mi **ha telefonato** tre volte.	*Last week Gianni phoned me three times.*
Prima mi **telefonava** molto spesso.	*Before he used to phone me very often.*
L'estate scorsa **ho giocato** a tennis tutti i giorni.	*Last summer I played tennis every day.*
Quando **ero** giovane, **giocavo** a tennis tutti i giorni.	*When I was young I would (= used to) play tennis every day.*
Gina **ha preso** l'impermeabile ed **è uscita.**	*Gina took her raincoat and went out.*
Gina **ha preso** l'impermeabile perché **pioveva.**	*Gina took her raincoat because it was raining.*

NOTE: Verbs such as **dovere, potere, volere, sapere,** are used in the imperfetto to describe the circumstance, possibility, or intentions; in the passato prossimo to describe actions.

Dovevo partire, ma **non ho potuto.**	*I was supposed to leave, but I couldn't.*
Non volevo partire, ma **ho dovuto.**	*I didn't want to leave, but I had to.*

Pratica

A. Discussioni pericolose (*dangerous*). Sei stato(a) testimone (*witness*) a una discussione di politica, e adesso la racconti a un amico/un'amica. Usa il passato prossimo o l'imperfetto, a seconda del caso (*according to the context*).

1. È il primo giugno.   **2.** Sono le otto di sera.   **3.** Piove.   **4.** Entro al Caffè Internet.   **5.** Ordino un espresso.   **6.** Un giovane arriva al bar.   **7.** Ha circa vent'anni.   **8.** Porta un vecchio impermeabile.   **9.** Incomincia a parlare male del governo.   **10.** Un cliente s'arrabbia.   **11.** I due litigano.   **12.** La confusione è grande.   **13.** Un cameriere telefona alla polizia.

B. Passato prossimo o imperfetto? Sostituite all'infinito la forma corretta dell'imperfetto o del passato prossimo, a seconda del significato (*according to the meaning*).

1. Questa mattina mia moglie ed io (svegliarsi) _____ presto e (uscire) _____ di casa alle 7.30.

2. Poiché la nostra macchina non (funzionare) _____, noi (andare) _____ a prendere l'autobus.

3. Alla fermata dell'autobus (esserci) _____ molte persone che (aspettare) _____.

4. Ma l'autobus non (arrivare) _____.

5. Un uomo (venire) _____ e (dire) _____ che (esserci) _____ lo sciopero* degli autobus fino alle 11.00, e che noi (dovere) _____ aspettare per molto tempo. *strike*

6. Mia moglie (dire) _____ che lei (volere) _____ andare al lavoro a piedi, perché il suo ufficio (essere) _____ vicino. Io, invece, (dovere) _____ fare circa tre chilometri a piedi per arrivare al lavoro.

7. Così io (pensare) _____ che (essere) _____ una buon'idea prendere un taxi, anche se (costare) _____ molto.

8. Ma a causa dello* sciopero degli autobus, io non (trovare) _____ un taxi e (tornare) _____ a casa. *because of*

9. Ma prima di andare a casa io (noleggiare) _____ un DVD: un bel film giallo, *Il silenzio degli innocenti*. Così io (passare) _____ un bel pomeriggio in casa mentre (io) (aspettare) _____ il ritorno di mia moglie.

Courtesy of the Author

C. Conversazione tra amiche. Completate la conversazione tra Silvia e Marina usando i verbi in parentesi all'imperfetto o al passato prossimo.

Silvia Ciao Marina, come va?

Marina Oggi va abbastanza bene, ma ieri ero proprio* stressata. *really*

Silvia Perché, cos'è successo*? *what happened*

Marina Il mio computer (*was not working* = **funzionare**[1]) _____.
(*I had to*) _____ telefonare a Massimo. Lui è un mago* con i *wizard*
computer e (*he repaired it* = **riparare**) _____.

Silvia Che tipo di computer è?

Marina È un computer portatile*. *laptop*

Silvia (*Did it cost*) _____ molto quando (*it was*) _____ nuovo?

Marina (*I bought it*) _____ usato da un amico. Lui (*wanted*) _____
500 dollari.

Silvia Con la stampante*? *printer*

Marina No, senza. Gli ho detto che (*I could*) _____ dargli solo 300 dollari, e lui (*accepted* = **accettare**) _____.

Silvia Adesso funziona?

Marina Per il momento.

Silvia Hai dato dei soldi a Massimo?

Marina (*I wanted*) _____ dargli dei soldi, ma lui (*did not want them*) _____. Gli pagherò una cena.

[1]**funzionare:** *to work (for equipent, cars, watches, etc.)*

3 Il trapassato prossimo

The **trapassato prossimo** (*pluperfect tense*) expresses an action that took place prior to another action in the past (**avevo ascoltato** = *I had listened*). It is a compound tense formed with the *imperfect tense* of the auxiliary (**avere** or **essere**) + *the past participle* of the main verb. It is conjugated as follows:

parlare		partire		alzarsi	
avevo		ero		mi ero	
avevi		eri	partito(a)	ti eri	alzato(a)
aveva	parlato	era		si era	
avevamo		eravamo		ci eravamo	
avevate		eravate	partiti(e)	vi eravate	alzati(e)
avevano		erano		si erano	

Courtesy of the author. Photo by Lilli Kennedy

Prima di morire, Giulietta aveva parlato molte volte a Romeo da questo balcone (Verona, Veneto). Quale grande scrittore inglese si è ispirato alla storia tragica di questi due personaggi?

Non aveva fame perché **aveva** già **mangiato.**

Non siamo andati a San Remo perché c'**eravamo** già **stati** l'anno scorso.

She wasn't hungry because she had already eaten.

We didn't go to San Remo because we had already been there last year.

Pratica

A. A cinecittà. Un vostro amico ha visitato il set dove si girava un film con un'attrice americana. Ora vi parla del suo incontro con questa attrice. Completate il paragrafo usando il **trapassato prossimo.**

La signorina X parlava abbastanza bene l'italiano perché lo (studiare) _____ al liceo. Prima di venire in Italia, (leggere) _____ molte volte il copione*. Mi ha detto che (accettare) _____ con piacere di girare quel film. Quando io l'ho conosciuta (finire) _____ di girare una scena importante. Mi ha raccontato che (venire, già) _____ in Italia, ma che ora voleva conoscerla meglio*. Nei giorni liberi, (visitare) _____ il Lazio e l'Umbria con il suo regista, ed era entusiasta dell'arte italiana e degli Italiani.

B. Un compagno troppo curioso. Rispondete usando il **trapassato prossimo** e la vostra immaginazione.

■ **Esempio** — Perché non sei venuto a scuola ieri?
— *Perché non avevo fatto i compiti. o...*

1. Perché tu e Massimo non siete usciti domenica sera?
2. Perché non sei andato(a) al concerto di Bruce Springsteen?
3. Perché tu e il tuo ragazzo/la tua ragazza non siete andati a vedere il Cirque du Soleil?
4. Perché oggi non hai telefonato a Gianni per il suo compleanno?
5. Perché non hai guardato il telegiornale?
6. Perché non hai portato il tuo fratellino ai video giochi?

4 I pronomi tonici

Ascolti me o guardi lei?

A. Disjunctive pronouns (**i pronomi tonici**) are personal pronouns that are used after a verb or a preposition. They are:

Singular		Plural	
me	*me; myself*	**noi**	*us; ourselves*
te	*you (familiar); yourself*	**voi**	*you (familiar); yourselves*
lui	*him*		
lei	*her*	**loro**	*them*
Lei	*you (formal)*	**Loro**	*you (formal)*
sé	*himself, herself, yourself*	**sé**	*themselves, yourselves*

B. As a direct or indirect object, a disjunctive pronoun is used after the verb for emphasis, to avoid ambiguity, and when the verb has two or more objects.

Vedo **te**!	*I see you!*
Parlo **a lui**, non **a lei**.	*I'm speaking to him, not her.*
Ha scritto a Franco e **a me**.	*He wrote to Franco and me.*

Stress the similarities between disjunctive and subject pronouns. Pretend a student is giving a party and ask him/her: *Chi inviti? Inviti lui? Inviti anche lei? Inviti tutti noi? Anche me?* (Use gestures.) Continue: *Chi verrà con me? Chi andrà con lui?*, and so on.

C. A disjunctive pronoun is also used as the object of a preposition.

Parto **con loro**.	*I'm leaving with them.*
Abita vicino **a noi**.	*He lives near us.*
Sono arrivati **prima di me**.	*They arrived before me.*
Siamo andati **da lei**.	*We went to her house.*
Pensa solo **a sé stesso**.	*He thinks only of himself.*

This chart summarizes the pronouns you have now learned:

Subject pronouns	Direct-object pronouns	Indirect-object pronouns	Reflexive pronouns	Disjunctive pronouns
io	mi	mi	mi	me
tu	ti	ti	ti	te
lui/lei, Lei	lo/la, La	gli/le, Le	si	lui/lei, Lei, sé
noi	ci	ci	ci	noi
voi	vi	vi	vi	voi
loro, Loro	li/le, Li/Le	gli (loro), Loro	si	loro, Loro, sé

Stress the reflexive meaning by asking questions such as: *Fai il compito d'italiano da te o con lui (lei)* (pointing at another student)? *Chi fa il compito da sé? Tu pensi solo a te o pensi anche agli altri?*

Review briefly the use of the pronouns previously learned. Then ask students (in groups) to choose one pronoun from each column and write five sentences.

Pratica

A. Tra compagni. Immaginate di avere un nuovo compagno/una nuova compagna di classe e di fargli(le) delle domande. Seguite l'esempio.

■ **Esempio** — Abiti con *i tuoi genitori?*
— *Sì, abito con loro.* o
— *No, non abito con loro. Abito solo(a). (o con...)*

1. Sei venuto(a) all'università con *degli amici* oggi?
2. Hai già parlato con *il professore/la professoressa d'italiano?*
3. Hai bisogno di *me* per qualche informazione?
4. Io abito in via _____. E tu, abiti vicino a *me?*
5. A mezzogiorno vado a mangiare alla mensa degli studenti con due compagni. Vieni con *noi?*
6. Se hai bisogno di soldi, li chiedi a *tuo padre* o a *tua madre?*
7. Inviti anche *il mio compagno* alla tua festa?
8. Aspetti *me* o *Luigi?*
9. Ascolti *me* o pensi *al tuo ragazzo/alla tua ragazza?*

B. Da chi? Fatevi a turno le seguenti domande. Rispondete con una frase negativa usando **da** con il pronome tonico.

■ **Esempio** — Vai a casa di Paolo oggi?
— *No, non vado da lui. Vado...*

1. Vieni a casa mia a studiare oggi pomeriggio?
2. Andrai dai tuoi genitori per le vacanze estive?
3. Se hai bisogno di consigli, vai da tua madre o da un'amica/un amico?
4. Vai dal dottore quando stai male?
5. Vieni da noi stasera? Guardiamo l'ultimo film di Moretti!
6. Quando hai bisogno di soldi, vai da tuo padre? Se no, cosa fai?

Nota culturale

Courtesy of the Author

I libri gialli

I libri di storie poliziesche, di misteriose
morti, o di delitti, si chiamano «libri gialli».
Se vuoi sapere perché, clicca qui:
www.cengagebrain.com

5 Piacere

Francesca Benevento

— Ti piace il Carnevale?
— Sì, e mi piacciono le maschere.

A. The irregular verb **piacere** means *to please*. It is used mainly in the third-persons singular and plural (present tense: **piace, piacciono**) and in an indirect construction that corresponds to the English *to be pleasing to.*

mi piace			ci piace		
ti piace	} leggere		vi piace	} cantare	
gli piace			piace loro, Loro		
le, Le piace			(gli piace)		

Participio passato: **piaciuto**

Mi piace la pasta.	*I like pasta. (Pasta is pleasing to me.)*
Ci piace l'appartamento.	*We like the apartment. (The apartment is pleasing to us.)*
Le piacciono queste scarpe?	*Do you like these shoes? (Are these shoes pleasing to you?)*

NOTE: The singular form **piace** is followed by a singular noun; the plural form **piacciono** is followed by a plural noun.

B. **Piacere** is singular when followed by an infinitive.

Ti piace fare il campeggio?	*Do you like to go camping?*

C. When the indirect object is a noun or a disjunctive pronoun, the preposition **a** is used.

Ai bambini piace il gelato.	*Children like ice cream.*
A me piacevano le feste.	*I used to like parties.*

D. The opposite of **piacere** is **non piacere. Dispiacere** has the same construction as **piacere,** but it translates as *to be sorry, to mind.*

Non mi piace la birra.	*I don't like beer.*
Non sta bene? **Mi dispiace.**	*You are not well? I am sorry.*
Le dispiace se fumo?	*Do you mind if I smoke?*

E. The **passato prossimo** of **piacere** is conjugated with **essere.** Therefore, the past participle **(piaciuto)** agrees in gender and number with the subject.

Ti **è piaciuta** la commedia?	*Did you like the comedy?*
Non mi **sono piaciuti** i personaggi.	*I did not like the characters.*

Drill rapidly the phrases *Mi piace, Ti piace, A Luisa piace, Ai ragazzi piace, A loro piace* with a list of singular nouns: *la musica, il sole, la spiaggia, il gelato italiano...* Do the same thing with the plural *piacciono* and a list of plural nouns: *le vacanze, le scarpe italiane, gli spaghetti, gli spinaci, i broccoli, i rumori della città,* etc.

Pratica

A. Cosa ci piace? Completate con la forma corretta di **piacere**.

1. Ti _____ questo programma?
2. Mi _____ i documentari sulla natura.
3. Lisa non guarda i film gialli; non le _____.
4. Vi _____ ascoltare la musica jazz?
5. Sì, e ci _____ anche le canzoni melodiche.
6. Marco guarda la TV dopo la scuola; gli _____ i cartoni animati.
7. Spegni la TV! Non mi _____ quel programma.
8. Allora cambio canale. C'è un film di fantascienza sul 2. Ti _____?
9. No, non mi _____ i film di fantascienza.

B. Un amico/Un'amica curioso(a). Rispondete alle domande.

■ **Esempio** — Ai bambini piace giocare? / sì (no)
 — *Sì, gli piace.*

1. Ai tuoi amici piacciono le feste? / sì
2. A te piacciono i film gialli? / no
3. A tua madre piacciono i tuoi voti? / sì (no)
4. Ai tuoi nonni piace ricevere lettere da te? / sì
5. Al tuo professore piace correggere i tuoi compiti? / sì (forse)
6. Alla tua professoressa piace leggere le tue composizioni? / sì
7. Al tuo compagno di stanza piacciono le tue abitudini? / sì e no
8. Alla tua compagna di stanza piace andare al cinema con te? / sì

C. Ricordi piacevoli o no? Domandatevi a turno se vi sono piaciute o no le seguenti cose. Usate il verbo **piacere** al passato.

■ **Esempio** il film di ieri sera
 — *Ti è piaciuto il film di ieri sera?*
 — *No, non mi è piaciuto.* o
 — *Sì, mi è piaciuto molto (abbastanza, moltissimo).*

1. le vacanze dell'estate scorsa
2. l'ultima gita che hai fatto
3. il ristorante dove hai mangiato recentemente
4. gli anni passati al liceo
5. la pensione dove sei stato(a) durante l'ultimo viaggio
6. le feste di Natale
7. l'ultimo libro che hai letto
8. il film *La vita è bella*
9. i documentari sulla natura

Expand on students' answers by getting them to say what each person or persons dislike: *Dunque, a te e ai tuoi amici piacciono gli spaghetti? E gli gnocchi di patate?* They respond: *Ci piacciono gli spaghetti, ma gli gnocchi non ci piacciono.* Continue this pattern.

D. Conversazione. In piccoli gruppi. Ogni persona del gruppo nomina due cose che gli/le piacciono e due cose che non gli/le piacciono.

■ **Esempio** — *Mi piacciono i gelati al pistacchio. Mi piace la lingua italiana.*
 — *Non mi piace la pioggia* (rain). *Non mi piacciono i film gialli.*

Per finire

Una serata alla TV   CD2, Track 2 🔊

Giovanni e Marina hanno finito di cenare e pensano di passare una serata tranquilla in casa. Giovanni accende la televisione.

Giovanni   Sono le 8.00, possiamo vedere il telegiornale.

Marina   Veramente, abbiamo già letto le notizie di oggi sul giornale, quando eravamo in treno.

Giovanni   Allora cambio canale e vediamo le notizie sportive.

Marina   No, perché **non mi va** di sentire che pagano cifre astronomiche per i **giocatori di calcio**.

Giovanni   Allora cosa vuoi vedere?

Marina   Vediamo la guida della TV. T'interessa un documentario sulle foreste tropicali? È su Canale 5.

Giovanni   Per carità! In cinque minuti mi addormento. Non c'è per caso un bel film, un classico? Quando eravamo fidanzati, andavamo al cinema ogni domenica.

Marina   Sì, infatti c'è un bel film: *La vita è bella!*, con Roberto Benigni, su Rete 4. Ti va?

Giovanni   D'accordo. L'ho già visto, ma lo rivedo volentieri.

I don't feel like it / soccer players

Dopo la cena e dopo il telegiornale delle 8.00, gli Italiani hanno un'ampia scelta di programmi alla TV, su canali nazionali o su canali esteri.

You may want to go over some of the television vocabulary from *Studio di parole* before introducing the dialogue. You might show students a copy of *la guida della TV* and introduce different kinds of programs by giving examples of *un documentario, un film, il telegiornale*, etc.

You may want to have students close their books while they listen to the dialogue at least twice, and then ask them the *Comprensione* questions orally.

Comprensione

1. Hanno voglia di uscire Giovanni e Marina questa sera?   **2.** Cosa pensano di fare?   **3.** Perché Marina non vuole vedere il telegiornale?   **4.** A Marina interessano le notizie sportive? Perché no?   **5.** Perché Giovanni non vuole vedere il documentario?   **6.** Che cosa facevano Marina e Giovanni quand'erano fidanzati?   **7.** Che programma ha trovato Marina su Rete 4?   **8.** Giovanni vede questo film per la prima volta? È contento di rivederlo?

Conversazione

1. Cosa ti piaceva guardare alla TV quand'eri bambino(a)?

2. Ti piaceva fare i compiti? Quali compiti non ti piacevano? (matematica? scienze?)

3. Cosa piaceva fare a te ed ai tuoi amici durante l'estate?

4. Quali libri ti piacevano? I libri di avventure? Di fantascienza? *Pinocchio*?

5. Quali storie ti piacevano? *Cappuccetto Rosso*? *Biancaneve e i sette nani*? *Cenerentola*?

6. Piaceva a te e ai tuoi amici andare in bicicletta? Dove?

7. A quali giochi vi piaceva giocare? A Monopoli? A Scrabble? Alle carte? A nascondino (*hide-and-seek*)?

8. Ti piaceva immaginare di essere Captain Kirk? Mister Spock?

Ascoltiamo!

Dove vi siete conosciuti?

CD2, Track 3 🔊

This evening Diletta and Luciano have invited Luciano's new colleague to dinner. While Diletta is in the kitchen, the colleague asks Luciano a bit about himself and Diletta. Listen to the conversation; then answer the following questions.

Comprensione

1. Dove si sono conosciuti Luciano e la moglie?
2. In quale facoltà erano (*were*) Luciano e Diletta?
3. Sono ancora idealisti, o non lo sono più? Perché?
4. Si sono sposati prima della laurea?
5. Perché si considerano fortunati?
6. Che cosa pensa il collega della situazione economica?

Dialogo

Immaginate di essere una personalità della TV e intervistate uno studente/una studentessa della classe che fa la parte di uno scrittore/una scrittrice. Fate domande sul suo nuovo romanzo in corso di pubblicazione (*in press*) e sulla vita personale dello scrittore/della scrittrice.

Al cinema «Odeon»: Opinioni diverse 🔊

For more listening practice, listen to CD2, Track 4, and answer the following questions.

Comprensione

1. Dove sono seduti Filippo e i suoi amici?
2. Che film hanno appena visto?
3. Perché Gabriella è soddisfatta?
4. Che film pensava di vedere Filippo? Si è annoiato?
5. Secondo Jane, è un film diverso dai film americani? Perché?
6. Di che altro film parla Marcello? L'hai visto tu?
7. Chi è l'altro regista che nomina Gabriella? Lo conosci?

Adesso scriviamo!

Un film

A. Scrivi la recensione (*review*) di un film che hai visto recentemente.

- Era americano o straniero?
- Qual era il titolo?
- Chi erano il regista e gli attori principali?
- Dove è stato filmato?
- Chi sono i personaggi principali?

- Che genere di film era? Avventuroso, comico, poliziesco, romantico, ecc.

B. Descrivi brevemente la trama e la fine.

- È stato un film interessante? Noioso? Divertente? Drammatico? Romantico?
- Inviti un amico/un'amica ad andare a vedere questo film?

Parliamo insieme!

A. Programmi televisivi. In piccoli gruppi, discutete quali programmi televisivi preferite guardare alla TV (telegiornale, telefilm, teleromanzi, notizie sportive, programmi di varietà, documentari, dibattiti politici, giochi come: *OK, il prezzo è giusto! La ruota della fortuna*, spot pubblicitari).

B. Indovinate insieme! Divertitevi insieme a scoprire (*to discover*) quali sono in inglese i titoli dei seguenti film:

- *Via col vento*
- *Cantando sotto la pioggia*
- *Tutti gli uomini del presidente*
- *L'uomo che sussurrava ai cavalli*
- *Senza paura*
- *Per un pugno di dollari*
- *Vivi e lascia morire*
- *HP e la pietra filosofale*
- *La notte dell'aquila*
- *Quando tutto cambia*
- *A qualcuno piace caldo*
- *Il padrino*
- *Sette anime*

Francesca Benevento

Milano – La Galleria è un passaggio che collega Piazza del Duomo con il Teatro alla Scala. I Milanesi la chiamano «il Salotto» per i suoi eleganti negozi e ristoranti. È coperta da un tetto di vetro e decorata con marmo e mosaici.

C. Un'intervista. Attività in gruppi di quattro o cinque studenti. Due studenti/studentesse fanno la parte di due attori famosi/attrici famose appena ritornati(e) (*who have just returned*) dall'Italia. Gli altri studenti sono i giornalisti che li/le intervistano e fanno loro le domande a turno. (Se i due intervistati sono già stati in Italia possono rispondere facilmente alle domande; se nessuno degli studenti è stato in Italia, usate la vostra immaginazione).

I giornalisti vogliono sapere molte cose sull'Italia e sugli Italiani:

- Se la gente in Italia è cordiale.
- Quali città hanno visitato e quali preferiscono.
- Com'è il cibo.
- Come hanno viaggiato in Italia.
- Se è vero che gli Italiani guidano spericolatamente (*recklessly*).
- Se è vero che gli automobilisti non danno sempre la precedenza (*right of way*) ai pedoni (*pedestrians*), e i pedoni attraversano (*cross*) la strada a loro rischio e pericolo.
- Se il costo della vita (*of living*) è alto, o è lo stesso degli Stati Uniti.
- Se la vita ha un ritmo differente da quello degli Stati Uniti (più lento o più veloce).
- Se è vero che gli Italiani hanno più tempo degli Americani per gli amici, per la conversazione, per le vacanze.
- Se è facile fare amicizie.
- Se i nuovi immigrati si inseriscono facilmente nella comunità.
- Quali sono le cose importanti per gli Italiani, oltre alle vacanze e al calcio.

Attualità
Gli umanoidi del futuro

A. Prima di leggere. You are about to enter the world of the "humanoids of the future!" The Cicerobot, one of the robots created by the University of Palermo's Facoltà di Ingegneria Informatica, guides tourists through the Archeological Museum of Agrigento. Using semantic analysis, Cicerobot can also answer tourists' questions as it glides around the museum's artifacts. Round and red in color, and measuring a meter and a half, Cicerobot is always in good spirits and full of energy! Professor Antonio Chella and his Department of engineering faculty have created other "humanoids of the future": Robotanic and NAO, robots that can babysit, do office work, and assist the elderly.

Il Cicerobot

I NAO

Uno dei robot creati dalla Facoltà di Ingegneria Informatica dell'Università di Palermo è il **Cicerobot**. È un robot che fa da guida ai turisti al Museo Archeologico di Agrigento. È un robot su ruote (*wheels*) che si muove con destrezza (*dexterity*) nel museo evitando gli ostacoli. Usando la tecnica di analisi semantica, il Cicerobot può rispondere alle domande dei turisti. È alto un metro e mezzo, è rosso e rotondo ed è instancabile e sempre di buon umore: una vera attrazione per i turisti.

Sotto la direzione del professor Antonio Chella, il Dipartimento di Ingegneria Informatica ha ideato e creato altri «umanoidi del futuro»: dei robot che sono in grado di (*are able to*) svolgere (*carry out*) altri servizi, come babysitting, lavori d'ufficio e assistenza agli anziani (*the elderly*).

Robotanic è un robot che gira (*goes around*) presso l'Orto Botanico dell'Università di Palermo e intrattiene (*chats with*) i visitatori con modalità simili a quelle di Cicerobot.

Per i **NAO** il Dipartimento di Ingegneria Informatica di Palermo sta iniziando un progetto di ricerca (*research*) che mira a (*that has the purpose of*) riprodurre i famosi «pupi siciliani», ossia (*that is*) le marionette. I ricercatori usano un sistema che, mediante (*through*) le telecamere, riprende una persona che, con opportuni movimenti, comanda a distanza e senza fili (*wireless*) i movimenti dei NAO.

Secondo il professor Chella, i robot saranno in grado di (*will be able to*) insegnare l'italiano in un futuro non lontano, almeno (*at least*) ad un livello di base.

Il Robotanic

La Facoltà d'Ingegneria dell'Università di Palermo

B. Alla lettura

1. Chi ha creato il Cicerobot?

2. Che cosa fa il Cicerobot? Dove?

3. Come si muove? Com'è?

4. Perché è una vera attrazione per i turisti?

5. Chi è il professor Antonio Chella?

6. Che funzioni hanno gli altri «umanoidi del futuro» creati dal Dipartimento di Ingegneria Informatica dell'Università di Palermo?

7. Cosa fa «Robotanic»?

8. Il progetto di ricerca per i NAO, che cosa mira (*has the purpose to*) a riprodurre?

9. Potranno insegnare l'italiano «gli umanoidi del futuro»?

Attività video ►

Attività vocabolario

A. Guardate la sezione del video «**La televisione**». Poi completate le frasi con le seguenti parole.

programma (x2), televisione (x2), telecamera, talk show, Canale, danno, film (x2), telegiornali, politico, sport, documentari, trasmissione, cinema

1. Marco vuole guardare la partita alla _____.

2. Marco cerca su rete 4: niente; su _____ 5: niente.

3. La _____ della partita è solo sulla TV satellitale.

4. La prima intervistata dice che le piace guardare la TV quando _____ dei _____ carini, già programmati al _____.

5. Alla stessa intervistata piace anche guardare qualche _____ culturale, qualche dibattito _____ e i _____.

6. Il secondo intervistato dice che preferisce guardare lo _____ e anche i _____ romantici.

7. Ad un altro intervistato (Alessandro) piacciono i _____.

8. Pietro, uno degli intervistati, dice che guarda solo i _____, e basta.

Courtesy of the author

9. A un'intervistata non piace nessun _____ televisivo, perché ci sono solo sciocchezze (*nonsense*) e odia (*hates*) la _____.

10. Marco dice a Giovanni di lasciare (*to leave*) la _____ e di andare dentro.

© Cengage Learning

B. Domande sul video. Rispondete alle seguenti domande.

1. Che tempo fa oggi? Com'è il cielo al nord?

2. Cos'ha intenzione di vedere alla TV Marco?

3. Per quale squadra (*team*) di calcio fa il tifo (*is a fan*) Marco?

4. Contro quale squadra gioca la Roma?

5. Marco riesce a vedere la partita Roma-Siena alla televisione? Perché no?

6. Quale soluzione trova Marco per seguire la partita?

7. Quali sono quattro programmi televisivi che alla prima intervistata piace vedere? _____ _____ _____ _____

8. La seconda persona intervistata guarda principalmente due programmi alla TV. Quali sono? _____ _____

9. Un intervistato (Davide) dice che per quanto riguarda la TV, in Italia c'è la tirannia. Cosa vuole dire?

10. Un'intervistata non guarda mai la TV perché dice che _____.

11. Cosa fanno Marco e Giovanni? Continuano a intervistare le persone o vanno dentro perché fa freddo?

Attività grammatica

A. Guardate la sezione del video «**La televisione**» una seconda volta. Poi completate le frasi con il verbo in parentesi all'imperfetto o al passato prossimo (un verbo al trapassato prossimo).

1. Le previsioni del tempo (avere) _____ ragione.

2. Le previsione (annunciare) _____ brutto tempo al nord.

3. A causa del brutto tempo Marco (decidere) _____ di guardare la partita di calcio in TV.

4. Purtroppo Marco non (potere) _____ guardare la partita perché la trasmettevano solo sulla TV satellitale.

5. Poiché Marco (volere) _____ seguire la partita, (dovere) _____ accendere la radio della macchina.

6. La partita di calcio (essere) _____ tra la Roma e il Siena.

7. La prima persona intervistata (dire) _____ che (preferire) _____ guardare le partite regionali e dei film carini già programmati al cinema.

8. La stessa persona ha detto anche che (piacerle) _____ i programmi culturali e i documentari.

9. Un'altra persona intervistata ha detto che in TV (esserci) _____ solo sciocchezze, e che per questo non (guardare) _____ mai la TV, anzi, (odiarla) _____.

B. Completate le frasi con la forma corretta del verbo **piacere** al presente e (in un caso) al passato prossimo.

1. A Marco non _____ il brutto tempo.

2. Alla prima persona intervistata _____ i film carini che danno in TV e le _____ anche i programmi culturali e i documentari.

3. Un'altra persona dice di odiare la TV perché non le _____ tutte le sciocchezze dei programmi televisivi.

4. Marco non ha potuto vedere la partita di calcio in TV, ma gli _____ ascoltarla alla radio della macchina.

C. **Partecipazione.** In gruppi di tre studenti, conversate sui seguenti argomenti.

- Immaginate di stare in casa perché è una giornata piovosa, tira vento e fa freddo. Dite, in ordine di preferenza, quale di questi programmi volete guardare alla TV: film, spettacoli, giochi, programmi di politica, musica, sport, scienza, National Geographic.

- Dite se preferite noleggiare i DVD o vedere i film al cinema, e perché.

Vocabolario 🔊

Nomi

la bugia	lie
la cifra	amount
la commedia	comedy
la cultura	culture
il discorso	speech
la discussione	discussion
l'economia	economy
l'edicola	newsstand
la gente	people
il gioco	game
il gusto	taste
la fine	end
la gente	people
l'inizio	beginning
l'intervista	interview
la politica	politics
il problema	problem
la scena	scene
la serata	evening
il sogno	dream
lo spettacolo	show
la tragedia	tragedy
il tipo	type
il vantaggio	advantage

Aggettivi

comico	comic
drammatico	dramatic
poliziesco, giallo	police/crime story
principale	main
romantico	romantic
sentimentale	sentimental

Verbi

aiutare	to help
camminare	to walk
costare	to cost
decidere (*p.p.* deciso)	to decide
discutere	to discuss
(*p.p.* discusso)	
immaginare	to imagine
intervistare	to interview
interessarsi (di)	to be interested (in)
litigare	to argue, to quarrel
piacere	to like
non piacere	to dislike

Altre espressioni

a causa di	because of
ancora	still
a piedi	on foot
c'era una volta	once upon a time
un classico	a classic
dare un film	to show a movie
mi dispiace	I'm sorry
ti dispiace se... ?	do you mind if . . . ?
poiché	since

La moda

Benetton © 2008; Foto: James Mollison

Parole da ricordare
Articoli d'abbigliamento

Informazioni
Lo stile che piace ai giovani
Le regioni d'Italia: Il Lazio

La grammatica
1 L'imperativo
2 L'imperativo con un pronome
3 Aggettivi e pronomi dimostrativi
4 Le stagioni e il tempo

Per finire
Alla Rinascente
Ascoltiamo!
Adesso scriviamo!
Parliamo insieme!

Attualità
La moda italiana

Attività video

Risorse:
Internet   audio   video   ilrn.heinle.com

Parole da ricordare
Articoli d'abbigliamento (*clothing*)

LA MODA Abbigliamento per Uomo, Donna, Bambini

il completo
(giacca e gonna)
la camicetta

l'impermeabile

la camicia   la cravatta

l'ombrello

SALDI
di
fine stagione
sconti fino
al 60%

gli stivali

il cappello

gli occhiali

i guanti

il cappotto

la maglietta
(*T-shirt*)

i calzini

la borsetta

i jeans   le scarpe
il maglione

il golf
(*cardigan*)

la felpa
(*sweatshirt*)

il vestito
(l'abito)

il completo (l'abito)
(giacca e pantaloni)

i sandali

la moda fashion
la sfilata di moda fashion show
mettersi to put on
portare to wear
provare to try on
il portafoglio wallet
la pelle leather
la seta silk
la lana wool
il cotone cotton
leggero light
pesante heavy
pratico practical
i vestiti clothes
la taglia, la misura size

un paio di calze (scarpe, pantaloni) a pair of stockings (shoes, pants)
i pantaloncini shorts
le scarpe da tennis tennis shoes
sportivo casual
elegante elegant
a buon mercato cheap
in svendita on sale
lo sconto discount
il commesso/la commessa salesperson
la vetrina shop window, display window
andare bene to fit

Che taglia porti?

Abiti da donna						Abiti da uomo				
Italia	40	42	44	46	48	44	46	48	50	52
USA	6	8	10	12	14	34	36	38	40	42

Applicazione

A. La comodità prima di tutto. Rispondete alle domande.

1. Che cosa portiamo quando piove (*it rains*)? 2. Che cosa ci mettiamo per proteggere (*to protect*) gli occhi dal sole? 3. Che cosa si mette un uomo sotto la giacca? 4. Quando ci mettiamo il cappotto? 5. Quando ci mettiamo un vestito leggero? 6. Com'è una camicetta di seta? 7. Quando ci mettiamo le scarpe da tennis? 8. Se vogliamo sentirci comodi (*comfortable*), ci mettiamo dei pantaloni eleganti o dei jeans? 9. Dove mettiamo i soldi e le carte di credito?

B. Acquisti in un negozio d'abbigliamento. Leggete questo dialogo. Poi, in coppie, fate la parte del commesso/della commessa e del(la) cliente e scambiate brevi dialoghi sugli articoli (*items*) che seguono. Usate un po' d'immaginazione.

■ **Esempio**

— *Le piace questo vestito di seta a fiori? È in svendita.*
— *Quant'è lo sconto?*
— *È del 20% (per cento).*
— *È la mia taglia?*
— *Sì, è taglia 40.*
— *Va bene, lo provo.*

1. 2. 3. 4. 5. 6.

C. Conversazione

1. Ti piace la moda italiana? Compri articoli d'abbigliamento italiani? Quali?

2. Porti vestiti eleganti o pratici quando viaggi? Che vestiti porti?

3. Cosa ti piace portare il weekend? E quando esci con gli amici?

4. Come ti vesti per un'occasione speciale (il matrimonio di un tuo parente, per esempio)?

5. Tu sei in Italia e vuoi comprare un regalo per un amico/un'amica. Sai che lui/lei preferisce un articolo d'abbigliamento. Cosa compri per lui/lei?

D. Che cosa portate? Descrivete il vostro abbigliamento di oggi.

Students can easily expand on this exercise by describing what others in the classroom are wearing. Some can share their description with the class, and the class can guess who is being described.

You may ask or discuss what differences there are between American and Italian fashions.

Ask students if they prefer to shop *in una boutique, in un grande magazzino*, or *al mercato*, and why.

Nota culturale

I jeans

Il nome «jeans» deriva da *Genova*, città della Liguria. Se vuoi sapere come, clicca qui:
www.cengagebrain.com

Informazioni

Lo stile che piace ai giovani

Un sondaggio sulla moda, condotto tra i giovani, rivela che il loro stile di abiti preferito è quello degli abiti Benetton. Il gruppo Benetton è una delle compagnie italiane d'abbigliamento più conosciute nel mondo. L'attività del gruppo Benetton, iniziata nel 1965, si è estesa oggi in più di 120 paesi nel mondo, con negozi situati in posizioni strategiche nei centri delle maggiori città. L'abbigliamento prodotto da Benetton ha uno stile tipicamente italiano: pratico ma elegante, con tessuti (*fabrics*) di eccellente qualità. Benetton offre un'ampia scelta (*choice*) nell'abbigliamento per uomo, donna e bambino, da portare in città, e abiti casual per le vacanze e lo sport.

Le regioni d'Italia

Oggi siamo nel… **Lazio.** Il Lazio è una regione dell'Italia centrale. Il capoluogo del Lazio, e la capitale d'Italia, è Roma. Se vuoi visitare il Lazio, clicca qui: **www.cengagebrain.com**

■ Roma – il Colosseo

La grammatica

1 L'imperativo

— I pantaloni sono un po' lunghi.
— **Non mandare** le tue misure via Internet!

A. The **imperativo** (*imperative mood*) is used to express a command, an invitation, an exhortation, or advice. Here are the forms for the three conjugations:

	ascoltare	prendere	partire
(tu)	ascolta!	prendi!	parti!
(Lei)	ascolti!	prenda!	parta!
(noi)	ascoltiamo!	prendiamo!	partiamo!
(voi)	ascoltate!	prendete!	partite!
(Loro)	ascoltino!	prendano!	partano!

The pattern of the imperative for **-isc-** verbs is as follows:
finisci!, finisca!, finiamo!, finite!, finiscano!

NOTE:

a. Subject pronouns are ordinarily *not* expressed in imperative forms.

b. The imperative **noi** form corresponds to the English "Let's . . ." (**Guardiamo!** = *Let's look!*).

c. The negative imperative of the **tu** form uses **non** + *infinitive*.

Mangia la minestra!	*Eat the soup!*
Non mangiare quei dolci!	*Don't eat those sweets!*
Leggi la lettera!	*Read the letter!*
Non leggere quella rivista!	*Don't read that magazine!*
Viaggi in treno, signora!	*Travel by train, madam!*
Prenda l'aereo, signora!	*Take the airplane, madam!*
Non prenda l'aereo!	*Don't take the airplane!*
Partiamo domani!	*Let's leave tomorrow!*

Start practicing with the *noi* form. Begin with a suggestion: *Amici, cosa facciamo? Studiamo?* Have half of the class respond: *Sì, studiamo* and the other half: *No, non studiamo.* Then let students take the lead. Suggestions: *uscire, andare al caffè, bere un cappuccino.* Continue with the *tu* and the *Lei* forms. Pretend that one student is not paying attention: *Tom non ascolta, non scrive.* Half of the class says: *Tom, ascolta! Scrivi!* and the other half: *No, non ascoltare! Non scrivere!* Do the same thing with the polite form: *Signor Tom, ascolti! Scriva!* and *Non ascolti! Non scriva!*

— Non scrivere il nome della tua ragazza! Scrivi «amore mio», così non devi cambiare ogni volta.

B. Here are the imperative forms of some irregular verbs:

	tu	Lei	noi	voi	Loro
andare	va' (vai)	vada	andiamo	andate	vadano
dare	da' (dai)	dia	diamo	date	diano
fare	fa' (fai)	faccia	facciamo	fate	facciano
stare	sta' (stai)	stia	stiamo	state	stiano
dire	di'	dica	diciamo	dite	dicano
avere	abbi	abbia	abbiamo	abbiate	abbiano
essere	sii	sia	siamo	siate	siano
venire	vieni	venga	veniamo	venite	vengano

NOTE:

a. The forms **va'**, **da'**, **fa'**, and **sta'** are abbreviations of the regular forms. Either form may be used.

Di' la verità!   *Tell the truth!*
Fa' presto!   *Hurry up!*

b. For emphasis, the subject pronoun may follow the verb form.

Parla tu!   *You speak!*
Andate voi!   *You go!*

Pratica

Since the imperative requires much practice, prepare a list of common verbs to use to expand on these exercises. You may also have students do these exercises using the *Lei* and *Loro* forms.

A. Esortazioni a degli amici. Usate la forma **tu** o **voi,** secondo il caso.

■ **Esempio**   Tino / stare zitto
           — *Tino, sta' zitto!*

1. Enrico / avere pazienza   **2.** ragazzi / fare attenzione al traffico   **3.** Paola / dare l'ombrello a Luisa   **4.** Pippo / dire la verità   **5.** Luisa e Roberta / essere in orario   **6.** Renzo e Lucia / prendere le vitamine   **7.** Gianni / venire a casa presto   **8.** ragazzi / spendere meno

 B. Un amico spendaccione (*spendthrift*). Marc ha dei gusti raffinati, spende troppi soldi ed ha molti debiti. Uno studente fa la parte di Marc. Alcuni studenti/Alcune studentesse della classe gli danno dei consigli perché risparmi (*save money*). Tutti gli studenti possono partecipare con consigli differenti.

■ **Esempio**   **Marc**   — Io mangio solo in ristoranti eleganti.
           Uno studente   — *Non mangiare nei ristoranti eleganti!*
                            Mangia al McDonald's!

Marc   Bevo solo l'acqua minerale Perrier.

Studente 1   _____

Marc   Porto solo giacche di Armani.

Studente 2   _____

Marc   Vorrei comprare una Lamborghini.

Studente 3   _____

Marc   Quando vado in vacanza, sto solo in alberghi di cinque stelle.

Studente 4   _____

Marc	Penso di affittare una villa a Como, vicino a quella di George Clooney.
Studente 5	_____
Marc	Viaggio sempre in business class.
Studente 6	_____
Marc	Voglio comprare un televisore con schermo gigante.
Studente 7	_____

C. Shopping in centro. Giulia e Marina sono in centro a fare le spese. Entrano in un negozio d'abbigliamento e la commessa offre la sua assistenza. Completate il loro dialogo usando l'imperativo del verbo suggerito.

Giulia	Scusi signorina, posso provare questa giacca?
Commessa	Certamente. (*Go in*) _____ nel camerino dove c'è lo specchio*. (*Try on*) _____ anche questa gonna. Va benissimo con la giacca.
Giulia	Sì, grazie. Marina, (*come inside*) _____ con me.
Marina	Ti stanno benissimo. (*Buy*) _____ tutt'e due.
Giulia	Sei matta?* Non posso spendere tutti questi soldi! (*Look*) _____ il prezzo della giacca! E anche della gonna.
Marina	(*Let's see*) _____! La giacca costa 300 euro e la gonna 150 euro… Questo negozio ha della bella roba* ma i prezzi sono cari e salati[1]! Ma (*wait*) _____ un momento! La commessa ha detto che c'è uno sconto.
Giulia	(*Ask*) _____ alla commessa di quant'è lo sconto.
Marina	È del 20 per cento. Ti preoccupi per Gianni?
Giulia	No. Gianni dice sempre: «(*Spend*) _____ i soldi e (*buy*) _____ quello che ti serve*». Gianni è buono come il pane.
Marina	Allora (*do*) _____ una cosa: (*pay*) _____ la gonna in contanti, e (*put*) _____ il costo della giacca sulla carta di credito. Poi per due mesi (*don't buy*) _____ altri vestiti.
Giulia	Eh… questa non è una cattiva idea!

mirror

Are you nuts?

stuff

what you need

D. Sì, certo (*By all means*)! Gabriella (Filippo) è in una boutique di via Montenapoleone a Milano, e fa delle domande alla commessa/al commesso che risponde affermativamente.

■ **Esempio** domandare una cosa
— *Posso domandare una cosa?*
— *Domandi pure!*

1. guardare
2. provare questa giacca
3. entrare nel camerino (*dressing room*)
4. vedere se c'è un'altra giacca
5. fare una telefonata a mio marito/mia moglie
6. aspettare qui mio marito/mia moglie
7. pagare con la carta di credito

[1]**cari e salati:** familiar expression meaning *very expensive*

👥👥👥 **E. Diamo dei suggerimenti.** Attività in gruppi. Uno studente/Una studentessa dice alle classe che cosa ha intenzione di fare. Ogni studente del gruppo partecipa con un suggerimento.

■ **Esempio**   He/She wants to buy a pair of Gucci shoes.
You tell him/her not to buy Gucci shoes because they are too expensive.
— *Vorrei comprare un paio di scarpe Gucci.*
— *Non comprare le scarpe Gucci perché sono troppo care.*

1. He/She wants to go shopping downtown.
You tell him/her not to go today because it is raining.

2. He/She is going on vacation and wants to pack **(mettere in valigia)** only light-weight clothes.
You tell him/her to pack a heavy sweater because it is cold in the evening.

3. He/She is going to dinner at the home of Italian friends and wants to know what to bring.
Tell him/her to bring a bouquet of flowers and a bottle of good wine.

4. He/She is going to Milan to a fashion show and asks if you know of a good inexpensive hotel.
Tell him/her not to go downtown, but to stay at the Marini Hotel near the train station.

2 L'imperativo con un pronome (diretto, indiretto o riflessivo)

— Scusami, mamma! Non l'ho fatto apposta.

Introduce this point by asking and answering a question (e.g., *Amici, compriamo una pizza? Ma sì, compriamola!*). Propose other things and have students agree and others disagree (e.g., It's Robert's birthday. *Gli facciamo un regalo? No, non facciamogli un regalo! Compriamogli una torta!*). Another pattern: *Mi alzo? Alzati pure! No, non alzarti!*

A. Object and reflexive pronouns attach to the end of the familiar imperative forms **(tu, noi, voi)** and precede the formal forms **(Lei, Loro)**. **Loro** always follows the imperative form (familiar or formal).

Familiar	Formal	
Chia**ma**mi!	**Mi** chiami!	*Call me!*
Parla**gli**!	**Gli** parli!	*Talk to him! (Talk to them!)*
Ferma**ti**!	**Si** fermi!	*Stop!*
BUT:		
Parla **loro**!	Parli **loro**!	*Talk to them!*

Note the imperative construction with reflexive and reciprocal verbs:

fermarsi	scriversi
(tu) **Fermati!** *Stop!*	
(noi) **Fermiamoci!** *Let's stop!*	**Scriviamoci!** *Let's write to each other!*
(voi) **Fermatevi!** *Stop!*	**Scrivetevi!** *Write to each other!*
(Lei) **Si fermi!** *Stop!*	
(Loro) **Si fermino!** *Stop!*	**Si scrivano!** *Write to each other!*

B. When a pronoun attaches to the monosyllabic imperatives **va', da', fa', sta',** and **di',** the initial consonant of the pronoun—except **gli**—is doubled.

Dammi il libro!	*Give me the book!*
Dicci qualcosa!	*Tell us something!*
Falle un regalo!	*Give her a gift!*

BUT:

Digli la verità!	*Tell him the truth!*

C. In the familiar forms of the negative imperative, the pronouns may precede or follow the verb. With the **tu** form, the infinitive drops the final **-e.**

Non dite**gli** niente! *o* Non **gli** dite niente!	*Don't tell him anything!*
Non **ti** alzare! *o* Non alzar**ti**!	*Don't get up!*

Pratica

A. Dammi un consiglio! Tu e tuo fratello/tua sorella vi consigliate a vicenda (*each other*) su quale regalo comprare (o non comprare) per la mamma.

■ **Esempio** (la spilla) — *Compro la spilla?*
— *Sì, comprala!* o *No, non comprarla!*

Courtesy of the Author

Vocabolario utile:

il pigiama	la saponetta	il foulard di seta
il profumo	la cintura	il braccialetto

Nota culturale

La via della seta

Se vuoi sapere come il baco da seta (*silk worm*)
è arrivato in Italia dalla Cina, clicca qui:
www.cengagebrain.com

B. In una nuova città. Il tuo amico Fabio si è appena trasferito nella tua città e ha bisogno d'informazioni.

a. Tu rispondi con un po' d'immaginazione.

■ **Esempio** dire dov'è l'ufficio postale
— *Per favore, dimmi dov'è l'ufficio postale.*
— *L'ufficio postale è qui vicino, in Piazza Garibaldi. o...*

1. consigliare una buona banca
2. suggerire un buon ristorante
3. mostrare dov'è l'università
4. aiutare a trovare una stanza
5. telefonare a questo numero
6. mandare un'e-mail

b. Fabio chiede le stesse informazioni a un impiegato in un'agenzia.

■ **Esempio** — *Per favore, mi dica dov'è l'ufficio postale.*

C. Abbiamo degli ospiti (*guests*). Attività in gruppi. I tuoi amici di New York sono venuti a trovare te e la tua famiglia. Tu e i tuoi familiari date loro dei consigli. Ogni studente del gruppo partecipa con un consiglio.

■ **Esempio** suggeritegli di **alzarsi** presto se vogliono vedere molte cose
— *Alzatevi presto se volete vedere molte cose.*

1. suggeritegli di **vestirsi** con abiti leggeri perché fa molto caldo
2. invitateli a **prepararsi** la colazione che preferiscono
3. invitateli a **sentirsi** come a casa loro
4. incoraggiateli a **divertirsi**
5. ditegli di **non arrabbiarsi** se hanno perso la carta di credito
6. ditegli di **non preoccuparsi** se ritornano tardi la sera
7. preparate la vasca (*bathtub*) con l'acqua calda e invitateli a **farsi** un bagno rilassante
8. ditegli di **fermarsi** ancora qualche giorno
9. invitateli a **riposarsi** il giorno prima del viaggio di ritorno

3 Aggettivi e pronomi dimostrativi

Alcuni turisti ammirano questa presentazione degli abiti di Valentino, che ha luogo nel Museo dell'Accademia a Firenze. Sullo sfondo, l'originale del *Davide* di Michelangelo.

A. The demonstrative adjectives (**aggettivi dimostrativi**) are **questo, questa** (*this*) and **quello, quella** (*that*). They precede the noun and agree in gender and number with the noun.

Questo has the singular forms **questo, questa, quest'** (before a noun beginning with a vowel); the plural forms are **questi, queste** and mean *these*.

Quanto hai pagato **questa** maglietta?	*How much did you pay for this T-shirt?*
Quest'anno vado in montagna.	*This year I'll go to the mountains.*
Queste scarpe sono larghe.	*These shoes are wide.*

Quello, quella have the same endings as the adjective **bello**. The singular forms are **quel, quello, quella, quell'**; the plural forms are **quei, quegli, quelle** and mean *those*.

Preferisco **quell'**impermeabile.	*I prefer that raincoat.*
Quella gonna è troppo lunga.	*That skirt is too long.*
Quegli stivali non sono più di moda.	*Those boots are no longer fashionable.*
Guarda **quei** vestiti!	*Look at those dresses!*
Quelle borsette sono italiane.	*Those handbags are from Italy.*

B. **Questo(a)** and **quello(a)** are also pronouns when used alone. **Questo(a)** means *this one* and **quello(a)** means *that one,* or *the one belonging to.* Both have regular endings (**-o, -a, -i, -e**).

Compra questo vestito; **quello** rosso è caro.	*Buy this dress; the red one is expensive.*
Questa macchina è **quella** di Renzo.	*This car is Renzo's (the one that belongs to Renzo).*

Rapidly drill *quello* and *bello* following the pattern: *Che bella borsetta! Quale borsetta? Quella borsetta!* Divide the class in two and prompt them with a series of items, assigning one group the exclamations and the other the questions. Use singular and plural nouns.

Pratica

(Expand on this exercise, combining *quello* with *bello*. Students imagine themselves in front of a *vetrina* (display window). In pairs, have one say: *Ti piacciono quegli stivali?* and the other reply: *Sì, che begli stivali!* Tell students to use nouns from the exercise.

 A. Come sono... ? Siete in un negozio d'abbigliamento e domandate l'opinione del vostro amico/della vostra amica sui seguenti articoli. Usate l'aggettivo **questo** nelle forme corrette.

■ **Esempio**

— *Come sono queste scarpe?*
— *Sono comode.*

1. pratico    **2.** elegante   **3.** stretto

4. leggero   **5.** corto   **6.** brutto

B. Quello... Completate con la forma corretta dell'aggettivo **quello.**

1. Vorrei _____ stivali e _____ scarpe marrone.

2. Preferisci _____ gonna o _____ vestito?

3. Ho bisogno di _____ impermeabile e di _____ calzini.

4. Dove hai comprato _____ occhiali da sole?

5. _____ negozio d'abbigliamento è troppo caro.

C. No! Rispondete, secondo l'esempio.

■ **Esempio**   (Giovanni) È il cappotto di Maria?
                No, è *quello di Giovanni.*

1. (Sig. Smith) È l'assegno di Pietro? No, è _____.

2. (suo padre) Sono le chiavi di Luigi? No, sono _____.

3. (oggi) Hai letto il giornale di ieri? No, ho letto _____.

4. (Puccini) Preferisci le opere di Verdi? No, preferisco _____.

5. (Al Pacino) Desideri vedere dei film con Harrison Ford? No, preferisco vedere _____.

Expand by asking pairs of students to follow the pattern: *Di chi è quel cappotto? È quello di Maria.* Write a list of objects on the board and have students use a different name each time.

D. Preferenze. In gruppi di due, immaginate di essere nel reparto (*department*) abbigliamento di un grande magazzino con un amico/un'amica. Esprimete le vostre preferenze per i seguenti articoli usando **questo** o **quello** nelle forme corrette.

■ **Esempi**   cravatta rossa / verde
— *Mi piace questa cravatta rossa.*
— *Io preferisco quella verde.*

pantaloni sportivi / eleganti
— *Mi piacciono questi pantaloni sportivi.*
— *Io preferisco quelli eleganti.*

1. guanti di lana / di pelle   **4.** berretto (*cap*) blu / grigio
2. stivali neri / marrone   **5.** maglietta a fiori / a righe (*striped*)
3. borsa piccola / grande

4   Le stagioni e il tempo

a) In primavera fa bel tempo. Ci sono molti fiori.   **b)** In estate fa caldo. C'è molto sole.   **c)** In autunno fa brutto tempo. Piove e tira vento.   **d)** In inverno fa freddo e nevica.

The seasons are **la primavera** (*spring*), **l'estate** (*f.*) (*summer*), **l'autunno** (*autumn*), and **l'inverno** (*winter*). The article is used before these nouns except in the following expressions: **in primavera, in estate, in autunno, in inverno.**

You may wish to point out that *di* can be used in place of *in* when referring to seasons: *d'estate, d'autunno.*

L'autunno è molto bello.   *Fall is very beautiful.*
Vado in montagna **in estate.**   *I go to the mountains in the summer.*

Fare is used in the third-person singular to express many weather conditions.

Che tempo fa?   *How is the weather?*
Fa bel tempo.   *The weather is nice.*
Fa brutto tempo.   *The weather is bad.*
Fa caldo.   *It is hot.*
Fa freddo.   *It is cold.*
Fa fresco.   *It is cool.*

Other common weather expressions are:

Piove. (piovere)	*It is raining.*	**È nuvoloso.**	*It is cloudy.*
Nevica. (nevicare)	*It is snowing.*	**È sereno.**	*It is clear.*
Tira vento.	*It is windy.*	**la pioggia**	*the rain*
C'è il sole.	*It is sunny.*	**la neve**	*the snow*
C'è nebbia.	*It is foggy.*	**il vento**	*the wind*

NOTE: Piovere and **nevicare** may be conjugated in the **passato prossimo** with either **essere** or **avere.**

Ieri ha piovuto **or** è piovuto.
Ieri ha nevicato **or** è nevicato.

Pratica

Point out that to express "in + the month," *in* or *a* may be used: *in febbraio* or *a febbraio*.

A. Che tempo fa? In due, fatevi a turno delle domande sul tempo in alcuni luoghi (*places*).

■ **Esempio** estate / New York
— *Che tempo fa d'estate a New York?*
— *Fa molto caldo.*

1. agosto / Sicilia   2. primavera / Perugia   3. inverno / montagna
4. novembre / Chicago   5. dicembre / Florida   6. autunno / Londra

B. Variabilità del tempo. In due, fate la parte di Gino e Franco nei loro dialoghi, usando la vostra immaginazione. Poi controllate i vostri dialoghi con quelli dei compagni.

■ **Esempio** **Gino** Perché ti metti il berretto (*cap*)?
Franco *Perché fa fresco.*

1. In città. (inverno)

Gino Perché ti metti il cappotto?

Franco Perché _____, e tu no?

Gino Io _____. Ti metti anche gli stivali?

Franco Sì, perché _____, e tu?

Gino Io invece _____ l'ombrello e _____

2. Al mare. (estate)

Gino Perché ti metti i jeans e la maglietta leggera?

Franco _____. E tu, cosa ti metti?

Gino Sì, oggi fa caldo, io _____

Franco Io porto un golf; forse stasera _____

Gino Ma va! (*Come on!*) Tu hai sempre paura _____

Franco Ti metti i sandali?

Gino No, _____, e tu?

Franco _____

3. In campeggio a Yosemite. (autunno)

Gino Che vestiti metti nel tuo zainetto (*backpack*)?

Franco _____, e tu?

Gino _____

Franco Cosa dicono le previsioni del tempo (*weather forecast*)?

Gino Dicono che oggi _____ e domani _____

Franco Con la tenda (*tent*) non abbiamo problemi.

Gino Abbiamo problemi se _____

Franco Allora torniamo a casa!

C. Che tempo fa dove abiti tu? Rispondete alle domande.

1. Che tempo fa nella tua città?   2. Nevica qualche volta?   3. Piove molto in autunno?   4. In quali mesi fa molto caldo?   5. C'è nebbia in inverno?   6. Quale stagione preferisci e perché?   7. Che tempo ha fatto l'estate scorsa?

Per finire

Alla Rinascente   CD2, Track 5 🔊

Questa mattina Antonio è andato alla **Rinascente** per comprarsi
un completo nuovo. Di solito Antonio porta jeans, camicia e maglione, ma venerdì ha un **colloquio** importante e ha bisogno di un
completo nuovo. **Eccolo** ora nel reparto abbigliamento maschile.
Un commesso **si avvicina.**

Commesso	Buon giorno. Posso aiutarLa?	
Antonio	Vorrei vedere un completo.	
Commesso	Pesante o leggero? Chiaro o scuro?	
Antonio	Di **mezza stagione**, scuro.	*between seasons*
Commesso	Che taglia porta?	
Antonio	La 52 o la 54.	
Commesso	Ecco un completo che **fa per Lei** grigio scuro.	*suits you*
Antonio	[*Dopo la prova.*] La giacca mi va bene, ma i pantaloni sono lunghi.	
Commesso	Non si preoccupi! Li **accorciamo**.	*we will shorten*
Antonio	Sono pronti per giovedì? Ho un colloquio importante...	
Commesso	Oggi è lunedì... sì, **senz'altro**! Mi lasci il suo numero di telefono. Se sono pronti prima Le do un colpo di telefono.	*of course*
Antonio	Quanto costa il completo?	
Commesso	Trecentoventi euro.	
Antonio	Così caro?! Costa **un occhio della testa**!	*a fortune*
Commesso	Ma Lei compra un abito di ottima qualità.	
Antonio	Avrei bisogno anche di un paio di scarpe.	
Commesso	Per le scarpe scenda al primo piano, al reparto calzature. Per pagare il completo si accomodi alla cassa.	
Antonio	Grazie. ArrivederLa.	
Commesso	Grazie a Lei, e... auguri per il suo colloquio.	

name of a department store
interview
Here he is
is approaching

Abbigliamento per uomo

Comprensione

1. Perché Antonio è andato in un negozio d'abbigliamento?   **2.** Perché ha
bisogno di un completo nuovo?   **3.** Come vuole il completo Antonio?   **4.** Il
completo che Antonio prova, va bene? Perché no?   **5.** Perché il commesso
chiede ad Antonio il numero di telefono?   **6.** Antonio trova il completo a
buon mercato? Cosa pensa?   **7.** Di cos'altro ha bisogno Antonio? Trova
quello che cerca nello stesso reparto?

Conversazione

1. Tu vai spesso a fare le spese in un negozio d'abbigliamento?   **2.** Ti piace
fare lo shopping?   **3.** Preferisci fare le spese in un grande magazzino o in
negozi specializzati?   **4.** Preferisci andare a fare lo shopping solo(a) o con
amici? Chiedi spesso i loro consigli?   **5.** Preferisci un abbigliamento sportivo
o elegante? Qual è il tuo colore preferito?   **6.** Spendi molto per vestirti?

Ascoltiamo!

Che vestiti compriamo?

CD2, Track 6 🔊

Lindsay has been in Perugia for several weeks. Today she is shopping for clothes with her friend Lucia in a store on **corso Vannucci**. Listen to their comments as Lindsay makes a decision about buying a blouse and talks with a clerk. Then answer the following questions.

Comprensione

1. Dove sono Lindsay e Lucia oggi? Perché?
2. Che cosa ammirano le due ragazze?
3. Perché Lindsay non compra la camicetta di seta?
4. C'è uno sconto sulla camicetta di cotone? Di quanto?
5. Che taglia ha Lindsay?
6. Paga in contanti Lindsay?

Dialogo

In un negozio d'abbigliamento. Avete bisogno di comprare un articolo d'abbigliamento: quale? In gruppi di due, discutete con il commesso/la commessa che cosa preferite: il colore, la stoffa (*fabric*), la taglia. Domandate il costo dell'articolo che vi piace e se è in svendita. L'articolo è troppo caro; vi scusate e uscite.

Alla fine dell'estate, il negozio Magia-Moda espone gli abiti per l'autunno e per l'inverno.

Che vestiti metto in valigia? 🔊

For more listening practice, listen to CD2, Track 7, and answer the following questions:

Comprensione

1. Chi è Lindsay? 2. Dove vuole andare a studiare Lindsay? 3. Perché ha scritto un'e-mail a Lucia? 4. Perché Marina suggerisce di dirle di portare una giacca di lana? E perché u'impermeabile? 5. Perché Lucia suggerisce di portare scarpe comode? E perché un vestito elegante? 6. Cosa hanno intenzione di fare Lucia e Marina quando Lindsay arriva? 7. Come si chiamano i cioccolatini che sono la specialità di Perugia?

Adesso scriviamo!

Cosa devo portare?

Un cugino americano/Una cugina americana che hai conosciuto durante un tuo soggiorno a San Francisco, ti ha mandato un'e-mail dicendo che verrà a trovarti (*will visit you*) in agosto, e ti chiede che vestiti deve portare. Mandagli(le) un'e-mail e digli/dille:

- che tu pensi di portarlo(la) al mare a Riccione
- digli/dille che tempo fa in agosto al mare
- digli/dille che vestiti e che scarpe deve portare per il giorno, per la sera e per i divertimenti al mare.

Incomincia la tua e-mail con: Caro/Cara... Concludi con: Un affettuoso abbraccio e a presto (tua firma).

Parliamo insieme!

A. In un grande magazzino (*department store*). È quasi Natale. Immagina, con un amico/un'amica di acquistare regali per parenti ed amici. Decidete cosa comprare e per chi. Usate **quello** e i pronomi possessivi.

■ **Esempio** — *Compro quelle pantofole per mia nonna.*

Vocabolario utile:

la cintura	*belt*
la sciarpa	*scarf*
il portachiavi	*keyholder*
le pantofole	*slippers*

Courtesy of the Author

Peruzzi

B. Come ti vesti? Considerate le seguenti situazioni e fatevi a turno le domande.

1. Il presidente degli Stati Uniti ti ha invitato(a) ad un pranzo ufficiale alla Casa Bianca.

2. Un tuo amico e la sua famiglia ti hanno invitato(a) a passare un weekend con loro nel loro cottage in montagna. È novembre e fa freddo.

3. Vai a un concerto rock con degli amici. È luglio e fa molto caldo.

C. Commenti sulla moda italiana. Attività in gruppi di tre o quattro studenti. Ogni studente/studentessa fa dei commenti sulla moda. Per esempio dite se:

Gianni Versace

GUCCI

CERRUTI

Laura Biagiotti

DOLCE & GABBANA

MISSONI

MOSCHINO

KRIZIA

GIORGIO ARMANI

Carla Riga

- Vi piace la moda italiana. Senza dubbio (*doubt*) avete visto nelle sfilate di moda o nelle riviste degli abiti di alcuni di questi stilisti italiani.

- Dite se avete comprato alcuni dei loro articoli d'abbigliamento: di Benetton, per esempio.

- Dite se, secondo voi, i giovani americani si vestono in modo differente dai giovani italiani.

- Dite se, secondo voi, gli Italiani comprano dei vestiti nuovi più spesso o meno spesso degli Americani, se spendono di più o di meno degli Americani per l'abbigliamento.

- Se avete viaggiato in Italia, dite quali sono le vostre impressioni sul modo (*manner*) di vestire dei giovani Italiani: si vestono in modo elegante? sportivo? pratico?

- Ai giovani italiani piace molto la moda «sportiva» americana: le giacche a vento, i jeans, le scarpe da tennis, gli scarponcini da trekking. Dite che cosa piace agli Americani della moda italiana.

- La prossima volta che andate in Italia (o la prima volta) dite che cosa desiderate comprare: delle scarpe, una borsa in pelle, un abito di Laura Biagiotti, o dei gioielli in oro: un braccialetto, una catenina (*chain*), un anello. O preferite spendere i vostri soldi nelle gelaterie?

Courtesy of Borse Zagliani

Una bellissima borsa Zagliani: merito della lavorazione che, con microiniezioni di botulino, rende il pellame morbido (*soft*) e resistente (4.750 euro).

Attualità
La moda italiana

Roma – Piazza di Spagna: La sfilata di moda «Sotto le stelle» che ha luogo d'estate

A. Prima di leggere. The following reading is about Italian fashion, famous the world over for the creativity of its designers: Armani, Versace, Roberto Cavalli, Prada, and many others. Each season in Italy's major cities there is a fashion show, the most renowned is the annual summer «Donna sotto le stelle» in Rome's Piazza di Spagna. These show highlight the haute couture and ready to wear lines created by both Italian and non-Italian designers. The «Made in Italy» label usually signifies long-standing quality fabrics and workmanship in wool, silk, leather. Italian women typically prefer quality over quantity; they tend to buy fewer clothes, even a designer label or two, but of high quality.

La moda italiana si è affermata in tutto il mondo grazie al buon gusto (*taste*) e alla creatività degli stilisti (*designers*) italiani. I loro nomi sono di fama internazionale. Per citarne (*To mention*) alcuni: Armani, Versace, Valentino, Trussardi, Moschino, Prada, Roberto Cavalli, Dolce e Gabbana, Laura Biagiotti, Bulgari, Bottega Veneta.

In ogni stagione ci sono sfilate di moda (*fashion shows*) nei maggiori centri. Milano, Firenze e Roma sono le città più rinomate (*renowned*) per la moda. Molto suggestiva è la sfilata d'estate «Donna sotto le stelle», a Roma, in Piazza di Spagna.

Alle sfilate le «top models» presentano le creazioni degli stilisti: abiti «haute couture» (*high fashion*) e abiti di linea «prêt à porter» (*ready to wear*) di costo più accessibile al pubblico generale. Alle sfilate sono presenti stilisti italiani e stranieri, i primi a scoprire (*to discover*) le novità nella moda della nuova stagione. Sono presenti anche gli acquirenti (*buyers*) che piazzano (*place*) le loro ordinazioni.

Molti stilisti hanno abbinato alla loro collezione di abiti la creazione di accessori: scarpe e borsette, oltre a gioielli e profumi. Il «Made in Italy» si è imposto anche grazie alla qualità dei tessuti (*fabric*), molto apprezzati dagli stilisti stranieri. La lavorazione della lana, della seta e della pelle (*leather*) vanta (*boasts*) una tradizione di molti secoli.

Le donne italiane, in generale, preferiscono la qualità alla quantità: meno abiti ma di ottima fattura (*well made*). È desiderio di ogni donna possedere (*to own*) uno o due capi firmati (*with designer's label*) nel loro guardaroba (*closet*).

B. Alla lettura

1. Per quali ragioni la moda italiana si è affermata nel mondo?
2. Quali sono le città italiane più rinomate per la moda?
3. Dove ha luogo la sfilata «Donna sotto le stelle»?
4. Qual è la differenza tra gli abiti «haute couture» e quelli «prêt à porter»?
5. Chi è presente alle sfilate di moda?
6. Che cosa hanno abbinato gli stilisti alla collezione dei loro abiti?
7. Che cosa preferiscono le donne italiane?
8. Che cosa vorrebbero avere nel loro guardaroba?

Shopping in un'elegante galleria di Roma

Attività video ⊙

Attività vocabolario

A. Guardate la sezione del video «**Quanto costa?**». Poi completate le frasi con i nomi, i verbi e le espressioni che seguono.

> misura, va bene, cintura, maglioni, magliette, vestiti, vetrina, blu scuro, giacca, scarpe, T-shirt, negozio, felpe, commesso, shopping, provare, abbigliamento, contanti, saldo

1. Marco ha bisogno di _____ puliti. Perciò deve fare lo _____.

2. Marco si ferma davanti alla _____ di un negozio d'_____.

3. In vetrina ci sono dei _____, delle _____ e delle _____.

4. Marco entra nel _____ e il _____ gli mostra altri maglioni e altri _____.

5. La maglietta di colore _____ costa 32 euro.

6. La _____ verde costa 18 euro.

7. Le _____ nere a strisce bianche costano 65 euro.

8. Le scarpe hanno la _____ 44. Sono troppo grandi per Marco.

9. Il costo della _____ grigio scuro è di 232 euro. «Però», dice il commesso, «la giacca è in _____!»

10. Marco _____ la giacca. La giacca gli _____.

11. Marco paga in _____.

B. Domande sul video. Rispondete alle seguenti domande.

1. Di cosa ha bisogno oggi Marco?

2. Cosa decide di fare?

3. Che cosa ha visto nella vetrina di un negozio d'abbigliamento?

4. Cosa gli consiglia di guardare il commesso?

5. Quanto costa la maglietta blu scuro?

6. Perché le scarpe nere a strisce bianche non gli vanno bene?

7. Di che colore è la giacca che costa 232 euro?

8. Cosa gli dice il commesso riguardo alla (*about*) giacca?

9. Che età hanno i clienti più giovani del negozio?

10. Come paga la giacca Marco?

© Cengage Learning

Attività grammatica

A. Guardate la sezione del video «**Quanto costa**» una seconda volta e ricreate le seguenti frasi mettendo il verbo in corsivo (*italic*) all'imperativo (discorso diretto).

■ **Esempio** Marco dice a Giovanni che hanno bisogno di *andare* a fare lo shopping.
— *Andiamo a fare lo shopping!*

1. Marco dice a Giovanni che devono *fermarsi* ad un negozio d'abbigliamento.

   _____!

2. Marco chiede al commesso di *dargli* un consiglio.

   _____!

3. Il commesso gli dice di *guardare* i maglioni, le magliette e le felpe.

   _____!

4. Il commesso consiglia a Marco e a Giovanni di *cercare* se c'è qualcosa che gli piace.

   _____!

5. Il commesso invita Marco a *provare* una giacca.

   _____!

6. Il commesso consiglia a Marco di *comprare* la giacca perché è in saldo.

   _____!

Francesca Benevento

B. Completate con la forma corretta dell'aggettivo **quello.**

1. Il commesso dice a Marco di guardare _____ maglioni, _____ magliette e _____ T-shirt.

2. _____ giacca grigio scuro costa 232 euro. _____ altra giacca è in saldo.

3. _____ scarpe nere a strisce bianche sono troppo grandi per Marco.

C. Partecipazione. In gruppi di tre studenti conversate sui seguenti argomenti. Dite:

- Se vi piace fare lo shopping
- In che tipo di negozio vi piace fare lo shopping (abbigliamento, calzature)
- Se preferite scegliere (*to choose*) gli articoli da soli (*by yourselves*) o con l'assistenza di un(a) commesso(a)
- Se quando fate lo shopping preferite andare da soli o con un amico (un'amica) che vi può dare dei consigli.
- Se spendete molto per l'abbigliamento. Se capite il significato (*meaning*) del proverbio «Chi più spende, meno spende»

Roberta Riga

- Se andate in Italia, che articoli d'abbigliamento desiderate comprare
- Nominate due articoli che potete comprare in ognuno (*each one*) di questi negozi:

PROFUMERIA PELLETTERIA CALZOLERIA ABBIGLIAMENTO

_____ _____ _____ _____

_____ _____ _____ _____

Pauline Picchi

Vocabolario ◀)))

Nomi

l'acquisto	purchase
l'articolo	item
l'autunno	autumn, fall
la cassa	cash register
il/la cliente	customer
il consiglio	advice
l'estate (f.)	summer
il gusto	taste
l'inverno	winter
il Natale	Christmas
la nebbia	fog
la neve	snow
la pioggia	rain
la primavera	spring
il reparto	department
la roba	stuff, things
la sfilata	fashion show
il sole	sun
la stagione	season
lo/la stilista	designer
il tempo	weather
il vento	wind
lo zainetto	back pack

Aggettivi

comodo	comfortable
elegante	elegant
moderno	modern
ottimo	excellent
pratico	casual
quello	that
questo	this
stretto	narrow, tight

Verbi

andare bene	to fit
consigliare	to advise
decidere (p.p.deciso)	to decide
nevicare	to snow
piovere	to rain
preoccuparsi	to worry
vivere (p.p. vissuto)	to live

Altre espressioni

C'è il sole.	It is sunny.
C'è nebbia.	It is foggy.
Che tempo fa?	What is the weather like?
costare un occhio della testa	to cost a fortune
di mezza stagione	between seasons
di moda	fashionable
È nuvoloso.	It is cloudy.
È sereno.	It is clear.
Fa bel tempo.	It is nice weather.
Fa brutto tempo.	It is bad weather.
Fa caldo.	It is hot.
Fa freddo.	It is cold.
Fa fresco.	It is cool.
le previsioni del tempo	weather forecast
Tira vento.	It is windy.

La casa

10

Francesca Benevento

Risorse: iLrn

Internet   audio   video   ilrn.heinle.com

Parole da ricordare

La casa e i mobili (*furniture*)

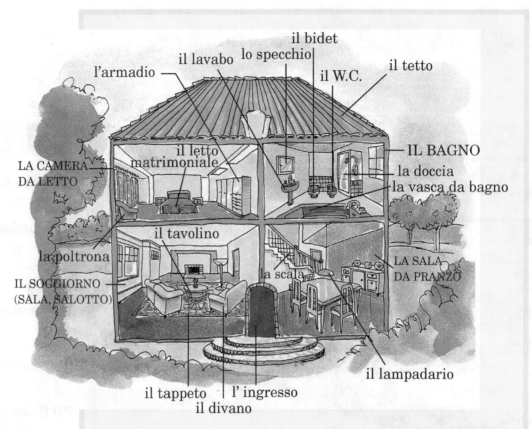

il bidet
il lavabo   lo specchio
l'armadio   il W.C.   il tetto

il letto
matrimoniale

LA CAMERA
DA LETTO

IL BAGNO
la doccia
la vasca da bagno

il tavolino

la poltrona

IL SOGGIORNO
(SALA, SALOTTO)

la scala

LA SALA
DA PRANZO

il lampadario

il tappeto   l'ingresso
il divano

Point out the special meaning of *da* (= *per*) in *sala da pranzo, camera da letto*. Ask students to name other expressions where *da* has the same meaning (*occhiali da sole, scarpe da tennis*), etc.

You may mention the difference between *armadio* (wardrobe) and *armadio a muro* (closet). Explain that in older apartments, there are no built-in closets in bedrooms.

L'alloggio (*Housing*)

il palazzo   building
la villetta   small villa
il padrone di casa   landlord
l'inquilino/l'inquilina   tenant
l'affitto   rent
affittare   to rent
traslocare   to move
il pianterreno   ground floor

il primo (secondo, terzo) piano
   first (second, third) floor
l'ascensore   elevator
la roba   household goods, stuff
la chiave   key
il monolocale   studio apartment
ammobiliato   furnished
vuoto   unfurnished

Courtesy of the Author

Una graziosa casetta per le vacanze: i proprietari, che di solito vivono in città, vi trascorrono le vacanze o l'affittano per i mesi estivi.

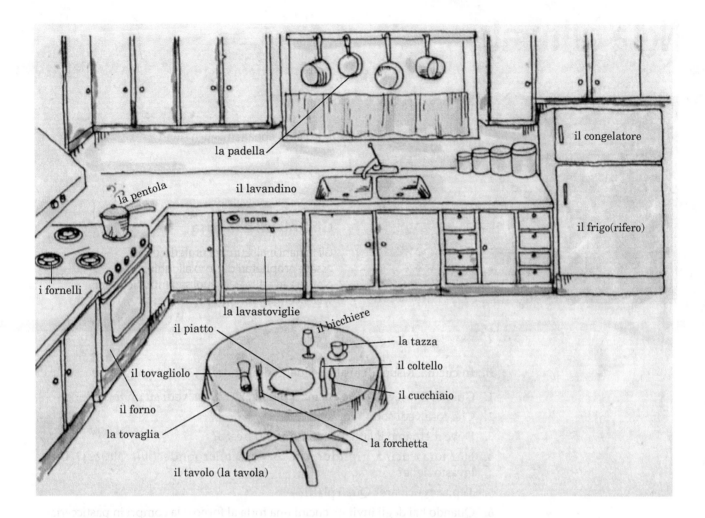

la padella
il lavandino
il congelatore
la pentola
il frigo(rifero)
i fornelli
la lavastoviglie
il bicchiere
il piatto
la tazza
il coltello
il tovagliolo
il cucchiaio
il forno
la tovaglia
la forchetta
il tavolo (la tavola)

cucinare to cook	**cuocere** (*p.p.* **cotto**) to cook
al forno to bake	**apparecchiare la tavola** to set
alla griglia to grill	the table

Applicazione

A. L'appartamento. Rispondete alle domande.

1. Se tu affitti un appartamento, lo preferisci ai primi piani o ai piani alti?

2. In generale, gli studenti preferiscono affittare un appartamento vuoto o ammobiliato?

3. Tu preferisci affittarlo soltanto per te o condividerlo con un'altra persona? Se lo condividi, quali sono i vantaggi e gli svantaggi?

4. Cosa ti piace, o non ti piace, del tuo alloggio?

5. Puoi avere degli animali domestici (*pets*)? Ne hai?

6. Nel soggiorno, preferisci i tappeti orientali o la moquette (*wall-to-wall carpet*)?

7. Ti piacciono di più i mobili antichi o i mobili moderni?

8. La maggior parte (*most*) degli Italiani sono proprietari dei loro appartamenti o delle loro case. Anche gli Americani?

Nota culturale

Heinle/Cengage Learning

■ Nuovi appartamenti in città

Gli Italiani e la casa

Gli Italiani e gli Europei preferiscono
essere proprietari del loro alloggio,
o essere in affitto? Se vuoi saperlo, clicca qui:
www.cengagebrain.com

B. In cucina. Rispondete alle seguenti domande.

1. Guarda il disegno della cucina a pagina 239. Cosa vedi su un fornello?
2. Che cosa vedi sotto i fornelli?
3. Dove mettiamo il latte per conservarlo fresco?
4. Hai una cucina grande? Un forno a microonde (*microwave*)? Una lavastoviglie?
5. Ti piace cucinare? Quali piatti?
6. Quando hai degli invitati, cucini una torta al forno o la compri in pasticceria?
7. Compri solo le verdure fresche o anche quelle surgelate (*frozen*)?
8. Sei vegetariano(a)? Compri molti prodotti biologici (*organic*)?

C. Dove li mettiamo? Tu e il tuo compagno/la tua compagna avete traslocato.
A turno, domandatevi dove mettere questi mobili.

■ **Esempio**

— *Dove devo mettere questa sedia?*
— *Mettila in cucina.*

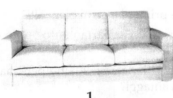 

1.　　　　　　　　　　　2.　　　　3.　　　　4.

5.　　　6.　　　7.　　　il quadro
　　　　　　　　　　　　8.　　　9.

Informazioni

Case e appartamenti

Nei centri urbani e di provincia, come anche nell'immediata periferia (*suburbs*), la gente vive in appartamenti. Questi si trovano in palazzi antichi o moderni a tre o più piani. Nella maggior parte dei casi, gli appartamenti sono occupati dai loro proprietari, perciò non è facile trovare appartamenti da affittare.

In periferia, e sopratutto nei paesi di campagna, sono comuni le case singole a due piani: ville, villette e case coloniche (*farmhouses*).

Il piano a livello della strada è chiamato **pianterreno,** mentre il **primo piano** corrisponde al *second floor*. Sotto il tetto si trova la **soffitta** (*attic*), che nei vecchi palazzi e ville serviva da abitazione al personale di servizio. Molte case ed anche palazzi hanno una **cantina** (*basement*). Nelle case di campagna serve a conservare il vino.

Molti Italiani che abitano in città possiedono anche una casetta o un appartamento in montagna o al mare, dove vanno a passare le vacanze o le ferie. In montagna, d'inverno, vanno a passare la settimana bianca (*a vacation week in the winter*).

Le regioni d'Italia 🌐

Oggi siamo in... **Abruzzo** e **Molise**. L'Abruzzo e il Molise sono regioni dell'Italia centrale. Le montagne più alte degli Appennini si trovano qui. Se vuoi visitare l'Abruzzo e il Molise, clicca qui: **www.cengagebrain.com**

■ L'Aquila – La chiesa di Santa Maria di Collemaggio è uno splendido esempio di architettura romanica.

La grammatica

1 Ne

Giulia fa la spesa dal fruttivendolo.
— Buon giorno, signora. Mi dica!
— Vorrei delle pere, per favore.
— Quante ne vuole?
— Ne vorrei un chilo.
— Vuole anche delle banane?
— No, grazie, ne ho ancora tre o quattro.
— Bene. Grazie e buona giornata.
— Grazie a Lei e arrivederci.

Drill students by asking additional questions. Be sure to include the *passato prossimo* and to show past participle agreement when *ne* replaces a direct object: *Tu, Luisa, mangi molta frutta? Quanta frutta hai mangiato ieri? Molta, poca? E tu, Giovanni, quanti bicchieri di acqua bevi al giorno? E quanta birra (quanto vino) hai bevuto sabato sera?*

A. **Ne** is an invariable pronoun with several meanings: *some (of it, of them); any (of it, of them); about it, about them; of it, of them.* **Ne** can replace a noun used in a partitive sense or a noun introduced by a number or expression of quantity, such as **poco, molto, tanto, chilo, litro,** etc.

Hai **del vino bianco**?	*Do you have some white wine?*
Sì, **ne** ho.	*Yes, I have some (of it).*
No, non **ne** ho.	*No, I don't have any (of it).*
Quante **stanze hai**?	*How many rooms do you have?*
Ne ho tre.	*I have three (of them).*
Hai molti **vestiti**?	*Do you have many outfits?*
Sì, **ne** ho molti.	*Yes, I have many (of them).*

Notice the following examples:

Compri **le** mele? Sì, **le** compro.
Compri **delle** mele? Sì, **ne** compro.
Compri **alcune** mele? Sì, **ne** compro.
Quante mele compri? **Ne** compro tre o quattro.

B. Like object pronouns, **ne** attaches to the end of the infinitive and the **tu, noi,** and **voi** forms of the imperative.

Desideri comprare **delle arance**?	*Do you want to buy some oranges?*
Desidero comprar**ne** 4 o 5.	*I want to buy 4 or 5 (of them).*
Compra**ne** molte!	*Buy many (of them)!*

C. **Ne** replaces the noun or infinitive used after verbs such as **avere bisogno di, avere paura di, essere contento di, parlare di,** and **pensare di** (when asking for an opinion).

Hai bisogno **di lavorare**?	*Do you need to work?*
No, non **ne** ho bisogno.	*No, I do not need to.*

D. When **ne** is used with the **passato prossimo,** the past participle agrees with the noun replaced by **ne** only when this noun is a direct object.

Show that with verbs followed by *di* there is no past participle agreement (e.g., *Hai bisogno di soldi? Hai avuto bisogno di soldi ieri? Parli di politica con i tuoi amici? Hai parlato di politica il weekend scorso?*).

Quanti **annunci** hai letto?   *How many ads have you read?* (direct object)
Ne ho **letti** molti.   *I have read many (of them).*

BUT: Hai parlato **della nostra**   *Did you speak about our situation?*
       situazione?
       Sì, **ne** ho **parlato.**   *Yes, I spoke about it.*

— Devi fare un regalo a qualcuno?
— Sì, voglio farne uno bello a mia mamma.

Pratica

A. In un negozio di frutta e verdura. Attività in gruppi. Ogni studente del gruppo dice al fruttivendolo (uno studente/una studentessa) che frutta o verdura desidera comprare. Aggiungete altre scelte a quelle suggerite. Usate il pronome **ne.**

■ **Esempio** arance
     — *Vorrei delle arance.*
     — *Quante ne desidera?*
     — *Ne vorrei quattro. (mezzo chilo, un chilo)* o...

1. zucchini	5. uva	9. ...
2. patate	6. mele	10. ...
3. pomodori	7. funghi	11. ...
4. fragole	8. ...	12. ...

B. A colazione. Ti sei fermato(a) a dormire a casa di un(a) amico(a). La mattina dopo l'amico(a) ti prepara la colazione. Rispondi alle sue domande usando **ne** o **lo, la, li, le.**

L'amico(a)   Bevi del latte?
Tu   Sì, _____

L'amico(a)   Quante fette (*slices*) di pane vuoi?
Tu   _____

L'amico(a)   Vuoi le fette con la marmellata o con il miele (*honey*)?
Tu   _____

L'amico(a)   Mangi le uova?
Tu   Sì, _____

L'amico(a)   Quante uova vuoi?
Tu   _____

(continued)

L'amico(a)	Come vuoi le uova: strapazzate, all'occhio di bue (*sunny-side up*) o sode?
Tu	_____
L'amico(a)	Ho del succo d'arancia. Ne vuoi?
Tu	No, grazie, _____

C. Quando hai bisogno di... ? In due, fatevi a turno le seguenti domande. Usate **ne** nella risposta e seguite l'esempio.

■ **Esempio** fornelli
— *Quando hai bisogno dei fornelli?*
— *Ne ho bisogno quando voglio cucinare.*

1. passaporto
2. telefonino
3. occhiali da sole
4. carta geografica
5. impermeabile
6. telecomando
7. chiave

D. La crostata di mele (*Apple pie*). Anna e Lisa hanno deciso di preparare insieme una crostata di mele. In due, fate la loro parte mentre parlano in cucina. Usate **lo, la, li, le** o **ne.**

Anna	Hai misurato la farina?
Lisa	Sì, _____, e tu hai preso le uova?
Anna	Sì, _____
Lisa	Quante uova hai messo?
Anna	_____ Hai preso il burro dal frigo?
Lisa	_____ Quanti cucchiai di zucchero hai messo?
Anna	_____
Lisa	Quante mele hai tagliato (*cut*) a pezzetti?
Anna	_____, e tu hai messo la cannella (*cinnamon*)?
Lisa	_____
Anna	Hai acceso il forno?
Lisa	Sì, _____. La crostata sarà pronta in 45 minuti.
Anna	Questa è la prima crostata che faccio.
Lisa	Anch'io.

E. Conversazione. Rispondete usando **ne.**

1. Quanti corsi segui questo trimestre (semestre)?
2. Hai dei fratelli? Quanti?
3. Quanti anni avevi quando hai incominciato a guidare (*to drive*)?
4. Fai molti viaggi in macchina? Viaggi lunghi?
5. Spendi molti soldi per i divertimenti?
6. Dai molte o poche feste? Perché?

2 Ci

Liliana Riga

— **Ci** sono **molti appartamenti** nel tuo condominio?
— Sì, **ce ne** sono molti.

A. The adverb **ci** means *there* when it is used in the expressions **c'è** and **ci sono.**

Ci sono due lampade in sala.   *There are two lamps in the living room.*

B. Ci is also used to replace an expression indicating location and introduced by **a, in, su,** or **da.** Its position is the same as that of object pronouns.

Quando vieni **da me**?	*When are you coming to my house?*
Ci vengo stasera.	*I am coming (there) tonight.*
Sei stato(a) **in Italia**?	*Have you been to Italy?*
No, non **ci** sono mai stato(a).	*No, I have never been there.*
Voglio andar**ci**.	*I want to go there.*

You may want to introduce the use of *ci* with familiar questions, such as: *Come vieni a scuola? Io ci vengo in bici, e tu? Vai in Italia quest'estate? Sei già stato(a) in Italia? Vuoi andare ad una festa stasera? Sei andato(a) al cinema sabato scorso?*

C. Ci + vuole or **vogliono** has the idiomatic meaning *it takes* or *one needs.*
ci vuole + *singular noun:*

Ci vuole un'ora per andare da Bologna a Firenze.	*It takes one hour to go from Bologna to Florence.*

ci vogliono + *plural noun:*

Ci vogliono venti minuti per andare da Firenze a Fiesole.	*It takes twenty minutes to go from Florence to Fiesole.*

D. When **ci** is followed by a direct-object pronoun or **ne**, it becomes **ce.**

Ci sono quadri in sala?	*Are there paintings in the living room?*
Sì, **ce ne** sono quattro.	*Yes, there are four.*

Pratica

A. Piccoli e grandi viaggi. Quando sei stato(a) in questi posti? In due, fatevi a turno le seguenti domande. Usate **ci** nella risposta.

■ **Esempio**   a Los Angeles
— *Quando sei stato(a) a Los Angeles?*
— *Ci sono stato(a) l'estate scorsa.* o *Non ci sono mai stato(a).*

1. in Europa
2. a teatro
3. dal dentista
4. dal medico (dottore)
5. al cinema
6. all'ospedale
7. in montagna a sciare *(to ski)*

B. Quanti? Quante? Fatevi a turno le seguenti domande.

■ **Esempio**   — Quanti giorni ci sono in dicembre?
— *Ce ne sono 31.*

1. Quante finestre ci sono nel tuo appartamento (nella tua stanza)?
2. Quanti piani ci sono nel tuo palazzo?
3. Quanti bagni ci sono nel tuo appartamento?
4. Quante camere da letto ci sono?
5. Quanti studenti ci sono in classe oggi?

C. Quanto tempo ci vuole? Rispondete alle domande.

1. Quante ore ci vogliono per andare in aereo da San Francisco a New York?
2. Quanto tempo ci vuole per arrivare all'università dal tuo appartamento (dormitorio)?
3. Quanto tempo ci vuole per trovare un lavoro part-time per l'estate?
4. Quanto tempo ci vuole per trovare un(a) compagno(a) di stanza compatibile?
5. Quanti minuti ci vogliono per prepararsi per l'esame d'italiano?

3 I pronomi doppi

— **Mi** dai **la tua ricetta** per un buon piatto di pasta?
— Sì, **te la** do volentieri.

A. When two object pronouns accompany the same verb, the word order is the following:

indirect object +	*direct object +*	*verb*
Me	**la**	**dai?**
(**Mi** dai la ricetta?)		

Me la dai?   *Will you give it to me?*
Sì, **te la** do.   *Yes, I'll give it to you.*

Here are all the possible combinations:

mi ti ci vi	} + lo, la, li, le, ne =	me lo, me la, me li, me le, me ne te lo, te la, te li, te le, te ne ce lo, ce la, ce li, ce le, ce ne ve lo, ve la, ve li, ve le, ve ne
gli le (Le)	} + lo, la, li, le, ne =	**glielo, gliela, glieli, gliele, gliene**

NOTE:

a. **Mi, ti, ci,** and **vi** change to **me, te, ce,** and **ve** before **lo, la, li, le,** and **ne** (for phonetic reasons).

b. **Gli, le,** and **Le** become **glie-** in combination with direct-object pronouns.

c. **Loro** does *not* combine with direct-object pronouns and always follows the verb.

B. The position of double-object pronouns is the same as that of the single-object pronouns. The following chart illustrates the position of the double-object pronouns.

with present tense:	Dai il libro a Luigi? **Glielo** do.
with past tense:	Hai dato le chiavi a Pietro? **Gliele** ho date.
with infinitive:	Vuoi dare i regali ai bambini? Voglio dar**glieli.**
with imperative:	Do il libro a Marco? Da**glielo!** Non dar**glielo!** **Glielo** dia! (*formal*)

C. With reflexive verbs, the reflexive pronouns combine with the direct-object pronouns **lo, la, li, le,** and **ne,** and follow the same word order as double-object pronouns.

Mi metto Ti metti Si mette Ci mettiamo Vi mettete Si mettono	} il vestito. =	**Me lo** metto. **Te lo** metti. **Se lo** mette. **Ce lo** mettiamo. **Ve lo** mettete. **Se lo** mettono.

Mi lavo la faccia.   *I wash my face.*
Me la lavo.   *I wash it.*

Drill students by passing around objects (e.g., *Tina, ti do il mio libro. Te lo do. Dammi il tuo. Me lo dai? Do il libro a Gino. Glielo do. Paolo, ti do la penna. Te la do,* etc.). Continue with *i fogli, le chiavi,* and so on.

You may want to practice double pronouns using the following questions: *Offri un caffè a* (name a student)? *Dai una penna a _____? Date un consiglio agli amici? Fai un favore alla mamma? Mi porti i compiti? Mi mostri una foto? Mi fai domande in classe?*

Practice the *passato prossimo* with double pronouns by asking questions such as: *Hai scritto una cartolina alla mamma? Hai portato i compiti alla professoressa?*

Pratica

 A. Subito (*Right away*)! Siete in una trattoria durante l'ora del pranzo. Tutti gli studenti partecipano a questa attività. Uno studente fa la parte del cameriere e gli altri studenti/le altre studentesse sono i clienti. Ogni studente chiede al cameriere di portargli il piatto che ha scelto sul menù. Aggiungete altri piatti a quelli suggeriti.

■ **Esempio** gelato al caffè
— *Cameriere, mi porta il gelato al caffè, per favore?*
— *Glielo porto subito, signore (signora, signorina)!*

1. ravioli alla panna
2. tagliatelle alla bolognese
3. spinaci al burro
4. scaloppine al marsala
5. insalata di pomodori
6. formaggio Bel Paese
7. frutta di stagione
8. ...

9. ...
10. ...
11. ...
12. ...
13. ...
14. ...
15. ...
16. ...

You may wish to have students expand on Exercise B by coming up with questions of their own, following the model.

B. Volentieri! Come reagisce un amico alle seguenti domande? Rispondete secondo l'esempio.

■ **Esempio** — Ci presti la cassetta?
— *Sì, ve la presto volentieri!*

1. Mi mostri la tua casa?
2. Ci offri il caffè?
3. Ci dai il tuo nuovo indirizzo?
4. Ci presti l'aspirapolvere (*vacuum cleaner*)?

5. Mi regali il tuo tavolino?
6. Mi presti la macchina?
7. Ci mostri i tuoi quadri?

You may want to ask several questions practicing *pronomi doppi* in the same context (i.e., family: *Quante persone ci sono nella tua famiglia? Regali dei fiori alla mamma per il suo compleanno? Tuo padre ti ha regalato una macchina quando ti sei diplomato? Puoi prestare la tua macchina a tua sorella sabato sera?*) or in the context of the classroom (i.e., *Quanti studenti ci sono in classe? Offri un caffè a un compagno/una compagna. Puoi prestare il tuo dizionario a un compagno? Vi ha dato molti compiti ieri la professoressa/il professore? Tu e i tuoi compagni vi mandate messaggi?* and so on).

C. Conversazione. Rispondete alle seguenti domande. Usate i pronomi doppi e il passato prossimo.

■ **Esempio** — Quando hai spedito *le cartoline ai tuoi parenti*?
— *Gliele ho spedite per Natale.* o...
— Quando hai mandato *dei regali ai tuoi zii*?
— *Gliene ho mandati per Pasqua.* o...

1. Quando hai portato *dei fiori a tua mamma*?
2. Quando hai mandato *degli sms ai tuoi amici*?
3. Hai lasciato *il messaggio al tuo professore* quando non sei andato(a) in classe?
4. Hai portato *il panettone alla tua professoressa* per le feste di Natale?
5. Hai portato *il regalo al tuo ragazzo/alla tua ragazza* per il suo compleanno? Che cosa?
6. Hai mandato *delle cartoline ai tuoi genitori* quando hai fatto un viaggio? Da dove?

D. Un amico con molte pretese. Il tuo amico Gianni è tanto simpatico, ma ti chiede sempre delle cose in prestito (*loan*).

■ **Esempio** — Puoi prestarmi la tua Vespa?
— *Sì, posso prestartela.* o *No, non posso prestartela.*

1. Puoi prestarmi la tua macchina per stasera? **2.** Puoi darmi i tuoi appunti di chimica? **3.** Puoi prestarmi dei soldi fino alla fine del mese? **4.** Puoi prestarmi la tua mountain bike per sabato prossimo?

E. Quando ti metti... ? In due, fatevi a turno le seguenti domande. Sostituite i nomi con il pronome appropriato.

■ **Esempio** i guanti di lana
— *Quando ti metti i guanti di lana?*
— *Me li metto quando fa freddo.*

1. le scarpe da tennis **2.** il costume da bagno **3.** la cravatta
4. il cappotto **5.** l'impermeabile **6.** un vestito elegante

4 I numeri ordinali

Maser – Villa Barbaro: Una delle più belle ville palladiane. Andrea Palladio, architetto del sedicesimo secolo, influenzò l'architettura del diciassettesimo e del diciottesimo secolo e degli Stati Uniti (due esempi: U.S. Capitol e Monticello).

Charles McGary

A. Ordinal numbers (*first, second, third,* etc.) are adjectives and must agree in gender and number with the noun they modify. From *first* through *tenth,* they are:

Tell students that the abbreviation of ordinal numbers are: 1° (*primo*) or 1a (*prima*), 2° (*secondo*) or 2a (*seconda*), etc.

primo(a, i, e)	quarto	settimo
secondo	quinto	ottavo
terzo	sesto	nono
		decimo

From **undicesimo** (*eleventh*) on, ordinal numbers are formed by dropping the final vowel of the cardinal number and adding the suffix **-esimo (a, i, e).**

Exceptions: Numbers ending in **-trè** (**ventitrè, trentatrè,** etc.) and in **-sei** (**ventisei, trentasei,** etc.) preserve the final vowel.

quindici	quindic**esimo**
venti	vent**esimo**
trentuno	trentun**esimo**
trentatrè	trentatre**esimo**
ventisei	ventisei**esimo**
mille	mill**esimo**

Ottobre è il **decimo** mese dell'anno.　*October is the tenth month of the year.*
Hai letto le **prime** pagine?　*Did you read the first pages?*

B. Ordinal numbers precede the noun they modify except when referring to popes and royalty. When referring to centuries, they may follow or precede the noun.

Papa Giovanni XXIII (ventitreesimo)　*Pope John XXIII*
il secolo XXI (ventunesimo) *o* il　*the twenty-first century*
　ventunesimo secolo

Pratica

A. Nomi nella storia. Completate le frasi con il numero ordinale appropriato.

1. Machiavelli è vissuto (*lived*) nel secolo (XVI) _____.
2. Enrico (VIII) _____ ha avuto sei mogli.
3. La regina (*queen*) d'Inghilterra è Elisabetta (II) _____.
4. Dante è nato nel secolo (XIII) _____.

B. Lo sai o non lo sai? In gruppi di due, fatevi a turno le domande che seguono.

■ **Esempio**　— In quale capitolo di questo libro ci sono gli articoli?
　　　　　　— *Nel primo capitolo.*

1. Quale pagina del libro è questa?　**2.** A quale capitolo siamo arrivati?
3. Quale giorno della settimana è mercoledì? E venerdì?　**4.** Aprile è il sesto mese dell'anno? E dicembre?　**5.** In quale settimana di novembre festeggiamo il Thanksgiving?　**6.** In quale settimana di settembre festeggiamo la Festa del Lavoro?

Nota culturale

Courtesy of Giovanni Tempesta

■ Le cave (*quarries*) di marmo di Carrara

Il marmo di Carrara　

Ci sono più di 300 cave di marmo a Carrara.
Se vuoi saperne di più, clicca qui:
www.cengagebrain.com

Per finire

Il nuovo appartamento   CD2, Track 8 🔊

Emanuela e Franco abitano a Napoli in un piccolo appartamento e da qualche mese ne cercavano uno più grande. Finalmente ne hanno trovato uno che piace a tutt'e due. È un appartamento ristrutturato. Si trova al terzo piano in un condominio con ascensore, in via Nazionale. Ha una camera da letto, soggiorno, cucina, bagno e una piccola **anticamera**. Ora sono nell'appartamento e il padrone di casa glielo mostra.

entrance hall

Padrone di Casa	L'appartamento ha molta **luce** perché è al terzo piano e le finestre sono grandi. Ce ne sono tre, e c'è anche un piccolo balcone. La cucina è abbastanza grande.
Franco	Sì, l'appartamento ci piace, ma nell'annuncio non è indicato quant'è l'affitto.
Padrone di Casa	Sono 600 euro al mese, più le spese: acqua, luce, gas, **spazzatura**. Avete già i mobili?
Emanuela	Li abbiamo per la camera da letto e la cucina, ma dovremo comprare divano e poltrone perché dove stiamo adesso non abbiamo il soggiorno.
Padrone di Casa	Dovete firmare il contratto per un anno.
Franco	Non ci sono problemi, possiamo firmarglielo.
Padrone di Casa	Benissimo. Allora se venite domani verso quest'ora a firmare il contratto, vi darò le chiavi.
Franco	Possiamo darle un assegno?
Padrone di Casa	Me lo darete domani, per l'affitto del primo e dell'ultimo mese e il deposito. Avete animali domestici?
Emanuela	Ne abbiamo uno, un gatto.
Padrone di Casa	Un gatto è OK. Allora arrivederci a domani.
Franco	Arrivederci e grazie.

light

garbage

Courtesy of the author; photo by Liliana Riga

Appartamenti in città

Locate Naples on the map with the class and ask students to think about what they already know about the city. You may want to remind them of the city's lovely location, the Bay of Naples, the proximity of Mt. Vesuvius, and bring in photos to share. You might also mention the city's commercial importance and its long history going back to its founding by Greek colonists several hundred years B.C.E.

Comprensione

1. Perché Emanuela e Franco vogliono cambiare casa?
2. Com'è l'appar-tamento che piace a tutt'e due?
3. Oltre all'affitto, che altre spese ci sono?
4. L'appartamento è vuoto o ammobiliato?
5. Di quali nuovi mobili hanno bisogno? Perché?
6. Che cosa devono firmare? Quant'è la durata del contratto?

7. Quando il padrone di casa gli darà le chiavi?
8. L'ammontare dell'assegno che il padrone di casa richiede che cosa comprende?
9. Quanti animali domestici hanno Emanuela e Franco?

Conversazione

1. Tu abiti in un appartamento, in una casa o in un dormitorio?
2. Com'è? Che mobili ci sono?
3. Abiti da solo(a) o condividi la tua abitazione con un compagno/una compagna?
4. Preferisci vivere solo(a) o avere un compagno/una compagna? Perché?
5. Che tipo di persona deve essere il compagno/la compagna che tu cerchi per condividere la tua abitazione?
6. Quando decidi di scegliere (*to choose*) un compango/una compagna metti un annuncio sul giornale, metti un cartello (*sign*) sulla bacheca (*notice-board*) all'università, o chiedi agli amici se conoscono qualcuno che vuole condividere un appartamento?

Roberta Riga

Ascoltiamo!

Il giorno del trasloco   CD2, Track 9 ◀))

Emanuela and Franco, exhausted from moving into their new apartment today, are taking a break and talking about what they have yet to do and what it has cost them. Listen to their conversation. Then answer the following questions.

Comprensione

1. Emanuela e Franco hanno dimenticato qualche cosa nel vecchio appartamento? Hanno portato tutta la loro roba?
2. Chi è Mimi? Dove sarà?
3. Perché Franco sembra preoccupato? Che cosa ha dovuto dare al padrone di casa?
4. Mentre loro parlano, chi arriva? Sembra contento o scontento lui? Perché, secondo te?

👥 Dialogo

In due, immaginate di avere affittato insieme un appartamento vuoto di due locali (*rooms*); ora dovete arredarlo (*furnish it*). Discutete insieme quali mobili comprare e dove metterli.

Si affitta appartamento ammobiliato ◀))

For more listening practice, listen to CD2, Track 10, and answer the following questions.

Comprensione

Usate i pronomi quando è possibile.

1. In che scuola ha incominciato ad insegnare Antonio?
2. Da quanto tempo ci insegna?
3. Perché vuole cercarsi un appartamento?
4. Dove suggerisce di cercare gli annunci Marcello?
5. Perché il primo annuncio che Marcello legge non piace ad Antonio?
6. Nell'annuncio c'è il costo dell'affitto?
7. Com'è l'appartamento che Antonio decide di andare a vedere?
8. Chi mostra l'appartamento ai due amici?
9. Piace a Marcello quell'appartamento?
10. Che ne dice Antonio? Perché?

Adesso scriviamo!

La casa ideale

Com'è la tua casa ideale? Descrivila in due o tre brevi paragrafi.

- Dove vorresti costruire la tua casa? In città, in campagna, in montagna, ... ?
- È una casa moderna, tradizionale o in uno stile particolare?
- Quanti piani ci sono? Quali stanze ci sono?
- Quante camere? Quanti bagni?
- C'è un giardino?

Ville sulle rive del Lago di Como

Encourage students to use the chapter vocabulary. Also, have them look at the *Informazioni* at the beginning of the chapter to get ideas. You may want to ask students to find a picture (or draw one) of their ideal house to accompany their description.

A. Alla ricerca di un alloggio. Attività in gruppi di tre. Un padrone/Una padrona di casa e due eventuali (*probable*) inquilini/inquiline. Voi cercate un appartamento in affitto e leggete nel giornale i seguenti annunci. Sceglietene (*Choose*) uno e telefonate al numero indicato: specificate l'appartamento che cercate e discutete le condizioni dell'affitto con il padrone/la padrona di casa.

AFFITTASI

Vicino al centro affitto appartamento ristrutturato, ultimo piano: grande soggiorno, cucina, due camere, bagno, balcone, ripostigli e cantina. Vicinanza metropolitana.
Euro 1.200 + spese.
Fax 02/47127896

Appartamento ammobiliato, in zona signorile, terzo piano, con ascensore, composto da: soggiorno-cucina, camera, bagno, ripostiglio, box posto auto. Euro 950 + spese, solo referenziati. Telefonare dopo le ore 17.30 al 02/2954578

Monolocale con balcone, grande bagno e ripostiglio; secondo piano; giardino condominiale; senza ascensore; ben servito da mezzi di trasporto pubblici. Euro 780 + spese tel. ore pasti 02/3567897

B. Gli elettrodomestici (*Appliances*). Tu e il tuo amico/la tua amica avete affittato un appartamento ammobiliato vicino all'università. Di soldi ne avete pochi, e i tuoi genitori (troppo generosi) hanno deciso di comprarvi alcuni elettrodomestici. In due, fate la parte dei genitori e seguite l'esempio.

■ **Esempio**

— *Hanno bisogno della cucina?*
— *Sì, ne hanno bisogno.*
— *Allora compriamogliela!*

1. *washing machine* la lavatrice
2. *iron* il ferro da stiro
3. *microwave oven* il forno a microonde
4. *espresso machine* la macchina per l'espresso
5. *toaster* il tostapane
6. *vacuum cleaner* l'aspirapolvere (*m.*)
7. *hair dryer* l'asciugacapelli (*m.*)
8. *oven* il forno

Attualità
La cucina italiana

A. Prima di leggere. You are going to read about Italian cuisine and the eating habits of Italians. For weeks A.C. Nelson, a market research company, monitored the eating habits of 17,000 men and women older than 14 from all parts of Italy, and reported the findings in an article in the magazine *Panorama*. One of the objectives of the research was to determine which food Italians prefer.

La gastronomia italiana vanta (*boasts*) una delle tradizioni più illustri d'Europa. La cucina italiana si distingue sopratutto per la varietà dei suoi primi piatti, a base di pasta. La pasta può essere cucinata in brodo o asciutta, con salse elaborate o con condimenti semplici. Il burro è il condimento predominante nel Nord, ricco di latte di mucca (*cow*). È usato con generosità nella gastronomia dell'Emilia-Romagna, forse la più opulenta d'Italia. Nelle regioni dove cresce l'ulivo (*olive tree*), l'olio d'oliva è il condimento principale. L'olio è alla base della preparazione della pasta al pesto, tipica della Liguria.

Gli gnocchi

Gli altri due protagonisti della tavola italiana sono il riso e la polenta (*corn mush*). Il riso è coltivato nella pianura padana (*Po valley*). L'ingrediente principale della polenta è il mais, che è arrivato dall'America, come le patate e i pomodori. Si è diffuso nel Veneto con il nome di «granoturco» perché i Veneziani chiamavano «turco» tutto quello che veniva (*everything that came*) da lontano. La polenta di farina di granoturco ha sostituito per secoli il pane sulla tavola dei contadini (*farmers*) e dei montanari (*mountain people*) del Nord.

Che cosa preferiscono mangiare oggi gli Italiani? Per mesi la A.C. Nielson, grande compagnia di indagini (*research*) di mercato, ha monitorato le abitudini alimentari di 17.000 Italiani. I primi piatti, i secondi piatti, dolci, salumi, formaggi, bevande. Obiettivo: stabilire quali sono i piatti preferiti. La classifica dei «top ten», i cibi più amati dagli Italiani, vede il trionfo della tradizione. Le prime posizioni sono occupate da prodotti tipici: parmigiano reggiano, prosciutto crudo, gelato, pizza, lasagne, cannelloni, la pasta al forno.

Mozzarella e pomodori

Per i secondi piatti, sono preferiti i piatti alla griglia: di carne o di pesce. Quanto al (*As to*) bere, gli Italiani preferiscono l'acqua minerale, il caffè, tè, latte e persino (*even*) la camomilla.

Gli Italiani della nuova generazione sono più consapevoli (*aware*) dell'importanza di un'alimentazione sana: scelgono (*choose*) cibi con

Il tiramisù

meno grassi, comprano molti prodotti biologici (*organic*), e mangiano più verdure. Non rinunciano però a un buon gelato alla fine del pasto o a un gelato da passeggio.

B. Alla lettura

1. Qual è il condimento predominante nel Nord d'Italia?

2. Dove si usa di più l'olio d'oliva?

3. Quanti altri ingredienti sono comuni nella cucina italiana?

4. Dove si coltiva il riso?

5. Qual è l'ingrediente principale della polenta?

6. Quali sono i cibi che occupano i primi posti nella classifica delle preferenze degli Italiani?

7. Quali secondi piatti preferiscono gli Italiani?

8. Cosa piace loro bere?

9. Quali piatti scelgono gli Italiani della nuova generazione? Che prodotti comprano?

10. A cosa non rinunciano?

Attività video

Attività vocabolario

A. Guardate la sezione del video «**La casa**». Poi completate le frasi con i nomi e le espressioni che seguono.

appartamenti, arredato, tappeti, microonde, lavastoviglie, camere (x2), salotto (x2), cucina (x2), sala da pranzo, moderno, luce (*light*)**, pianterreno, condominio, luminoso, mobili, doppi servizi, piano, bagni**

Cosa dicono le persone intervistate?

1. **Nr. 1** Abito in una piccola casa. Ci sono quattro _____. Il mio appartamento è tutto _____ con il legno.

2. **Nr. 2** Abito in un appartamento di proprietà di famiglia. Ho tre _____, _____, _____, _____ _____, due _____. I _____ in casa sono tutti di stile _____. Non ho _____ perché avendo due bambini piccoli è meglio non averli.

3. **Nr. 3** Abito al _____ di un _____. Ho il giardino.

4. **Nr. 2** La mia casa è lontana dal traffico, in una zona tranquilla e c'è molta _____. La cucina è abbastanza grande, ho il forno a _____, la _____ e tutto quello che c'è in una cucina moderna.

5. **Nr. 4** Il mio appartamento è abbastanza centrale, perché mi piace poter scendere e trovare tutti i negozi. È anche molto _____.

6. **Nr. 4** Il mio appartamento è al quinto (5th) _____, ha due _____ da letto, i _____ _____, la _____, la sala da pranzo, il _____.

B. Domande sul video. Rispondete alle seguenti domande.

1. Perché la prima intervistata non ha tappeti persiani nel suo appartamento? Quanti gatti ha?

2. Il secondo intervistato abita in un appartamento. Chi abita nell'appartamento vicino al suo? Perché gli piace il paese dove abita?

3. Ha pochi o molti tappeti la terza persona intervistata?

4. A che piano abita la quarta intervistata? Ha animali domestici? Quanti minuti di macchina ci vogliono per andare dal suo appartamento al suo ufficio?

5. L'appartamento della quarta persona intervista è centrale o in periferia? C'è molta o poca luce nel suo appartamento?

Attività grammatica

A. Guardate la sezione del video «**La casa**» una seconda volta e rispondete alle seguenti frasi usando i pronomi doppi, **ci, ne,** o **ce ne.**

1. Quanti *appartamenti ci sono* nella casa dove abita la prima intervistata? _____ Quanti *gatti* ha? _____ .

2. Chi abita *nell'appartamento* vicino a quello del secondo intervistato? _____ .

3. Chi ha insegnato *a fare "il truffle"* alla terza intervistata? _____ .

4. Quante *camere da letto ci sono* nell'appartamento del secondo intervistato? _____ .

5. Quanti *minuti di macchina ci* vogliono per la quarta intervistata per arrivare in ufficio? _____ .

6. Prepara *la pasta al forno ai suoi amici* la quarta intervistata? _____ . Offre *dei dolci ai suoi amici*? _____ .

B. Partecipazione. In gruppi di tre studenti, conversate sui seguenti argomenti.

- Preferite abitare in una casa o in un appartamento e perché?

- Descrivete l'appartamento (o la casa): quante stanze, bagni, giardino, piscina, ecc.

- Che tipo di arredamento preferite?

- Quali elettrodomestici (*appliances*) volete nella vostra cucina?

- Preferite abitare in centro città o in periferia (*outskirts*) e la ragione della vostra scelta?

- Vi piace avere gente a cena e quali piatti preferite servire?

- Avete un dolce che è la vostra specialità o se preferite comprare i dolci in pasticceria?

Vocabolario ◀))

Nomi

l'animale domestico	pet
l'annuncio pubblicitario	ad
l'anticamera	entrance hall
l'arredamento	furnishing
il contratto	contract
il costo	cost
il locale	room
la luce	light
il mobile	piece of furniture
la moquette	wall-to-wall carpet
il quadro	painting, picture
la scelta	choice
lo svantaggio	disadvantage
il vantaggio	advantage
la vicinanza	vicinity

Aggettivi

ammobiliato	furnished
arredato	furnished
antico	antique; ancient
disponibile	available
fresco	fresh
libero	free; vacant; available
moderno	modern
surgelato	frozen
ultimo	last
vegetariano(a)	vegetarian
vuoto	vacant, empty

Verbi

arredare	to furnish
condividere (*p.p.* condiviso)	to share
costruire	to build
firmare	to sign
mostrare	to show
ristrutturare	to restructure
scegliere (*p.p.* scelto)	to choose
trovarsi	to find oneself; to be located
vivere (*p.p.* vissuto)	to live

Altre espressioni

doppi servizi	two baths
ne	some (of it, of them, about it, about them)
subito	right away
verso quest'ora	about this time
volerci	to take (time)
ci vuole un'ora	it takes one hour
ci vogliono due ore	it takes two hours

Le vacanze

11

Courtesy of the Author

Manarola – una delle Cinque
Terre, in Liguria

Risorse: (iLrn)

Internet   audio   video   ilrn.heinle.com

Parole da ricordare

In vacanza: al mare, in montagna

l'ombrellone
la barca a vela
il mare
il costume da bagno
la spiaggia
l'asciugamano
la sabbia (*sand*)

AL MARE

la guida* tour guide, guide book
la gita turistica tour, excursion
la villeggiatura summer vacation
passare le vacanze to take a vacation
  in montagna in the mountains
  al lago at the lake
  in campagna in the country
  al mare at the beach
  all'estero abroad
abbronzarsi to tan

nuotare to swim
annegare to drown
pericoloso dangerous
il/la bagnino(a) lifeguard
salvare to rescue
il paese country; small town
l'isola island
la penisola peninsula
il fiume river
la collina hill

la carta geografica
il bosco
la tenda
lo zaino
gli scarponi da montagna

IN MONTAGNA

la giacca a vento windbreaker
il sacco a pelo sleeping bag
montare le tende to pitch the tents
fare { **l'autostop** to hitchhike
    il campeggio to go camping, to camp
    un'escursione (*f.*) to take an excursion
    l'alpinismo to climb a mountain

***La guida** is always feminine.

Applicazione

A. Domande. Rispondete alle seguenti domande.

1. Quando andiamo all'estero, come risolviamo il problema della lingua?
2. Con quali mezzi possiamo viaggiare se vogliamo passare delle vacanze economiche? E se preferiamo vacanze lussuose?
3. Alla spiaggia, chi salva le persone in pericolo di annegare?
4. Che cosa ci mettiamo quando andiamo a nuotare?
5. Cosa usiamo per asciugarci?
6. Perché stiamo molte ore al sole?
7. Dove dormiamo quando facciamo il campeggio?
8. Siamo in montagna. Le previsioni del tempo annunciano vento e pioggia: cosa ci mettiamo?
9. Quando ci perdiamo, di cosa abbiamo bisogno per ritrovare la strada?

You may expand by asking students what they take along when they go to the beach (*occhiali da sole, cappello...*) or to the mountains, what they carry in their backpack, and so on.

B. Conversazione

1. Ti piace fare il campeggio? Dove preferisci farlo?
2. Preferisci dormire sotto la tenda o in un bell'albergo?
3. Hai mai viaggiato in un camper? Dove sei andato(a)?
4. Preferisci una vacanza a contatto con la natura o un viaggio turistico in alcune città europee?
5. Quando sei in vacanza al mare, quale di queste attività preferisci fare?
   barca a vela, pedalò (*pedaling boat*), surf, windsurfing, pallavolo, rilassarti su una sedia a sdraio sotto un ombrellone, gite in barca, serate in discoteca
6. Quando sei in vacanza in montagna, quali di queste attività preferisci fare?
   trekking a piedi o a cavallo, passeggiate nelle pinete (*pine groves*), salite ai rifugi (*mountain huts*), raccolta (*pick*) dei frutti di bosco (dei funghi in autunno), parapendio (*hang-gliding*), discese con gli sci e con il bob nella stagione invernale

Courtesy of Gad A. Marshall and Shira Fischer

Roma – monumento a Vittorio Emanuele II

iii C. **Quanto sappiamo sull'Italia?** Attività in gruppi di tre o quattro studenti. Decidete insieme quali delle seguenti affermazioni (*statements*) sono corrette.

1. L'Italia è diventata una repubblica _____.
   a. nel 1961
   b. dopo la prima guerra mondiale
   c. dopo la seconda guerra mondiale

2. In Italia ci sono _____.
   a. 20 regioni
   b. 24 regioni
   c. 25 regioni

3. La città in cui (*where*) c'è la sede (*seat*) del Parlamento è _____.
   a. Torino
   b. Milano
   c. Roma

4. Il monte più alto delle Alpi è _____.
   a. il Cervino
   b. il Monte Bianco
   c. il Gran Sasso

5. Il fiume più lungo d'Italia è _____.
   a. il Tevere
   b. il Po
   c. l'Arno

6. La popolazione in Italia è di _____.
   a. 60 milioni
   b. 80 milioni
   c. 50 milioni

7. Il lago più grande d'Italia è _____.
   a. il Lago di Como
   b. il Lago Maggiore
   c. il Lago di Garda

8. I laghi più grandi si trovano _____.
   a. al centro d'Italia
   b. al nord
   c. al sud

9. Le regioni del sud d'Italia si chiamano _____.
   a. settentrionali
   b. centrali
   c. meridionali

10. Nel territorio italiano c'è una piccola repubblica indipendente _____.
    a. laValle d'Aosta
    b. San Marino
    c. il Friuli

Informazioni

Paesaggi d'Italia

L'Italia è una penisola montuosa, limitata al nord dalla maestosa catena delle **Alpi**, e attraversata nella sua lunghezza dalla catena degli **Appennini**. Tra le Alpi e gli Appennini settentrionali si estende la **Pianura Padana,** attraversata dal Po, il fiume più lungo del Paese. Questa pianura è ricca di fiumi e di laghi: i più grandi sono il **Lago di Garda,** il **Lago Maggiore** e il **Lago di Como.**

Nelle regioni settentrionali il paesaggio è dolcemente ondulato (*gently rolling*) mentre verso il sud acquista una bellezza severa e selvaggia. Le coste occidentali sono in genere alte, rocciose e pittoresche, come la Riviera Ligure. Le coste dell'Adriatico sono più basse, con ampie spiagge sabbiose (*sandy*) che attirano folle di bagnanti (*bathers*). La Sicilia è la più grande isola del Mediterraneo, ed è considerata il museo archeologico d'Europa per i suoi templi e teatri greci. Sulla costa orientale si erge il maestoso Etna, il più importante vulcano d'Europa. La Sardegna, seconda isola per grandezza del Mediterraneo, montuosa all'interno, attira molti turisti italiani e stranieri per le sue bellissime coste, come la Costa Smeralda.

Adrian Bubb

Il Lago Maggiore

Le regioni d'Italia 🌐

Oggi siamo in… **Campania.** La Campania è una regione dell'Italia meridionale. La città capoluogo è Napoli. Nel suo golfo ci sono le bellissime isole di Capri ed Ischia. Se vuoi visitare la Campania, clicca qui: **www.cengagebrain.com**

■ L'isola di Capri

Courtesy of the Capri Tourist Office

- Caserta
- **Napoli**
- Ercolano
- ▲Vesuvio
- Pompei
- Ischia
- Amalfi
- Capri
- Paestum

CAMPANIA

La grammatica

1 Il futuro

Lia passerà le ferie al mare.

Tina si divertirà in montagna.

You may want to build on the drawings and captions by drilling rapidly (e.g., *L'estate prossima io passerò le vacanze a… E tu, le passerai al mare? Io e (uno studente) passeremo… E voi?* etc. *A che ora finirà la classe d'italiano? A che ora uscirà Lei, signorina… ? A che ora usciremo? A che ora uscirai tu… ? A che ora usciranno tutti?*).

A. The future (**futuro**) is a simple tense expressing an event that will take place in the future. It is formed by adding the endings of the future to the infinitive after dropping the final **-e.**

rispondere → **risponderò** = *I will answer*

The future is conjugated as follows:

parlare	rispondere	partire
parlerò	risponderò	partirò
parlerai	risponderai	partirai
parlerà	risponderà	partirà
parleremo	risponderemo	partiremo
parlerete	risponderete	partirete
parleranno	risponderanno	partiranno

The endings are the same for all conjugations. Note that the **-a** of the first conjugation infinitive ending changes to **-e** before adding the future endings.

I turisti **prenderanno** il pullman.   *The tourists will take the tour bus.*
Noi **visiteremo** un castello.   *We will visit a castle.*

Encourage students to pronounce these verbs in the infinitive and the future and to spell out what they hear. Correct the mistakes.

B. The following groups of verbs are irregular in the future tense:

1. Verbs that end in **-are** but do not undergo a stem change:

dare:	**darò, darai,** ecc.
fare:	**farò, farai,** ecc.
stare:	**starò, starai,** ecc.

2. Verbs that end in **-care, -gare, -ciare,** and **-giare** and undergo a spelling change for phonetic reasons:

dimenticare:	**dimenticherò, dimenticherai,** ecc.
pagare:	**pagherò, pagherai,** ecc.
cominciare:	**comincerò, comincerai,** ecc.
mangiare:	**mangerò, mangerai,** ecc.

3. Verbs that drop a stem vowel:

andare:	**andrò, andrai,** ecc.
avere:	**avrò, avrai,** ecc.
cadere:	**cadrò, cadrai,** ecc.
dovere:	**dovrò, dovrai,** ecc.
potere:	**potrò, potrai,** ecc.
sapere:	**saprò, saprai,** ecc.
vedere:	**vedrò, vedrai,** ecc.
vivere:	**vivrò, vivrai,** ecc.

4. Verbs that have an irregular stem:

essere:	**sarò, sarai,** ecc.
bere:	**berrò, berrai,** ecc.
venire:	**verrò, verrai,** ecc.
volere:	**vorrò, vorrai,** ecc.

— Dove cadrà?
— Chi vivrà, vedrà!

Saremo pronti alle otto.	*We will be ready at eight.*
A che ora **mangerete?**	*At what time will we eat?*
Pagherai tu il conto?	*Will you pay the bill?*

NOTE: Colloquial Italian often uses the present tense to express the near future.

Quando **parti?**	*When are you leaving?*
Parto la settimana prossima.	*I am leaving next week.*

Here are a few expressions of time used with the future tense.

domani	*tomorrow*
dopodomani	*the day after tomorrow*
la settimana prossima	*next week*
l'anno (il mese) prossimo	*next year (month)*
fra un anno	*one year from now*
fra tre giorni (una settimana, ecc.)	*in three days (a week, etc.)*
fra poco	*in a little while*

Point out that *in* means "within" a given period, and *fra* means at the end of that period: *Arrivo in tre giorni* (within three days). *Arrivo fra tre giorni* (on the third day).

C. Futuro di probabilità

The future tense is also used to convey probability or conjecture in the present.

Dov'è la guida? **Sarà al bar.**	*Where is the tour guide? He/She is probably (He/She must be) in the bar.*
Che ore sono? **Saranno le tre.**	*What time is it? It is probably (It must be) three.*

Pratica

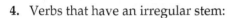 **A. Progetti in vacanze.** Attività in piccoli gruppi. Un vostro compagno/Una vostra compagna di classe andrà in vacanza, e voi volete sapere cosa farà. Ogni studente del gruppo gli rivolge una domanda.

■ **Esempio** dove andare / …
— *Dove andrai?*
— *Andrò a Pisa.*

1. quando partire / … **2.** andare solo(a) / … **3.** con che mezzo viaggiare / …
4. quanti giorni stare / … **5.** dove alloggiare / … **6.** cosa vedere / …
7. mandare delle cartoline / … **8.** comprare dei ricordi (*souvenirs*) per gli amici / … **9.** fare delle foto / …

Review the vocabulary with questions such as the following: *Cosa porti in spiaggia? Cosa è necessario avere per fare il campeggio in montagna?* etc.

To review regular and irregular verbs in the future, you may want to do a warm-up activity with questions such as the following: *Cosa farai durante le vacanze? Dove andrai? Cosa visiterai? Chi vedrai? Dove dormirai? Cosa mangerai e dove?* etc.

Nota culturale

Courtesy of Gad A. Marshall and Shira Fischer

■ Pisa – la torre pendente

La torre pendente di Pisa

Perché pende? E da quando? Se vuoi saperlo,
clicca qui: **www.cengagebrain.com**

B. Il campeggio. Attività in piccoli gruppi. Tu e alcuni amici, in vacanza in Italia, farete il campeggio sulle montagne del Trentino. Gli studenti del gruppo sono curiosi di sapere cosa farete.

■ **Esempio**   in quanti essere / …
   — *In quanti sarete?*
   — *Saremo in cinque.*

1. viaggiare in treno o in macchina / …
2. portare la tenda o comprarla in Italia / …
3. montare la tenda nel bosco (*woods*) o vicino a un fiume / …
4. pescare le trote / …
5. cosa mangiare / …
6. dormire nel sacco a pelo / …
7. fare dell'alpinismo (*mountain climbing*) / …
8. quanto tempo restare in Trentino / …

C. Indovinello (*Guessing game*). Dove saranno queste persone (e il gatto) in questo momento. Scegliete i luoghi che vi sembrano appropriati nella colonna di destra.

1. I turisti   in giardino, con un topo
2. Alcuni studenti assenti   a Roma o in viaggio
3. Il gatto   in crociera
4. Bill Gates   a casa a dormire
5. Il presidente degli Stati Uniti   in ufficio a contare i suoi soldi
6. Il Papa   alla Casa Bianca

D. Vacanze in Europa. Marina, Gianni e Marco fanno i progetti per le vacanze. Completate il loro dialogo con i verbi suggeriti al futuro.

fare, dare, lavorare, costare, viaggiare, stare, visitare, divertirsi, essere, domandare, fermarsi, trovare, andare

Marina Dove _____ tu e Gianni quest'estate?

Marco Noi _____ un viaggio in Europa per quattro settimane.

Marina Quest'anno i biglietti dell'aereo _____ cari, con il prezzo della benzina.

Marco Lo so. Mio nonno mi ha promesso che mi _____ i soldi per il viaggio.

Marina E tu Gianni, dove li _____ i soldi?

Gianni Ho dei risparmi (*savings*). E prima di partire io _____ part-time per due mesi.

Marina Come _____ in Europa? In macchina? In treno? Con l'Eurail pass?

Gianni _____ e _____ anche l'autostop.

Marco Perché non vieni con noi?

Marina Non so se i miei genitori mi _____ il permesso.

Marco Domandalo a tuo padre. Noi _____ le prenotazioni la settimana prossima.

Marina Quali paesi europei _____?

Gianni _____.

Marco Però noi _____ in Italia più a lungo (*for a longer time*).

Marina Ma gli alberghi costano molto. Dove _____?

Gianni _____ il campeggio e _____ in ostelli per la gioventù.

Marina OK. Stasera io _____ a mio padre il permesso di venire con voi.

Marco Ottimo. Vedrai che noi _____ e il viaggio _____ un'esperienza fantastica.

Nota culturale

Courtesy of the Author

■ Marostica, Veneto

Marostica

La partita a scacchi con personaggi viventi. Se vuoi saperne di più, clicca qui: **www.cengagebrain.com**

Have students redo this exercise in the *Lei* form.

E. Conversazione

1. Se l'estate prossima avrai un mese di vacanza, dove andrai? Al mare o in montagna?
2. Quale preferisci e perché?
3. Andrai in vacanza da solo(a), con amici o con la famiglia?
4. Quali attività farai se andrai in montagna?
5. E se andrai al mare quali attività farai?

 F. Scherziamo insieme: l'oroscopo telefonico. Immaginate di telefonare all' «Oroscopo telefonico» per sapere cosa succederà (*what will happen*) nel vostro futuro. Uno studente/Una studentessa fa la parte dell'indovino(a) (*fortune teller*).

— Pronto? Oroscopo telefonico?

— Sì, dica.

— Vorrei sapere cosa ci sarà nel mio futuro.

— Qual è la Sua data di nascita?

— _____

— A che ora è nato(a)?

— _____

— Gli astri (*stars*) Le sono favorevoli.

— Benissimo. Mi dica: incontrerò l'uomo/la donna dei miei sogni?

— Certamente, _____

— Quando e dove l'incontrerò?

— _____

— Sarà una persona ricca? Quale sarà la sua professione?

— _____

— Quando ci sposeremo?

— _____

— Avremo molti figli?

— _____

— Dove andremo ad abitare?

— _____

— Faremo molti viaggi? Dove?

— _____

— Saremo felici insieme?

— _____

— La ringrazio molto.

— Prego. Sono 150 euro. Per favore mi dia il numero della Sua carta di credito.

— Cosa vede nel mio futuro?
— Le arriverà presto una grossa sorpresa.

2 I comparativi

Assisi, la mistica città di San Francesco e di Santa Chiara nella regione Umbria: la Basilica di San Francesco contiene stupendi esempi d'arte del '200 e del '300.

Siena, nella regione Toscana, ha mantenuto il suo aspetto medievale. Nella sua piazza centrale, Piazza del Campo, ha luogo il Palio di Siena, la famosa corsa dei cavalli.

There are two types of comparisons: comparisons of _equality_ (i.e., _as tall as_) and comparisons of _inequality_ (i.e., _taller than_).

Drill students with persons and objects: _Oggi nel mio portafoglio ci sono due dollari. Chi ha tanti soldi quanto me? Chi è povero come me?_

A. Comparisons of equality are expressed as follows:

| (così)... come | _as . . . as_ |
| (tanto)... quanto | _as . . . as, as much . . . as_ |

Both constructions may be used before an adjective or an adverb; in these cases, **così** and **tanto** may be omitted. Before a noun, **tanto... quanto** must be used; **tanto** must agree with the noun it modifies and cannot be omitted.

Roma è **(tanto)** bella **quanto** Firenze.   _Rome is as beautiful as Florence._

B. Comparisons of inequality are expressed as follows:

| **più... di, più... che** | _more . . . than_ |
| **meno... di, meno... che** | _less . . . than_ |

1. **Più... di** and **meno... di** are used when two persons or things are compared in terms of the same quality or performance.

La California è **più** grande **dell'**Italia.	*California is bigger than Italy.*
Una Fiat è **meno** cara **di** una Ferrari.	*A Fiat is less expensive than a Ferrari.*
Tu hai **più** soldi **di** me.	*You have more money than I.*

NOTE: Di (*Than*) combines with the article. If the second term of the comparison is a personal pronoun, a disjunctive pronoun (**me, te,** etc.) must be used.

2. **Più... che** and **meno... che** are used when two adjectives, adverbs, infinitives, or nouns are directly compared with reference to the same subject.

L'Italia è **più** lunga **che** larga.	*Italy is longer than it is wide.*
Studia **più** diligentemente **che** intelligentemente.	*He studies more diligently than intelligently.*
Mi piace **meno** studiare **che** divertirmi.	*I like studying less than having fun.*
Luigi ha **più** nemici **che** amici.	*Luigi has more enemies than friends.*

Pratica

A. Paragonate (*Compare*). Paragonate le seguenti persone (o posti o cose) usando **(tanto)... quanto** o **(così)... come.**

■ **Esempio**   (alto) Teresa / Gina
Teresa è (tanto) alta quanto Gina. o *Teresa è (così) alta come Gina.*

1. (bello) l'isola di Capri / l'isola d'Ischia
2. (elegante) le donne italiane / le donne americane
3. (piacevole) le giornate di primavera / quelle d'autunno
4. (romantico) la musica di Chopin / quella di Tchaikovsky
5. (serio) il problema della disoccupazione / quello dell'inflazione

 B. Più o meno? A turno, fatevi le domande usando **più di** o **meno di.**

■ **Esempio**   (popolato) l'Italia / la California
— *L'Italia è più popolata o meno popolata della California?*
— *L'Italia è più popolata della California.*

1. (riservato) gli Italiani / gli Inglesi
2. (lungo) le notti d'inverno / le notti d'estate
3. (leggero) un vestito di lana / un vestito di seta
4. (necessario) la salute / i soldi
5. (pericoloso) la bicicletta / la motocicletta

C. Chi più e chi meno? Fatevi a turno le seguenti domande, usando **più... di** o **meno... di.**

■ **Esempio**   Chi ha più soldi? I Rockefeller o Lei?
— *I Rockefeller hanno più soldi di me.* o *I Rockefeller hanno meno soldi di me.*

1. Chi ha più clienti? Gli avvocati o i dottori?
2. Chi cucina più spaghetti? Gli Italiani o i Francesi?
3. Chi cambia la macchina più spesso? Gli Europei o gli Americani?

4. Chi ha ricevuto più voti nelle ultime elezioni? I repubblicani o i democratici?

5. Chi guadagna più soldi? Un professore o un idraulico (*plumber*)?

6. Chi va più volentieri al ristorante? La moglie o il marito?

D. Più... che... Fatevi a turno le seguenti domande, scegliendo (*choosing*) l'alternativa appropriata.

■ **Esempio** — Milano è industriale o artistica?
— *Milano è più industriale che artistica.*

1. La Maserati è sportiva o pratica?

2. Venezia ha strade o canali?

3. A un bambino piace studiare o giocare?

4. Le piace sciare o andare a un concerto?

E. Scelta. Completate le frasi usando **come, quanto, di** (con o senza articolo) o **che**.

1. La tua stanza è tanto grande _____ la mia.

2. Ho scritto più _____ dieci pagine.

3. La sua sorellina è più bella _____ lei.

4. È meno faticoso camminare in pianura _____ camminare in collina.

5. La moda di quest'anno è meno attraente (*attractive*) _____ moda degli anni scorsi.

6. Non siamo mai stati così poveri _____ adesso.

7. Pescare (*Fishing*) è più riposante _____ nuotare.

8. I bambini sono più semplici _____ adulti.

9. L'italiano è più facile _____ cinese.

3 I superlativi

Carla Riga

I laghi delle Dolomiti sono tra **i più bei laghi** d'Italia.

There are two types of superlatives: the relative superlative (**superlativo relativo**) and the absolute superlative (**superlativo assoluto**).

A. The relative superlative means *the most . . . , the least. . . , the (. . .)est*. It is formed by placing the definite article before the comparative of inequality.

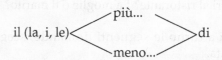

Firenze è **la più** bella città d'Italia.   *Florence is the most beautiful city in Italy.*
Pierino è **il meno** studioso della classe.   *Pierino is the least studious in the class.*

The position of the superlative in relation to the noun depends on the adjective. If the adjective follows the noun, the superlative also follows the noun. In this case, the article is placed *before* the noun.

Roma è **la più grande** città d'Italia.   *Rome is the largest city in Italy.*
  o Roma è **la** città **più grande** d'Italia.
Genova e Napoli sono **i** porti **più**   *Genoa and Naples are the most*
  importanti del mare Tirreno.   *important ports in the Tyrrhenian Sea.*

B. The absolute superlative means *very* or *extremely* + adjective or adverb. It is formed in the following ways:

1. By placing **molto** before the adjective or the adverb:

  Capri è un'isola **molto bella.**   *Capri is a very beautiful island.*

2. By adding the suffix **-ssimo (-ssima, -ssimi, -ssime)** to the masculine plural form of the adjective. This form of the absolute superlative is more emphatic.

  È stata una **bellissima** serata.   *It was a very beautiful evening.*

NOTE: The superlatives of **presto** and **tardi** are **prestissimo** and **tardissimo**.

Pratica

 A. Più o meno? In due, fatevi a turno le domande. Rispondete usando il superlativo relativo, secondo l'esempio.

■ **Esempio**   i vini francesi / famosi / mondo
       — *I vini francesi sono i più famosi o i meno famosi del mondo?*
       — *Sono i più famosi.*

1. lo stato di Rhode Island / grande / Stati Uniti
2. il baseball / popolare / sport americani
3. un chirurgo / caro / professionisti
4. febbraio / lungo / mesi
5. il 21 dicembre / breve / giorni dell'anno
6. il cane / fedele / animali

B. Tutto è superlativo! Fatevi a turno le domande. Usate il superlativo assoluto nella risposta.

■ **Esempio**   bravo / Maria
       — *È brava Maria?*
       — *È bravissima.*

1. bello / l'isola di Capri   **2.** veloce / la Lamborghini   **3.** alto / il Monte Everest   **4.** antico / Roma   **5.** vasto / lo spazio   **6.** profondo / l'oceano Pacifico   **7.** luminoso / le stelle   **8.** verde / le colline umbre

4 Comparativi e superlativi irregolari

San Marino è una repubblica piccolissima. È tra l'Emilia-Romagna e le Marche, ed è situata su una roccia altissima che si vede a grande distanza. Secondo la leggenda, fu fondata nell'anno 301. Ha sempre mantenuto la sua indipendenza ed il suo aspetto medievale.

Gavin Hellier / Robert Harding / Getty Images

A. Some adjectives have both regular and irregular comparative and superlative forms. The most common irregular forms are:

Adjective	Comparative	Relative superlative	Absolute superlative	
			Regular	Irregular
buono	migliore *better*	il migliore *the best*	buonissimo	ottimo *very good*
cattivo	peggiore *worse*	il peggiore *the worst*	cattivissimo	pessimo *very bad*
grande	maggiore *bigger, greater*	il maggiore *the biggest, the greatest*	grandissimo	massimo *very big, very great*
piccolo	minore *smaller*	il minore *the smallest*	piccolissimo	minimo *very small*

The regular forms are generally used in a literal sense, to describe size, physical characteristics, and character traits, for example. The irregular forms are generally used to express opinions about less concrete qualities, such as skill, greatness, and importance.

Explain that *migliore, peggiore, maggiore,* and *minore* may drop the final *-e* before a noun not beginning with *z* or with *s* + consonant.

Il Lago di Como è **più piccolo** del Lago di Garda.	*Lake Como is smaller than Lake Garda.*
Le autostrade italiane sono tra **le migliori** d'Europa.	*Italian highways are among the best in Europe.*
Dante è **il maggior** poeta italiano.	*Dante is the greatest Italian poet.*
Le tagliatelle alla bolognese sono **buonissime (ottime).**	*Tagliatelle alla bolognese is very good.*
La Russia è un paese **grandissimo**.	*Russia is a very large country.*

NOTE: When referring to birth order, *older (the oldest)* and *younger (the youngest)* are frequently expressed by **maggiore (il maggiore)** and **minore (il minore).**

Tuo fratello è **maggiore** o **minore** *di te*?	*Is your brother older or younger than you?*

Proverbi. Quali sono i proverbi in inglese che hanno un significato simile a questi?

1. Meglio tardi che mai.
2. È meglio un asino (*donkey*) vivo che un dottore morto.
3. È meglio un uovo oggi che una gallina (*hen*) domani.
4. Non c'è peggior sordo (*deaf*) di chi non vuol sentire.

B. The adverbs **bene, male, molto,** and **poco** have the following comparative and superlative forms:

Adverb	Comparative	Relative superlative	Absolute superlative
bene	meglio *better*	il meglio *the best*	benissimo *very well*
male	peggio *worse*	il peggio *the worst*	malissimo *very badly*
molto	più, di più *more*	il più *the most*	moltissimo *very much*
poco	meno, di meno *less*	il meno *the least*	pochissimo *very little*

Lei conosce gli Stati Uniti **meglio** di me.	*You know the United States better than I do.*
Qui si mangia **benissimo.**	*Here one eats very well.*
Oggi mi sento **meglio.**	*Today I'm feeling better.*
È **meglio** che partiamo domani.	*It is better that we leave tomorrow.*

Pratica

 A. Opinioni. Domandatevi a turno la vostra opinione sulle seguenti cose. Quale dei due è **migliore**?

■ **Esempio** il clima della California / il clima dell'Oregon
— *Secondo te, è migliore il clima della California o il clima dell'Oregon?*
— *Il clima della California è migliore del clima dell'Oregon.*

1. una vacanza al mare / una vacanza in montagna
2. un gelato al cioccolato / un gelato alla vaniglia
3. la musica classica / la musica rock

B. Paragoni. Formate una frase completa con il comparativo dell'avverbio in corsivo, seguendo l'esempio.

■ **Esempio** Maria canta *bene* / Elvira
— *Maria canta meglio di Elvira.*

1. Un povero mangia *male* / un ricco
2. Un avvocato guadagna *molto* / un impiegato
3. Uno studente pigro studia *poco* / uno studente diligente
4. Mia madre cucina *bene* / me

 C. Superlativi. In due, fatevi a turno le domande. Rispondete usando il superlativo assoluto dell'avverbio.

1. Si mangia *bene* in Italia?
2. Mangi *poco* quando sei a dieta?
3. Ti dispiace *molto* quando le vacanze sono finite?
4. Stai *male* quando ricevi una F in italiano?

5 Uso dell'articolo determinativo

Courtesy of Gad A. Marshall and Shira Fischer

Monterosso

We have already seen that the definite article is used with titles, days of the week, possessive adjectives, reflexive constructions, and dates and seasons. The definite article is also required with:

- nouns used in a general or an abstract sense, whereas in English it is often omitted.

  I bambini amano **gli animali.**   *Children love animals.*
  Il tempo è prezioso.   *Time is precious.*

- names of languages (except when immediately preceded by the verb **parlare**).

  Ho incominciato a studiare   *I began to study Italian.*
    l'italiano.
  Parlo inglese.   *I speak English.*

- geographical names indicating continents, countries, states, regions, large islands, and mountains. Names ending in **-a** are generally feminine and take a feminine article; those ending in a different vowel or a consonant are masculine and take a masculine article.

  La capitale de**gli Stati Uniti**   *The capital of the United States is*
    è Washington, D.C.   *Washington, D.C.*
  L'Asia è più grande dell'**Europa.** *Asia is larger than Europe.*
  I miei genitori vengono dal**la**   *My parents come from Sicily.*
    Sicilia.
  Il Texas è ricco di petrolio.   *Texas is rich in oil.*

Pratica

You may want to review the definite article before assigning Exercise A.

A. Gusti di una coppia. Mirella parla di sè e del marito. Completate il suo discorso con l'articolo determinativo, se è necessario.

Io amo _____ musica classica, lui ama _____ calcio. A me piacciono _____ acqua minerale e _____ frutta; a lui piacciono _____ panini al salame e _____ vino rosso. Io preferisco _____ lettura e lui preferisce _____ TV. _____ mia stagione favorita è _____ autunno; _____ sua è _____ estate. Io ho imparato _____ francese ed anche _____ inglese; lui ha studiato solamente _____ spagnolo. _____ mio padre è fiorentino e _____ suo padre è romano. _____ Toscana è _____ mia regione; _____ Lazio è _____ sua. Io vedo sempre _____ mie amiche _____ venerdì e lui vede _____ suoi amici _____ sabato.

B. Dove si trova... ? Fatevi a turno le domande.

■ **Esempio** Cina / Asia
   — *Dove si trova la Cina?*
   — *La Cina si trova in Asia.*

1. Portogallo / Europa
2. Brasile / America del Sud
3. Monte Etna / Sicilia
4. Russia / Europa orientale
5. Calabria / Italia meridionale
6. Monte Bianco / Alpi occidentali
7. Toronto / America del Nord
8. Maine / Stati Uniti dell'est
9. Chicago / Illinois
10. Denver / Colorado

Per finire

Una gita scolastica   CD2, Track 11 🔊

Alcuni professori del liceo «M» dell'Aquila hanno organizzato una **gita scolastica** a Roccaraso. Così Tina e i compagni vanno in montagna a passare **la settimana bianca**. Ora i ragazzi sono in pullman, **eccitati** e felici.

field trip

a winter skiing vacation / excited

Paesaggio invernale

Tina	Mi piace viaggiare in pullman, e a te?	
Stefano	Mi piace **di più** viaggiare in treno.	*more*
Riccardo	Viaggi spesso?	
Stefano	Viaggio spesso con la mia famiglia nell'Italia settentrionale, ma l'estate prossima visiteremo l'Italia meridionale: la Campania e la Sicilia.	
Lisa	L'anno prossimo io prenderò l'aereo per la prima volta: andrò con la mia famiglia negli Stati Uniti **a trovare** dei parenti.	*to visit*
Tina	Dove andrete?	
Lisa	Andremo prima a San Francisco, e ci staremo per una settimana. Poi noleggeremo una macchina e visiteremo l'Arizona, il New Mexico e il Gran Canyon.	
Stefano	Ho visto delle foto: il Gran Canyon è uno degli spettacoli più belli del mondo.	
Lisa	**Penso di sì. Non vedo l'ora** di vederlo.	*I think so. / I can't wait*
Riccardo	Sarà un viaggio interessantissimo.	
Tina	Io non prenderò mai l'aereo: **ho una paura da morire!** Un viaggio in treno è molto più piacevole di un viaggio in aereo: dal treno puoi vedere pianure, colline, laghi, fiumi...	*I am scared to death!*
Riccardo	**Ma va!** Tu hai paura di **tutto!** Come mai non hai paura di sciare?	*Come on! / everything*
Tina	Perché sciare mi piace moltissimo. E poi mio padre mi ha comprato per Natale un bellissimo paio di sci.	

Have students locate L'Aquila on a map of Italy. You may also wish to convey the following information: *L'Aquila, città-capuluogo degli Abruzzi, è circondata dalle più alte montagne degli Appennini. Al sud di L'Aquila c'è Roccaraso, una cittadina rinomata come luogo di vacanze estive ed invernali.*

Comprensione

1. Dove vanno Tina e i suoi compagni?   2. A Stefano piace di più viaggiare in treno o in pullman?   3. Quali regioni visiterà Stefano l'estate prossima? Sono regioni settentrionali o meridionali?   4. Perché Lisa si fermerà a San Francisco?   5. Com'è il Gran Canyon, secondo Stefano? Dove l'ha visto?   6. Perché Tina non prenderà mai l'aereo?   7. Perché Tina non ha paura di sciare?

Conversazione

1. Hai mai attraversato l'America del Nord? Come? Quanti giorni ci vogliono in macchina? E quante ore ci vogliono in aereo?

2. Secondo te, è più attraente (*attractive*) la costa orientale dell'America del Nord o quella occidentale? Perché?

3. Hai visitato l'Italia settentrionale? E l'Italia meridionale?

4. Conosci il nome di un vulcano attivo in Italia? Sai dov'è?

5. Conosci il nome di due belle isole nel golfo di Napoli?

6. Sai qual è il monte più alto d'Europa? Quali paesi confinano con l'Italia?

7. Se paragoni l'Italia al tuo stato, quali differenze noti? Per esempio, il tuo stato è più piccolo o più grande? Più popolato o meno popolato? Trovi altre differenze (la moda, la cucina, la casa...)?

Ascoltiamo!

Un incontro CD2, Track 12 🔊

Lisa stopped at a pharmacy in Roccaraso to buy a few items. There she runs into Giovanni, an old school friend whom she has not seen for several years. Listen to their conversation. Then answer the following questions.

Comprensione

1. Che sorpresa ha avuto Lisa quando è entrata nella farmacia?

2. Con chi è venuto in montagna Giovanni? Perché?

3. In quale periodo dell'anno Lisa e Giovanni venivano in montagna con le loro famiglie?

4. Lisa era una brava sciatrice quand'era bambina? Perché Giovanni rideva (*was laughing*)?

5. Perché Giovanni non potrà vedere Lisa sugli sci domani?

6. Che cosa vuole sapere Giovanni da Lisa? Perché?

👥 Dialogo

A coppie, immaginate di incontrare un vecchio amico/una vecchia amica, che non vedevate da molto tempo, in un posto di villeggiatura. Abbracciatevi e scambiatevi (*exchange*) notizie e indirizzi.

Paragoni 🔊

For more listening practice, listen to CD2, Track 13, and answer the following questions.

Comprensione

1. Di dov'è Brett e cosa fa a Milano?

2. Dov'è Brett oggi e con chi? Di cosa parlano?

3. Perché Brett trova Milano meno bella di San Francisco?

4. Che cosa gli piace di Milano? Perché?

5. Secondo Brett, qual è la differenza tra il clima di Milano e quello di San Francisco?

6. Perché Brett dice che in Italia si mangia benissimo?

7. Cos'altro gli piace a Milano e perché?

Adesso scriviamo!

Una giornata su una spiaggia del mare Adriatico

Guardate la foto e immaginate di avere passato (*you spent*) una giornata su questa spiaggia. Descrivete quello che (*what*) vedete nella foto, dite con chi siete andati, con che mezzo, in quale stagione e in quale mese, che tempo faceva, e cosa avete fatto (*we got a suntan, took a boat, swam in the sea, relaxed* [rilassarsi] *under the beach umbrella, drank cool drinks, built sand castles, played volleyball, had lots of fun, etc.*).

Courtesy of the Author

Parliamo insieme!

A. Identificare le seguenti foto. Attività in piccoli gruppi. Uno studente/Una studentessa rivolge una domanda a ogni studente(essa) del gruppo.

1.

Sylvain Grandadam/Stone/Getty Images

2.

Barry Winiker/Index Stock Imagery/PhotoLibrary

3.

Courtesy of the Author

Foto numero 1: **1.** Riconosci questa piazza? Si trova nel più piccolo stato del mondo. Quale? **2.** In quale regione si trova la città che lo circonda? È una regione dell'Italia settentrionale, centrale o meridionale? **3.** Come si chiama il fiume che attraversa la città? **4.** Conosci il nome di alcuni artisti che hanno contribuito alla ricchezza artistica e architettonica di questa città?

Foto numero 2: **1.** Riconosci la città? In quale regione si trova? **2.** Come si chiama il fiume che l'attraversa? Conosci il nome del suo ponte famoso (visibile nella foto)? **3.** Puoi nominare una statua, una chiesa o un museo di questa città? **4.** Sai come si chiama il movimento umanistico nato nel '400 in questa città? **5.** Ricordi il nome di alcuni dei suoi più illustri cittadini nel campo dell'arte o della letteratura?

Foto numero 3: **1.** Sai in che città si trova questa cattedrale? Come si chiama? Di che stile è? **2.** In che regione si trova questa città? **3.** La regione si trova in una pianura molto fertile che prende il nome dal fiume che l'attraversa. Sai come si chiama la pianura e come si chiama il fiume? **4.** Sai con quali regioni confina questa regione? **5.** Sai perché questa città si chiama «la capitale industriale d'Italia»? **6.** Puoi nominare alcune industrie che esportano i loro prodotti all'estero?

Se avete la possibilità di visitare soltanto una delle tre città, quale preferite visitare e perché?

B. Un quiz di geografia. In gruppi di tre o quattro studenti, guardate la cartina geografica dell'Italia alla pagina seguente e collaborate insieme per stabilire dove si trovano le seguenti città e località. Controllate le risposte solo alla fine del quiz.

1. Dove si trovano queste città e località? Scrivete il loro nome al punto (*dot*) corrispondente.

■ **Esempio** Cagliari
   Cagliari si trova in Sardegna. (Scrivete *Cagliari* vicino al punto corrispondente.)

a. Torino	**f.** Firenze	**k.** Palermo
b. Trento	**g.** Assisi	**l.** Genova
c. Cosenza	**h.** Venezia	**m.** il vulcano Vesuvio
d. Roma	**i.** Napoli	**n.** Capri e Ischia
e. Bari	**j.** Milano	

   (**1** = 14 punti)

2. Dove si trovano i seguenti mari? (Scrivete il loro nome al punto indicato.)
   a. il Mare Tirreno
   b. il Mare Ligure
   c. il Mare Adriatico
   (**2** = 3 punti)

3. Indicate dove si trovano i seguenti paesi che confinano (*border*) con l'Italia:
   a. l'Austria
   b. la Slovenia
   c. la Svizzera
   d. la Francia
   (**3** = 4 punti)

4. Collaborate insieme e dite:
   - In quale città si trova il Vaticano?
   - In quale città ci sono le gondole?
   - In quale città si trova il Teatro alla Scala?
   - In quale città si trova la torre pendente?
   - Da quale città vengono le automobili FIAT?
   - In quale città si trova il *Davide* di Michelangelo?
   - Vicino a quale città ci sono le isole di Capri e Ischia?
   - In quale regione si trova il Lago di Como?
   - Quale regione è famosa per i salami e il prosciutto?
   - Quale regione produce le migliori arance del mondo?
   - In quale regione è Portofino?
   - Come si chiama la piccola repubblica indipendente nel territorio italiano?
   - Come si chiamano le montagne che circondano l'Italia al nord?
   - Come si chiama il fiume più lungo d'Italia?

   (**4** = 14 punti)

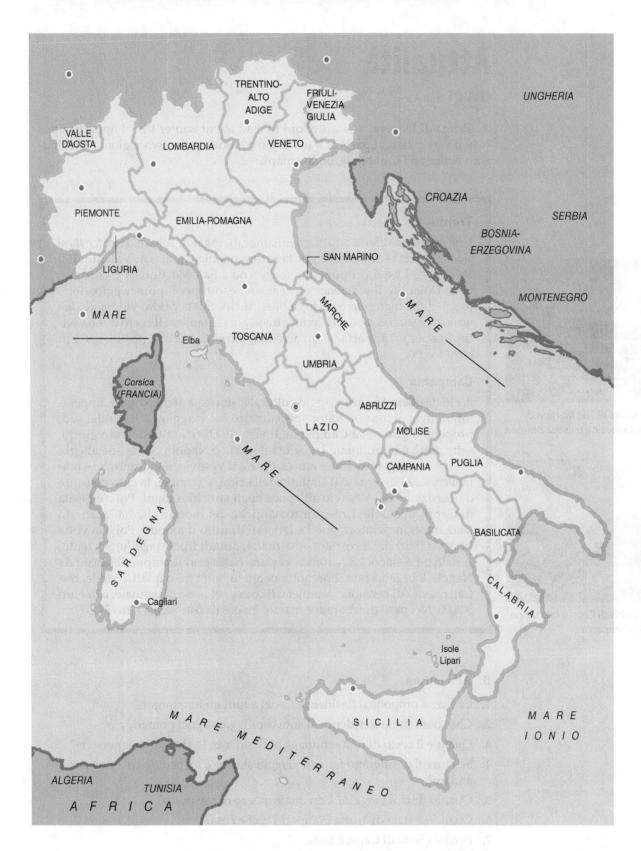

Adesso controllate le vostre risposte: se avete totalizzato 35 punti (35 risposte corrette) siete bravissimi e meritate un viaggio-premio in Italia. Se avete totalizzato 27 punti siete abbastanza bravi e siete pronti per andare in Italia. Se avete totalizzato meno di 15 punti, il vostro viaggio in Italia vi presenterà dei problemi.

Attualità

Inverno tutto italiano

A. Prima di leggere. You are about to read about winter travel opportunities in two very different parts of Italy. Begin by locating the two regions, Trentino-Alto Adige and Campania, on the maps.

Il Residence Lastei di San Martino di Castrozza, nota località sciistica trentina.

La romantica isola di Capri è una tappa del tour della Campania.

Trentino

Una proposta offerta a tutti gli innamorati, ma non solo (*but not for them alone*): vacanze sulla neve per la settimana bianca di San Valentino. Il Residence Lastei propone un soggiorno a San Martino di Castrozza, nelle Dolomiti. Il residence offre ai suoi ospiti per il pomeriggio, dopo lo sci, delle merende (*snacks*) a base di cioccolata calda, vin brulè (*hot wine*) e pasticcini assortiti, in un'atmosfera romantica. Il costo di una settimana per un appartamento arredato (*furnished*) a due posti letto, è di euro 445,00.

Campania

A chi desidera fare un viaggio culturale, storico e archeologico, Imperatore Travel, il tour operator specializzato nei viaggi nell'Italia del sud, propone il giro della Campania. Il viaggio che dura (*lasts*) otto giorni, sette notti, è in pullman. La prima fermata è Napoli, con le sue allegre piazze, la sua gente e i suoi musei. Poi c'è il Vesuvio, il vulcano che è oramai (*by now*) diventato il simbolo della città, e Pompei, la città distrutta dall'eruzione del Vesuvio all'epoca degli antichi romani. Poi c'è l'isola di Capri, una delle isole più romantiche del mondo che ha incantato (*enchanted*) imperatori, poeti e letterati di tutto il mondo. Poi è la volta (*it is the time*) della costiera amalfitana, quindi (*consequently*) Sorrento, Amalfi e Positano. La partenza avviene (*takes place*) sempre di sabato da Napoli. È organizzato il prenottamento in hotel tre o quattro stelle, con trattamento di pensione completa. Il costo, nel mese di gennaio, è di euro 506,00. Nei mesi di febbraio e marzo, invece il costo sale a euro 542,00.

B. Alla lettura

1. Che cosa propone il Residence Lastei a tutti gli innamorati?
2. Che cosa offre il Residence ai suoi ospiti (*guests*) nel pomeriggio?
3. Quant'è il costo di una settimana al Residence Lastei per due persone?
4. Se i turisti desiderano fare un viaggio storico e archeologico, dove possono andare?
5. Quanto dura il viaggio? Con quale mezzo di trasporto?
6. Quando è stata distrutta Pompei? Da che cosa?
7. Perché l'isola di Capri è famosa?

Attività video o

Attività vocabolario

A. Guardate la sezione del video «**Al mare e in montagna**». Poi completate le seguenti frasi con le espressioni che seguono.

trekking, mare, campeggio, collina, ombrellone, agriturismo, escursioni, zaino, tenda (x2), spiaggia, barca, estero, montagna

Cosa dicono le persone intervistate?

1. **Nr. 1** L'estate prossima andrò in vacanza al _____. Prenderemo una _____ a noleggio e andremo all' _____, in Croazia.

2. **Nr. 2** In montagna, durante la stagione estiva mi piace fare _____.

3. **Nr. 2** Non ho mai fatto vacanze in _____, e non le voglio fare. Non voglio dormire sotto una _____, con le zanzare (*mosquitoes*).

4. **Nr. 3** L'estate prossima andrò a Grado con la _____. Mi piace moltissimo dormire e vivere all'aria aperta.

5. **Nr. 3** L'Italia è talmente bella, con tutti i paesini in cima alla _____, con la chiesetta…

6. **Nr. 3** Mah… preferisco viaggiare in treno perché non c'è il problema del parcheggio… e puoi fare la tua vita pacifica, anche con lo _____ sulle spalle.

7. **Nr. 4** Per le mie vacanze al mare mi piace passare le giornate in _____ sotto l' _____ e leggere un libro. Quando vado in _____ mi piace fare delle passeggiate, delle _____… e andare in cerca di funghi.

8. **Nr. 2** Mi piace la comodità dell'albergo, però mi piace anche dormire ogni sera in un _____ diverso, dove conosci i proprietari.

B. Domande sul video. Rispondete alle seguenti domande.

1. Dove andrà l'estate prossima la prima intervistata? Con chi? Cosa prenderanno a noleggio?

2. Dove andranno il secondo intervistato e i suoi compagni del corso d'inglese? Se non riusciranno a fare questo viaggio, quale altra possibilità ci sarà?

3. Quale paese europeo vuole visitare la terza intervistata? Dove andrà l'estate prossima?

4. Dove andranno la quarta intervistata e i suoi amici?

5. Cosa piace fare alla prima intervistata quando va in montagna? E al secondo intervistato?

6. Quale isola ha visitato molto bene la prima intervistata?

7. Quali sono alcuni paesi europei che il secondo intervistato ha visitato?

8. Quali sono alcuni posti molto belli che la quarta persona ha visitato?

Attività grammatica

A. Guardate la sezione del video **«Al mare e in montagna»** una seconda volta e completate le frasi con il futuro del verbo in parentesi.

1. La prima intervistata l'estate prossima (*to go*) _____ al mare; lei e i suoi amici (*to take*) _____ una barca e (*to go*) _____ in Croazia.

2. Il secondo intervistato (*to take a trip*) _____ in Scozia, a Edimburgo. Se loro non (*to succeed*) _____ ad andare in Scozia, loro (*to leave*) _____ per New York.

3. La terza persona intervistata (*to bring*) _____ la sua tenda e (*to camp*) _____ al mare, a Grado.

4. La quarta persona intervistata l'estate prossima (*to visit*) _____ la Spagna con degli amici. Forse loro (*to decide*) _____ di viaggiare in macchina, perché così (*to be able to*) _____ spostarsi più facilmente.

B. Partecipazione. In gruppi di tre studenti, conversate sui seguenti argomenti.

- Dove preferite passare le vostre vacanze: al mare, in montagna, in campeggio, all'estero, e la ragione della vostra scelta.

- Preferite andare in vacanza in montagna in estate o in inverno? Quali attività sportive fate in estate e quali in inverno?

- Quali paesi stranieri avete visitato e quali volete visitare nel futuro?

- Avete fatto il campeggio; quando e dove?

- Quali attività fate quando siete in vacanza al mare?

- Che progetti avete per l'estate prossima?

Vocabolario 🔊

Nomi

l'attività	activity
il canale	canal, channel
il clima	climate
la distanza	distance
le ferie	annual vacation
la gita scolastica	field trip
il mezzo di trasporto	means of transportation
l'ospite	guest
il villaggio	village

Aggettivi

attivo	active
attraente	attractive
centrale	central
eccitato	excited
maggiore	larger, greater
meridionale	southern
migliore	better
minore	smaller, younger
occidentale	western
orientale	eastern
peggiore	worse
pericoloso	dangerous
popolato	populated
prossimo	next
settentrionale	northern
veloce	fast

Verbi

andare (venire) a trovare	to visit (a person)
asciugarsi	to dry oneself
attraversare	to cross
circondare	to surround
confinare (con)	to border
paragonare	to compare
perdersi	to get lost
pescare	to fish

Altre espressioni

così... come	as . . . as
dopodomani	the day after tomorrow
fra (tra) poco	in a little while
fra (tra) un mese	in a month
meglio (*adv.*)	better
meno... di	less . . . than
non vedo l'ora	cannot wait ('til)
peggio (*adv.*)	worse
penso di sì	I think so
più o meno	more or less
più... di (che)	more . . . than
prendere il sole	to get some sun
le previsioni del tempo	weather forecast
tanto... quanto	as (much) . . . as

Il mondo del lavoro

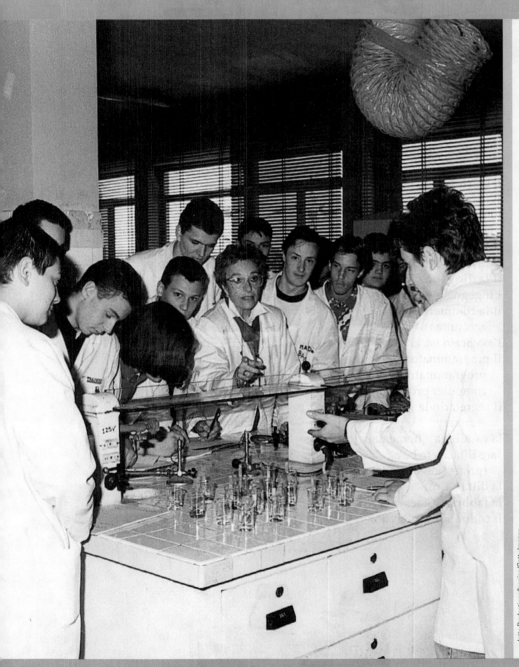

Jetta Productions/Iconica/Getty Images

Parole da ricordare
Mestieri e professioni

Informazioni
L'economia in Italia
Le regioni d'Italia: La Puglia e
la Basilicata

La grammatica
1 Il condizionale: presente e
passato
2 Uso di *dovere*, *potere* e *volere*
nel condizionale
3 Gli avverbi
4 Il *si* impersonale
5 Esclamazioni comuni

Per finire
In cerca di un impiego
Ascoltiamo!
Adesso scriviamo!
Parliamo insieme!

Attualità
L'immigrazione in Italia

Attività video

Preparazione al lavoro. Giovani
apprendisti che seguono
attentamente le spiegazioni
dell'istruttore.

Parole da ricordare
Mestieri e professioni

You might introduce job-related vocabulary by bringing in photos of people doing different jobs and pointing as well to the photos on this page. You can also name famous people and indicate or ask what profession each is associated with.

I mestieri (*Trades*)

il lavoratore/la lavoratrice worker
l'elettricista electrician

l'idraulico plumber
l'operaio factory worker

Le professioni (*Professions*)

il medico (dottore/dottoressa)
  physician
il chirurgo surgeon
il consulente consultant
lo psicologo/la psicologa
  psychologist
il/la dentista dentist
l'infermiere/l'infermiera nurse
il/la dirigente chief executive
l'ingegnere (*m. & f.*) engineer
il/la commercialista
  accountant, CPA
l'avvocato (*m. & f.*) lawyer
il programmatore/la
  programmatrice di computer
  computer programmer
il segretario/la segretaria
  secretary
la casalinga homemaker
fare il/la... to be a . . .
  (profession or trade)
la ditta firm
la fabbrica factory
il colloquio interview

il requisito requirement
l'impiego employment, job
il datore di lavoro employer
il lavoro a tempo pieno
  full-time job
il lavoro part-time part-time job
il posto position, job
fare domanda to apply
le ferie paid vacation
assumere (*p.p.* **assunto**) to hire
licenziare to lay off, to fire
guadagnare to earn
smettere di to stop (doing
  something)
il salario } salary, wages
lo stipendio }
disoccupato unemployed
la disoccupazione
  unemployment
fare sciopero to strike
andare in pensione to retire
il pensionato/la pensionata
  retiree

You may explain that *salario* derives from "salarium," the quantity of salt (*sale*) used by ancient Romans to pay their soldiers. Today *salario* is used mainly to designate unskilled workers' pay.

Applicazione

A. Cosa fanno? Rispondete alle domande.

1. Quando un lavoratore/una lavoratrice arriva a sessantacinque anni ed è stanco(a) di lavorare, cosa fa?

2. Che cosa riceve alla fine del mese una persona che lavora?

3. Di tutte le professioni o i mestieri elencati (*listed*), qual è, secondo te, la/il più difficile? Perché?

4. Se i lavoratori non sono soddisfatti della loro condizione di lavoro, cosa fanno?

B. Che lavoro fanno? Dite quale mestiere o professione fanno le seguenti persone e aggiungete qualche vostra definizione.

1. Scrive lettere e tiene (*keeps*) in ordine i documenti in ufficio.

2. È una persona che non conosce orario né (*nor*) stipendio.

3. Lavora in una fabbrica.

4. Dirige una grande ditta.

5. Ha finito di lavorare e ora dovrebbe (*should*) riposarsi e divertirsi.

6. Prepara programmi per una macchina elettronica.

7. È una persona che…

C. Quali saranno i motivi? Leggete il titolo del giornale *Corriere della Sera* e ipotizzate (*speculate*) quali possono essere i motivi dello sciopero organizzato dai metalmeccanici.

> **CORRIERE DELLA SERA**
> I metalmeccanici annunciano lo sciopero generale

Suggerimenti: maybe they want: a salary increase; *to improve* (**migliorare**) their working conditions; *less* (**meno**) working hours; *more* (**più**) paid vacation days; better relations with their employer; *a cafeteria* (**mensa**) with better food; the possibility to retire *early* (**più presto**); less stress on the job, etc.

D. Conversazione

1. Che professione o mestiere fai o pensi di fare? Che cosa influenza la tua decisione? L'interesse economico o la tua inclinazione?

2. Se hai la scelta, in quale stato degli Stati Uniti preferisci lavorare? Perché?

3. Se hai la possibilità di lavorare all'estero, quale paese dell'Europa o dell'Asia preferisci? Perché?

4. Se fai domanda per un impiego, quali sono i fattori che influenzano la tua scelta? Il clima? La famiglia? Lo stipendio? Le condizioni di lavoro? Il costo degli alloggi?

5. Attualmente (*At present*) dov'è più facile trovare un impiego: nell'industria, nel commercio, nel governo, nell'insegnamento, nell'assistenza sanitaria?

Informazioni

L'economia in Italia

Oggi la disoccupazione in Italia è del 7,9 per cento e c'è una crisi generale nella produzione: il «made in Italy» non tiene più i mercati (*has a smaller market share*) come prima e la situazione economica è diventata più difficile, specialmente a causa (*because of*) della grave crisi economica globale del 2008-2009. Tuttavia, il tenore di vita (*standard of living*) degli Italiani, in generale, è abbastanza buono. Oltre all'esistenza di una forma di industria a carattere familiare o artigianale, il lavoratore italiano gode (*enjoys*) di alcuni privilegi: riceve alla fine dell'anno uno stipendio extra (la tredicesima mensilità); se cambia lavoro o va in pensione, riceve la liquidazione (*a sum of money*). Se i lavoratori perdono il lavoro, ricevono dalla Cassa Integrazione una quota del loro stipendio fino a quando non trovano un altro lavoro. Il lavoratore ha anche quattro settimane di ferie pagate. Le lavoratrici hanno sei mesi di sospensione dal lavoro (pagate) per il parto (*when they give birth*). Il Governo inoltre dà una pensione anche alle persone che non hanno mai lavorato fuori casa, come le casalinghe.

Dati ISTAT gennaio 2009

Le regioni d'Italia

Oggi siamo in… **Puglia** e **Basilicata.** La Puglia è una regione dell'Italia meridionale, con la penisola del Gargano che si protende nel Mare Adriatico. La Basilicata, che confina con la Puglia, ha un'economia agricola, ma è rimasta una delle regioni più povere d'Italia. Se vuoi visitare la Puglia e la Basilicata, clicca qui: **www.cengagebrain.com**

■ Puglia – i trulli di Alberobello

Philippe Lissac/Encyclopedia/Corbis

PUGLIA   BASILICATA

La grammatica

1 Il condizionale: presente e passato

AGENZIA LAVOROTEMP S.p.A
Sede Milano

SELEZIONA

ASSISTENTI AL COMMERCIO

Mansioni: coordinazione, gestione e supervisione di gruppo FILIALI

Si richiede: cultura universitaria, abilità organizzative e relazionali, ottimo uso Pc. resistenza allo stress, capacità di problem solving.

Età: 25/30 anni.
Assunzione: 9 mesi con possibilità di occupazione permanente.
Inquadramento: basato sull'esperienza e titolo universitario
Sede: Milano

I candidati sono pregati di inviare il curriculum a Meroni@lavorotemp.it
Fax: 02/47127889

LT Lavoro Temp
Creating Job Opportunities

You may want to go over the job ad with your students, asking questions such as the following: *Di che lavoro si tratta? Chi può fare domanda? Per quanto tempo è offerto il lavoro? Bisogna conoscere una lingua straniera? Bisogna avere una certa età? Dove si lavora?* etc.

Ti piacerebbe fare domanda per questo lavoro? Dove lavoreresti? A chi spediresti il tuo curriculum?

A. Il condizionale presente

The present conditional (**condizionale presente**) expresses an intention, a preference, a wish, or a polite request; it is the equivalent of the English *would* + verb. Like the future, it derives from the infinitive, and its stem is always the same as the future stem. Also like the future, **-are** verbs change the **-a** to **-e**.

partire → **partirei** = *I would leave*

1. It is conjugated as follows:

Suggest simple sentences in the future, and ask students to transform them into the conditional. (For example, *Comprerò una Ferrari... Comprerei una Ferrari... / Leggerò il giornale... / Dormirò dieci ore... / Avrò fame...*)

parlare	rispondere	partire
parler**ei**	risponder**ei**	partir**ei**
parler**esti**	risponder**esti**	partir**esti**
parler**ebbe**	risponder**ebbe**	partir**ebbe**
parler**emmo**	risponder**emmo**	partir**emmo**
parler**este**	risponder**este**	partir**este**
parler**ebbero**	risponder**ebbero**	partir**ebbero**

Point out that: 1. the *tu* and *voi* forms differ only in the final vowel: *-esti/-este*; 2. the *loro* form is formed by adding *-ro* to the *lui/lei* form.

NOTE: The endings of the present conditional are the same for all conjugations.

Mi **piacerebbe** essere ricco.   *I would like to be rich.*
Ci **aiuteresti?**   *Would you help us?*

2. Verbs that are irregular in the future are also irregular in the conditional. Here is a comprehensive list.

dare:	**darei, daresti,** ecc.	sapere:	**saprei, sapresti,** ecc.
fare:	**farei, faresti,** ecc.	vedere:	**vedrei, vedresti,** ecc.
stare:	**starei, staresti,** ecc.	vivere:	**vivrei, vivresti,** ecc.
andare:	**andrei, andresti,** ecc.	essere:	**sarei, saresti,** ecc.
avere:	**avrei, avresti,** ecc.	bere:	**berrei, berresti,** ecc.
cadere:	**cadrei, cadresti,** ecc.	venire:	**verrei, verresti,** ecc.
dovere:	**dovrei, dovresti,** ecc.	volere:	**vorrei, vorresti,** ecc.
potere:	**potrei, potresti,** ecc.		

Verresti al cinema con me?	*Would you come with me to the movies?*
Mi **darebbe** alcuni consigli?	*Would you give me some advice?*
Io **vorrei** fare l'oculista.	*I would like to be an eye doctor.*

3. Verbs ending in **-care, -gare, -ciare,** and **-giare** undergo a spelling change for phonetic reasons, as in the future tense (see **Capitolo 11**).

cercare: **Cercherei** un lavoro.	*I would look for a job.*
pagare: **Pagherei** molto.	*I would pay a lot.*
cominciare: **Comincerei** a lavorare.	*I would start working.*
mangiare: **Mangerei** della frutta.	*I would eat fruit.*

NOTE: When "would" indicates a habitual action in the past, Italian uses the imperfect tense.

When I was a child, I would (I used to) go to the beach every summer.	**Da bambino, andavo alla spiaggia tutte le estati.**

— Papà, mi presteresti 100 euro? Esco con gli amici.
— Perché dovrei darti 100 euro?
— Perché se non ho soldi potrebbe venirmi un complesso d'inferiorità e chissà per quanti mesi tu dovresti curarmi!

B. Il condizionale passato

The conditional perfect (**condizionale passato**) is the equivalent of the English *would have* + past participle. It is formed with the present conditional of **avere** or **essere** + the past participle of the main verb.

avrei finito = *I would have finished*

It is conjugated as follows:

parlare		rispondere		partire	
avrei		avrei		sarei	
avresti		avresti		saresti	partito(a)
avrebbe	parlato	avrebbe	risposto	sarebbe	
avremmo		avremmo		saremmo	
avreste		avreste		sareste	partiti(e)
avrebbero		avrebbero		sarebbero	

Avrei scritto, ma non avevo l'indirizzo.	*I would have written, but I did not have the address.*
Avresti accettato l'invito?	*Would you have accepted the invitation?*

Pratica

A. Desiderio di rilassarsi. Cosa faresti durante le vacanze? Rispondete secondo l'esempio.

Tell students that *rilassarsi* means "to relax": *Durante le vacanze ci siamo rilassati.*

Have students answer the question: *E Lei cosa farebbe durante le vacanze?*

■ **Esempio**   vedere gli amici
   — *Vedrei gli amici.*

1. dormire fino a tardi
2. fare delle passeggiate
3. leggere molti libri
4. mangiare al ristorante
5. guardare la TV
6. divertirsi
7. scrivere delle lettere
8. andare al cinema
9. stare in spiaggia tutto il giorno
10. uscire con gli amici
11. riposarsi
12. giocare a tennis

B. Scambi rapidi. Completate con il condizionale presente.

1. A un caffè di Viareggio, in Toscana
   — Ragazzi, io (prendere) _____ un espresso lungo*. E voi?   *weak*
   — Con questo caldo? Noi (bere) _____ volentieri qualcosa di fresco.
   — Sì, mi (piacere) _____ bere un succo di pompelmo. E a te?
   — Per me la stessa cosa.

2. All'ingresso di un albergo di Verona, nel Veneto
   — Che camera (volere) _____ i signori? Una sul davanti?
   — Sì, (andare) _____ bene, se non c'è troppo rumore* però.   *noise*
   — Possono stare tranquilli. (Potere) _____ darmi un Loro documento?
   — Ecco il passaporto.

C. Cosa faresti tu in questa situazione? Fatevi a turno le domande. Scegliete l'espressione corretta della seconda colonna e rispondete usando il verbo al condizionale.

■ **Esempio**   — Sei in ritardo a un appuntamento. Cosa faresti?
         — *Mi scuserei.*

1. La macchina non funziona.   protestare (o...)
2. Un amico ti chiede un   fargli le mie congratulazioni
   favore.   farglielo
3. Il padrone di casa aumenta   portarla dal meccanico
   l'affitto dell'appartamento.   fare la fila e aspettare
4. Un collega d'ufficio riceve una   ringraziarlo
   promozione.   preparare il mio curriculum vitae
5. Devi spedire un pacco (*package*),
   e all'ufficio postale ci sono molte
   persone.
6. Devi presentarti ad un colloquio.
7. Il tuo direttore ti dà un aumento
   di stipendio.

D. Un lavoro per l'estate: un sondaggio (*survey*). Completate il dialogo tra Francesca e Alessandra con i verbi al condizionale presente.

Francesca   Vai in vacanze quest'estate?

Alessandra   Io (*to go*) _____ volentieri in vacanza, ma sono a corto di soldi.

Francesca   Ti (*to like*) _____ lavorare per due mesi dove lavoro io?

Alessandra   Che tipo di lavoro (*to be*) _____?

market research   Francesca   È una ditta che si occupa di ricerche di mercato*.

Alessandra   E io cosa (*to do*) _____?

Francesca   Tu (*to call*) _____ a molte persone e (*to gather* = **raccogliere**) _____ informazioni. È un sondaggio.

Alessandra   Pagano bene?

Francesca   No, non molto. Però dopo due mesi di lavoro tu (*to have*) _____ i soldi per andare in vacanza. Lunedì, io ti (*to introduce*) _____ ai miei capi. Sono due ingegneri molto cordiali.

Alessandra   E loro mi (*to hire*) _____ anche se non ho esperienza?

Francesca   Penso di sì. Hanno bisogno di personale. Tu (*to know how*) _____ usare il pacchetto Microsoft (Word-Outlook)?

I manage   Alessandra   Mi arrangio*.

Francesca   Allora io ti (*to advise* = **consigliare**) _____ di preparare il tuo CV e di darmelo.

Alessandra   OK. Tu (*to have*) _____ il tempo di passare da me domani sera?

Francesca   Sì, dopo le otto.

Alessandra   Allora ci vediamo domani sera, e grazie mille.

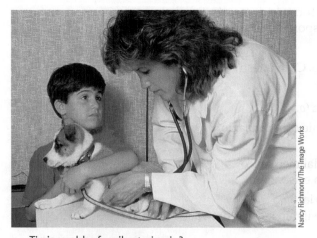

— Ti piacerebbe fare il veterinario?
— Sì, perché mi piacciono gli animali.

DAL VETERINARIO
Cartello sulla parete

AI BAMBINI NON ACCOMPAGNATI REGALIAMO UN CUCCIOLO E DIAMO UN CAFFÈ ESPRESSO.

non accompagnati   *unattended*

cucciolo   *pet*

E. Il troppo lavoro stanca. Marco ha 19 anni. È venuto a New York a trovare gli zii e il cugino David. Marco spiega al cugino che in Italia ci sono più giorni di festa che in America. Completate il loro dialogo con il condizionale del verbo in parentesi.

Marco (*I would not like*) _____ lavorare in America. Voi Americani lavorate troppo!

David Perché? In Italia (*there would be*) _____ più giorni di festa?

Marco Certo! In Italia, specialmente se lavori per il Governo, (*you would not work*) _____ 52 domeniche e 52 sabati, più 16 festività religiose e civili.

David Allora molti Italiani (*would go*) _____ a lavorare solo 245 giorni all'anno!

Marco Un momento! (*There would be*) _____ anche il ponte.

David Cos'è il ponte?

Therefore

Marco Quando c'è un giorno di lavoro tra due giorni festivi, si fa il ponte: tre giorni di festa. Quindi* (*you would have*) _____ circa altri dieci giorni di festa. Poi (*there would be*) _____ quattro settimane di ferie pagate.

David Facciamo i conti: 52+52+16+10+20 fa 154. Allora voi (*would work*) _____ circa 215 giorni all'anno! Mi (*would you find*) _____ un lavoro in Italia?

Marco Eh! Non è facile!

GIORNI FESTIVI	
a tutti gli effetti civili	
	Tutte le domeniche
1 gennaio:	capodanno
6 gennaio:	epifania
19 marzo:	san giuseppe
27 marzo:	lunedì dell'angelo
25 aprile:	anniv. liberazione
1 maggio:	festa del lavoro
4 maggio:	ascensione di N.S.
25 maggio:	corpus domini
2 giugno:	proclam. repubblica
29 giugno:	ss. pietro e paolo
15 agosto:	assunzione di maria v.
1 novembre:	ognissanti
4 novembre:	aniv. della vittoria
8 dicembre:	immacolata concez.
25 dicembre:	natività di N.S.
26 dicembre:	s. stefano
festività nazionali	
25 aprile:	anniv. liberazione
1 maggio:	Festa del Lavoro
2 giugno:	proclam. repubblica
4 novembre:	anniv. della vittoria

F. Supposizioni. Cosa avresti fatto nelle seguenti situazioni? In coppie e a turno, fate le domande e rispondete.

■ **Esempio** al lago
— *Cosa avresti fatto al lago?*
— *Avrei preso il sole. o...*

1. a Roma
2. dopo un esame difficile
3. prima di un colloquio per un impiego
4. in caso di cattivo tempo
5. per il compleanno del tuo ragazzo/della tua ragazza
6. nel caso del tuo licenziamento

Nota culturale

La donna italiana e il lavoro

Se vuoi sapere qual è il progresso della donna nel lavoro, clicca qui: **www.cengagebrain.com**

G. Presente o passato? Completate con il condizionale presente o passato.

1. Io (andare) _____ in vacanza ma sono al verde.
2. Noi (uscire) _____, ma piove.
3. (Vivere) _____ in campagna Lei?
4. Loro (essere) _____ contenti di stare a casa oggi.
5. Gino (partire) _____ con il treno delle sei, ma la sua valigia non era pronta.
6. Che cosa (rispondere) _____ a un amico che ti domanda un favore?
7. A te (piacere) _____ fare il chirurgo?
8. Hai scritto a Pietro? Gli (scrivere) _____, ma lui non ha risposto alla mia ultima lettera.

Nota culturale

Chris Warde-Jones/The New York Times/Redux

 — Chi si prende cura dei tuoi bambini quando sei al lavoro?

— Ho assunto una colf: è una donna del Senegal, ed è bravissima. Avrei dovuto assumerla prima.

colf = domestic worker

La badante 🌐

La badante è una persona molto utile nella società italiana. Se vuoi sapere chi è, e cosa fa, clicca qui: **www.cengagebrain.com**

Have students create their own business cards for the professions they would like to pursue, and have them explain their choices. Explain that "business card" is *biglietto da visita.*

H. Desideri impossibili. Formate delle frasi complete con il primo verbo al condizionale passato e il secondo verbo all'imperfetto.

■ **Esempio**   Lia (fare) un viaggio / ma non (avere) soldi
Lia avrebbe fatto un viaggio, ma non aveva soldi.

1. io (prestarti) la macchina / non (funzionare)
2. lui (cambiare) lavoro / (essere) difficile trovarne un altro
3. noi (prendere) il treno / (esserci) lo sciopero dei treni
4. lei (fare) medicina / gli studi (essere) troppo lunghi
5. il nostro amico (partire) / non (stare) bene
6. io (preferire) un lavoro a tempo pieno / (esserci) solo lavori part-time

2 Uso di *dovere, potere* e *volere* nel condizionale

MECCANICO

— Potrebbe ripararla in un'ora, prima del ritorno di mio marito?

A. The present conditional of **dovere, potere,** and **volere** is used instead of the present indicative to make a request more polite or a statement less forceful. It has the following meanings:

dovrei = *I should, I ought to*
potrei = *I could, I might*
vorrei = *I would like*

Compare:

Devi aiutare la gente.	*You must help people.*
Dovresti aiutare la gente.	*You should (You ought to) help people.*
Non **voglio** vivere qui.	*I don't want to live here.*
Non **vorrei** vivere qui.	*I would not like to live here.*
Può aiutarmi?	*Can you help me?*
Potrebbe aiutarmi?	*Could you help me?*

B. In the conditional perfect, **potere, volere,** and **dovere** correspond to the following English constructions:

avrei dovuto + *infinitive* = *I should have* + past participle
avrei potuto + *infinitive* = *I could have* + past participle
avrei voluto + *infinitive* = *I would have liked* + infinitive

Avrei dovuto parlare all'avvocato.	*I should have spoken to the lawyer.*
Avrebbe potuto laurearsi l'anno scorso.	*She could have graduated last year.*
Avrebbe voluto fare un viaggio.	*He would have liked to take a trip.*

Ask students to answer questions such as: Tu cosa avresti voluto fare da bambino(a)? E voi, cosa avreste voluto fare domenica scorsa?

Pratica

A. Belle maniere (*Polite manners*). Attenuate (*Make less forceful*) le seguenti frasi, usando il condizionale presente.

1. I due turisti: Vogliamo due camere singole con doccia. Può prepararci il conto per stasera?

2. Il direttore di una ditta: Dobbiamo assumere una persona competente. Può inviarci (*send us*) il Suo curriculum vitae?

3. Il capoufficio: Deve pensare al Suo futuro. Vuole una lettera di raccomandazione?

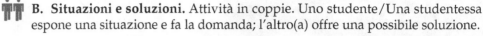

4. Un lavoratore part-time: Oggi voglio finire prima. Devo andare all'agenzia di collocamento.

5. Gli studenti d'italiano: Possiamo uscire mezz'ora prima? Può ripetere le spiegazioni sul condizionale domani?

To follow up on Exercise B, have students in small groups take turns describing a difficult situation in which they have found themselves. The other students can suggest what they should have done.

B. Situazioni e soluzioni. Attività in coppie. Uno studente/Una studentessa espone una situazione e fa la domanda; l'altro(a) offre una possibile soluzione.

■ **Esempio**   Il signor Brambilla era stanco di lavorare. Che cosa avrebbe voluto fare?
— *Avrebbe voluto andare in pensione.* o *Avrebbe voluto smettere di lavorare.*

1. Non avevate notizie di una vostra amica. Che cosa avreste potuto fare?

2. Avevi un appuntamento, ma non ci potevi andare. Che cosa avresti potuto fare?

3. Un amico ti ha telefonato perché era in gravi difficoltà finanziarie. Che cosa avresti potuto fare?

4. L'altro giorno sei andato(a) in ufficio; il computer non funzionava, faceva troppo caldo e il direttore era di cattivo umore. Cosa avresti voluto fare?

5. Ieri era una bellissima giornata. A scuola c'era un esame difficile; tu ed altri studenti non eravate preparati, e non avevate voglia di andare in classe. Cosa avreste voluto fare?

3 Gli avverbi

Martyn Goddard/Terra/Corbis

Pippo l'ottimista.
Pippo: Papà, quando sarò grande (*when I'm grown up*). Comprerò una Ferrari, o probabilmente una Lamborghini.
Papà: Certamente. Però prima devi lavorare duramente, risparmiare continuamente, spendere moderatamente…
Pippo: Papà, non voglio più la Ferrari.

Ask students what they are doing *adesso (ora)*, and what they do *spesso, raramente, mai.* Practice recounting actions in sequence: *Che cosa hai fatto quando ti sei svegliato(a)? Prima? Poi? Dopo? Più tardi? (Prima mi sono alzato(a), poi mi sono lavato(a), ecc.)*

A. You have learned several adverbs (**molto, troppo, ora, presto,** etc.) in earlier chapters. In Italian, many adverbs are formed by adding **-mente** to the feminine form of the adjective. The suffix **-mente** corresponds to the English adverbial suffix *-ly.*

attento	attenta	**attentamente** (*carefully*)
rapido	rapida	**rapidamente** (*rapidly*)

Adjectives ending in **-e** add **-mente** without changing the final vowel.

semplice	**semplicemente** (*simply*)
veloce	**velocemente** (*fast, quickly*)

Adjectives ending in **-le** and **-re** drop the final **-e** before **-mente.**

particolare	**particolarmente** (*particularly*)
probabile	**probabilmente** (*probably*)

B. The following are some useful **adverbs of time:**

adesso, ora *now*	**dopo** *later*
prima *first, before*	**poi** *then*
presto *early, soon*	**tardi, più tardi** *late, later*
spesso *often*	{ **raramente** *seldom* / **qualche volta** *sometimes*
già *already*	**non… ancora** *not… yet*
ancora *still, more, again*	**non… più** *not… any longer, not… anymore*
sempre *always*	**non… mai** *never*

Adverbs generally follow the verb.

Viaggio **spesso** per affari.	*I often travel on business.*
Vado **sempre** in aereo.	*I always go by plane.*

With *compound tenses,* however, the following adverbs of time are placed *between* the auxiliary verb and the past participle: **già, non... ancora, non... più, non... mai,** and **sempre.**

Non sono **mai** andata in treno.	*I've never gone by train.*
Non ho **ancora** fatto colazione.	*I have not had breakfast yet.*
Sei **già** stata in banca?	*Have you already been to the bank?*

C. To ask *how long* (**da quanto tempo**) something has been going on, the following construction is used:

Da + (quanto tempo) + abiti qui?
Abito qui **da dieci anni.**

If the question is **da quando?** (*since when?*), **da** means *since.*

Da quando studi l'italiano? Studio l'italiano **dall'anno scorso.**

Tre istruttori di sci si ritrovano a cena dopo una faticosa giornata di lavoro.
— Da quanto tempo fai l'istruttore di sci?
— Da dieci anni.

— Da quando hai la patente?
— Da stamattina.

Pratica

 A. Come... ? Fatevi a turno le domande e rispondete con un avverbio, seguendo l'esempio.

■ **Esempio** — Sei una persona cordiale: come saluti?
— *Saluto cordialmente.*

1. Sei molto rapido a leggere: come leggi? **2.** Stai attento(a) quando il professore spiega: come ascolti? **3.** Fai una vita tranquilla: come vivi?
4. Per te (*you*) è facile scrivere: come scrivi? **5.** Sei sempre pronto(a) a rispondere: come rispondi? **6.** I tuoi vestiti (*clothes*) sono sempre eleganti: come ti vesti?

B. Conversazione. In due, fatevi a turno le domande e usate nella risposta una delle espressioni suggerite in parentesi.

■ **Esempio** — *Sei già stato(a) in Italia?* (not yet)
— *Non sono ancora stato(a) in Italia.*

1. Hai già visitato Roma? (*not yet*) **2.** Sei andato(a) in metropolitana? (*sometimes*)
3. Vai spesso al cinema? (*seldom*) **4.** Guardi ancora i cartoni animati? (*not . . . anymore*) **5.** Ti sei alzato(a) presto stamattina? (*late*) **6.** Hai già cenato? (*not yet*)
7. Hai mai viaggiato in nave? (*never*) **8.** Vai adesso in biblioteca? (*later*)

C. Da quanto tempo? In due, chiedetevi a turno le seguenti informazioni.

■ **Esempio** abitare in questa città
     — *Da quanto tempo abiti in questa città?*
     — *Abito in questa città da sei mesi (un anno, due anni, ecc.).*

1. frequentare l'università
2. studiare l'italiano
3. essere alla lezione d'italiano
4. abitare all'indirizzo attuale (*present*)
5. non vedere la tua famiglia
6. non andare a un ristorante cinese
7. avere la patente (*driver's license*)

D. Divertiamoci insieme: un indovinello (*riddle*). Attività in gruppi di tre o quattro. Leggete l'indovinello; poi, a turno, proponete la soluzione.

Prima o dopo? C'è un contadino (*farmer*) che deve attraversare un fiume con la barca (*boat*). Deve portare sull'altra riva (*shore*) un lupo (*wolf*), una capra (*goat*) e un cavolo (*cabbage*). Però può portarne solo uno alla volta. Poi deve tornare indietro (*come back*) a prendere gli altri due. Se porta prima il lupo, la capra mangia il cavolo; se porta prima il cavolo, il lupo mangia la capra. Come deve fare? Chi porta prima e chi porta dopo? La soluzione c'è. Trovatela!

4 Il *si* impersonale

PER ME SI VA NELLA CITTÀ DOLENTE,
PER ME SI VA NELL'ETERNO DOLOR,
PER ME SI VA TRA LA PERDUTA GENTE.

Dante, *Divina Commedia, Inferno, Canto III*

The impersonal **si** + *verb* in the third-person singular is used:

- in general statements corresponding to the English words *one, you, we, they,* and *people* + verb.

Come **si dice** «...»?	*How do you say "..."?*
Se **si studia, s'impara.**	*If one studies, one learns.*

- conversationally, meaning **noi.**

Che **si fa** stasera?	*What are we doing tonight?*
Si va in palestra?	*Are we going to the gym?*

Pratica

A. Si dice anche così. Attività in due. Uno studente/Una studentessa fa l'affermazione; l'altro(a) la conferma usando il *si* impersonale.

■ **Esempio** — La gente vive bene in Italia.
— *Sì, si vive bene in Italia.*

1. Mangiamo bene in quel ristorante.
2. Se tu studi, impari.
3. In montagna, la gente va a dormire presto.
4. Se vuoi mangiare, devi lavorare.
5. Andiamo al cinema stasera?
6. Oggi la gente non ha più pazienza.
7. Mangiamo per vivere, non viviamo per mangiare.

Una pizzeria a Venezia

B. Cosa si fa quando... ? Rispondete con il *si* impersonale e con la vostra immaginazione.

■ **Esempio** ...si va in vacanza
— *Cosa si fa quando si va in vacanza?*
— *Si fa il campeggio. Si dorme sotto la tenda.* o...

1. ...si ricevono brutti voti a scuola?
2. ...il frigorifero è vuoto (*empty*)?
3. ...si è senza soldi?
4. ...si è stanchi e si ha sonno?
5. ...si perde il treno?
6. ...si è stressati?

5 Esclamazioni comuni

Here are some exclamations expressing a wish or a feeling. You have already encountered some of them.

Dai, che sei primo!

Auguri!	Best wishes!
Congratulazioni! Felicitazioni!	Congratulations!
Buon Anno!	Happy New Year!
Buon compleanno!	Happy Birthday!
Buon appetito!	Enjoy your meal!
Buon divertimento!	Have fun!
Buona fortuna!	Good luck!
In bocca al lupo!	Break a leg! (*lit.,* In the wolf's mouth!)
Buona giornata!	Have a good day (at work)!
Buon Natale!	Merry Christmas!
Buona Pasqua!	Happy Easter!
Buone vacanze!	Have a nice vacation!
Buon viaggio!	Have a nice trip!
Salute! Cin cin!	Cheers!
Salute!	God bless you! (when someone sneezes)
Aiuto!	Help!
Attenzione!	Watch out!
Bravo(a)!	Well done!
Caspita!	Wow! Unbelievable!
Chissà!	Who knows!
Mah!	Bah!
Ma va! Macché!	No way!
Magari!	I wish it were true!
Meno male!	Thank goodness!
Peccato!	What a pity!
Su, dai!	Come on!
Va bene! D'accordo!	OK!
Be' (Beh)...	Well . . .
Purtroppo!	Unfortunately!

Pratica

Cosa si dice? Quale espressione useresti in ognuna delle seguenti situazioni?

1. Tua cugina si sposa sabato prossimo.
2. Bevi con amici un bicchiere di spumante.
3. È l'ora di pranzo e tutti sono a tavola.
4. Vedi un pedone (*pedestrian*) che attraversa la strada in un momento di traffico.
5. Un parente ha vinto cinque milioni alla lotteria.
6. Ti domandano se andrai in vacanza, ma tu sei incerto.
7. Tuo fratello ha perduto il treno.
8. Vuoi convincere Alberto ad uscire con te.
9. Domani tua sorella ha un esame importante.

Per finire

In cerca di un impiego CD2, Track 14 🔊

Liliana ha preparato il suo curriculum vitae e oggi si è presentata nello studio dell'avvocato Rizzi per un colloquio.

Rizzi   Ah, questo è il Suo curriculum. Mi dica, ha mai lavorato in un ufficio legale?

Liliana   No, ho lavorato per alcuni mesi in una ditta di import-export, ma poiché sono studentessa in legge mi piacerebbe fare esperienza in uno studio legale.

Rizzi   Come Lei avrà letto nel nostro annuncio, noi avremmo bisogno di **qualcuno** solamente per un lavoro part-time di due mesi, per fare delle ricerche.   *someone*

Liliana   Sì, un lavoro di due mesi a orario ridotto mi andrebbe bene, perché mi permetterebbe di frequentare i miei corsi.

Rizzi   Benissimo. Allora, benvenuta a bordo! **Per quanto riguarda** l'orario, si metta d'accordo con la mia segretaria.   *As far as*

(Liliana fa la conoscenza della segretaria.)

Marina   Molto piacere, signorina.

Liliana   Piacere. Mi chiami pure Liliana.

Marina   Grazie. Io sono Marina. Lei è disponibile la mattina o il pomeriggio?

Liliana   Il pomeriggio, due o tre ore. Posso incominciare anche domani.

Marina   Ottimo. Io ho il Suo curriculum… dovrei vedere anche il Suo codice fiscale.

Liliana   Eccolo!

Marina   Benissimo, grazie. Allora ci vediamo domani pomeriggio alle due.

Liliana   Grazie, arrivederci.

Comprensione

1. Perché Liliana si è presentata ad uno studio legale? Sarebbe un'impiegata inesperta? Perché?   2. Per quali ragioni vorrebbe lavorare in uno studio legale?   3. Ha ottenuto (*obtained*) l'impiego Liliana? Perché è contenta?   4. Che cosa le dice l'avvocato prima di salutarla?   5. Chi conosce poi Liliana? Perché?   6. Quando incomincia a lavorare?

Conversazione

1. Ti sei mai presentato(a) a un colloquio tu? Com'è andato? Ti hanno chiesto il curriculum vitae?

2. Ti piacerebbe fare l'impiegato(a)? Perché?

3. Se non hai ancora un lavoro, quale mestiere o professione vorresti fare? Perché?

4. Se hai già un impiego, sei soddisfatto(a) del tuo stipendio? Lo spendi tutto o riesci a risparmiare un po' di soldi?

5. Se non hai un impiego, è perché sei disoccupato(a), molto ricco(a), in pensione o perché prima avresti intenzione di finire gli studi?

Ascoltiamo!

Una decisione pratica   CD2, Track 15 🔊

Paola has just run into Luigi, an old friend from the **liceo**. Listen to their conversation as they each catch up on what the other is doing. Then answer the following questions.

> **Ristorante** (Rimini) cerca 2 apprendisti cameriere/a 17-20 anni max   periodo estivo minima esperienza. Tel. 902.5610

Comprensione

1. Com'è vestito Luigi? Perché?
2. Che cosa voleva fare Luigi quand'era al liceo? Perché ha cambiato idea (*did he change his mind*)?
3. Che cosa cerca Paola? Perché?
4. Adesso che cosa vorrebbe fare anche Paola?
5. Secondo Lei, Paola parla seriamente o scherza (*is joking*)?

👥 Dialogo

Lavoro estivo. Leggete l'annuncio e poi telefonate per sapere dettagli sul lavoro, i giorni, le ore e il salario. In coppia, fate le parti di chi cerca lavoro e del padrone del ristorante che lo offre.

Una scelta difficile 🔊

For more listening practice, listen to CD2, Track 16, and answer the following questions.

Comprensione

1. Che anno di liceo frequentano Laura e Franco?
2. Che cosa deve decidere Franco?   3. Che cosa gli piacerebbe fare?   4. Quali sono i vantaggi nell'insegnamento? Quali sono gli svantaggi?
5. Anche Laura è indecisa sulla sua professione?
6. Che cosa vuole fare? Perché?   7. Cos'ha a casa sua?

Adesso scriviamo!

Curriculum vitae

Immagina di essere uno studente italiano/una studentessa italiana che vuole fare domanda per un lavoro offerto negli Stati Uniti. Scrivi il tuo curriculum.

- nome e cognome
- data di nascita
- indirizzo, numero di telefono, ed e-mail
- titolo di studio (diploma o laurea, nome della scuola o dell'università)
- conoscenza delle lingue (quali)
- soggiorno all'estero (in quali paesi)
- esperienza di lavoro (dove, quando, quanto tempo)
- attività e interessi personali
- lettere di raccomandazione (da chi: nome, qualifica, scuola o ditta)

L'INDIRIZZO

Good job!

Volete un lavoro estivo negli Stati Uniti (e anche in altri paesi) per andare a imparare le lingue? Provate qui: www.greatsummerjobs.com. Sono elencate 167 categorie diverse di lavori all'interno di campi estivi per studenti delle superiori. Ci sono altre possibilità: www.summerjobs.com (che elenca 500 lavori possibili). Chi ama i parchi nazionali americani può orientarsi su www.coolworks.com. Per altri paesi del mondo: www.overseasjobs.com. Buon lavoro.

Parliamo insieme!

A. Offriamo lavoro. Leggete gli annunci di «Azienda Multinazionale». Immaginate di essere interessati in una delle posizioni offerte e iniziate una conversazione telefonica con il datore di lavoro, che vi chiederà quali sono le vostre qualifiche, gli studi, l'esperienza, le referenze, la conoscenza delle lingue straniere, eccetera. Voi chiederete informazioni sul lavoro offerto: l'orario, lo stipendio, la data di inizio, se è un lavoro permanente o di alcuni mesi e a chi rivolgersi per fare domanda.

AZIENDA MULTINAZIONALE
Sede Torino

CERCA: IMPIEGATI
Si richiede:
• Esperienza in comunicazioni telefoniche
• Laurea/Diploma
• Disponibilità entro breve termine
• Età massima 35 anni
Assunzione 6 mesi con possibilità di assunzione permanente.

CERCA: INGEGNERI INDUSTRIALI
Si richiede:
• Esperienza in costruzione e gestione impianti
• Abilità di utilizzare avanzate tecnologie informatiche.
• Conoscenza inglese
• Età non superiore ai 35 anni
Inquadramento: commisurato all'esperienza. Ottime possibilità carriera.

CERCA: SEGRETARIE
Si richiede:
• Archiviazione documenti
• Supporto attività organizzative e amministrative
• Gestione corrispondenza
• Ottima conoscenza del pacchetto Microsoft (Word, Outlook)
• Conoscenza inglese preferibile
• Abilità di utilizzare supporti informatici
Offriamo: posizione permanente
Inquadramento: basato su esperienza

Inviare curriculum a cattaneo@occupazione.com
Fax: 011/86334578

— Pronto? Buon giorno. Ho letto la Vostra inserzione sul giornale e sono interessato(a) al posto di…

— Bene, quali sono le Sue qualifiche?

— _____

B. Test di attitudine. Volete sapere quali sono le vostre inclinazioni nel campo (*field*) del lavoro? Fai le domande al tuo compagno/alla tua compagna e marca (*fill in*) le risposte. Il tuo compagno/La tua compagna fa la stessa cosa con te. Quando i due test sono completati, verificate i risultati e paragonateli (*compare them*).

Preferiresti un lavoro con	molte responsabilità.	A _____
	poche responsabilità.	B _____
Fare carriera	sarebbe molto importante per te.	A _____
	non ti entusiasma molto.	B _____
Ti piacerebbe vivere	in una grande città.	A _____
	in un piccolo centro.	B _____
Sceglieresti alla TV programmi	di economia e marketing.	A _____
	di sport e film.	B _____
Vorresti discutere con gli amici	di questioni economiche.	A _____
	di problemi ecologici.	B _____
Preferiresti	ascoltare conferenze su come investire soldi.	A _____
	passare il tempo libero in campagna.	B _____
Ti piacerebbe	vestirti in maniera disinvolta (*casual*) ma elegante.	A _____
	portare abiti pratici e comodi.	B _____
Vorresti come regalo	un supercomputer.	A _____
	una bicicletta da montagna.	B _____

Sei hai totalizzato 8 A, hai definitivamente le tendenze di un agente di borsa (*stock broker*).
Se hai totalizzato 8 B, la vita dell'alta finanza non fa per te.

 C. Quale professione mi consigli? Fate la parte di qualcuno che domanda consigli sulla professione da seguire e di un amico/un'amica che dà dei suggerimenti.

■ **Esempio** — *Mi piacerebbe viaggiare e vedere paesi stranieri.*
— *Allora ti consiglierei di fare l'agente di viaggi. (o la guida o...)*

1. Sono una persona ordinata, metodica, precisa e puntuale.
2. Mi piacerebbe studiare per tutta la vita.
3. Mi appassiono ai problemi personali e mi piacerebbe trovare le soluzioni.
4. Vorrei vedere il trionfo della giustizia e diventare ricco(a) allo stesso tempo.
5. Mi piace prendermi cura dei bambini e della casa e preparare dei pranzi squisiti.

Attualità
L'immigrazione in Italia

A. Prima di leggere. You are about to read about immigration in Italy. Recently Italy has seen a rise in immigration, something that has had positive effects, but has also prompted certain negative reactions. With a decline in Italy's birth rate, immigrants are needed to augment the workforce, from building infrastructure to providing home help and child care. Multicultural and diversity curricula have been offered in schools, though there is a debate about how best to integrate immigrant children.

NO APARTHEID!

50 secondi di silenzio

Donna Moderna

La Lega ha proposto—e la camera ha approvato—di creare classi a parte per i bambini stranieri che non superano gli esami d'italiano. Speriamo che il provvedimento non passi al Senato: non vogliamo ghetti a scuola.

L'Italia, che per molte generazioni ha mandato emigrati per tutto il mondo, ha dovuto affrontare (*face*), in un periodo relativamente breve, il fenomeno dell'immigrazione su larga scala. Pur avendo molti lati positivi (*Even having positive factors*), l'immigrazione ha creato dei problemi che richiedono (*require*) del tempo per essere risolti. Ci sono state reazioni negative da parte di alcuni Italiani che hanno visto il loro lavoro passare nelle mani degli immigrati disposti (*willing*) a lavorare per un compenso inferiore.

Un recente sondaggio (*survey*) ha rivelato che un numero sempre maggiore d'immigrati sono stati legalizzati in Italia e nell'Unione Europea, mentre ancora circa 8.000.000 d'immigrati illegali vivono oggi in Europa. D'altra parte (*On the other hand*), con il numero delle nascite in continua diminuzione, e la popolazione degli anziani in aumento, l'Italia ha bisogno della mano d'opera degli immigrati (*foreign labor*) per colmare le lacune (*to fill the gaps*) che si creano nelle infrastrutture del Paese. Per esempio, oggi più di 100.000 donne straniere hanno trovato lavori permanenti come domestiche o assistenti-casalinghe: il 3% dei bambini italiani hanno una figura materna straniera e la badante è diventata una presenza molto importante nella società perché assiste i malati e le persone anziane (*elderly*).

Le scuole promuovono attività culturali per facilitare l'integrazione tra i bambini italiani e quegli stranieri, anche se i bambini accettano le diversità culturali molto più facilmente degli adulti.

Di recente la Camera (*Congress*) ha approvato una proposta di legge che prevede la separazione nelle scuole dei bambini italiani dai bambini figli dei recenti immigrati, in quanto (*because*) questi ultimi hanno delle difficoltà a seguire i programmi scolastici a causa (*because of*) della lingua. In molte parti d'Italia la popolazione ha indetto (*organized*) dimostrazioni contro questa legge, chiedendo di non separare i bambini, e chiedendo al Senato di non approvare la legge. «Non vogliamo apartheid!» è lo slogan dei dimostranti.

B. Alla lettura

1. Perché l'arrivo degli immigrati in Italia ha causato delle reazioni negative?
2. Perché l'Italia ha bisogno della mano d'opera degli immigrati?
3. Che tipo di lavoro hanno trovato molte donne straniere?
4. Perché la badante è una persona molto utile nella vita degli Italiani?
5. Che cosa promuovono le scuole? Perché?
6. Perché la Camera ha approvato una legge per separare i bambini stranieri da quelli italiani nelle scuole?
7. Che cosa chiede la popolazione italiana con le dimostrazioni?

Attività video ▶

Attività vocabolario

A. Guardate la sezione del video «**Il mondo del lavoro**». Poi completate le seguenti frasi con i nomi, i verbi, e le espressioni che seguono.

badanti, rappresentante, lavoratori, commerciante, veterinario, casalinga, impiegata, segretaria, insegnante, avvocato, disoccupazione (x2), lavoro, medico, dentista, ferie

Cosa dicono gli intervistati?

1. **Nr. 1** Io faccio la _____, vendo macchine per ufficio. Però non mi piace. A me piacerebbe fare il _____.

2. **Nr. 2** Sono _____, perciò sono autonomo. Essendo ipocondriaco, non potrei fare il _____.

3. **Nr. 3** Ecco, la mia professione attualmente è la _____. Ho fatto l'_____, ho fatto la _____, e mi sarebbe piaciuto fare la missionaria.

4. **Nr. 4** La mia professione è molto importante per me: sono un _____. Una professione che non farei mai sarebbe il _____.

5. **Nr. 1** Sì, in Italia c'è molta _____, direi in tutti i settori. C'è molta crisi e si fa fatica a lavorare.

6. **Nr. 1** Per fortuna ci sono molte _____ qui in Italia, perché gli Italiani non vogliono fare questo lavoro. E ci sono molti anziani (*elderly*) che vogliono essere accuditi a casa.

7. **Nr. 3** In Italia c'è molta _____. Sì, la situazione dell'America ha colpito l'Italia nel giro di pochi mesi.

8. **Nr. 4** Purtroppo, per la crisi economica globale, alcune categorie di _____ sono state colpite, in particolare il ramo dell'edilizia e delle automobili.

9. **Nr. 1** Io ho un mese di _____ all'anno. Generalmente le divido in due parti: quindici giorni a luglio e quindici giorni in agosto.

10. **Nr. 3** Gli immigrati che arrivano in Italia, trovano _____ nell'industria. Fanno il lavoro che l'Italiano non vuole fare, e nell'agricoltura, dove vengono sfruttati.

B. Domande sul video. Rispondete alle seguenti domande.

1. Qual è la professione della prima persona intervistata? Cosa vende? Che professione le sarebbe piaciuto fare?

2. Che cosa fa il secondo intervistato? Perché non potrebbe fare il medico?

3. Che cosa fa la terza persona intervistata? Che professioni ha avuto prima? Che cosa le sarebbe piaciuto fare?

4. Che professione esercita l'ultima intervistata? Che professione non avrebbe mai potuto fare?

5. Perché in Italia sono importanti le badanti?

6. Dove trovano lavoro in Italia gli immigrati?

Attività grammatica

A. Guardate la sezione del video «**Il mondo del lavoro**» una seconda volta e mettete i verbi in parentesi al condizionale (presente o passato).

1. La prima persona intervistata (*to prefer*) _____ lavorare nell'agricoltura. Le (*to like*) _____ anche fare il veterinario. Quando era giovane (*to want*) _____ fare il veterinario.

2. Il secondo intervistato non (*to be able*) _____ fare il medico perché è ipocondriaco.

3. Alla terza intervistata (*to like*) _____ fare la missionaria, quando era giovane.

4. La quarta persona intervistata dice che le (*to like*) _____ esercitare la professione all'estero e (*to go*) _____ in un paese della Comunità Europea.

B. Partecipazione. In gruppi di tre studenti, conversate sui seguenti argomenti.

- Quale professione vi piacerebbe fare e perché?
- Vi piacerebbe vivere e lavorare per un periodo di tempo all'estero? In quale paese?
- Pensate di avere difficoltà a trovare lavoro alla fine degli studi?
- In quale settore è più facile trovare lavoro negli Stati Uniti? (commercio, industria, insegnamento, ricerca scientifica)
- Avete scelto la carriera per ragioni economiche (per guadagnare molti soldi) o per seguire le vostre inclinazioni e aspirazioni?

- Desiderate trovare lavoro subito alla fine degli studi o pensate prima di viaggiare e di visitare paesi stranieri?
- Quanto è importante per voi conoscere culture diverse e fare un'esperienza all'estero?

Vocabolario ◀))

Nomi

l'agenzia di collocamento	employment agency
l'aumento	increase
il biglietto da visita	business card
il codice fiscale	social security card
il codice postale	ZIP code
il cognome	last name
il/la collega	colleague
la condizione	condition
l'esperienza	experience
la fine	end
la gente	people
l'indirizzo	address
la lettera di referenze	letter of recommendation
l'orario	schedule
il nome	name
la promozione	promotion
la qualifica	qualification
la referenza	reference
la ricerca	research
la scelta	choice

Aggettivi

competente	competent
esperto	experienced, expert
finanziario	financial
grave	grave, serious
inesperto	inexperienced
intellettuale	intellectual
legale	legal
ordinato	neat
puntuale	punctual
soddisfatto	satisfied

Verbi

dirigere (*p.p.* diretto)	to manage
funzionare	to function, to work
permettere (*p.p.* permesso)	to allow
presentarsi	to introduce (present) oneself
riparare	to repair
ringraziare	to thank
scegliere (*p.p.* scelto)	to choose
usare	to use

Altre espressioni

ancora	still, more, again
Benvenuto(a)!	Welcome!
come mai?	how come?
da quando?	since when?
da quanto tempo?	how long?
fino a tardi	until late
già	already
non... ancora	not . . . yet
non... mai	never
non... più	not . . . any longer, not . . . anymore
prima	first, before
qualche volta	sometimes
raramente	seldom
va bene	it is good, right, OK

La salute e gli sport

13

Jack Affleck/Index Stock Imagery/Photolibrary

Sciatori sulla seggiovia ammirano il panorama

Risorse:

Internet   audio   video   ilrn.heinle.com

Parole da ricordare

La salute (*Health*) e gli sport

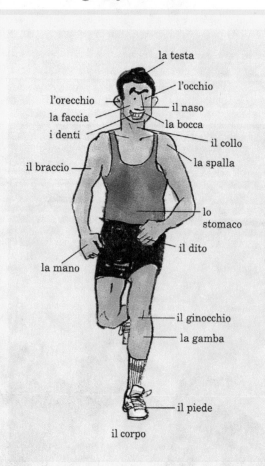

la testa
l'occhio
l'orecchio
il naso
la faccia
la bocca
i denti
il collo
il braccio
la spalla
lo stomaco
il dito
la mano
il ginocchio
la gamba
il piede
il corpo

avere mal di... testa   to have a . . . headache
    denti   toothache
    stomaco   stomach ache
    gola   sore throat
avere il raffreddore   to have a cold
avere la febbre   to have a fever
mi fa male la testa (lo stomaco, ecc.)   my head aches (my stomach . . . , etc.)
mi fanno male i denti (le gambe, ecc.)   my teeth ache (my legs, etc.)
farsi male   to hurt oneself
Mi sono fatto(a) male al collo.   I hurt my neck.

Mi sono rotto(a) (rompersi) un braccio.   I broke my arm.
ammalarsi   to become ill
(am)malato(a)   ill
essere a dieta   to be on a diet
la ricetta   prescription
misurare la febbre   to take the temperature

L'ambiente (*Environment*)

la natura   nature
l'ecologia   ecology
l'inquinamento   pollution
l'effetto serra   greenhouse effect

gli spettatori
lo stadio
i giocatori
l'equitazione
il tennis
il basket
il pallone
il calcio
il pattinaggio
il nuoto
la pallavolo
la ginnastica aerobica
il ciclismo
l'alpinismo
il canottaggio

fare dello sport, praticare uno sport to play a sport
lo sci da discesa e da fondo downhill and cross-country skiing
l'atleta (*m & f*) athlete
la gara race, competition

la palestra gym
allenarsi to practice, to train
vincere (*p.p.* **vinto**) to win
perdere (*p.p.* **perso**) to lose
correre (*p.p.* **corso**) to run
la squadra team
il giocatore/la giocatrice player

la partita match, game
il tifoso/la tifosa (sport) fan
correre (*p.p.* **corso**) to run
fare il tifo (per) to be a fan (of)
il premio prize

Applicazione

A. Finisci la frase.

1. Devo prendere due aspirine perché _____.
2. Oggi non posso parlare perché mi fa male _____.
3. Ho le scarpe strette e mi fanno male _____.
4. Il dottore mi ha dato _____ che devo portare in farmacia.
5. Ho bisogno di un termometro per _____.
6. Se voglio dimagrire di 4 chili devo _____.
7. Devo prendere un appuntamento con il dentista perché _____.
8. Ho preso degli antibiotici e oggi mi sento _____.

B. Rispondete alle domande.

1. Quando mangiamo troppo, cosa ci fa male?
2. Se uno va a sciare e cade, cosa si può rompere?
3. Se qualcuno festeggia un'occasione speciale e beve molti bicchieri di vino, che cos'ha il giorno dopo?
4. Quali sono i sintomi dell'influenza?
5. In quale stagione è facile prendere il raffreddore? Perché?
6. Hai mai fatto l'iniezione per prevenire (*to prevent*) l'influenza?
7. Cosa fai quando hai la febbre? Ti metti a letto? Chiami il dottore? Prendi due aspirine? Ti prepari il brodo di pollo?
8. Cosa fai per mantenerti (*to keep yourself*) in buona salute?

Nota culturale

■ Il Dottor Francesco Laurenzi, cardiologo aritmologo all'ospedale San Camillo di Roma, nel suo studio.

Il Sistema Sanitario in Italia

Se vuoi sapere come funziona l'assistenza sanitaria in Italia, clicca qui: **www.cengagebrain.com**

C. Conversazione

1. Giochi a basket? Fai del footing? Che sport pratichi? Quante volte alla settimana?
2. Sai sciare? Fai lo sci di discesa o di fondo?
3. Quali sono, secondo te, i migliori sport per la salute?
4. Quali sono gli sport che si fanno sul ghiaccio (*ice*) e sulla neve?
5. Che sport pratica Serena Williams?
6. Come si chiamano gli appassionati di uno sport?
7. Sai quale sport in Italia ha il maggior numero di tifosi?
8. Fai il tifo per una squadra o per un giocatore? Quale?
9. Hai mai vinto un premio (primo, secondo, terzo… o il premio di consolazione)?

Courtesy of Dr. Francesco Laurenzi

Informazioni

Gli Italiani e lo sport

Oggi gli Italiani praticano molti sport diversi, ma, come nel passato, continuano ad essere accaniti (*fierce*) tifosi del calcio. La vecchia generazione fa il tifo da casa, seguendo alla tivù le partite di calcio o le corse automobilistiche. Molti giovani praticano uno o più sport. In tutta Italia si contano più di 1.500 club di tennis. Le varie ditte locali e regionali hanno contribuito a incrementare lo sport attivo sponsorizzando squadre e atleti. Intere famiglie si danno al jogging e d'inverno passano la settimana bianca, o diversi weekend, in montagna a sciare.

Nuovi sport d'importazione dall'America hanno mantenuto il nome inglese: beach-volley, surf, windsurf, skateboard, snowboard, rugby, golf, body building, stretching e jogging.

Uno sport, nato dal crescente (*growing*) interesse per i problemi ecologici è il trekking. D'estate, intere famiglie passano le loro vacanze in aziende agri-turistiche. Da qui vanno alla scoperta della natura e dell'arte meno conosciuta, praticando il trekking a piedi, in bicicletta o a cavallo, lungo nuovi itinerari.

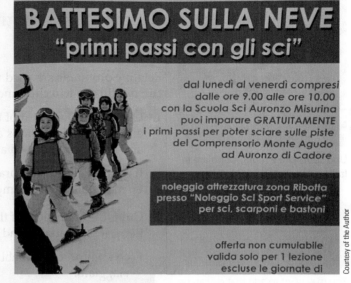

BATTESIMO SULLA NEVE
"primi passi con gli sci"

dal lunedì al venerdì compresi
dalle ore 9.00 alle ore 10.00
con la Scuola Sci Auronzo Misurina
puoi imparare GRATUITAMENTE
i primi passi per pòter sciare sulle piste
del Comprensorio Monte Agudo
ad Auronzo di Cadore

noleggio attrezzatura zona Ribotta
presso "Noleggio Sci Sport Service"
per sci, scarponi e bastoni

offerta non cumulabile
valida solo per 1 lezione
escluse le giornate di

Courtesy of the Author

Le regioni d'Italia

Oggi siamo in… Calabria. La Calabria è l'ultima regione dell'Italia meridionale, separata dalla Sicilia dallo Stretto di Messina. Se vuoi visitare la Calabria, clicca qui: **www.cengagebrain.com**

■ Parco nazionale, Calabria

Alberto Nardi/Tips Italia/PhotoLibrary

Pollino Parco Nazionale

Sila Parco Nazionale

Catanzaro

Tropea

Serre Parco Nazionale

Scilla

Stretto di Messina

Aspromonte Parco Nazionale

Sicilia

Reggio di Calabria

CALABRIA

Uno sport **che** è molto popolare in Italia è il basket.

Il quale, la quale, etc., may also be used instead of *che* to avoid ambiguity: *Jim è l'amico di Teresa che (il quale) studia a Perugia.*

You may want to add that *cui* can be replaced by *il quale, la quale i quali, le quali: La ragazza con cui (con la quale) esco è tedesca.*

La grammatica

Point out that a relative pronoun stands for the noun that precedes it (the "antecedent") and has the function of introducing a dependent clause that qualifies the noun.

1 I pronomi relativi e i pronomi indefiniti

A. I pronomi relativi

Relative pronouns are used to link two clauses. The relative pronouns are **che, cui, quello che (ciò che),** and **chi.**

1. **Che** is the equivalent of the English *who, whom, that,* and *which* and is used either as a subject or as a direct object. It is invariable, cannot be omitted, and must *never* be used after a preposition.

Il ragazzo **che** gioca è brasiliano.	*The boy who is playing is Brazilian.*
La macchina **che** ho comprato è usata.	*The car (that) I bought is used.*

2. **Cui** is the equivalent of the English *whom* and *which* as the object of prepositions. It is invariable and must be *preceded* by a preposition.

Ecco i signori **con cui** abbiamo viaggiato.	*Here are the men we traveled with (with whom we traveled).*
La squadra **di cui** ti ho parlato è la migliore.	*The team I spoke to you about (about which I spoke to you) is the best.*

    NOTE: In cui translates as *when* in expressions of time. **Per cui** translates as *why* in the expression *the reason why (that).*

Il giorno **in cui** sono nato...	*The day (when) I was born . . .*
Ecco la ragione **per cui** ti ho scritto.	*Here is the reason (why) I wrote to you.*

3. **Quello che (Quel che)** or **ciò che** means *what* in the sense of *that which.* They are invariable.

Quello che (Ciò che) dici è vero.	*What you are saying is true.*

4. **Chi** translates as *the one(s) who, he who,* and *those who.* It is invariable.

Chi arriverà ultimo avrà un premio di consolazione.	*He who arrives last will receive a consolation prize.*

Point out that *quello* or *ciò* must be used in front of *che* when *che* does not have an antecedent (e.g., *Compra il dentifricio che vuoi. Compra quello che vuoi). Quello* functions as the antecedent.

Explain that the expression *tutt'e due* means "both." Have students create some new sentences by changing the adjective or the infinitive or both (e.g., *Ho qualcosa di bello nella borsetta. Ho qualcosa da mostrarti. Ho qualcosa di bello da mostrarti).*

B. I pronomi indefiniti

Here are some common indefinite pronouns:

alcuni(e) *some*
qualcuno *someone, anyone (in a question)*   **ognuno** *everyone, each one*
qualcosa *something, anything (in a question)*   **tutti(e)** *everybody, all* **tutto** *everything*

Alcuni sono rimasti, altri sono partiti.	*Some stayed, others left.*
Conosco **qualcuno** a Roma.	*I know someone in Rome.*
Hai bisogno di **qualcosa**?	*Do you need anything?*
Ognuno ha fatto una domanda.	*Each one asked a question.*
C'erano **tutti**.	*Everybody was there.*
Ho visto **tutto**.	*I saw everything.*

NOTE: Qualcosa takes **di** before an adjective and **da** before an infinitive.

Ho qualcosa **di** interessante **da** dirti.	*I have something interesting to tell you.*

—C'è qualcuno in casa?

Proverbi

1. Chi dorme non piglia pesci.
2. Chi la fa, l'aspetti.
3. Chi troppo vuole, nulla stringe.
4. Chi trova un amico, trova un tesoro.

Pratica

A. Chi sono? In piccoli gruppi, uno studente/una studentessa fa una domanda a ogni membro del gruppo. Nella risposta usate il pronome relativo **che**.

Have students create a couple of sentences of their own. For further practice, you may want to ask them to bring to class photos of well-known sport figures as a basis for asking and answering questions.

■ **Esempio**   Chi è un allenatore?
   — *È qualcuno **che** allena i giocatori.*

1. Chi è un ciclista?
2. Chi è un alpinista?
3. Chi è un atleta?
4. Chi è un giocatore di calcio?
5. Chi è uno sciatore/una sciatrice?
6. Chi è un tifoso/una tifosa?

B. Quello che mi piace. In due, fatevi a turno le domande. Esprimete (*Express*) la vostra preferenza per le seguenti cose, secondo l'esempio.

■ **Esempio**   il nuoto / lo sport
   — *Ti piace il nuoto?*
   — *No, lo sport che mi piace è il canottaggio.* o…

1. il giallo / il colore…   2. le mele / la frutta…   3. la Volvo / l'automobile…
4. i gatti / gli animali…   5. il pugilato (*boxing*) / gli sport…   6. il Capodanno / la festa…

C. Una coppia di sposi. Completate le seguenti frasi usando **cui** preceduto (*preceded*) dalla preposizione appropriata.

■ **Esempio**   Ricordi gli sposi _____ ti ho parlato?
   *Ricordi gli sposi **di cui** ti ho parlato?*

1. Ecco la chiesa _____ si sono sposati.
2. Questa è la città _____ si sono conosciuti.
3. Quello è il monumento vicino _____ si incontravano.
4. Ecco il negozio _____ lui lavorava.
5. Quelli sono gli amici _____ hanno passato molte ore divertenti.
6. Non so esattamente la ragione _____ hanno litigato.
7. Ricordo molto bene il biglietto (*card*) _____ lei mi annunciava la loro separazione.

D. A voi la scelta. Completate le frasi usando uno dei seguenti pronomi relativi: **che, cui** (preceduto da una preposizione) o **quello che.**

1. Lo sport _____ preferisco è il tennis.
2. L'anno _____ sono nato era bisestile (*leap year*).
3. Non capisco _____ dici.
4. La festa _____ hai dato è stata un successo.
5. Il libro _____ ti ho parlato è in biblioteca.
6. La signorina _____ abbiamo incontrato è americana.
7. La signora _____ abbiamo parlato è canadese.
8. Il pranzo _____ mi hanno invitato era al ristorante Pappagallo di Bologna.
9. È proprio il vestito _____ ho bisogno.

TRENO + BICI =
DOLOMITI EXPRESS
**Noleggia la bici e...
Viaggia in treno!**

Dal 23 giugno al 13 settembre 2008
noleggia la bicicletta per l'intera
giornata o per cinque ore a tua
scelta e muoviti a piacimento sui
percorsi da moutain bike, sulla pista ciclabile di valle e sul treno ap-
positamente attrezzato per il trasporto di 40 biciclette.
Hai inoltre la possibilità di conse-
gnare la bici in un punto diverso da
quello in cui l'hai ritirata e tornare
a casa con il trenino o con qualsiasi mezzo della Trentino Trasporti
circolante in Val di Sole.

Foto: T. Micchen

Azienda per il Turismo della Val di Sole

E. È qualcosa... Domandatevi a turno a che cosa servono le seguenti cose.
Rispondete seguendo l'esempio.

■ **Esempio**

— *Che cos'è una giacca a vento?*
— *È qualcosa con cui si va in montagna.*

1.
2.
3.
4.
5.

F. Dopo la partita di basket. Rico è ritornato al dormitorio dopo essere stato alla
partita di basket, e inizia una conversazione con Massimo, il suo compagno di
stanza. In due, completate il loro dialogo scegliendo tra: **ognuno, tutto, tutti, ogni.**

Massimo   Sei andato alla partita di basket?

Rico   Sì, ci vado _____ settimana.

Massimo   C'erano gli studenti della nostra classe?

Rico   Sì, c'erano quasi _____. E dopo abbiamo fatto una festa.

Massimo   Hanno portato qualcosa da mangiare?

Rico   Sì, _____ ha portato qualcosa.

Massimo   C'era qualcosa di buono?

Rico   _____ era buono.

Massimo   Mi hai portato a casa qualcosa?

Rico   Mi dispiace, ma abbiamo mangiato _____.

2 Espressioni negative

A. You have already studied some negative expressions: **non... più, non... mai, non... ancora.** The following are other common expressions that take a *double negative* construction:

nessuno	*nobody, no one, not . . . anyone*
niente (nulla)	*nothing, not . . . anything*
neanche (neppure, nemmeno)	*not even; neither*
né... né	*neither . . . nor*

Non è venuto **nessuno.**	*Nobody came.*
Non ho mangiato **niente.**	*I did not eat anything.*
Non c'era **neanche** Pietro.	*Not even Pietro was there.*
Non voglio **né** carne **né** pesce.	*I want neither meat nor fish.*

— Non c'è mai niente di buono
da mangiare in questa casa.

B. When **nessuno** is used as an adjective, it has the same endings as the indefinite article **un.** The noun that follows is in the singular.

Non ho **nessun** amico.	*I have no friends.*
Non vedo **nessuna** sedia.	*I don't see any chairs.*

C. **Niente** takes **di** before an adjective and **da** before an infinitive.

Non ho **niente di** buono **da** darti.	*I have nothing good to offer you.*

Point out the opposite expressions *nessuno–qualcuno, tutti; niente–qualcosa, tutto; neanche–anche; né... né–o... o.* Then have students ask questions based on the statements in the examples, using indefinite pronouns: *È venuto qualcuno alla festa? Non è venuto nessuno,* etc.

Pratica

A. Uno studente troppo pigro. Conversazione tra due studenti, Rico e Massimo. Immaginate di essere i due studenti e completate la loro conversazione scegliendo tra **mai, niente, neanche, nessuno, né... né.**

Rico   Non pratichi qualche sport?

Massimo   No, non pratico _____ sport.

Rico   Potresti andare in palestra o nuotare in piscina.

Massimo   Non mi piace _____ andare in palestra _____ nuotare.

Rico   Non ti piace _____ fare il jogging?

Massimo   Non vado _____ a fare il jogging.

Rico   Allora non vuoi fare proprio _____!

Massimo   No, preferisco guardare gli sport alla TV.

You may want to review the negative expressions by giving students positive statements to turn into negative statements. For example: *Io conosco molti studenti / Io non conosco nessuno. C'è tutto nel mio frigorifero / Non c'è niente nel mio frigorifero.*

 B. Momenti di cattivo umore (*mood*). Voi siete di cattivo umore. Fatevi a turno le seguenti domande.

■ **Esempio**   — Uscirai con qualcuno domenica?
                  — *Non uscirò con nessuno.*

1. C'è qualcosa di buono in casa?   2. Hai comprato qualcosa da mangiare?
3. Vuoi qualcosa da bere?   4. Desideri leggere il giornale o riposare?
5. Hai incontrato qualcuno in piscina?   6. Ti ha parlato qualcuno?   7. Farai del basket o del nuoto questo fine settimana?   8. Hai mai fatto del ciclismo?
9. Farai mai della pesistica (*weightlifting*)?

3 Il gerundio e la forma progressiva

Il bike sharing è arrivato a Milano.
www.bikemi.it

Il bike sharing sta arrivando nelle principali città italiane.

To introduce the gerund you may want to ask what the people in the photo are doing.

A. The gerund **(il gerundio)** corresponds to the *-ing* form of English verbs. The gerund is formed by adding **-ando** to the stem of first conjugation **(-are)** verbs and **-endo** to the stem of second and third conjugation **(-ere** and **-ire)** verbs. It is invariable.

Gerund	
parl**ando**	*speaking*
ripet**endo**	*repeating*
usc**endo**	*going out*

Explain that an expression such as "I am eating" may be rendered as *mangio* or as *sto mangiando*. Add that the latter is more emphatic.

B. **Stare** + *the gerund* expresses an action in progress in the present, past, or future, stressing the point in time at which the action occurs. This form is less commonly used in Italian than is its equivalent in English.

Che cosa **stai facendo**?	*What are you doing (at this very moment)?*
Sto leggendo.	*I'm reading.*
Che cosa **stavate facendo** ieri sera a quest'ora?	*What were you doing last night at this time?*
Stavamo cenando.	*We were having dinner.*

C. The gerund may be used alone in a subordinate clause to express the conditions (time, cause, means, manner) that govern the main action. It corresponds to the English gerund, which is usually preceded by the prepositions *while, upon, on, in,* or *by.*

Camminando per la strada, ho visto un incidente d'auto.	*While walking on the street, I saw a car accident.*
Studiando, s'impara.	*By studying, one learns.*
Leggendo attentamente, capirete meglio.	*By reading carefully, you will understand better.*

D. Unlike in English, Italian uses an infinitive instead of a gerund as a noun (subject or object of another verb).

Nuotare (il nuoto) fa bene alla salute.	*Swimming* (subj.) *is good for your health.*
Preferisco **nuotare** (il nuoto).	*I prefer swimming* (obj.).

Un alpinista sta scalando (*climbing*) una montagna con le corde (*ropes*).

Pratica

Invite students to add a few questions of their own.

You may want to review the form of the imperfect before assigning Exercise B.

A. Stiamo scherzando (*We are joking*). Tu e il tuo compagno/la tua compagna siete stanchi di studiare e avete bisogno di distrarvi. A turno, domandatevi, scherzando, cosa staranno facendo queste persone.

■ **Esempio** — Cosa starà facendo il professore d'italiano?
— *Starà ancora spiegando i pronomi per la millesima volta.*

1. Cosa starà facendo mia madre a casa?
2. Cosa starà facendo la mia ragazza/il mio ragazzo?
3. Cosa starà facendo Bill Gates?
4. E Al Gore?
5. Cosa staranno facendo Angelina e Brad?
6. E i Globetrotters?

B. Che cosa facevano? Dite che cosa facevano queste persone in determinate circostanze. Seguite l'esempio.

■ **Esempio** I calciatori (giocare) / Un cane ha attraversato lo stadio.
I calciatori stavano giocando quando un cane ha attraversato lo stadio.

1. Tu (leggere) una rivista di sport / Il professore è entrato.
2. Il presidente (scrivere) un discorso / Il Segretario di Stato gli ha telefonato.
3. Jane Fonda (fare) dello yoga / È arrivato un giornalista per un'intervista.
4. Il ciclista (bere) alla sua vittoria / Una ragazza gli ha dato un mazzo di fiori.
5. La sciatrice Picabo Street (scendere) sulla pista / Ha incominciato a nevicare.

C. Sono d'accordo con te. In due, uno studente/una studentessa esprime la sua opinione, e l'altro(a) si dichiara d'accordo e nella sua affermazione usa l'infinito.

■ **Esempio** — *Il lavoro* fa bene alla salute.
— È vero, *lavorare* fa bene alla salute.

1. — *Lo sci* è divertente, non credi?
   — Sono d'accordo, _____.
2. — *Il fumo* fa male ai polmoni (*lungs*).
   — È vero, _____.
3. — Abbiamo bisogno di *riposo*, perché abbiamo studiato troppo.
   — Hai ragione, _____.
4. — *Il divertimento* è necessario quanto *lo studio*, non credi?
   — Molto giusto, _____.
5. — Quando sono in spiaggia, mi piace *il gioco* della pallavolo, e a te?
   — Anche a me piace _____.
6. — Ti piace *il nuoto*?
   — Sì, _____.

D. A voi la scelta. Completate le seguenti frasi, scegliendo tra il gerundio e l'infinito.

1. (*Walking*) _____ per la strada, ho incontrato Maria.
2. (*Hearing*) _____ quella canzone, ho avuto nostalgia del mio paese.
3. Mi piace (*swimming*) _____.
4. (*Skiing*) _____ è molto costoso.
5. (*Walking*) _____ tutti i giorni è un buon esercizio.
6. Pietro è andato a scuola (*running*) _____.
7. (*Having*) _____ molti soldi non significa essere felici.
8. (*Having*) _____ molti soldi, Dino è partito per le Hawaii.

4 Plurali irregolari

Un cuoco, due cuochi, tre cuochi… Una scuola di arte culinaria a Bologna.

Use *indovinelli* to practice the plurals of some of these nouns. Once students have guessed, ask them the singular of each noun (e.g., *Si va in questi negozi per comprare medicine. / Si ricevono quando abbiamo finito con successo gli esami di maturità. / Si leggono per decidere che cosa vedere alla TV. / Suonano il pianoforte. / Per loro tutto è facile, bello, buono. / Si aprono e si chiudono quando si parla,* etc.).

A. Most nouns and adjectives that end in **-co** and **-go** form the plural with **-chi** and **-ghi**:

il fuoco	**i fuochi**	fresco	**freschi**
il parco	**i parchi**	stanco	**stanchi**
l'albergo	**gli alberghi**	largo	**larghi**
il lago (*lake*)	**i laghi**	lungo	**lunghi**

NOTE: The plural of most nouns and adjectives ending in **-ico** ends in **-ici:** l'amico, **gli amici;** il medico, **i medici;** simpatico, **simpatici;** pratico, **pratici.**

B. Nouns ending in **-cia** and **-gia** keep the **i** in the plural when the **i** is stressed; otherwise the plural is formed with **-ce** and **-ge:**

la farmacia	**le farmacie**
la bugia (*lie*)	**le bugie**
BUT:	
la pioggia	**le piogge**

C. Some masculine nouns ending in **-a** form the plural with **-i.** (They derive mainly from Greek. Most end in **-ma** or **-amma.**) The most common are:

il diploma	**i diplomi**
il problema	**i problemi**
il sistema	**i sistemi**
il programma	**i programmi**

D. Nouns and adjectives ending in **-ista** can be either masculine or feminine. They form the plural in **-isti** (masculine) and **-iste** (feminine).

il/la musicista	**i musicisti/le musiciste**
il/la turista	**i turisti/le turiste**
ottimista	**ottimisti/ottimiste**

E. The following nouns that refer to the body are masculine in the singular and feminine in the plural.

il braccio	**le braccia** *arms*	la mano (*f.*)	**le mani** *hands*
il dito	**le dita** *fingers*	l'orecchio	**le orecchie** *ears*
il ginocchio	**le ginocchia** *knees*	l'osso	**le ossa** *bones*

NOTE: Two common names with irregular plurals are: l'uovo (le uova); l'uomo (gli uomini). The word "Il Papa" (*the Pope*) is masculine: it is formed by the two first letters of two Latin words: *Pater Patrorum* (*father of all the fathers*).

Nota culturale

«How to spell» in italiano

Se vuoi sapere qual è l'equivalente italiano dello «spelling», clicca qui:
www.cengagebrain.com

Pratica

A. Gioco dei plurali. Mettete le seguenti frasi al plurale.

1. L'ufficio turistico è chiuso oggi.
2. Il turista e la turista hanno visitato il parco di Roma.
3. L'acqua del lago è sporca (*dirty*).
4. La camera dell'albergo è abbastanza larga.
5. Non possiamo accendere un fuoco in questo bosco.
6. Il tuo problema non è molto serio.
7. Ho un dolore (*pain*) al ginocchio.

B. Riflessioni di un liceale. Completate usando il plurale delle parole in parentesi.

Oggi è la fine degli esami di maturità; presto avremo (il diploma) _____.
È anche il giorno (dell'addio) _____ ai vecchi (amico) _____ di liceo. Siamo tutti felici e pensiamo a (lungo) _____ vacanze (sulla spiaggia) _____ italiane e a (fresco) _____ pomeriggi (nel parco) _____ delle città. Per diversi mesi non avremo più libri tra (la mano) _____; siamo (stanco) _____ di studiare e facciamo (programma) _____ molto (ottimista) _____ per il nostro futuro.

Per finire

Dalla dottoressa   CD2, Track 17 🔊

Quando Marco si è svegliato questa mattina, non si sentiva bene; aveva mal di testa, mal di gola e il raffreddore. Si sentiva anche un po' di febbre, ma non avendo il termometro, non poteva misurarsela. Dopo aver deciso che era meglio rinunciare ad andare all'università, era tornato a letto ma, un paio d'ore più tardi, stava peggio di prima. Forse, ha pensato, era il caso di farsi vedere dal dottore. Non avendo la macchina, Marco ha mandato un sms al suo amico Gianni, dopo aver telefonato al dottore.

Messaggio	Stamattina non sto bene. Penso di avere l'influenza. Mi potresti accompagnare tu in macchina dal dottore?
Risposta	Sì, certo. Hai preso un appuntamento?
Messaggio	Sì, può ricevermi alle due.
Risposta	OK, passo a prenderti all'una e mezzo.

Nello studio della dottoressa Rossi, dopo la visita.

Dottoressa	È solo un'influenza. Fai una vita attiva?	
Marco	Sì, credo di sì. Vado a sciare, vado in palestra e faccio il cardiofit training. Ma in questi ultimi due mesi non ho fatto nessuna attività perché ho un sacco di roba da studiare.	
Dottoressa	E la tua dieta?	
(Gianni si mette a ridere.)		
Gianni	La sua dieta? Pizza per cena e gli **avanzi** della pizza per colazione!	*leftover*
Dottoressa	No, devi cambiare sistema. Devi fare attenzione alla dieta. **Tieni**, prendi questo antinfluenzale e della vitamina C, e niente pizza per colazione.	*Here take this*
Gianni	Non si preoccupi, dottoressa. Stasera cucino io per tutt'e due: brodo di pollo, carne ai ferri e succo d'arancia. In un paio di giorni lo rimetto a nuovo!	

Comprensione

1. Come si sentiva Marco la mattina, quando si è svegliato?
2. Che sintomi aveva?
3. Ha deciso di andare all'università?
4. Quando ha deciso di andare dal dottore, perché ha chiesto un passaggio al suo amico Gianni?
5. Per che ora è l'appuntamento con la dottoressa?
6. Qual è la diagnosi della dottoressa Rossi?
7. Quali attività sportive fa Marco? Perché recentemente non ha praticato nessuno sport?

8. Ha una dieta equilibrata Marco? Perché?

9. Che medicina gli ha dato la dottoressa? E che consigli?

10. Qual è la soluzione offerta da Gianni?

Conversazione

1. Fai attenzione alla dieta o mangi solo quello che ti piace?

2. Compri molti prodotti biologici (*organic*)?

3. Fai una vita attiva o sedentaria?

4. Pratichi qualche sport? Quale?

5. Sei un ambientalista o i problemi ecologici non t'interessano?

6. Secondo te, quali di questi problemi ecologici rappresentano il pericolo maggiore per la nostra salute: l'inquinamento? l'effetto serra? lo smog?

7. Che cosa fai per proteggere l'ambiente? Ricicli? Usi i mezzi di trasporto pubblici, la bicicletta? Vai a piedi quando è possibile?

8. Sei ottimista o pessimista quando pensi al futuro del nostro pianeta? Perché?

Ascoltiamo!

Alla partita di basket   CD2, Track 18 ◀)) 👫 Dialogo

Marisa and Alberto are watching a basketball game between the Brescia and Trieste teams. Marisa's boyfriend, Gino, plays on the Trieste team and she is shouting encouragement to him and his team, and also exchanging opinions with Alberto. Listen to what they are saying. Then answer the following questions.

Comprensione

1. Che partita c'è questa sera?   2. Perché Marisa è venuta a vedere la partita? Per chi fa il tifo Marisa?
3. Secondo Marisa, la squadra del suo ragazzo vincerà o perderà? Alberto è della stessa opinione?
4. Dove si sono allenati il ragazzo di Marisa e gli altri giocatori?   5. Che cosa pagherà Marisa ad Alberto se la squadra di Trieste perderà?   6. Come si conclude la partita?

Siete spettatori? Discutete quali sport di squadra preferite guardare, per quale squadra o per quale campione fate il tifo e come seguite i loro successi.

Giovani sportivi ◀))

For more listening practice, listen to CD2, Track 19, and answer the following questions.

Comprensione

1. Chi è Alberto? Quale sport pratica?   2. La sua squadra ha vinto o perso contro la squadra di Torino?   3. Cosa c'è di nuovo per Marisa?
4. Che novità ci sono per il fratello di Marisa?
5. In quale regione andrà a lavorare? Dove si trova questa regione?   6. Quali sport potrà praticare al mare il fratello di Marisa?   7. Quali sport pratica Marisa?   8. Che cosa spera di fare un giorno?

Adesso scriviamo!

Salviamo l'ambiente

È la settimana ecologica all'università. È stato chiesto a tutti gli studenti di compilare un questionario come il seguente. Rispondi anche tu alle domande del questionario. Poi usa le tue risposte come base per scrivere un articolo sul giornalino dell'università.

A. Il questionario

1.	Vieni a scuola in macchina da solo(a)?	Sì	No	Qualche volta
2.	Vieni a scuola in bicicletta?	Sì	No	Qualche volta
3.	Vieni a scuola a piedi?	Sì	No	Qualche volta
4.	Usi i mezzi di trasporto pubblici?	Sì	No	Qualche volta
5.	Ricicli la carta?	Sì	No	Qualche volta
6.	Ricicli l'alluminio?	Sì	No	Qualche volta
7.	Ricicli la plastica?	Sì	No	Qualche volta
8.	Ricicli il vetro?	Sì	No	Qualche volta
9.	Spegni le luci nelle stanze non in uso?	Sì	No	Qualche volta
10.	Chiudi il rubinetto (*faucet*) dell'acqua mentre ti lavi i denti?	Sì	No	Qualche volta
11.	Cosa altro fai per aiutare l'ambiente?	Sì	No	Qualche volta

B. Incomincia l'articolo con il titolo: Salviamo l'ambiente.

Proteggere l'ambiente è la nostra responsabilità perché…

Le cose che io propongo (*propose*) di fare sono…

Commissione Europea – Rappresentanza in Italia.

Parliamo insieme!

A. Un quiz sportivo: nominate lo sport. Attività in piccoli gruppi. Uno studente/Una studentessa chiede a ogni studente/studentessa del suo gruppo di nominare lo sport che descrive.

1. È lo sport più popolare in Europa e nell'America Latina. È uno sport di squadra. Sai quanti giocatori giocano nella squadra?

2. È uno sport individuale. In questo sport sono famosi il Giro d'Italia e il Giro di Francia. Sai chi è l'atleta americano che ha vinto il Giro di Francia?

3. Questo sport ha due varianti; è uno sport individuale e si fa sulla neve. Puoi nominare lo sport e le due varianti?

4. In questo sport è necessario avere degli scarponi e delle corde. Sai qual è lo sport e da dove deriva il suo nome?

5. Puoi nominare almeno due sport che si fanno sull'acqua?

6. Qual è lo sport in cui sono necessari i pattini e si pratica sul ghiaccio?

7. È uno sport che consiste nel lanciarsi (*throw oneself*) da una montagna con un paracadute ad ala (*winged parachute*). Con le correnti favorevoli è possibile stare in aria per molto tempo.

Rafting

Alpinismo

Parapendio

I pazzi sport dell'estate

B. Le parti del corpo. In due, a turno, nominate le parti del corpo indicate con una linea (*line*). Dite anche quali parti del corpo hanno dei nomi con i plurali irregolari.

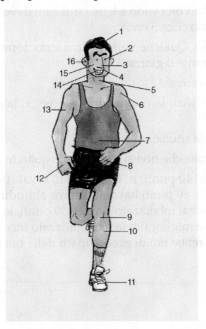

a	b	c

ᵀᵀ C. Le vostre abitudini. In due, fatevi le domande del quiz per scoprire se le vostre abitudini giovano (*are beneficial*) alla vostra salute o se avete bisogno di cambiarle. Mettete una **X** nella casella (*box*) appropriata.

1. Ti prepari la colazione la mattina?
   a. Mi preparo una buona colazione ogni mattina, con latte e cereali.
   b. Quando ho tempo, e non sono in ritardo, mi preparo la colazione.
   c. Mangio qualcosa fuori, prima delle lezioni (del lavoro).

2. Mangi spesso al fast-food?
   a. No, non spesso. Mi fermo a mangiare al fast-food due o tre volte al mese.
   b. Quando non ho tempo di prepararmi il pranzo, mangio al fast-food, più o meno una volta alla settimana.
   c. Sono sempre di fretta e mi fermo al fast-food tre o quattro volte alla settimana (mi piacciono le patatine fritte).

3. Mangi frutta e verdure tutti i giorni?
   a. Sì, quasi tutti i giorni, specialmente la frutta e le verdure che mi piacciono.
   b. Mangio solo la frutta che mi piace e poca verdura.
   c. Non mi piace molto mangiare la frutta e le verdure. Mangio le banane e detesto i broccoli.

4. Quante volte al giorno prendi il caffè?
   a. Lo prendo di solito una volta al giorno, e spesso prendo quello decaffeinato.
   b. Lo prendo un paio di volte al giorno.
   c. Lo prendo diverse volte al giorno, per stare sveglio(a).

5. Quando vai alle feste, bevi bevande alcooliche? Un bicchiere o due?
   a. Ne bevo solo un bicchiere, o al massimo (*at the most*) due.
   b. Quando si è in compagnia, se ne bevono facilmente tre o quattro bicchieri.
   c. Alla fine della festa non mi ricordo quanti bicchieri ho bevuto.

6. Quante ore dormi, in generale, la notte?
   a. Di solito dormo sei o sette ore.
   b. Dipende. Qualche volta vado a letto tardi e mi devo alzare presto la mattina, perciò dormo circa 5 ore.
   c. Non ho un orario. Qualche volta vado a letto dopo la mezzanotte, e mi addormento durante il giorno.

7. Come eviti (*avoid*) lo stress?
   a. Con l'esercizio fisico, la meditazione, lo yoga, la conversazione con i miei amici.
   b. Cerco di evitare le situazioni stressanti.
   c. Lo stress è una cosa che non si può evitare: quando c'è, c'è.
      a vale (*it is worth*) 10 punti; **b** vale 5 punti; **c** vale 0 punti. Se hai totalizzato tra 70 e 80 punti hai delle ottime abitudini che giovano alla tua salute; se hai totalizzato tra 40 e 50 punti, le tue abitudini potrebbero essere migliorate; se hai totalizzato meno di 40 punti… non pensi che sarebbe ora di preoccuparti della tua salute?

Attualità
L'agriturismo

A. Prima di leggere. L'agriturismo, a rather recent phenomenon in Italy, is becoming extremely popular. More and more Italians are taking advantage of the chance to spend vacation time on working farms or in remodeled old farmhouses, to enjoy firsthand the countryside and surroundings, and to eat authentic home-made regional meals. The article below was written to introduce readers to **l'agriturismo** and to provide practical pointers for those interested in taking a "farm holiday."

Un agriturismo circondato da campi coltivati e da vigneti nella fertile campagna dell'Emilia-Romagna

Storia dell'agriturismo

L'agriturismo in Italia è nato molti anni fa come una forma di accoglienza (*welcome*) da parte di contadini (*farmers*) che mettevano a disposizione dei visitatori i prodotti tipici della terra (*earth*) e dell'allevamento (*breeding*). In questi ultimi anni l'agriturismo si è sviluppato (*has increased*) considerevolmente, e molti nuovi agriturismi sono sorti (*have risen*). Spesso gli agriturismi sono creati da persone desiderose di avviare (*to start*) una nuova attività, o una nuova vita, a contatto con la natura...

La vacanza in agriturismo

Anche se molte strutture agrituristiche si sono evolute (*have evolved*) per rispondere alle richieste dei visitatori ed offrono molti comfort, la vacanza in agriturismo non ha perso il fascino (*the appeal*) che la caratterizza. Soggiornare in un agriturismo significa non solo entrare in contatto con le persone che lo hanno creato ma anche scoprire (*to discover*) le dinamiche dell'agricoltura o dell'allevamento ed assaporarne (*taste*) i prodotti.

Molti agriturismi hanno tutto ciò che (*everything that*) serve per rilassarsi: il silenzio, innanzitutto (*first of all*), che solo un agriturismo circondato dalla natura può darvi, ma anche divertimenti, come il mare o la piscina. Se invece volete muovervi e fare attività fisica potrete passeggiare nelle colline vicine, scoprire nuovi percorsi (*paths*) in mountain bike, oppure fare trekking a cavallo, nei molti agriturismi dotati di maneggio (*riding school*).

Spostamenti

Per raggiungere (*To reach*) un agriturismo la cosa migliore è avere un mezzo di trasporto: una macchina o una moto. È molto improbabile che l'agriturismo sia raggiungibile in treno o da altri servizi di trasporto pubblico.

Oggetti personali

Alcuni agriturismi sono situati in località isolate, raggiungibili da strade sterrate (*dirt roads*) e distanti da paesi e città. Per questo motivo è consigliabile dotarsi (*gear yourself*) di tutto il necessario per **sé** e per la propria famiglia, come vestiti, medicinali ed altri oggetti personali.

Comunicazioni

In molti agriturismi c'è il telefono in camera, ma è possibile che il vostro telefono cellulare non abbia copertura nella zona in cui l'agriturismo è situato. Adapted from "Storia dell'agriturismo" http://www.agriturismo.it

Courtesy of Podere Cogno

Podere Cogno – Castellina in Chianti, Siena

Il Podere Cogno è una residenza storica situata nel cuore della campagna che produce l'olio d'oliva extra vergine e il Chianti classico. Può accogliere un numero limitato di ospiti, che vivono con la famiglia nella residenza. Questa comprende un salotto con il bar, una biblioteca con computer e collegamento Internet, la sala del biliardo, la sala della musica, la palestra con la sauna, una veranda dove viene servita la colazione. Nel parco c'è la piscina. I pasti sono preparati a richiesta dalla proprietaria. Situato tra Siena e Firenze, il Podere Cogno occupa una posizione ideale per eventi culturali o per ragioni professionali.

B. Alla lettura

1. Dove è nato l'agriturismo e in cosa consiste?
2. Vacanze in agriturismo: cosa significa soggiornare in un agriturismo?
3. Oltre che rilassarsi (*to relax*) quali attività si possono fare?
4. Come si raggiunge un agriturismo?
5. Perché è una buona idea portare con sé le cose che servono (vestiti, medicinali, eccetera)?

Attività video ▶

Attività vocabolario

Guardate le due sezioni del video: «**Dal farmacista**» e «**Lo sport**». Poi completate i seguenti esercizi.

Courtesy of the Author

A. «Dal farmacista». Completate le frasi con le espressioni date.

medicina, febbre, niente di grave, si sente bene, influenza, mal di testa, raffreddore

1. A causa del cattivo tempo Marco non _____.

2. Marco spera che non sia (*is*) _____.

3. Marco ha un po' di _____. Forse ha l' _____.

4. Il farmacista gli domanda se ha _____.

5. Il farmacista dice che sono sintomi di _____ e gli consiglia una _____ a base di echinacea.

B. Domande sulla sezione del video «Dal farmacista». Rispondete alle seguenti domande.

1. Per quale ragione Marco non si sente bene?

2. In quale negozio entra?

3. Quali sintomi dice di avere al farmacista?

4. Cosa gli chiede il farmacista? Qual è la diagnosi del farmacista?

5. Che medicina dà a Marco? Che prodotti contiene la medicina?

6. Come si chiama il farmacista? Da quanto tempo esercita la sua professione?

7. Quali sono le differenze fra un farmacista italiano e un farmacista americano?

C. «Lo sport». Completate le frasi con le espressioni date.

partita, tennis, beach volley, basket, automobilismo, nuoto, motocross, palestra, ha vinto, tifoso, squadra, calcio, pallavolo, nuotare, moto

1. Marco è un _____ della _____ di calcio della Roma.

2. Marco pratica molti sport, come: _____, _____, _____, _____.

© Cengage Learning

3. Da quando ha iniziato l'università Marco non ha molto tempo, e la sera va in _____. Va anche a _____ in piscina.

4. Il primo intervistato dice che lo sport più diffuso in Italia è il _____.

5. Un intervistato (Pietro) gioca d'estate in spiaggia a _____ e fa _____.

6. All'ultimo intervistato piace fare _____ e _____.

7. La squadra della Roma _____ la _____ di calcio.

D. Domande sulla sezione del video «Lo sport». Rispondete alle seguenti domande.

1. Secondo Marco, per quale sport fanno maggiormente il tifo gli Italiani?

2. Per quale squadra di calcio fa il tifo Marco?

3. Quali sport pratica (o ha praticato) Marco?

4. Perché adesso non ha tanto tempo per gli sport?

5. Quali sono alcuni sport che gli intervistati praticano?

6. Quale squadra ha vinto oggi la partita di calcio? Perché Marco vorrebbe essere a casa con gli amici?

Attività grammatica

Guardate una seconda volta le due sezioni del video «Dal farmacista» e «Lo sport». Poi completate i seguenti esercizi.

A. «Dal farmacista». Completate le frasi con i seguenti pronomi relativi e pronomi indefiniti.

qualcosa, per cui, che (x2), di cui, qualcuno

1. Marco non si sente bene. Questa è la ragione _____ va in farmacia.

2. Marco ha bisogno di _____ che gli dia (gives him) un consiglio.

3. Il farmacista _____ dà dei consigli a Marco si chiama Tagliavini Giorgio.

4. Marco vuole che il farmacista gli dia _____ per eliminare la febbre.

Giuseppe Bressi, Turismo Torino e Provincia Tourist Board

5. La medicina _____ il farmacista gli dà contiene aspirina e vitamina C.

6. È proprio la medicina _____ Marco ha bisogno.

B. Partecipazione. In gruppi di tre studenti, conversate sui seguenti argomenti.

- Dite cosa fate quando non vi sentite bene.

- Quali sono i sintomi che vi fanno pensare che avete l'influenza?

- Cosa fate per mantenervi in buona salute e com'è la vostra dieta?

- Quali sono i pericoli ambientali che minacciano (*threaten*) la nostra salute e cosa fate per proteggere l'ambiente?

C. «Lo sport». Completate le frasi con il verbo stare + il gerundio dei seguenti verbi.

giocare, ascoltare, festeggiare

1. Oggi la squadra della Roma _____ una partita contro il Siena.

2. Marco non può vedere la partita in TV e perciò lui _____ la partita alla radio della macchina.

3. I suoi amici _____ la vittoria della Roma.

D. «Lo sport». Completate le frasi con le seguenti espressioni negative.

niente, neanche, nessuno, nessuna

1. Adesso Marco non pratica _____ sport, perché non ha tempo.

2. Non gioca _____ a pallone.

3. Un'intervistata dice che non pratica _____ attività sportive e non fa proprio _____ perché è troppo pigra.

E. Partecipazione. In gruppi di tre studenti, conversate sui seguenti argomenti.

- Dite quali sono gli sport che praticate o che seguite alla TV.

- In ordine di precedenza, quali sono gli sport preferiti dagli Americani? Quale sport ha il maggior numero di tifosi?

- Quali sport considerate pericolosi (pugilato, trekking, parapendio, rafting, torrentismo, alpinismo)?

Vocabolario 🔊

Nomi

l'allenatore/ l'allenatrice	coach
l'ambientalista (m & f)	environmentalist
l'antibiotico	antibiotic
l'aspirina	aspirin
l'atmosfera	atmosphere
il contenitore	container
la diagnosi	diagnosis
il dolore	pain, ache
il ghiaccio	ice
il giocatore/ la giocatrice	player
il gioco	game
l'influenza	flu
la medicina	medicine
il premio	prize
la ricetta	prescription
la scelta	choice
lo sciatore/la sciatrice	skier
gli sci	skis
il sintomo	symptom
lo stadio	stadium
il termometro	thermometer
la tosse	cough

Aggettivi

appassionato (di)	fond (of)
biologico	organic
dannoso	harmful
olimpico	Olympic
ottimista	optimist
pessimista	pessimist
sedentario	sedentary
sportivo	athletic, sporty

Verbi

andare a cavallo	to go horseback riding
consigliare	to advise
correre (p.p. corso)	to run
danneggiare	to damage
fumare	to smoke
interessarsi	to be interested in
ordinare	to prescribe
partecipare	to take part (in)
praticare	to practice
proteggere	to protect
respirare	to breathe
riciclare	to recycle
ridere	to laugh
scegliere (p.p. scelto)	to choose
sciare	to ski

Altre espressioni

a causa di	because of
avere la tosse	to have a cough
Che fifone!	What a chicken!
Come andiamo?	How are we doing?
contro	against
da allora	since then
in forma	in good shape
né... né	neither . . . nor
neanche, nemmeno	not even, neither
nessuno	nobody, no one
niente	nothing
ognuno	everyone, each one
qualcosa	something
qualcuno	someone
quello che	what
stare a dieta	to be on a diet
tutti	everybody
tutto	everything

Arte e teatro

14

Courtesy of puppeteer Mimmo Cuticchio

Pupi del Teatro di Mimmo Cuticchio – Corte dei paladini

Risorse: iLrn

Internet   audio   video   ilrn.heinle.com

Parole da ricordare

Le arti e il teatro

Use this illustration or bring in other reproductions to present the vocabulary, including the different types of paintings and sculpure. You may also make statements (or ask questions) about well-known artists to reinforce the new vocabulary: *Michelangelo era pittore e scultore e architetto. Giotto ha dipinto degli affreschi molto famosi,* etc. In turn, give students a chance to express their own preferences concerning art and artists.

MOSTRA D'ARTE—PITTURA E SCULTURA

un paesaggio
un quadro di fiori
una natura morta
un ritratto
una marina
due statue classiche
una scultura moderna

l'**architettura** architecture	**classico, barocco, moderno**
il **pittore**/la **pittrice** painter	classical, Baroque, modern
lo **scultore**/la **scultrice** sculptor/	**disegnare** to draw
sculptress	**dipingere** (*p.p.* **dipinto**) to paint
lo **stile** style	**scolpire** (-isc-) to sculpt

A TEATRO

i palchi
il sipario
il cantante
la galleria
il palcoscenico
i musicisti
il direttore d'orchestra
il pubblico

Introduce the vocabulary using the pictured scene. Tell students that "to direct" is *dirigere*. To confirm their comprehension, help them describe the scene, elaborating as appropriate: *Il pubblico assiste ad un'opera di Puccini. Il tenore canta un'aria dalla* Bohème. *Il direttore d'orchestra dirige l'orchestra. È un'eccellente rappresentazione. Il pubblico applaude, nessuno fischia...*

la **musica** music	il **violino** violin
classica, operistica, sinfonica,	il **violoncello** cello
leggera classical, opera,	il **flauto** flute
symphony, light	la **batteria** drums
l'**opera** opera	**applaudire** to applaud
la **canzone** song	**fischiare** to boo (*lit.,* to whistle)
il/la **cantante** singer	la **commedia** play, comedy
il **compositore**/la **compositrice**	la **tragedia** tragedy
composer	l'**atto** act
comporre (*p.p.* **composto**)	la **scena** scene
to compose	il **comico** comedian
strumenti musicali musical	il **commediografo** playwright
instruments	**recitare** to act, to play a part
il **pianoforte** piano	

Applicazione

A. Rispondete alle seguenti domande.

1. Che cosa compose Beethoven?   **2.** Paganini era un famoso musicista dell'Ottocento. Quale strumento suonava alla perfezione?   **3.** Louis Armstrong suonava il flauto o la tromba?   **4.** Milioni di turisti visitano la Cappella Sistina in Vaticano. Perché?   **5.** Chi era Botticelli? Sai nominare uno dei suoi capolavori (*masterpieces*)?   **6.** Che tipo di quadro è *La Gioconda (Mona Lisa)*? Dove si trova?   **7.** Che cosa rappresenta una natura morta?   **8.** Cosa fa il pubblico alla fine di una rappresentazione?

Ask students which operas by Verdi they have seen and which other Italian composers they are familiar with. If time permits, you may wish to bring in a recording of an aria from one of Verdi's operas to play for the class.

B. Autori e opere (*works*). Abbinate gli elementi delle due colonne in una frase completa, scegliendo la forma appropriata dei verbi **scrivere, comporre, scolpire, dipingere.**

Shakespeare	*La Bohème*
Michelangelo	*La Gioconda*
Giuseppe Verdi	la sinfonia *«Le quattro stagioni»*
Puccini	*La Pietà*
Leonardo da Vinci	*Amleto*
Vivaldi	*Aida*

C. Conversazione

1. Sai suonare qualche strumento? Se sì, quale?   **2.** Hai mai suonato in un'orchestra o in un gruppo musicale?   **3.** Che tipo di musica preferisci ascoltare? Musica classica, jazz, rap, hip-hop, R&B, musica alternativa?   **4.** Quale musica scarichi sul tuo iPod o sul tuo lettore MP3?   **5.** Vai ai concerti?   **6.** Hai una collezione di CD?   **7.** Pensi che la musica sia importante nella vita? Spiega la tua risposta.

Nota culturale

Janet and Charles McGary

■ Milano – il Teatro alla Scala: Il Teatro alla Scala è uno dei più famosi teatri del mondo. In stile neoclassico, fu (*was*) costruito nel 1778 sul luogo dove era stata demolita una chiesa: la chiesa di Santa Maria alla Scala, e questa è l'origine del nome del teatro.

La Commedia dell'arte

La Commedia dell'arte è un'importante genere teatrale che diede origine alle maschere. Se vuoi saperne di più, clicca qui: **www.cengagebrain.com**

Informazioni

L'opera

L'opera nacque in Italia alla fine del Cinquecento con Claudio Monteverdi, uno dei più grandi compositori italiani. Ma è a Napoli che, con il «bel canto», cioè la melodia cantata, l'opera diventò quella che il mondo definisce oggi «opera italiana». Fra i grandi maestri napoletani del Seicento e del Settecento furono Stradella, Scarlatti e Pergolesi. Dall'Italia l'opera italiana partì alla conquista del mondo ed influenzò geni come Mozart, che scrisse opere italiane di stile e di libretto. Il periodo del bel canto continuò a fiorire nell'Ottocento con Rossini, Bellini e Donizetti. L'Ottocento fu dominato tuttavia dal genio drammatico di Giuseppe Verdi. Il grande musicista fu insuperabile nella creazione di arie e di cori che accompagnano grandi scene drammatiche: basti ricordare alcune sue opere come *Rigoletto, Il Trovatore, La Traviata, Aida* e *Otello.*

Alla fine del secolo diciannovesimo (*nineteenth*), l'opera si fece più realistica, e Giacomo Puccini, autore della *Bohème,* ne fu l'interprete più popolare. Da allora altri compositori hanno scritto opere, ma nessuno si è avvicinato al successo di Verdi e di Puccini.

Le regioni d'Italia 🌐

Oggi siamo in… **Sicilia** e **Sardegna.** La Sicilia è la più grande isola nel Mediterraneo. Le coste della Sardegna sono tra le più belle coste d'Italia. Se vuoi visitare la Sicilia e la Sardegna clicca qui: **www.cengagebrain.com**

■ Sicilia – un tempio greco dell'VIII secolo a.C.

SICILIA   SARDEGNA

La grammatica

1 Il congiuntivo presente

A. The subjunctive mood (**il congiuntivo**) expresses points of view and feelings, volition, uncertainty, possibility, and doubt. The indicative mood (**l'indicativo**) expresses facts, indicating what is objectively real. Compare the following sentences:

— Ti lavo la macchina purché tu mi dia i soldi per andare a vedere i burattini.

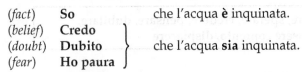

(*fact*)	**So**	che l'acqua **è** inquinata.
(*belief*)	**Credo**	che l'acqua **sia** inquinata.
(*doubt*)	**Dubito**	
(*fear*)	**Ho paura**	

Unlike in English, the subjunctive is very common in Italian, in both speaking and writing.

The subjunctive is used mainly in dependent clauses introduced by **che**, when the subjects of the main clause and the dependent clause are different. If the subject is the same, the infinitive is used. Compare the following sentences:

Spero che tu **stia** meglio.	*I hope you'll feel better.*
Spero di **stare** meglio.	*I hope to feel better.*

Here are the present subjunctive (**congiuntivo presente**) forms of regular verbs:

Main clause		Subordinate clause			
		ascoltare	leggere	partire	finire
Sperano	che io	ascolti	legga	parta	finisca
	che tu	ascolti	legga	parta	finisca
	che lui/lei	ascolti	legga	parta	finisca
	che noi	ascoltiamo	leggiamo	partiamo	finiamo
Vuole	che voi	ascoltiate	leggiate	partiate	finiate
	che loro	ascoltino	leggano	partano	finiscano

1. Note that the first-, second-, and third-persons singular are identical. To avoid ambiguity, the subject pronouns are usually expressed.

2. Verbs ending in **-care** and **-gare** insert an **h** between the stem and the endings: **dimentic*h*i, dimentic*h*iamo, dimentic*h*iate, dimentic*h*ino; pag*h*i, pag*h*iamo, pag*h*iate, pag*h*ino.**

3. Verbs ending in **-iare** drop the **i** of the stem: **cominci, cominciamo, cominciate, comincino.**

B. Here is the present subjunctive of the most common irregular verbs:

andare:	**vada,** andiamo, **andiate, vadano**
avere:	**abbia,** abbiamo, **abbiate, abbiano**
bere:	**beva,** beviamo, **beviate, bevano**
dare:	**dia,** diamo, **diate, diano**
dire:	**dica,** diciamo, **diciate, dicano**
dovere:	**deva (debba),** dobbiamo, **dobbiate, devano (debbano)**
essere:	**sia,** siamo, **siate, siano**
fare:	**faccia,** facciamo, **facciate, facciano**
potere:	**possa,** possiamo, **possiate, possano**
sapere:	**sappia,** sappiamo, **sappiate, sappiano**
stare:	**stia,** stiamo, **stiate, stiano**

uscire:	esca, usciamo, **usciate**, **escano**
venire:	venga, veniamo, **veniate**, vengano
volere:	voglia, vogliamo, **vogliate**, vogliano

Drill by starting sentences and having students complete them (e.g., *Sono felice che il semestre… / Ho paura che quell'esame… / Desidero che i miei amici… / Bisogna che gli studenti… / È probabile che per Natale… i miei genitori…*, etc).

C. Here are some of the most common verbs, impersonal expressions, and conjunctions that require the subjunctive:

1. **Verbs** of volition, of doubt, and verbs expressing emotions, such as:

> **volere, preferire, sperare, credere, pensare, dubitare, avere paura, essere contento, dispiacere**

2. **Impersonal expressions,** such as:

> **bisogna, è necessario, è meglio, è probabile, è importante, pare, sembra, peccato**

3. **Conjunctions,** such as:

affinché, perché	*so that*
benché, per quanto, sebbene	*although*
a meno che… (non)	*unless*
prima che	*before*
purché	*provided that*
senza che	*without*

The following examples illustrate the use of these verbs, impersonal expressions, and conjunctions:

a.	**Voglio** che tu mi **ascolti.**	*I want you to listen to me.*	(verb of volition: **voglio**)
	Dubito che Gino **sia** a casa.	*I doubt Gino is at home.*	(verb of doubt: **dubito**)
	Sono contenta che tu **venga.**	*I'm glad you are coming.*	(expression of emotion: **sono contenta**)
b.	**Bisogna** che tu **studi.**	*It is necessary for you to study.*	(impersonal expression: **bisogna**)
	È meglio che **stiamo** a casa.	*It's better we stay home.*	(impersonal expression: **è meglio**)
c.	Esci **prima che** **piova.**	*Go out before it rains.*	(conjunction: **prima che**)
	Ti aspetto **purché** tu **faccia** presto.	*I'll wait for you provided you hurry up.*	(conjunction: **purché**)

NOTE: The infinitive is used after an impersonal expression when no subject is expressed.

È necessario **lavorare.**   It is necessary to work.

— Quale autobus sta aspettando?
— Il numero 4.
— Mi sembra che il numero 4 non passi di qui da dieci anni.

Pratica

A. Consigli. Tu vai a passare alcuni giorni a casa dei nonni. Vai da solo(a) in macchina. Tua madre spera che la tua visita ai nonni sia piacevole per loro e per te.

■ **Esempio**   guidare con prudenza
    Spero che tu guidi con prudenza.

1. stare attento(a) al traffico   **2.** essere paziente con i nonni   **3.** aiutare la nonna in cucina   **4.** giocare a carte con il nonno   **5.** portare i nonni al ristorante   **6.** fare delle passeggiate con il nonno   **7.** ascoltare i loro consigli   **8.** andare a letto presto   **9.** avere pazienza perché il nonno è un po' sordo (*deaf*)

B. Non tutti sono della stessa opinione. Attività in gruppi di tre studenti/tre studentesse. Il primo studente fa un'affermazione. Il secondo studente si dichiara d'accordo con il primo. Il terzo studente mette in dubbio l'affermazione.

■ **Esempio**   primo studente   — Gli Italiani guidano bene.
    secondo studente   — Sono sicuro (So/Sono certo/Sono d'accordo con te) che gli Italiani guidano bene.
    terzo studente   — Non penso (Non credo/Non sono sicuro/Dubito) che gli Italiani guidino bene.

1. Gli Italiani non fanno attenzione alla dieta.

2. Venezia sta affondando (*sinking*).

3. È molto difficile capire i vari dialetti in Italia.

4. Gli Italiani sono contenti di avere adottato l'euro.

5. I giovani in Italia preferiscono andare in vacanza all'estero.

6. Marito e moglie in Italia devono stare separati tre anni prima di chiedere il divorzio.

7. Gli studenti italiani studiano di più degli studenti americani.

Roma – Arte moderna in città

C. Opinioni personali. Fatevi a turno le domande incominciando la frase con **Credo** o **Non credo.**

■ **Esempio**   Le donne italiane guidano meglio degli uomini?
    Credo (Non credo) che guidino meglio degli uomini.

1. Che cosa bevono gli Italiani?

2. Devono pagare molto per le cure mediche?

3. È facile guidare nelle città?

4. In quali mesi vanno in vacanza gli Italiani?

5. La benzina è più cara negli Stati Uniti o in Italia?

6. Molti Europei vengono in vacanza negli Stati Uniti?

7. Sanno tutti parlare inglese?

8. Possono viaggiare nei paesi dell'Unione Europea senza passaporto?

D. Benché... A turno, fatevi le seguenti domande.

■ **Esempio** Vai spesso a teatro? / i biglietti essere cari
— *Vai spesso a teatro?*
— *Sì, benché i biglietti siano cari.*

1. Canti quando fai la doccia? / essere stonato(a) come una campana (*tone deaf*)
2. Ti piace l'arte astratta? / non capirla molto
3. Andrai in vacanza quest'anno? / non avere molti soldi
4. Ti piace la musica di Puccini? / preferire quella di Verdi
5. Fai tutti i compiti per il corso d'italiano? / trovarli difficili
6. Ti piacciono le nature morte? / piacermi di più i quadri di paesaggi

2 Il congiuntivo passato

Raffaello – la scuola di Atene
— Hai mai visitato i Musei Vaticani?
— No, non li ho mai visitati.
— Peccato che tu non li abbia visitati.

A. The past subjunctive (**congiuntivo passato**) is a compound tense formed with the present subjunctive of the auxiliary verb **avere** or **essere** + *past participle* of the main verb.

	studiare		partire	
Franco crede	che io **abbia**	} studiato	che io **sia**	} partito(a)
	che tu **abbia**		che tu **sia**	
	che lui/lei **abbia**		che lui/lei **sia**	
	che noi **abbiamo**		che noi **siamo**	} partiti(e)
	che voi **abbiate**		che voi **siate**	
	che loro **abbiano**		che loro **siano**	

B. The **congiuntivo passato** is used when the verb of the main clause is in the present tense and requires the subjunctive, and the subordinate clause expresses an action that precedes the action of the main clause.

Spero che **abbiate ascoltato** il telegiornale.	*I hope you listened to the TV news.*
Mi dispiace che zia Teresa non **sia venuta** ieri.	*I'm sorry Aunt Teresa didn't come yesterday.*
Ho paura che non ti **sia piaciuto** il film di domenica.	*I'm afraid you did not like Sunday's movie.*

Pratica

A. L'opera all'Arena di Verona. I genitori del tuo amico sono andati a vedere l'*Aida* all'Arena di Verona. Poiché tu hai una passione per l'opera, vuoi conoscere i dettagli della rappresentazione. Nella risposta usate il congiuntivo passato.

■ **Esempio**   — I tuoi genitori sono andati a Verona a vedere l'opera?
　　　　　　　(Sì, sono contento…)
　　　　　　　— *Sì, sono contento che siano andati a Verona a vedere l'opera.*

1. L'opera ha avuto successo? (Sì, pare che…)
2. Il pubblico ha applaudito? (Sì, credo che…)
3. È vero che la soprano si è ammalata la sera della prima? (Sì, peccato che…)
4. Come ha cantato la giovane soprano che l'ha sostituita? (Sembra che…)
5. È vero che i costumi erano fantastici? (Sì, pare che…)
6. I tuoi genitori hanno pagato molto i biglietti? (Sì, mi dispiace che…)
7. Non hanno sospeso la rappresentazione per il maltempo? (No, sono contento che…)
8. È vero che i critici sono stati severi nei riguardi della giovane soprano? (Sì, penso che…)
9. Deve essere stata un'esperienza indimenticabile per i tuoi genitori. (Sì, sono felice che…)

L'Arena di Verona – È il terzo anfiteatro del mondo per larghezza (dopo il Colosseo e l'anfiteatro di Capua Venere vicino a Napoli). Fu completato nell'anno 30 d.C. Nell'Arena di Verona hanno luogo rappresentazioni teatrali e operistiche. L'anfiteatro offre un'acustica eccellente e un'atmosfera ideale.

B. Sono contento(a) per te (*o* Mi dispiace per te). Ti trovi con il tuo migliore amico e condividi con lui le belle e le brutte notizie.

■ **Esempio**   — Mi sono laureato a settembre con 30 e lode.
　　　　　　　— *Sono contento (Mi fa piacere) che tu ti sia laureato.*

　　　　　　　— Ho avuto un incidente di macchina.
　　　　　　　— *Mi dispiace (Peccato) che tu abbia avuto un incidente di macchina.*

1. Ho trovato un buon impiego a tempo pieno.
2. Dopo tre mesi ho avuto una promozione.
3. Mi hanno dato anche un aumento di stipendio.
4. Ho potuto comprare la macchina che desideravo.
5. Due mesi fa mi hanno licenziato.
6. Per consolarmi sono andato in vacanza alle Maldive.
7. Là ho conosciuto Mariella, una ragazza fantastica.
8. Mariella mi ha piantato (*dumped me*).

C. Sei contento(a) o ti dispiace? Di due frasi formatene una usando **di** + *infinito* o **che** + *congiuntivo*.

■ **Esempio** Sono andato(a) all'opera. Sono contento(a).
Sono contento(a) di essere andato(a) all'opera.

I miei genitori sono andati all'opera. Sono contento(a).
Sono contento(a) che i miei genitori siano andati all'opera.

1. Ho trovato dei biglietti per l'*Aida* a metà prezzo. Sono felice.
2. Mio zio mi ha dato dei biglietti gratis per l'Arena di Verona. Sono molto contento(a).
3. Non sono andato(a) al concerto di Zubin Metha. Mi dispiace.
4. I miei amici hanno visto il *Nabucco* al Met. Sono contento(a).
5. Ieri sera ho visto lo spettacolo del Cirque du Soleil. Sono felice.
6. Tu non sei venuto(a) con me. Mi dispiace.

3 L'imperfetto del congiuntivo

A. The imperfect subjunctive (**imperfetto del congiuntivo**) is formed by adding the endings **-ssi, -ssi, -sse, -ssimo, -ste,** and **-ssero** to the infinitive form of the verb after dropping **-re**.

che io **parlassi** = *that I spoke, might speak, would speak*

		parlare	leggere	dormire
Volevano	che io	parl**assi**	legg**essi**	dorm**issi**
	che tu	parl**assi**	legg**essi**	dorm**issi**
	che lui/lei	parl**asse**	legg**esse**	dorm**isse**
	che noi	parl**assimo**	legg**essimo**	dorm**issimo**
Era bene	che voi	parl**aste**	legg**este**	dorm**iste**
	che loro	parl**assero**	legg**essero**	dorm**issero**

B. The imperfect subjunctive is governed by the same verbs and conjunctions that govern the present and past subjunctive. It expresses an action that is *simultaneous* with or *subsequent* to that of the main clause and is used when the verb of the main clause is in a *past tense* or in the *conditional*.

The following verbs are irregular in the imperfect subjunctive:

essere: **fossi, fossi, fosse, fossimo, foste, fossero**
dare: **dessi, dessi, desse, dessimo, deste, dessero**
stare: **stessi, stessi, stesse, stessimo, steste, stessero**
fare: **facessi, facessi, facesse, facessimo, faceste, facessero**
dire: **dicessi, dicessi, dicesse, dicessimo, diceste, dicessero**
bere: **bevessi, bevessi, bevesse, bevessimo, beveste, bevessero**

Lisa desiderava che suo figlio **diventasse** musicista.	*Lisa wanted her son to become a musician.*
È uscito benché **piovesse.**	*He went out although it was raining.*
Mi piacerebbe che tu mi **facessi** la caricatura.	*I would like you to draw my caricature.*
Vorrei che voi mi **ascoltaste.**	*I would like you to listen to me.*

— Cosa vorresti per il tuo compleanno?
— Vorrei che tu mi portassi a vedere una commedia di Dario Fo.

Point out that the endings are the same for all three conjugations.

Drill the new tense in simple sentences. For example, *Io desideravo che tu leggessi la rivista Panorama (che voi… ; che lui… ; che tutti…)*, etc. Continue with some irregular verbs. For example, *Io vorrei che tu facessi attenzione (che voi… ; che Lei… ; che gli studenti…)*.

C. **The *if* clause. Se** + imperfect subjunctive is used to describe a hypothetical situation in the present or the future that is possible but unlikely. The present conditional is used to express the outcome.

Se **avessi** tempo, **seguirei** un corso di pittura.

If I had the time, I would take a course in painting.

Se **fossi** milionario, **farei** il giro del mondo.

If I were a millionaire, I would take a trip around the world.

NOTE: In a real or probable situation, the *if* clause is *always* in the indicative.

Se **mangi** troppo, **ingrassi**.

If you eat too much, you get fat.

Se **andremo** a Roma, **visiteremo** i Musei Vaticani.

If we go to Rome, we will visit the Vatican Museums.

Give examples of English sentences using *if* + subjunctive: "If I were rich …, If I had the money or the time…" Then compare two sentences, such as *Se avrò i soldi, andrò in Europa* and *Se avessi i soldi, andrei in Europa (ma non li ho, e con tutta probabilità non ci andró)*. Have students complete some cues with a present conditional: *Se studiassi… , Se fossi ricco(a)… , Se avessi tempo…* , etc.

Pratica

A. Se... Completate le frasi seguenti usando il congiuntivo imperfetto del verbo in parentesi.

1. Potrei trovare facilmente un lavoro part-time se io (conoscere) _____ l'informatica.

2. Compreremmo dei biglietti in platea se (costare) _____ di meno.

3. Se noi non (avere) _____ lezione oggi, inviteremmo il professore al caffè.

4. Che cosa direste se noi (fare) _____ una festa?

5. Se noi (studiare) _____ di più, avremmo dei voti migliori.

6. Potrei trovare un appartamento migliore se io (avere) _____ più soldi.

7. Se il professore d'italiano (capire) _____ che seguiamo anche altri corsi, ci darebbe meno compiti.

B. Se potessimo cambiare le cose... Attività in piccoli gruppi. Ognuno dice che cosa vorrebbe cambiare.

■ **Esempio** il weekend durare…
Vorrei che il weekend durasse quattro giorni. o…

1. la vita degli studenti essere…
2. i professori dare…
3. mio padre darmi…
4. i miei compagni/le mie compagne di stanza essere…
5. la gente preoccuparsi…
6. il Governo occuparsi…
7. i programmi della TV essere…
8. _____
9. _____
10. _____

C. Conversazione. Rispondete con frasi complete alle seguenti situazioni ipotetiche; poi spiegate la ragione della vostra scelta.

1. Se tu avessi uno yacht, dove andresti?
2. Se tu potessi scegliere, dove vorresti vivere?
3. Se tu ricevessi in eredità (*inheritance*) un quadro di De Chirico, che cosa ne faresti?
4. Se tu fossi pittore, che cosa dipingeresti?
5. Se tu potessi rivivere un anno della tua vita, quale sceglieresti?
6. Se tu fossi il presidente degli Stati Uniti, cosa faresti per prima cosa?
7. Se tu avessi una bacchetta magica (*magic wand*), quali cose ti piacerebbe avere?

Tell students that Giorgio de Chirico (1888–1978) was one of the most outstanding Italian painters of our century; he gave impetus to the surrealist movement and influenced many contemporary artists, including the Spanish painter Salvator Dalì.

Roma – la Fontana di Trevi, dell'architetto Nicolò Salvi, fu completata nel 1762. Si chiama Trevi perché è situata all'incrocio (*crossing*) di tre vie (tre strade).
— Hai buttato le monete nella fontana?
— No, se mi fossi ricordato, le avrei buttate.

4 Il trapassato del congiuntivo

A. The pluperfect subjunctive (**trapassato del congiuntivo**) is a compound tense. It is formed with the imperfect subjunctive of **avere** or **essere** + *past participle* of the main verb.

		dormire		partire	
	che io	avessi		fossi	
	che tu	avessi		fossi	partito(a)
Non era vero	che lui/lei	avesse	dormito	fosse	
	che noi	avessimo		fossimo	
	che voi	aveste		foste	partiti(e)
	che loro	avessero		fossero	

B. The pluperfect subjunctive, like the imperfect subjunctive, is used when the verb of the main clause is in a *past tense* or in the *conditional*. However, the pluperfect subjunctive expresses an action that occurred *prior* to the action of the main clause.

Non sapevo che Marco Polo **avesse scritto** Il Milione in prigione.

I did not know Marco Polo had written Il Milione in prison.

Benché i Fiorentini l'**avessero mandato** in esilio, Dante continuò ad amare Firenze.

Although the Florentines had sent him into exile, Dante continued to love Florence.

C. The *if* clause. Se + *pluperfect subjunctive* is used to describe a hypothetical situation in the past that did not occur (a "contrary-to-fact" situation). The past conditional is used to express the outcome.

Se **avesse avuto** più talento, **sarebbe diventata** una grande scultrice.

If she had had more talent, she would have become a great sculptor.

D. The following chart summarizes the relationship between verb tenses in the main clause and the dependent clause in the subjunctive.

Main clause		
Present	Sono contento che tu **vada** in Italia.	*I'm glad you are going to Italy.* (**congiuntivo presente**)
	Sono contento che tu **sia andato** in Italia.	*I'm glad you went to Italy.* (**congiuntivo passato**)
Past tense	Ero contento che tu **andassi** in Italia.	*I was glad you were going to Italy.* (**imperfetto del congiuntivo**)
	Ero contento che tu **fossi andato** in Italia.	*I was glad you had gone to Italy.* (**trapassato del congiuntivo**)
Conditional	Vorrei che tu **andassi** in Italia.	*I would like you to go to Italy.* (**imperfetto del congiuntivo**)
	Avrei voluto che tu **fossi andato** in Italia.	*I would have liked (it if) you had gone to Italy.* (**trapassato del congiuntivo**)

Have students make a simple statement in the *passato prossimo*, and others react by saying *Davvero? (Sì?) Non sapevo che* + pluperfect subjunctive (e.g., *Ho letto il romanzo… / Davvero? Non sapevo che tu l'avessi letto. Luisa è stata in Francia. / Sì? Non sapevo che ci fosse stata.*).

Write on the board and compare *Se avessi i soldi andrei in Europa* and *Se avessi avuto i soldi, sarei andato in Europa* to distinguish possibility from impossibility (*Non ho avuto i soldi, dunque non sono andato*). Then drill *X non ha studiato, ma se avesse studiato… Tu non sei andato(a) in Italia, ma se fossi andato(a)…* Tell students to complete the sentences with the past conditional.

Nota culturale

Francesca Benevento

■ Venezia – Basilica di San Marco: I magnifici cavalli di bronzo portati da Costantinopoli nel 1204.

— **Se fossimo entrati** nella Basilica di San Marco, avremmo visto i cavalli di bronzo.

Il progetto «MOSE»

Il **MOSE** (Modulo Sperimentale Elettromeccanico) è un progetto per la protezione di Venezia. Se vuoi sapere cosa si sta facendo per impedire (*to prevent*) che la città sia allagata (*to be flooded*), clicca qui:
www.cengagebrain.com

Pratica

 A. Pensavo che tu l'avessi fatto! Fatevi a turno le seguenti domande, seguendo l'esempio.

■ **Esempio** — Hai visto la commedia di Dario Fo? / no
— *No, non l'ho vista.*
— *Pensavo che tu l'avessi vista.*

1. Ha visitato l'Italia meridionale? / no
2. Hai finito i tuoi studi? / no
3. Sei stato(a) in Asia? / no
4. Sei andato(a) all'opera sabato? / no
5. Hai seguito un corso di pittura? / no
6. Hai comprato i biglietti dell'opera? / no
7. Hai visto l'*Aida* di Verdi? / no
8. Sei stato(a) al Teatro alla Scala di Milano? / no

Have students pretend they are having a party, but several forgot to do something; to prepare, to bring, to cook, to buy, to clean, to wash, etc. (For example, one student says: *Ho dimenticato di portare le patatine fritte!* Another responds: *Ma come! Credevo che tu le avessi portate!*)

This exercise is also intended as a review of the difference between *passato prossimo* and *imperfetto dell'indicativo.*

B. Dialogo tra Mara e Franco, due giovani sposi. In due, fate la parte di Mara e Franco e mettete il verbo in parentesi al congiuntivo presente o imperfetto, secondo il caso.

Franco   Mara, devo partire benché (fare) _____ brutto tempo. Non ne ho nessuna voglia, ma è necessario che io (andare) _____.

Mara   Sei sicuro? Con questo tempo preferirei che tu (restare) _____ a casa, ma se è proprio necessario per il tuo lavoro che tu (partire) _____, ho paura che tu non (avere) _____ scelta.

Franco   Spero che il tempo (cambiare) _____.

Mara   Vorrei che tu (metterti) _____ l'impermeabile e che tu (prendere) _____ l'ombrello.

Franco   OK. Ti telefonerò appena arriverò all'albergo, affinché tu non (preoccuparti) _____.

Mara   Vorrei anche che tu (darmi) _____ un grosso bacio prima di partire.

C. Situazioni ipotetiche: Cosa avresti fatto se… ? In piccoli gruppi, chiedetevi cosa avreste fatto nelle seguenti circostanze. Ogni studente partecipa con la sua risposta.

■ **Esempio**   …se tu fossi andato(a) in Europa?
       —*Avrei visitato molte città europee.* o *Avrei comprato l'Eurail pass.* o…

1. …se tu avessi perso l'aereo?
2. …se tu fossi arrivato(a) in ritardo all'appuntamento con la tua ragazza/il tuo ragazzo?
3. …se tu avessi trovato un portafoglio pieno di soldi?
4. …se tu avessi ricevuto una F in italiano?
5. …se tu fossi andato(a) a Milano durante la stagione operistica?
6. …se il tuo compagno/la tua compagna ti avesse chiesto di prestargli(le) dei soldi?
7. …se tu avessi perso la tua carta di credito?

Per finire

Il talento artistico... CD2, Track 20 🔊

A Susanna è sempre piaciuto dipingere, ed ha deciso di **impegnarsi** seriamente nel campo delle belle arti. **Si è iscritta** all'Accademia di Brera, dove frequenta dei corsi di disegno e di pittura. Oggi si sente un po' scoraggiata, perché non pensava che i corsi fossero così difficili, e vuole che il fratello le dia dei consigli.

make a commitment / She registered

Susanna	Marco, pensi che **abbia fatto bene** ad iscrivermi all'Accademia di Brera?

I did the right thing

Marco	Ne sono sicuro. Fin da bambina hai sempre avuto la passione di dipingere.
Susanna	Adesso ho dei dubbi: se avessi del vero talento, non avrei tante difficoltà nei miei corsi.
Marco	Bisogna che tu abbia pazienza: hai appena incominciato. Vedrai che riuscirai, purché tu abbia costanza.
Susanna	Mi sembra di aver perso l'entusiasmo e l'ispirazione. Forse è meglio che io abbandoni l'idea di diventare una pittrice.
Marco	Ma perché ti scoraggi così facilmente?
Susanna	Ho avuto l'impressione che al professore non sia piaciuto il mio autoritratto. L'ha guardato a lungo e poi ha detto: «Ne parleremo domani in classe».
Marco	È possibile che ti faccia delle critiche. Però è necessario che tu le accetti: ti fa delle osservazioni affinché tu migliori la tua tecnica.
Susanna	Adesso mi sento insicura. Per giovedì il professore vuole che dipingiamo un paesaggio, una marina, o un quadro astratto. Se tu fossi pittore, cosa dipingeresti?
Marco	Mah... io non sono pittore... però posso darti un consiglio: va' al parco, siediti sotto un albero e aspetta che ti venga l'ispirazione.

Un pittore espone i suoi quadri in una via di Roma.

Comprensione

1. Perché Susanna ha deciso di impegnarsi nel campo della pittura?
2. Perché oggi si sente scoraggiata? **3.** Che cosa vuole dal fratello?
4. Perché Marco pensa che Susanna abbia fatto bene ad iscriversi all'Accademia di Brera? **5.** Perché Susanna ha dei dubbi sulla sua decisione? **6.** Come la rassicura Marco? **7.** Perché Susanna si è scoraggiata quando il professore ha visto il suo autoritratto? **8.** Perché, secondo Marco, Susanna dovrebbe accettare le critiche del professore? **9.** Susanna vorrebbe che Marco l'aiutasse. Come?

1. Se tu potessi seguire un corso d'arte a Firenze, quale sceglieresti? Pittura, scultura, architettura? Perché?
2. Che tipo di quadro vorresti che ti regalassero per la tua casa?
3. Quale stile architettonico preferisci? Classico, moderno, barocco?
4. Puoi nominare uno scultore italiano famoso per lo stile barocco?
5. Quale opera andresti a vedere al Teatro alla Scala se tu fossi a Milano durante la stagione teatrale?
6. Quale compositore preferisci? A quale delle sue opere hai assistito?
7. Hai del talento musicale? Se tu avessi del talento musicale quale strumento ti piacerebbe suonare?
8. Hai mai recitato in una commedia? Che parte hai fatto?
9. Hai mai scritto una commedia? Conosci la storia della Commedia dell'Arte?

Ascoltiamo!

Se tu fossi pittore...   CD2, Track 21 ◄))

Luisa has been taking an art course and must do a painting of her own as an assignment. She is trying to decide what to paint and is asking her older brother Alberto for advice. Listen as he makes various suggestions. Then answer the following questions.

Comprensione

1. Che cosa deve fare Luisa per lunedì? A chi ha domandato aiuto?
2. È pittore Alberto? Se fosse pittore, che cosa dipingerebbe?
3. Quali elementi dovrebbe avere l'angolo (corner) di giardino che Alberto consiglia di disegnare?
4. Luisa segue il consiglio del fratello? Perché?
5. Alberto le suggerisce una seconda idea. Quale?
6. Alla fine, Alberto che cosa ha detto di dipingere?
7. Tu credi che Luisa abbia veramente talento artistico?

Dialogo

Preferenze. Se voi foste pittori, che tipo di quadro dipingereste? In piccoli gruppi, scambiatevi le vostre opinioni sul tipo di pittura e sui pittori che preferite.

Musica operistica o musica elettronica? ◄))

For more listening practice, listen to CD2, Track 22, and answer the following questions.

Comprensione

1. Cos'hanno messo insieme i quattro amici? Quali strumenti suonano?
2. Cosa fanno oggi? Dove?
3. Paco Pank è un nome vero o un nome d'arte? Qual è, in questo caso, il nome vero?
4. Perché ha deciso di cambiarsi il nome Giuseppe?
5. Per diventare famoso, basta che Giuseppe si cambi il nome o ci vuole qualcos'altro? Che cosa?
6. Piace a suo padre la musica rock? Perché no?
7. Cosa vuole la madre di Giuseppe, per il momento?
8. Qual è, secondo Giuseppe, il problema dei suoi genitori per quanto riguarda (regarding) la musica?
9. Tu sai chi era Giuseppe Verdi?

Un'opera d'arte

L'Italia è un paese ricco d'arte: la sua architettura prestigiosa, i suoi dipinti e le sue sculture sono conosciuti in tutto il mondo. Pensa al *Davide* di Michelangelo, al Museo dell'Accademia a Firenze, o alla *Nascita di Venere* di Botticelli agli Uffizi, sempre a Firenze. I quattro dipinti raffigurati nelle foto sono delle opere italiane tra le più famose. Il primo è di Botticelli (1447–1515): è un particolare della *Primavera*. Il secondo è *Donna dagli occhi blu* di Modigliani (1884–1920). Il terzo è il *Bacco* di Caravaggio (1571–1610). Il quarto è *Ettore e Andromaca* di De Chirico (1888–1978).

Quale ti piace di più?

1.

2.

3.

4.

A. Scegli una delle opere raffigurate nelle foto. Fai una ricerca su Internet o in biblioteca per trovare delle informazioni sulla vita e sulle opere dell'artista.

B. Per organizzare la tua relazione rispondi alle seguenti domande.

- In che periodo è vissuto l'artista dell'opera d'arte che hai scelto?
- Dove è vissuto per la maggior parte della sua vita?
- È questa una delle sue opere maggiori? Puoi nominarne delle altre?
- Perché questo artista è importante?
- Perché ti piace quest'opera d'arte? Perché l'hai scelta?

A. Parliamo di musica. Attività in gruppi di tre o quattro studenti. Ogni studente(ssa) descrive la musica che preferisce, e il suo gruppo/i suoi gruppi musicali preferiti, le sue esperienze musicali (se ha suonato in un gruppo musicale e quale strumento ha suonato) e gli eventi (opere, concerti) ai quali ha assistito, quando e dove.

Gli altri studenti gli/le fanno delle domande: con chi è andato(a), dove ha avuto luogo l'evento musicale, quanta gente c'era, se ha pagato il biglietto o la rappresentazione era ad entrata libera.

 B. Un quiz artistico. In due, fatevi a turno le domande per scoprire quali sono le vostre conoscenze nel campo della pittura e della scultura.

1. Puoi nominare tre stili architettonici?
2. Sai cosa rappresenta «una natura morta»?
3. Puoi nominare quattro pittori italiani famosi?
4. Sai chi ha scolpito la statua della *Pietà* che si trova nella chiesa di San Pietro, a Roma?
5. Sai chi ha disegnato il campanile del Duomo di Firenze? E la cupola (*dome*) del Duomo di Firenze?
6. Sai dove si trova (in quale museo) l'originale del *Davide* di Michelangelo?
7. Come si chiama la famosa fontana di Roma dove i turisti buttano (*throw*) le monete?
8. Sai perché la Sicilia è chiamata «il museo archeologico d'Europa»?

 C. Chi sono gli artisti? Attività in gruppi di tre o quattro studenti. Identificate insieme gli artisti che hanno creato questi capolavori. Sapete anche dire dove si trovano i capolavori?

1.

2.

Roger-Viollet/Topham/The Image Works

3.

Alinari/Art Resource, NY

4.

Courtesy of the author; Photo by Janet and Charles McGary

5.

Courtesy of the Author

6.

Bryan Busovicki 2009/Shutterstock.com

7.

Courtesy of the author; Photo: Janet and Charles McGary

8.

Courtesy of Giovanni Tempesta

9.

1. _____

2. _____

3. _____

4. _____

5. _____

6. _____

7. _____

8. _____

9. _____

Attualità
L'importanza dello spettacolo

Courtesy of the Author

A. Prima di leggere. As you read the passage below from Luigi Barzini's well-known book *Gli Italiani*, keep in mind the central metaphor used by the author: All Italians are actors; watching them go about their lives is like watching a performance, **uno spettacolo**. Follow along as this basic comparison is developed in different ways and from different perspectives throughout the passage. Watch also for the unexpected twist given to this comparison at the end of the passage! Do you agree with Barzini's metaphor for Italian life?

Questa è l'Italia vista dallo straniero (*foreigner*). Ciò che colpisce (*What strikes*) a tutta prima è la straordinaria animazione, la vigorosa vita da alveare (*beehive*) degli abitanti. Strade, piazze, mercati brulicano (*teem with*) di gente, gente rumorosa, appassionata, allegra, energica, indaffarata. Lo spettacolo può essere così avvincente (*involving*) che molti individui trascorrono (*spend*) la maggior parte della vita semplicemente contemplandolo. Vi sono di solito i tavolini dei caffè disposti strategicamente in modo da impedire che qualsiasi avvenimento importante, per quanto piccolo, possa sfuggire (*escape*) a chi placidamente sorseggia (*sips*) l'espresso o l'aperitivo.

[...]

Ci sono panchine o muretti al sole per gli spettatori anziani. Ci sono balconi sulle facciate di tutte le case, comodi come palchi (*platforms*) a teatro.

[...]

A rendere (*To make*) queste scene ancor più intensamente affascinanti (*appealing*), è forse la trasparenza delle facce italiane. In esse (*them*) si può leggere ogni emozione, gioia, dolore, speranza, ira (*anger*), sollievo (*relief*), gelosia, noia, disperazione, tenerezza, amore e delusione.

[...]

Interpretare le espressioni facciali è un'arte importante in Italia, un'arte che va appresa (*learned*) dalla fanciullezza. Le parole pronunciate dalle labbra possono talora (*at times*) essere in contrasto con le smorfie (*grimaces*) che le accompagnano. In tal caso le parole debbono essere ignorate.

[...]

Orson Welles osservò una volta acutamente che l'Italia è piena di attori, cinquanta milioni di attori, in effetti, e che questi sono quasi tutti bravi; ve ne sono soltanto pochi cattivi ed essi (*they*) si possono trovare per lo più sui palcoscenici (*stages*) e nel cinema.

B. Alla lettura

1. Che cosa colpisce lo straniero che viene in Italia?   **2.** Come trova la gente?   **3.** Lo spettacolo della gente per la strada è affascinante: da dove osservano gli Italiani questo spettacolo?   **4.** Le facce degli Italiani sono trasparenti: quali emozioni si possono leggere sulle loro facce?   **5.** Durante una conversazione tra due persone, gli Italiani danno più importanza ai gesti (*gestures*) o alle parole?   **6.** Qual è l'osservazione arguta (*witty*) di Orson Welles a proposito degli Italiani?

Attività video o

Attività vocabolario

A. Guardate la sezione del video «**Arte e teatro**». Poi completate le frasi con le espressioni seguenti.

compositori, dipingere, marine, ritratti, concerto, balletti, metal, jazz, nature morte, classica, popolare, paesaggi, dipingo

Cosa dicono gli intervistati?

1. **Nr. 1** Quando compro dei quadri, preferisco comprare quadri di _____. Non so _____, sono completamente negata per la pittura.

2. **Nr. 2** Parlando di quadri, la mia casa è coperta di quadri: sia fiori, che paesaggi, che _____. Devo dire che anch'io _____.

3. **Nr. 3** Ho molti quadri. La mia preferenza va per i paesaggi, ma ho anche alcuni _____.

4. **Nr. 1** Non mi piace molto l'opera. Preferisco andare a un _____.

5. **Nr. 2** Quando abitavo in città avevamo il palco al teatro Verdi, e abbiamo visto tutte le opere e i _____.

Courtesy of the author, photo by Francesca Benevento

6. **Nr. 3** Mi piace l'opera italiana. I miei _____ preferiti sono Puccini e Verdi. Ascolto spesso la musica e i miei generi preferiti sono il _____ , la musica operistica, e anche musica _____ o _____.

7. **Nr. 1** Se questa sera potessi scegliere preferirei andare a un _____.

8. **Nr. 2** Non mi piace la musica _____... vado a dormire con la musica classica.

© Cengage Learning

B. Domande sul video. Rispondete alle seguenti domande.

1. Che genere di quadri preferisce la prima persona intervistata? Sa dipingere?

2. Sa dipingere la seconda persona? Suo padre era pittore: che cosa dipingeva?

3. Che genere di quadri ha nel suo appartamento la terza intervistata?

4. Piace l'opera alla prima intervistata? Che cosa preferisce ascoltare?

5. Dove vorrebbe vedere uno spettacolo la seconda intervistata?

6. Quando la terza intervistata ascolta le canzoni dal suo iPod?

7. Perché la seconda persona pensa che la musica sia così importante nella nostra vita?

Attività grammatica

A. Guardate la sezione del video «**Arte e teatro**» una seconda volta. Poi completate le frasi con il congiuntivo o il condizionale, a seconda dei casi.

1. Se questa sera (*I could*) _____ scegliere, (*I would go*) _____ a un concerto.

2. Come strumento musicale (*I would have liked*) _____ suonare tantissimo l'arpa.

3. La musica fa parte della nostra vita, perché se (*there were not*) _____ la musica, non (*there would be*)_____ niente intorno.

4. Se questa sera (*I had*) _____ una scelta, (*I would like*) _____ andare a un concerto.

5. Se (*I could*) _____ scegliere uno strumento, (*I would like*) _____ suonare l'arpa.

6. Se stasera (*there were not*) _____ un'opera, (*I would choose*) _____ di andare a un teatro.

B. Partecipazione. In gruppi di tre studenti, conversate sui seguenti argomenti.

- Che genere di quadri vi piace? Avete del talento artistico? Sapete dipingere, scolpire, disegnare?

- Che tipo di musica vi piace? Che tipo di musica scaricate sul vostro iPod? Cosa pensate dell'opera? Vi piace o non vi piace?

- Avete assistito a delle opere? Quali? Avete un compositore preferito?

- Preferite andare all'opera, a un concerto, a una rappresentazione teatrale?

- Avete mai recitato in teatro? Quale personaggio avete interpretato?

- Pensate che la musica sia importante o no, nella vostra vita, e per quali ragioni?

Roberta Riga

Francesca Benevento

Vocabolario 🔊

Nomi

l'affresco	fresco
l'autoritratto	self-portrait
il campo	field
il capolavoro	masterpiece
il concerto	concert
la critica	critique
la generazione	generation
l'ispirazione	insipiration
il musicista	musician
la pittura	painting
la rappresentazione	performance
la scultura	sculpture
il successo	success
il suggerimento	suggestion
il talento	talent
la tromba	trumpet
la voce	voice

Aggettivi

artistico	artistic
astratto	abstract
comico	comical, funny
probabile	probable
scoraggiato	discouraged

Verbi

assistere	to attend
dispiacere	to feel sorry
dubitare	to doubt
impegnarsi	to commit oneself
lasciare	to leave
migliorare	to improve
rappresentare	to stage, to portray
riuscire	to succeed
scoraggiarsi	to become discouraged
sperare	to hope

Altre espressioni

affinché (perché) (+ *subj.*)	so that
a meno che (+ *subj.*)	unless
andare d'accordo	to get along
benché (+ *subj.*)	although
bisogna (*impers.*)	it is necessary
galleria d'arte	art gallery
opera d'arte	work of art
pare (*impers.*)	it seems
(È un) peccato...	too bad . . .
per quanto (+ *subj.*)	although
prima che (+ *subj.*)	before
purché (+ *subj.*)	provided that
sebbene (+ *subj.*)	although
sembra (*impers.*)	it seems
senza che (+ *subj.*)	without

Verb tenses (recognition only)

1.1 Futuro anteriore

1. The **futuro anteriore** (*future perfect tense*) expresses a future action taking place before another future action. It is a compound tense formed with the future of the auxiliary **avere** or **essere** + the past participle of the conjugated verb, and is usually introduced by conjunctions such as **se, quando, appena,** and **dopo che.**

avrò finito = *I will have finished*

It is conjugated as follows:

parlare		rispondere		partire	
avrò		avrò		sarò	
avrai		avrai		sarai	partito(a)
avrà	parlato	avrà	risposto	sarà	
avremo		avremo		saremo	
avrete		avrete		sarete	partiti(e)
avranno		avranno		saranno	

Avrò finito alle cinque.	*I will have finished by five.*
Usciremo dopo che **avremo cenato.**	*We will go out after we have had dinner.*
Visiterò la città appena **sarò arrivata.**	*I will visit the city as soon as I arrive.*

2. The future perfect tense also expresses probability in the past.

Che bella macchina ha Luigi! **Avrà ricevuto un'eredità** dallo zio d'America.	*What a beautiful car Luigi has! He must have inherited (money) from his rich uncle in America.*
Com'è abbronzata! **Sarà stata** in spiaggia.	*How tan she is! She must have been at the beach.*
Non è ancora arrivato? No, **si sarà fermato** con gli amici.	*Hasn't he arrived yet? No, he must have stopped with his friends.*

1.2 Passato remoto

1. The **passato remoto,** like the **passato prossimo,** is a tense that expresses an action completed in the past. However, the **passato prossimo** is generally used to express actions that took place in a not too-distant past. The **passato remoto** relates past actions and events completely detached from the present. It is most commonly found in narrative and historical writings. The **passato remoto** is used less frequently in spoken Italian, although this varies from region to region. Use of the **passato remoto** in conversation indicates that the speaker perceives the action described as distant from or unrelated to the present.

    Because of the importance of the **passato remoto** in both literary and spoken Italian, it is introduced here so that you will recognize it when you encounter it.

2. The **passato remoto** is formed by adding the appropriate endings to the infinitive stem.

parlare → parl**ai** = *I spoke, I did speak*

It is conjugated as follows:

parlare	ricevere	partire
parlai	ricevei (ricevetti)	partii
parlasti	ricevesti	partisti
parlò	ricevè (ricevette)	partì
parlammo	ricevemmo	partimmo
parlaste	riceveste	partiste
parlarono	riceverono (ricevettero)	partirono

Many regular **-ere** verbs have an alternate ending for the first-person singular and for the third-person singular and plural.

Dante **morì** nel 1321.	*Dante died in 1321.*
Il dottore **entrò** e **visitò** il malato.	*The doctor came in and examined the patient.*
Roma **diventò** la capitale d'Italia nel 1871.	*Rome became the capital of Italy in 1871.*

3. **Essere** and the following verbs are irregular in all their forms in the **passato remoto**:

essere:	fui, fosti, fu, fummo, foste, furono
bere:	bevvi, bevesti, bevve, bevemmo, beveste, bevvero
dare:	diedi, desti, diede, demmo, deste, diedero
dire:	dissi, dicesti, disse, dicemmo, diceste, dissero
fare:	feci, facesti, fece, facemmo, faceste, fecero
stare:	stetti, stesti, stette, stemmo, steste, stettero

4. **Avere** and the following verbs are irregular only in the **io, lei,** and **loro** forms. To conjugate these forms, add the endings **-i, -e,** and **-ero** to the irregular stem.

avere: eb**b***i*, avesti, eb**b***e*, avemmo, aveste, eb**b***ero*
cadere: cad**d***i*, cadesti, cad**d***e*, cademmo, cadeste, cad**d***ero*

chiedere	chiesi	**rispondere**	risposi
chiudere	chiusi	**rompere**	ruppi
conoscere	conobbi	**sapere**	seppi
decidere	decisi	**scrivere**	scrissi
leggere	lessi	**vedere**	vidi
mettere	misi	**venire**	venni
nascere	nacqui	**vivere**	vissi
prendere	presi	**volere**	volli

5. The **passato remoto**, like the **passato prossimo,** may be used in combination with the imperfect tense to express an action that was completed while another action or situation was occurring.

Gli **diedi** un bacio mentre uscivo. *I gave him a kiss while I was going out.*
Scrissero al padre perché non *They wrote to their father because they*
avevano più soldi. *didn't have any more money.*

1.3 Trapassato remoto

1. The **trapassato remoto** (*past perfect*) is a compound tense. It is formed with the **passato remoto** of the auxiliary verb **essere** or **avere** + the past participle of the main verb.

ebbi parlato = *I had spoken*

fui partito = *I had left*

parlare		partire	
ebbi		fui	
avesti		fosti	partito(a)
ebbe	parlato	fu	
avemmo		fummo	
aveste		foste	partiti(e)
ebbero		furono	

2. The **trapassato remoto** is used in combination with the **passato remoto** and after conjunctions of time such as **quando, dopo che,** and **appena** (*as soon as*) to express an action prior to another past action. It is a tense found mainly in literary language.

Quando **ebbe finito,** salutò i *When he (had) finished, he said good-bye*
colleghi e uscì. *to his colleagues and left.*
Appena **fu uscito,** tutti *As soon as he (had) left, they all began*
cominciarono a ridere. *to laugh.*

3. When the subject of the two clauses is the same, the **trapassato remoto** is often replaced by **dopo (di)** + the past infinitive.

Dopo che ebbe mangiato, uscì. *or* **Dopo (di) aver(e) mangiato,** uscì.

1.4 La forma passiva

The passive form is possible only with transitive verbs (verbs that take a direct object). When an active sentence is put into the passive form, the direct object becomes the subject of the new sentence. The subject becomes the agent, introduced by **da.**

The passive form of a verb consists of **essere** (in the required tense) + *the past participle* of the verb. As for all verbs conjugated with **essere,** the past participle must agree with the subject in number and gender.

Active form	Passive form
Nino **canta** la canzone.	La canzone **è cantata** da Nino.
Nino **cantava** la canzone.	La canzone **era cantata** da Nino.
Nino **cantò** la canzone.	La canzone **fu cantata** da Nino.
Nino **canterà** la canzone.	La canzone **sarà cantata** da Nino.
Lisa **ha scritto** il diario.	Il diario **è stato scritto** da Lisa.
Lisa **aveva scritto** il diario.	Il diario **era stato scritto** da Lisa.

La paziente **è curata** dal medico.	*The patient is treated by the physician.*
Quelle ville **sono state costruite** dall'architetto Nervi.	*Those villas were built by the architect Nervi.*
Questo libro **sarà pubblicato** da un editore di Boston.	*This book will be published by a publisher in Boston.*

1.5 *Fare* + infinito

1. The construction **fare** + *infinitive* is used to express the idea of having something done or having someone do something.

Faccio cantare una canzone.	*I have a song sung.*
Faccio cantare i bambini.	*I have (make) the children sing.*
Faccio cantare una canzone ai bambini.	*I have the children sing a song.*

When the construction has only one object, it is always a direct object.

| Fa suonare **un disco.** | *He has a record played.* |
| Fa suonare **Pietro.** | *He has (makes) Pietro play.* |

When there are two objects, the person who performs the action is always the indirect object.

| Fa suonare **un disco a Pietro.** | *He has (makes) Pietro play a record.* |

2. When the objects are nouns, as above, they *always* follow the infinitive. When the objects are pronouns, they precede the verb **fare.**

Farò riparare **il piano.**	*I will have the piano repaired.*
Lo farò riparare.	*I will have it repaired.*
Farò riparare **il piano a Pietro.**	*I will have Pietro repair the piano.*
Glielo farò riparare.	*I will have him repair it.*
Ho fatto venire **i miei amici.**	*I had my friends come.*
Li ho fatti venire.	*I had them come.*

If **fare** is in the *imperative* (**tu, noi, voi** forms) or in the *infinitive*, the pronouns follow **fare** and are attached to it.

Fa' cantare **i bambini!**	*Have the children sing!*
Falli cantare!	*Have them sing!*
Mi piacerebbe fare dipingere **la casa.**	*I would like to have the house painted.*
Mi piacerebbe **farla** dipingere.	*I would like to have it painted.*

3. The verb **fare** is used in a reflexive form when the subject has the action performed on his/her own behalf. The name of the person performing the action is preceded by **da**. In compound tenses, **essere** is used.

Lisa **si farà** aiutare da Luigi.	*Lisa will have Luigi help her (Lisa will have herself helped by Luigi).*
Lisa **si è fatta** aiutare da Luigi.	*Lisa had Luigi help her (Lisa had herself helped by Luigi).*
Il bambino **si fa** lavare la faccia dalla mamma.	*The child is having his face washed by his mother.*
Il bambino **se la fa** lavare dalla mamma.	*The child is having it washed by his mother.*

Prepositional usage before infinitives

A. Verbs and expressions + **a** + infinitive

abituarsi	*to get used to*	Mi sono abituato ad alzarmi presto.
aiutare	*to help*	Aiutiamo la mamma a cucinare.
andare	*to go*	La signora va a fare la spesa ogni giorno.
continuare	*to continue*	Continuano a parlare di politica.
divertirsi	*to have a good time*	Ci siamo divertiti a cantare molte canzoni.
essere pronto	*to be ready*	Siete pronti a rispondere alla domanda?
imparare	*to learn*	Quando hai imparato a giocare a tennis?
(in)cominciare	*to begin*	Incomincio a lavorare domani.
insegnare	*to teach*	Mi insegni a usare il computer?
invitare	*to invite*	Vi invito a prendere un espresso.
mandare	*to send*	L'ho mandato a comprare una pizza.
mettersi	*to start*	Mi sono messo(a) a leggere il giornale.
prepararsi	*to get ready*	Ci prepariamo a fare un lungo viaggio.
riuscire	*to succeed*	Sei riuscito a trovare gli appunti d'inglese?
venire	*to come*	Luisa è venuta a salutare i suoi nonni.

B. Verbs and expressions + **di** + infinitive

accettare	*to accept*	Accetti di aiutarlo?
ammettere	*to admit*	Lei ammette di volere troppo.
aspettare	*to wait*	Aspettano di ricevere una risposta.
cercare	*to try*	Cerco di arrivare in orario.
chiedere	*to ask*	Mi ha chiesto di prestargli dei soldi.
consigliare	*to advise*	Che cosa mi consigli di fare?
credere	*to believe*	Crede di avere ragione.
decidere	*to decide*	Ha deciso di fare medicina.
dimenticare	*to forget*	Non dimenticare di comprare della frutta!
(di)mostrare	*to show*	Lucia ha dimostrato di essere generosa.
dire	*to say, to tell*	Gli ho detto di stare zitto.
dubitare	*to doubt*	Dubita di riuscire.
finire	*to finish*	Ha finito di lavorare alle dieci di sera.
lamentarsi	*to complain*	Si lamentano di avere poco tempo.
ordinare	*to order*	Il medico mi ha ordinato di prendere delle vitamine.

pensare	*to think*	Quando pensi di partire?
permettere	*to allow*	Mi permetti di dire la verità?
pregare	*to pray, to beg*	La prego di scusarmi.
preoccuparsi	*to worry*	Si preoccupa solamente di finire.
proibire	*to forbid*	Mio padre mi proibisce di usare la macchina.
promettere	*to promise*	Ci hanno promesso di venire stasera.
raccomandare	*to recommend*	Ti raccomando di scrivermi subito.
riconoscere	*to recognize*	Riconosco di avere torto.
ricordare	*to remember; to remind*	Ricordami di telefonarle!
ripetere	*to repeat*	Vi ripeto sempre di fare attenzione.
scegliere	*to choose*	Perché hai scelto di andare a Firenze?
scrivere	*to write*	Le ho scritto di venire in treno.
smettere	*to stop*	Ho smesso di bere caffè.
sperare	*to hope*	Loro sperano di vederti.
suggerire	*to suggest*	Filippo suggerisce di andare al ristorante.
temere	*to fear*	Lei teme di non sapere abbastanza.
avere bisogno	*to need*	Abbiamo bisogno di dormire.
avere paura	*to be afraid*	Hai paura di viaggiare in aereo?
avere ragione	*to be right*	Hanno avuto ragione di partire presto.
avere torto	*to be wrong*	Non ha torto di parlare così.
avere voglia	*to feel like*	Ho voglia di mangiare un gelato.
essere certo (sicuro)	*to be certain*	Sei sicuro di avere abbastanza soldi?
essere contento (felice)	*to be happy*	Nino, sei contento di andare in Europa?
essere curioso	*to be curious*	Siamo curiosi di sapere la verità.
essere fortunato	*to be lucky*	È fortunata di avere un padre ricco.
essere impaziente	*to be eager*	Lui è impaziente di vederla.
essere libero	*to be free*	È libera di uscire.
essere orgoglioso	*to be proud*	Siamo orgogliosi di essere americani.
essere spiacente	*to be sorry*	Sono spiacenti di non essere qui.
essere stanco	*to be tired*	Sono stanca di aspettare.
è ora	*it is time*	È ora di partire.

Verb charts

3.1 The auxiliary verbs *avere* and *essere*

SIMPLE TENSES

Infinito (*Infinitive*)	**avere**		**essere**	
Presente (*Present indicative*)	ho hai ha	abbiamo avete hanno	sono sei è	siamo siete sono
Imperfetto (*Imperfect indicative*)	avevo avevi aveva	avevamo avevate avevano	ero eri era	eravamo eravate erano
Passato remoto (*Past absolute*)	ebbi avesti ebbe	avemmo aveste ebbero	fui fosti fu	fummo foste furono
Futuro (*Future*)	avrò avrai avrà	avremo avrete avranno	sarò sarai sarà	saremo sarete saranno
Condizionale presente (*Present conditional*)	avrei avresti avrebbe	avremmo avreste avrebbero	sarei saresti sarebbe	saremmo sareste sarebbero
Imperativo (*Imperative*)	— abbi abbia	abbiamo abbiate abbiano	— sii sia	siamo siate siano
Congiuntivo presente (*Present subjunctive*)	abbia abbia abbia	abbiamo abbiate abbiano	sia sia sia	siamo siate siano
Imperfetto del congiuntivo (*Imperfect subjunctive*)	avessi avessi avesse	avessimo aveste avessero	fossi fossi fosse	fossimo foste fossero
Gerundio (*Gerund*)	avendo		essendo	

COMPOUND TENSES

Participio passato (*Past participle*)	avuto	stato(a, i, e)
Infinito passato (*Past infinitive*)	avere avuto	essere stato(a, i, e)

Passato prossimo (*Present perfect indicative*)	ho hai ha abbiamo avete hanno	} avuto	sono sei è siamo siete sono	} stato(a) } stati(e)
Trapassato prossimo (*Pluperfect*)	avevo avevi aveva avevamo avevate avevano	} avuto	ero eri era eravamo eravate erano	} stato(a) } stati(e)
Trapassato remoto (*Past perfect indicative*)	ebbi avesti ebbe avemmo aveste ebbero	} avuto	fui fosti fu fummo foste furono	} stato(a) } stati(e)
Futuro anteriore (*Future perfect*)	avrò avrai avrà avremo avrete avranno	} avuto	sarò sarai sarà saremo sarete saranno	} stato(a) } stati(e)
Condizionale passato (*Conditional perfect*)	avrei avresti avrebbe avremmo avreste avrebbero	} avuto	sarei saresti sarebbe saremmo sareste sarebbero	} stato(a) } stati(e)
Congiuntivo passato (*Present perfect subjunctive*)	abbia abbia abbia abbiamo abbiate abbiano	} avuto	sia sia sia siamo siate siano	} stato(a) } stati(e)
Trapassato del congiuntivo (*Pluperfect subjunctive*)	avessi avessi avesse avessimo aveste avessero	} avuto	fossi fossi fosse fossimo foste fossero	} stato(a) } stati(e)
Gerundio passato (*Past gerund*)	avendo avuto		essendo stato(a, i, e)	

3.2 Regular verbs

SIMPLE TENSES

Infinito (*Infinitive*)	-are cantare	-ere ripetere	-ire partire	-ire (-isc-) finire
Presente (*Present indicative*)	cant **o**	ripet **o**	part **o**	fin isc **o**
	cant **i**	ripet **i**	part **i**	fin isc **i**
	cant **a**	ripet **e**	part **e**	fin isc **e**
	cant **iamo**	ripet **iamo**	part **iamo**	fin **iamo**
	cant **ate**	ripet **ete**	part **ite**	fin **ite**
	cant **ano**	ripet **ono**	part **ono**	fin isc **ono**
Imperfetto (*Imperfect indicative*)	canta **vo**	ripete **vo**	parti **vo**	fini **vo**
	canta **vi**	ripete **vi**	parti **vi**	fini **vi**
	canta **va**	ripete **va**	parti **va**	fini **va**
	canta **vamo**	ripete **vamo**	parti **vamo**	fini **vamo**
	canta **vate**	ripete **vate**	parti **vate**	fini **vate**
	canta **vano**	ripete **vano**	parti **vano**	fini **vano**
Passato remoto (*Past absolute*)	cant **ai**	ripet **ei**	part **ii**	fin **ii**
	cant **asti**	ripet **esti**	part **isti**	fin **isti**
	cant **ò**	ripet **è**	part **ì**	fin **ì**
	cant **ammo**	ripet **emmo**	part **immo**	fin **immo**
	cant **aste**	ripet **este**	part **iste**	fin **iste**
	cant **arono**	ripet **erono**	part **irono**	fin **irono**
Futuro (*Future*)	canter **ò**	ripeter **ò**	partir **ò**	finir **ò**
	canter **ai**	ripeter **ai**	partir **ai**	finir **ai**
	canter **à**	ripeter **à**	partir **à**	finir **à**
	canter **emo**	ripeter **emo**	partir **emo**	finir **emo**
	canter **ete**	ripeter **ete**	partir **ete**	finir **ete**
	canter **anno**	ripeter **anno**	partir **anno**	finir **anno**
Condizionale presente (*Present conditional*)	canter **ei**	ripeter **ei**	partir **ei**	finir **ei**
	canter **esti**	ripeter **esti**	partir **esti**	finir **esti**
	canter **ebbe**	ripeter **ebbe**	partir **ebbe**	finir **ebbe**
	canter **emmo**	ripeter **emmo**	partir **emmo**	finir **emmo**
	canter **este**	ripeter **este**	partir **este**	finir **este**
	canter **ebbero**	ripeter **ebbero**	partir **ebbero**	finir **ebbero**
Imperativo (*Imperative*)	—	—	—	—
	cant **a**	ripet **i**	part **i**	fin isc **i**
	cant **i**	ripet **a**	part **a**	fin isc **a**
	cant **iamo**	ripet **iamo**	part **iamo**	fin **iamo**
	cant **ate**	ripet **ete**	part **ite**	fin **ite**
	cant **ino**	ripet **ano**	part **ano**	finisc **ano**
Congiuntivo presente (*Present subjunctive*)	cant **i**	ripet **a**	part **a**	fin isc **a**
	cant **i**	ripet **a**	part **a**	fin isc **a**
	cant **i**	ripet **a**	part **a**	fin isc **a**
	cant **iamo**	ripet **iamo**	part **iamo**	fin **iamo**
	cant **iate**	ripet **iate**	part **iate**	fin **iate**
	cant **ino**	ripet **ano**	part **ano**	fin isc **ano**

Imperfetto del congiuntivo (*Imperfect subjunctive*)	cant **assi**	ripet **essi**	part **issi**	fin **issi**
	cant **assi**	ripet **essi**	part **issi**	fin **issi**
	cant **asse**	ripet **esse**	part **isse**	fin **isse**
	cant **assimo**	ripet **essimo**	part **issimo**	fin **issimo**
	cant **aste**	ripet **este**	part **iste**	fin **iste**
	cant **assero**	ripet **essero**	part **issero**	fin **issero**
Gerundio (*Gerund*)	cant **ando**	ripet **endo**	part **endo**	fin **endo**

Participio passato (*Past participle*)	cant **ato**	ripet **uto**	part **ito**	fin **ito**
Infinito passato (*Past infinitive*)	avere cantato	avere ripetuto	essere partito (a, i, e)	avere finito

Passato prossimo (*Present perfect indicative*)

	cantato		ripetuto		partito(a) partiti(e)		finito
	ho		ho		sono		ho
	hai		hai		sei		hai
	ha		ha		è		ha
	abbiamo		abbiamo		siamo		abbiamo
	avete		avete		siete		avete
	hanno		hanno		sono		hanno

Trapassato prossimo (*Pluperfect*)

	cantato		ripetuto		partito(a) partiti(e)		finito
	avevo		avevo		ero		avevo
	avevi		avevi		eri		avevi
	aveva		aveva		era		aveva
	avevamo		avevamo		eravamo		avevamo
	avevate		avevate		eravate		avevate
	avevano		avevano		erano		avevano

Trapassato remoto (*Past perfect indicative*)

	cantato		ripetuto		partito(a) partiti(e)		finito
	ebbi		ebbi		fui		ebbi
	avesti		avesti		fosti		avesti
	ebbe		ebbe		fu		ebbe
	avemmo		avemmo		fummo		avemmo
	aveste		aveste		foste		aveste
	ebbero		ebbero		furono		ebbero

Futuro anteriore (*Future perfect*)

	cantato		ripetuto		partito(a) partiti(e)		finito
	avrò		avrò		sarò		avrò
	avrai		avrai		sarai		avrai
	avrà		avrà		sarà		avrà
	avremo		avremo		saremo		avremo
	avrete		avrete		sarete		avrete
	avranno		avranno		saranno		avranno

Condizionale passato (*Conditional perfect*)

	cantato		ripetuto		partito(a) partiti(e)		finito
	avrei		avrei		sarei		avrei
	avresti		avresti		saresti		avresti
	avrebbe		avrebbe		sarebbe		avrebbe
	avremmo		avremmo		saremmo		avremmo
	avreste		avreste		sareste		avreste
	avrebbero		avrebbero		sarebbero		avrebbero

Congiuntivo passato (*Present perfect subjunctive*)	ạbbia ạbbia ạbbia abbiamo abbiate ạbbiano } cantato	ạbbia ạbbia ạbbia abbiamo abbiate ạbbiano } ripetuto	sia sia sia siamo siate sịano } partito(a) partiti(e)	ạbbia ạbbia ạbbia abbiamo abbiate ạbbiano } finito
Trapassato del congiuntivo (*Pluperfect subjunctive*)	avessi avessi avesse avẹssimo aveste avẹssero } cantato	avessi avessi avesse avẹssimo aveste avẹssero } ripetuto	fossi fossi fosse fọssimo foste fọssero } partito(a) partiti(e)	avessi avessi avesse avẹssimo aveste avẹssero } finito
Gerụndio passato (*Past gerund*)	avendo cantato	avendo ripetuto	essendo partito(a, i, e)	avendo finito

Irregular verbs

Only the irregular forms are given.

andare　*to go*

present indicative:	vado, vai, va, andiamo, andate, vanno
future:	andrò, andrai, andrà, andremo, andrete, andranno
conditional:	andrei, andresti, andrebbe, andremmo, andreste, andrebbero
imperative:	va' (vai), vada, andiamo, andate, vadano
present subjunctive:	vada, vada, vada, andiamo, andiate, vadano

aprire　*to open*

past participle:	aperto

assumere　*to hire*

past absolute:	assunsi, assumesti, assunse, assumemmo, assumeste, assunsero
past participle:	assunto

bere　*to drink*

present indicative:	bevo, bevi, beve, beviamo, bevete, bevono
imperfect indicative:	bevevo, bevevi, beveva, bevevamo, bevevate, bevevano
past absolute:	bevvi, bevesti, bevve, bevemmo, beveste, bevvero
future:	berrò, berrai, berrà, berremo, berrete, berranno
conditional:	berrei, berresti, berrebbe, berremmo, berreste, berrebbero
imperative:	bevi, beva, beviamo, bevete, bevano
present subjunctive:	beva, beva, beva, beviamo, beviate, bevano
imperfect subjunctive:	bevessi, bevessi, bevesse, bevessimo, beveste, bevessero
past participle:	bevuto
gerund:	bevendo

cadere　*to fall*

past absolute:	caddi, cadesti, cadde, cademmo, cadeste, caddero
future:	cadrò, cadrai, cadrà, cadremo, cadrete, cadranno
conditional:	cadrei, cadresti, cadrebbe, cadremmo, cadreste, cadrebbero

chiedere　*to ask*

past absolute:	chiesi, chiedesti, chiese, chiedemmo, chiedeste, chiesero
past participle:	chiesto

chiudere   *to close*

past absolute:	chiusi, chiudesti, chiuse, chiudemmo, chiudeste, chiusero
past participle:	chiuso

conoscere   *to know*

past absolute:	conobbi, conoscesti, conobbe, conoscemmo, conosceste, conobbero
past participle:	conosciuto

correre   *to run*

past absolute:	corsi, corresti, corse, corremmo, correste, corsero
past participle:	corso

dare   *to give*

present indicative:	do, dai, dà, diamo, date, danno
past absolute:	diedi, desti, diede, demmo, deste, diedero
future:	darò, darai, darà, daremo, darete, daranno
conditional:	darei, daresti, darebbe, daremmo, dareste, darebbero
imperative:	da' (dai), dia, diamo, date, diano
present subjunctive:	dia, dia, dia, diamo, diate, diano
imperfect subjunctive:	dessi, dessi, desse, dessimo, deste, dessero

decidere   *to decide*

past absolute:	decisi, decidesti, decise, decidemmo, decideste, decisero
past participle:	deciso

dipingere   *to paint*

past absolute:	dipinsi, dipingesti, dipinse, dipingemmo, dipingeste, dipinsero
past participle:	dipinto

dire   *to say, to tell*

present indicative:	dico, dici, dice, diciamo, dite, dicono
imperfect indicative:	dicevo, dicevi, diceva, dicevamo, dicevate, dicevano
past absolute:	dissi, dicesti, disse, dicemmo, diceste, dissero
imperative:	di', dica, diciamo, dite, dicano
present subjunctive:	dica, dica, dica, diciamo, diciate, dicano
imperfect subjunctive:	dicessi, dicessi, dicesse, dicessimo, diceste, dicessero
past participle:	detto
gerund:	dicendo

discutere   *to discuss*

past absolute:	discussi, discutesti, discusse, discutemmo, discuteste, discussero
past participle:	discusso

dovere   *must, to have to*

present indicative:	devo, devi, deve, dobbiamo, dovete, devono
future:	dovrò, dovrai, dovrà, dovremo, dovrete, dovranno
conditional:	dovrei, dovresti, dovrebbe, dovremmo, dovreste, dovrebbero
present subjunctive:	debba, debba, debba, dobbiamo, dobbiate, debbano *or* deva, deva, deva, dobbiamo, dobbiate, devano

fare   *to do, to make*

present indicative:	faccio, fai, fa, facciamo, fate, fanno
imperfect indicative:	facevo, facevi, faceva, facevamo, facevate, facevano
past absolute:	feci, facesti, fece, facemmo, faceste, fecero
future:	farò, farai, farà, faremo, farete, faranno
conditional:	farei, faresti, farebbe, faremmo, fareste, farebbero
imperative:	fa' (fai), faccia, facciamo, fate, facciano
present subjunctive:	faccia, faccia, faccia, facciamo, facciate, facciano
imperfect subjunctive:	facessi, facessi, facesse, facessimo, faceste, facessero
past participle:	fatto
gerund:	facendo

leggere   *to read*

past absolute:	lessi, leggesti, lesse, leggemmo, leggeste, lessero
past participle:	letto

mettere   *to put*

past absolute:	misi, mettesti, mise, mettemmo, metteste, misero
past participle:	messo

morire   *to die*

present indicative:	muoio, muori, muore, moriamo, morite, muoiono
imperative:	muori, muoia, moriamo, morite, muoiano
present subjunctive:	muoia, muoia, muoia, moriamo, moriate, muoiano
past participle:	morto

nascere   *to be born*

past absolute:	nacqui, nascesti, nacque, nascemmo, nasceste, nacquero
past participle:	nato

offendere   *to offend*

past absolute:	offesi, offendesti, offese, offendemmo, offendeste, offesero
past participle:	offeso

offrire	to offer	
	past participle:	offerto

piacere	to be pleasing	
	present indicative:	piaccio, piaci, piace, piacciamo, piacete, piacciono
	past absolute:	piacqui, piacesti, piacque, piacemmo, piaceste, piacquero
	present subjunctive:	piaccia, piaccia, piaccia, piacciamo, piacciate, piacciano
	past participle:	piaciuto

potere	to be able to	
	present indicative:	posso, puoi, può, possiamo, potete, possono
	future:	potrò, potrai, potrà, potremo, potrete, potranno
	conditional:	potrei, potresti, potrebbe, potremmo, potreste, potrebbero
	present subjunctive:	possa, possa, possa, possiamo, possiate, possano

prendere	to take	
	past absolute:	presi, prendesti, prese, prendemmo, prendeste, presero
	past participle:	preso

ridere	to laugh	
	past absolute:	risi, ridesti, rise, ridemmo, rideste, risero
	past participle:	riso

rimanere	to remain	
	present indicative:	rimango, rimani, rimane, rimaniamo, rimanete, rimangono
	past absolute:	rimasi, rimanesti, rimase, rimanemmo, rimaneste, rimasero
	future:	rimarrò, rimarrai, rimarrà, rimarremo, rimarrete, rimarranno
	conditional:	rimarrei, rimarresti, rimarrebbe, rimarremmo, rimarreste, rimarrebbero
	imperative:	rimani, rimanga, rimaniamo, rimanete, rimangano
	present subjunctive:	rimanga, rimanga, rimanga, rimaniamo, rimaniate, rimangano
	past participle:	rimasto

rispondere	to answer	
	past absolute:	risposi, rispondesti, rispose, rispondemmo, rispondeste, risposero
	past participle:	risposto

rompere	*to break*	
	past absolute:	ruppi, rompesti, ruppe, rompemmo, rompeste, ruppero
	past participle:	rotto

salire	*to go up*	
	present indicative:	salgo, sali, sale, saliamo, salite, salgono
	imperative:	sali, salga, saliamo, salite, salgano
	present subjunctive:	salga, salga, salga, saliamo, saliate, salgano

sapere	*to know*	
	present indicative:	so, sai, sa, sappiamo, sapete, sanno
	past absolute:	seppi, sapesti, seppe, sapemmo, sapeste, seppero
	future:	saprò, saprai, saprà, sapremo, saprete, sapranno
	conditional:	saprei, sapresti, saprebbe, sapremmo, sapreste, saprebbero
	imperative:	sappi, sappia, sappiamo, sappiate, sappiano
	present subjunctive:	sappia, sappia, sappia, sappiamo, sappiate, sappiano

scegliere	*to choose*	
	present indicative:	scelgo, scegli, sceglie, scegliamo, scegliete, scelgono
	past absolute:	scelsi, scegliesti, scelse, scegliemmo, sceglieste, scelsero
	imperative:	scegli, scelga, scegliamo, scegliete, scelgano
	present subjunctive:	scelga, scelga, scelga, scegliamo, scegliate, scelgano
	past participle:	scelto

scendere	*to descend*	
	past absolute:	scesi, scendesti, scese, scendemmo, scendeste, scesero
	past participle:	sceso

scoprire	*to discover*	
	past participle:	scoperto

scrivere	*to write*	
	past absolute:	scrissi, scrivesti, scrisse, scrivemmo, scriveste, scrissero
	past participle:	scritto

sedere	*to sit down*	
	present indicative:	siedo, siedi, siede, sediamo, sedete, siedono
	imperative:	siedi, sieda, sediamo, sedete, siedano
	present subjunctive:	sieda, sieda, sieda, sediamo, sediate, siedano

spendere   *to spend*

past absolute:	spesi, spendesti, spese, spendemmo, spendeste, spesero
past participle:	speso

stare   *to stay*

present indicative:	sto, stai, sta, stiamo, state, stanno
past absolute:	stetti, stesti, stette, stemmo, steste, stettero
future:	starò, starai, starà, staremo, starete, staranno
conditional:	starei, staresti, starebbe, staremmo, stareste, starebbero
imperative:	sta' (stai), stia, stiamo, state, stiano
present subjunctive:	stia, stia, stia, stiamo, stiate, stiano
imperfect subjunctive:	stessi, stessi, stesse, stessimo, steste, stessero

succedere   *to happen*

past absolute:	successe
past participle:	successo

tenere   *to hold, to keep*

present indicative:	tengo, tieni, tiene, teniamo, tenete, tengono
past absolute:	tenni, tenesti, tenne, tenemmo, teneste, tennero
future:	terrò, terrai, terrà, terremo, terrete, terranno
conditional:	terrei, terresti, terrebbe, terremmo, terreste, terrebbero
imperative:	tieni, tenga, teniamo, tenete, tengano
present subjunctive:	tenga, tenga, tenga, teniamo, teniate, tengano

uccidere   *to kill*

past absolute:	uccisi, uccidesti, uccise, uccidemmo, uccideste, uccisero
past participle:	ucciso

uscire   *to go out*

present indicative:	esco, esci, esce, usciamo, uscite, escono
imperative:	esci, esca, usciamo, uscite, escano
present subjunctive:	esca, esca, esca, usciamo, usciate, escano

vedere   *to see*

past absolute:	vidi, vedesti, vide, vedemmo, vedeste, videro
future:	vedrò, vedrai, vedrà, vedremo, vedrete, vedranno
conditional:	vedrei, vedresti, vedrebbe, vedremmo, vedreste, vedrebbero
past participle:	visto (veduto)

venire   *to come*

present indicative:	vengo, vieni, viene, veniamo, venite, vengono
past absolute:	venni, venisti, venne, venimmo, veniste, vennero
future:	verrò, verrai, verrà, verremo, verrete, verranno
conditional:	verrei, verresti, verrebbe, verremmo, verreste, verrebbero
imperative:	vieni, venga, veniamo, venite, vengano
present subjunctive:	venga, venga, venga, veniamo, veniate, vengano
past participle:	venuto

vincere   *to win*

past absolute:	vinsi, vincesti, vinse, vincemmo, vinceste, vinsero
past participle:	vinto

vivere   *to live*

past absolute:	vissi, vivesti, visse, vivemmo, viveste, vissero
future:	vivrò, vivrai, vivrà, vivremo, vivrete, vivranno
conditional:	vivrei, vivresti, vivrebbe, vivremmo, vivreste, vivrebbero
past participle:	vissuto

volere   *to want*

present indicative:	voglio, vuoi, vuole, vogliamo, volete, vogliono
past absolute:	volli, volesti, volle, volemmo, voleste, vollero
future:	vorrò, vorrai, vorrà, vorremo, vorrete, vorranno
conditional:	vorrei, vorresti, vorrebbe, vorremmo, vorreste, vorrebbero
present subjunctive:	voglia, voglia, voglia, vogliamo, vogliate, vogliano

Italian–English Vocabulary

The Italian–English vocabulary contains most of the basic words and expressions used in each chapter. Stress is indicated by a dot under the stressed vowel. An asterisk * following an infinitive indicates that the verb is conjugated with **essere** in compound tenses. The **-isc-** after an **-ire** verb means that the verb requires **-isc-** in the present indicative, present subjunctive, and imperative conjugations.

The following abbreviations are used:

adj.	adjective		*inf.*	infinitive
adv.	adverb		*inv.*	invariable
affect.	affectionate		*m.*	masculine
art.	article		*math.*	mathematics
colloq.	colloquial		*pl.*	plural
conj.	conjunction		*p.p.*	past participle
def. art.	definite article		*prep.*	preposition
f.	feminine		*pron.*	pronoun
fam.	familiar		*s.*	singular
form.	formal		*sub.*	subjunctive

A

a in, at, to
abbastanza enough, sufficiently
l'abbigliamento clothing, apparel
abbondante abundant
abbracciare to embrace, to hug
l'abbraccio hug
abbronzarsi to tan
l'abitante (*m. & f.*) inhabitant
abitare to live
l'abitazione (*f.*) housing
l'abito dress, suit
abituarsi* to get used to
abituato accustomed
l'abitudine (*f.*) habit
accademico academic
accendere (*p.p.* **acceso**) to light, to turn on
l'accento accent, stress
accompagnare to accompany
l'accordo agreement;
  d'accordo OK, agreed
l'aceto vinegar
l'acqua water;
  l'acqua minerale mineral water;
  l'acqua potabile drinking water

l'acquisto purchase
adagio slowly
addio good-bye (forever)
addormentarsi* to fall asleep
addormentato asleep
adesso now
l'adulto/l'adulta adult
l'aereo, l'aeroplano airplane
l'aeroporto airport
l'affare (*m.*) business;
  per affari on business;
  È un affare! It is a bargain!;
  uomo (donna) d'affari businessman(woman)
affascinante fascinating
affatto not at all
l'affermazione (*f.*) statement
l'affetto affection;
  con affetto love (at the end of a letter or message)
affettuoso affectionate
affinché so that, in order that
affittare to rent, to lease
l'affitto rent, rental;
  in affitto for rent
affollato crowded
l'affresco fresco
africano African

l'agente (*m. & f.*) **di viaggi** travel agent
l'agenzia di collocamento employment agency;
  l'agenzia di viaggi travel agency
l'aggettivo adjective
aggiungere (*p.p.* **aggiunto**) to add
agire (**-isc-**) to act
l'aglio garlic
agosto August
aiutare to help
l'aiuto help
l'alba dawn
l'albergo hotel
l'albero tree;
  l'albero genealogico family tree
alcolico alcoholic
alcuni (alcune) some, a few
allegro cheerful
allenare to coach;
  allenarsi* to practice, to train
l'allenatore/l'allenatrice coach
l'allievo/l'allieva pupil
alloggiare to stay, to lodge
  l'alloggio housing

allora   then, so, therefore
  da allora   since then
almeno   at least
le Alpi   Alps
l'alpinismo   mountain climbing
l'alpinista (*m. & f.*)   mountain
  climber
alto   tall, high
altro   other
alzarsi*   to get up
amare   to love
amaro   bitter
l'ambientalista (*m. & f.*)
  environmentalist
l'ambiente   environment
americano   American
l'amicizia   friendship
l'amico/l'amica   friend
ammalarsi*   to become ill
ammalato   ill, sick
ammettere   to admit
ammirare   to admire
ammobiliato   furnished
l'amore (*m.*)   love
l'analisi (*f.*)   analysis
l'ananas   pineapple
anche   also, too;
  anche se   even if
ancora   still, more, again;
  ancora una volta   once more;
  non ancora   not yet
andare*   to go;
  andare d'accordo   to get along;
  andare bene   to fit, to be
    suitable;
  andare in bicicletta   to ride a
    bicycle;
  andare al cinema   to go to the
    movies;
  andare in pensione   to retire;
  andare a piedi   to walk;
  andare a trovare   to visit a
    person;
  andare via   to go away
l'angolo   corner
l'animale (*m.*)   animal;
  l'animale domestico   pet
annegare   to drown
l'anniversario   anniversary
l'anno   year;
  avere... anni   to be ... years
    old
annoiarsi*   to get bored
annullare   to cancel
annunciare   to announce
l'annunciatore/l'annunciatrice
  TV announcer
l'annuncio pubblicitario   ad

l'antibiotico   antibiotic
l'anticipo   advance;
  in anticipo   ahead of time, in
    advance, early
antico (*pl.* **antichi**)   ancient,
  antique
l'antipasto   appetizer
antipatico   unpleasant
anzi   on the contrary
anziano   elderly
l'aperitivo   aperitif
aperto   open;
  all'aperto   outdoors
apparecchiare   to set the table
l'appartamento   apartment
appassionato (di)   fond (of)
appena   as soon as; only
gli Appennini   Apennines
appenninico   of the Apennines
l'appetito   appetite
applaudire   to applaud
apprezzare   to appreciate
approssimativamente
  approximately
l'appuntamento   appointment,
  date
  gli appunti   notes
aprile   April
aprire (*p.p.* **aperto**)   to open
arabo   Arabic;
  gli Arabi   Arabs
l'arancia   orange
l'aranciata   orange soda
arancione (*inv.*)   orange (color)
l'arbitro   referee
l'architetto   architect
l'architettura   architecture
l'argomento   subject
l'aria   air, appearance;
  aria condizionata   air
    conditioning;
  avere un'aria   to look
l'armadietto   cabinet
l'armadio   wardrobe;
  armadio a muro   closet
arrabbiarsi*   to get angry
arrabbiato   angry
l'arredamento   furnishing
arredare   to furnish
arredato   furnished
l'arredatore/l'arredatrice
  interior designer
arrivare*   to arrive
arrivederci! (*fam.*);
  ArrivederLa! (*form.*)   Good-bye!
l'arrivo   arrival
l'arrosto   roast;
  l'arrosto di vitello   roast veal

l'arte (*f.*)   art;
  opera d'arte   work of art;
  Le Belle Arti   Fine Arts
l'articolo   article, item
l'artigianato   handicraft
l'artigiano   artisan
l'artista (*m. & f.*)   artist
artistico   artistic
l'ascensore (*m.*)   elevator
l'asciugamano   towel
asciugare   to dry;
  asciugarsi*   to dry oneself
ascoltare   to listen to
gli asparagi   asparagus
aspettare   to wait for
l'aspirina   aspirin
assaggiare   to taste
l'assegno   check
assente   absent
l'assicurazione   insurance
l'assistente di volo (*m. & f.*)
  flight attendant
assistere (*p.p.* **assistito**)
  to attend, to assist
assumere (*p.p.* **assunto**)   to hire
astratto   abstract
l'astrologia   astrology
l'atleta (*m. & f.*)   athlete
l'atmosfera   atmosphere
attento   careful;
  stare attento   to pay attention
l'attenzione (*f.*)   attention;
  fare attenzione   to be careful
l'attività (*f.*)   activity
attivo   active
l'atto   act
l'attore/l'attrice   actor/actress
attraente   attractive
attraversare   to cross
attraverso   across; through
attrezzato   equipped
attuale   present
attualmente   at present
augurare   to wish
l'augurio   wish;
  Tanti auguri!   Best wishes!
l'aula   classroom
aumentare   to increase
l'aumento   increase
l'autista (*m. & f.*)   driver
l'autobiografia   autobiography
l'autobus (*m., pl.* **gli autobus**)
  bus
l'automobile (*f.*)   car
l'automobilismo   car racing
l'automobilista (*m. & f.*)
  motorist
l'autore/l'autrice   author

l'autorità authority
l'autostop hitchhiking;
  fare l'autostop to hitchhike
l'autostrada freeway, highway
l'autunno autumn, fall
avanti straight ahead;
Avanti! Come in!
avaro stingy
avere to have;
  avere... anni to be . . . years old;
  avere un'aria to look;
  avere bisogno (di) to need;
  avere caldo to be hot;
  avere fame to be hungry;
  avere la febbre to have a temperature;
  avere freddo to be cold;
  avere fretta to be in a hurry;
  avere intenzione (di) to intend;
  avere luogo to take place;
  avere mal di (denti, schiena, stomaco, testa, gola) to have a (toothache, backache, stomachache, headache, sore throat);
  avere paura di to be afraid of;
  avere il raffreddore to have a cold;
  avere ragione to be right;
  avere sete to be thirsty;
  avere sonno to be sleepy;
  avere torto to be wrong;
  avere la tosse to have a cough;
  avere voglia (di) to feel like
l'avvenimento event
l'avventura adventure
l'avverbio adverb
avvicinarsi* (a) to get near, to approach
l'avvocato/l'avvocatessa lawyer
l'azione (*f.*) action
azzurro light blue

B

la bacheca bulletin board
baciare to kiss
il bacio kiss
i baffi mustache
i bagagli baggage, luggage
il/la bagnante bather, swimmer
il bagnino/la bagnina lifeguard
il bagno bath; bathroom;
  fare il bagno to take a bath
il balcone balcony
ballare to dance
il balletto ballet

il bambino/la bambina child; little boy / little girl;
  da bambino as a child
la banca bank
il banco stand, counter; student desk
la banda band
la bandiera flag
il bar bar;
  bar con tavola calda snack bar
la barba beard;
  farsi la barba* to shave
la barca boat;
  la barca a vela sailboat
il barista bartender
barocco baroque
basso short, low
bastare to suffice, to be enough
la batteria drums
be' (bene) well
la bellezza beauty
bello beautiful, handsome
benché although
bene well, fine;
  va bene OK, very well;
  è bene che it's a good thing that;
  benissimo very well;
  benone! great!
la benzina gasoline;
  il distributore di benzina gasoline pump;
  fare benzina to fill up;
  benzina senza piombo unleaded gasoline
bere (*p.p.* **bevuto**) to drink
la bevanda drink;
  bevanda alcolica alcoholic beverage
bianco (*pl.* **bianchi**) white
la bibita soft drink
la biblioteca library
il bicchiere glass
la bicicletta bicycle
la biglietteria ticket office
il biglietto ticket, card;
  biglietto di andata e ritorno round-trip ticket
il binario (railway) track
la biologia biology
biondo blond
la birra beer
il biscotto cookie
bisogna one must, it is necessary (mainly used in the third-person sing.)
il bisogno need;
  avere bisogno di to need

la bistecca steak
blu (*inv.*) dark blue
la bocca mouth
  in bocca al lupo! good luck! (*lit.* in the mouth of the wolf!)
bollire to boil
la borsa bag;
  borsa di studio grant, scholarship
la borsetta handbag
il bosco wood, forest
la bottiglia bottle
il braccialetto bracelet
il braccio (*pl.* **le braccia**) arm
bravo good
breve short, brief
il brodo broth
bruno dark-haired
brutto ugly; bad
la bugia lie;
  dire bugie to lie
bugiardo liar
buono good;
  Buon anno! Happy New Year!;
  Buon appetito! Enjoy your meal!;
  Buon giorno! Good morning!;
  Buona giornata! Have a nice day!;
  Buona notte! Good night!;
  Buone vacanze! Have a nice vacation!
il burattino puppet
il burro butter
la busta envelope

C

cadere* to fall
il caffè coffee, café, coffee shop
il calcio soccer
la calcolatrice calculator
il calcolo calculus
caldo hot, warm;
  avere caldo to be hot;
  fa caldo it is hot (weather)
il calendario calendar
calmare to calm
calmo calm
la caloria calorie
la calza stocking
il calzino sock
cambiare to change, to exchange;
  cambiare idea to change one's mind
il cambio change, exchange

la camera   room;
  camera da letto   bedroom;
  camera singola (doppia)
    single (double) room;
  camera con servizi   room with
    bath
il cameriere/la cameriera
  waiter/waitress; maid
la camicetta   blouse
la camicia (*pl.* le camicie)   shirt
il caminetto   fireplace
camminare   to walk
la campagna   country,
  countryside
il campanile   bell tower
il campeggio   camping;
  fare il campeggio   to go
    camping
il campionato   championship
il campione/la campionessa
  champion
il campo   field;
  campo da tennis   tennis court
canadese   Canadian
il canale   channel, canal (Venice)
la candela   candle
il candidato/la candidata
  candidate
il cane   dog
i cannelloni   stuffed pasta
il canottaggio   boating, rowing
il/la cantante   singer
cantare   to sing
il canto   singing
la canzone   song
i capelli   hair
capire (-isc-)   to understand
la capitale   capital
il capitolo   chapter
il capo   head, leader
il Capodanno   New Year's day
il capolavoro   masterpiece
il capoluogo   chief town
il capoufficio   boss, office
  manager
il cappello   hat
il cappotto   winter coat
il cappuccino   coffee with steamed
  milk
le caramelle   hard candies
il carattere   temperament
la caratteristica   characteristic,
  feature
il carciofo   artichoke
carino   pretty, cute
la carne   meat
caro   dear, expensive
la carota   carrot

la carriera   career;
  fare carriera   to have a successful
    career, to advance one's career
la carrozza   car (train), carriage
la carta   paper;
  carta geografica   map;
  carta di credito   credit card;
  carta telefonica   telephone card;
  carta d'identità   identification
    card
il cartello   sign
la cartoleria   stationery store
la cartolina   postcard
il cartone animato   cartoon
la casa   house, home;
  a casa, in casa   at home;
  a casa di   at the house of;
  a casa sua   at his/her house;
la casalinga   housewife
il caso   case;
  per caso   by any chance;
  secondo il caso   according to
    the case
Caspita!   Wow!
la cassa   case, cashier's desk
il cassetto   drawer
la cassiera   cashier
castano   brown (eyes, hair)
il castello   castle
la catena   chain
cattivo   bad, mean
la causa   cause;
  a causa di   because of
causare   to cause
c'è (ci sono)   there is (there are)
celebrare   to celebrate
celibe (*m.*)   unmarried, single
la cena   dinner
cenare   to have supper
il centesimo   cent
cento   one hundred
centrale   central
il/la centralinista   telephone
  operator
il centro   center;
  in centro   downtown
cercare   to look for;
  cercare di + *inf.*   to try (to)
i cereali   cereals
certamente   certainly
certo   certain; (*adv.*) certainly
il cestino   basket
che (*conj.*)   that;
  che (*pron.*)   who, whom, that,
    which;
  che, che cosa, cosa?   what?;
  che...!   what a...!
  più... che   more... than

chi?   who?, whom?;
  di chi è?   whose is it?
chiamare   to call;
  chiamarsi*   to be called
la chiave   key
chiedere (*p.p.* chiesto)
  to ask (for)
la chiesa   church
il chilogrammo   kilogram
il chilometro   kilometer
la chimica   chemistry
il chirurgo   surgeon
chissà!   who knows!
la chitarra   guitar
chiudere (*p.p.* chiuso)   to close
ciao   hello, hi, good-bye
il cibo   food
il ciclismo   bicycling
il/la ciclista   cyclist
il cielo   sky
la cifra   amount, digit
il cinematografo
  movie theater
cinese   Chinese
la cintura   belt
il cioccolato   chocolate
il cioccolatino   chocolate
  candy
cioè   that is
la cipolla   onion
circa   about, approximately
circondare   to surround
la circostanza   occasion
la città   city, town
la cittadinanza   citizenship
il cittadino   citizen
la civilizzazione   process of
  achieving civilization
la civiltà   civilization
la classe   class, classroom
classico   classic
il/la cliente   customer
il clima   climate
il codice postale   zip code
il cognato/la cognata   brother-in-
  law/sister-in law
il cognome   last name
la coincidenza   coincidence;
  connection (train, bus)
la colazione   breakfast;
  fare colazione   to have
    breakfast
il/la collega   colleague
la collina   hill
il collo   neck
il colloquio   interview
il colore   color
il coltello   knife

come   as, like;
  Come?   How?;
  Come sta? (*form. s.*),   Come stai? (*fam. s.*),   Come va? (*colloq.*) How are you?;
  Com'è?   What is he (she, it) like?;
  Come mai?   How come?;
  Come si chiama?   What is his (her, your, its) name?
il comico   comedian;
comico (*adj.*)   comic, funny
la commedia   comedy, play
il commediografo   playwright
commentare   to make a comment
il commento   comment
il/la commercialista   accountant
il commercio   commerce
il commesso/la commessa   salesperson
comodamente   comfortably
la comodità   comfort
comodo   comfortable
la compagnia   company
il compagno/la compagna   companion;
  compagno(a) di classe   classmate;
  compagno(a) di stanza   roommate
competente   competent
compiere   to have a birthday
il compito   homework, task
il compleanno   birthday;
  Buon compleanno!   Happy birthday!
completamente   fully, completely
completare   to complete
il completo   suit
complicato   complicated
comporre (*p.p.* composto)   to compose
il compositore/la compositrice   composer
comprare   to buy
comune   common
comunicare   to communicate
con   with
il concerto   concert
la conclusione   conclusion
condire   to dress (salad, food)
condividere (*p.p.* condiviso)   to share
la condizione   condition
la conferenza   lecture
confermare   to confirm
confinare   to border, to confine

confrontare   to compare
la confusione   confusion
il congelatore   freezer
Congratulazioni!   Congratulations!
il/la conoscente   acquaintance
la conoscenza   knowledge
conoscere (*p.p.* conosciuto)   to know, to meet, to be acquainted with
considerarsi*   to consider oneself
consigliare   to advise
il consiglio   advice
la consonante   consonant
il/la consulente   consultant
consultare   to consult
il contadino/la contadina   peasant; farmer
i contanti   cash
contare   to count
contento   happy, glad; pleased
il continente   continent
continuare   to continue
il conto   check, bill
il contorno   side dish
il contrario   opposite
il contratto   contract
contribuire (-isc-)   to contribute
contro   against
controllare   to check
il controllore   conductor
consistere (di)   to consist (of)
la conversazione   conversation
la coperta   blanket; cover
la copia   copy
la coppia   couple, pair
il coraggio   courage;
  coraggio!   come on! keep it up!
coraggioso   courageous, brave
cordiale   cordial
il coro   chorus
il corpo   body
correggere (*p.p.* corretto)   to correct
correre (*p.p.* corso)   to run
la corsa   run, race
il corso   course (studies); main street
il cortile   courtyard
corto   short
la cosa   thing
così   so;
  così-così   so-so;
  così tanto!   that much!;
  così... come   as ... as
la costa   coast;
  la Costa Azzurra   French Riviera

costare*   to cost;
  quanto costa?   how much is it?
il costo   cost, price
costoso   expensive
costruire (-isc-)   to build
il costruttore   builder
il costume   costume;
  costume da bagno   bathing suit
il cotone   cotton
cotto   cooked
la cravatta   tie
creare   to create
credere   to believe
la crema   cream
la crisi   crisis
la critica   criticism, critique, review
criticare   to criticize
il critico   critic; (*adj.*) critical
la crociera   cruise;
  fare una crociera   to go on a cruise
il cucchiaino   teaspoon
il cucchiaio   spoon
la cucina   kitchen; cooking; cuisine
cucinare   to cook;
  cucinare al forno   to bake
il cugino/la cugina   cousin
cui (*pron.*)   whom, which;
  la ragazza con cui esco   the girl with whom I go out
la cultura   culture
culturale   cultural
il culturismo   bodybuilding
cuocere (*p.p.* cotto)   to cook
il cuoco/la cuoca   cook
il cuore   heart
la cupola   dome
la cura   treatment; care
curare   to treat
curioso   curious

D

da   from, by; for, since;
  lavoro da un mese   I have been working for a month
d'accordo   OK, agreed;
  essere d'accordo   to agree
Dai!   Come on! (*fam.*)
dannoso   damaging
dare   to give;
  dare la mano   to shake hands;
  dare un passaggio   to give a lift;
  dare del tu (Lei)   to use the "tu (Lei)" form
  dare un film   to show a movie

la data date (calendar)
davanti (a) in front of, before
davvero really, indeed
il debito debt
debole weak
decidere (*p.p.* **deciso**) to decide
la decisione decision
dedicarsi* to devote oneself
la delusione disappointment
deluso disappointed
democratico democratic
la democrazia democracy
il denaro money
il dente tooth;
   al dente firm, not overcooked
    (pasta)
il/la dentista dentist
dentro in, inside
il deposito deposit;
   deposito bagagli baggage
    room
il deputato/la deputata
   congressman/congresswoman
descrivere (*p.p.* **descritto**)
   to describe
la descrizione description
desiderare to wish, want;
desidera? may I help you?
il desiderio wish, desire
la destra right;
a destra to the right;
detestare to hate
di of, from; **di** + *def. art.* some, any;
   di chi è? whose is it?;
   di dov'è? where is he/she
    from?
la diagnosi diagnosis
il dialetto dialect
il dialogo (*pl.* **dialoghi**) dialogue
dicembre December
dichiarare to declare
le didascalie (*f. pl.*) (cinema)
   subtitles
la dieta diet;
   stare a dieta to be on a diet
il dietologo, la dietologa
   dietician
dietro behind
differente different
la differenza difference;
   a differenza di unlike
difficile difficult
la difficoltà difficulty
dilettante amateur
dimagrire (-isc-)* to lose weight
dimenticare to forget
diminuire (-isc-) to diminish; to
   reduce

dimostrare to show, to express
dinamico dynamic
dipendere* (*p.p.* **dipeso**) to
   depend;
   dipende (da) it depends (on)
dipingere (*p.p.* **dipinto**) to paint,
   to portray
il diploma certificate,
   diploma
diplomarsi* to graduate from
   high school
dire (*p.p.* **detto**) to say, to tell;
dire di no to say no;
   voler dire to mean
direttamente directly
il direttore/la direttrice
   director; administrator;
   direttore d'orchestra
    orchestra conductor
il/la dirigente manager
dirigere (*p.p.* **diretto**)
   to manage, to conduct
diritto, dritto (*adj.*) straight;
   (*adv.*) straight ahead
il diritto right
discendere (*p.p.* **disceso**)
   to descend, to go (come) down
il disco (*pl.* **dischi**) record
il discorso speech
la discoteca discoteque
la discussione discussion
discutere (*p.p.* **discusso**) to discuss
disegnare to draw
il disegnatore/la disegnatrice
   designer
il disegno drawing, pattern, plan
disoccupato unemployed
la disoccupazione
   unemployment
disordinato messy
dispiacere* (*p.p.* **dispiaciuto**)
   to mind, to be sorry;
   mi dispiace I am sorry
disponibile available
disposto willing;
essere* disposto to be willing
la distanza distance
distare to be distant, to be far
   from
distratto absent-minded
disturbare to bother
il disturbo ailment, trouble
il dito (*pl.* **le dita**) finger;
   dito del piede toe
la ditta firm
il divano sofa, couch
diventare* to become
la diversità diversity

diverso different; several;
   diversi giorni several days
divertente amusing
divertimento amusement;
   buon divertimento! have fun!
divertire to amuse;
   divertirsi* to have fun, to
    enjoy oneself
dividere (*p.p.* **diviso**) to share, to
   divide
il divieto prohibition;
   divieto di fumare no smoking;
   divieto di parcheggio no
    parking
divorziato (a) divorced
il divorzio divorce
il dizionario dictionary
la doccia shower;
   fare la doccia to take a shower
il documentario documentary
   film
il documento document;
   documento d'identità I.D.
la dogana customs
il dolce dessert, candy; (*adj.*)
   sweet
dolcemente gradually, gently
il dollaro dollar
il dolore pain, ache
la domanda question; application;
   fare una domanda to ask a
    question;
   fare domanda to apply
domandare to ask;
domandarsi* to wonder
domani tomorrow;
   A domani! See you tomorrow!
la domenica Sunday
la donna woman
dopo after, afterward
dopodomani the day after
   tomorrow
doppio double
dormire to sleep
il dottore/la dottoressa doctor,
   university graduate
dove where;
   di dove sei? (*fam. s.*) where are
    you from?
il dovere duty
dovere to have to, must; to owe
la dozzina dozen
il dramma drama, play
drammatico dramatic
il dubbio doubt;
   senza dubbio undoubtedly
dubitare to doubt
dunque therefore; well, now!

il duomo cathedral
durante during
durare* to last
duro hard;
   avere la testa dura to be
     stubborn

E

e, ed and
eccellente excellent
eccetera et cetera
eccetto except
l'eccezione (f.) exception
eccitato excited
ecco...! here is . . . ! here are . . . !;
   eccomi here I am
l'ecologia ecology
ecologico ecological
l'economia economy
economico economic(al), cheap
l'edicola newsstand
l'edificio building
l'editore/l'editrice publisher
educato polite
l'effetto effect;
   effetto serra greenhouse effect
efficiente efficient
egoista selfish
elegante elegant, fashionable
elementare elementary
l'elenco telefonico telephone book
l'elettricista electrician
l'elettricità electricity
elettronico electronic
l'elezione (f.) election
eliminare to eliminate
entrare* to enter
l'entrata entrance
l'entusiasmo enthusiasm
entusiasta enthusiastic
l'epoca period, era
l'equipaggiamento equipment
l'equitazione (f.) horseback riding
l'erba grass
l'eredità inheritance
ereditare to inherit
l'errore (m.) error, mistake
esagerare to exaggerate
l'esame (m.) exam;
   dare un esame to take an exam
esattamente exactly
esatto exact
l'escursione (f.) excursion
l'esempio example;
   ad (per) esempio for example
esercitare to practice
   (a profession), to exert

l'esercizio exercise
esistere* (p.p. **esistito**) to exist
l'esperienza experience
l'esperimento experiment
esperto experienced
esplorare to explore
l'espressione expression;
   espressione di cortesia
     expression of courtesy
l'espresso expresso coffee
esprimere (p.p. **espresso**)
   to express
essere* (p.p. **stato**) to be;
   essere d'accordo to agree;
   essere in anticipo to be early;
   essere a dieta to be on a diet;
   essere in orario to be on time;
   essere promosso to be
     promoted;
   essere in forma to be in good
     shape
   essere in ritardo to be late;
   essere al verde to be broke
l'est east
l'estate (f.) summer
esterno exterior
estero foreign;
   commercio estero foreign
     trade;
   all'estero abroad
estivo (adj.) summer
l'età age
etnico ethnic
l'etto(grammo) 100 grams
l'euro (inv.) euro (Italian currency)
l'Europa Europe
europeo European
evitare to avoid

F

fa ago;
   un anno fa one year ago
fa caldo (freddo, fresco, bel tempo,
   brutto tempo) it is hot (cold,
   cool, nice weather, bad weather);
fa (math.) equals
la fabbrica factory
la faccia face
facile easy
facilmente easily
la Facoltà di Legge (Medicina, ecc.)
   School of Law (Medicine, etc.)
i fagiolini green beans
falso false
la fame hunger;
   avere fame to be hungry
la famiglia family

familiare familiar
famoso famous
la fantascienza science fiction
la fantasia fantasy; imagination
fare (p.p. **fatto**) to do, to make;
   fare dell'alpinismo to go
     mountain climbing;
   fare attenzione to pay
     attention;
   fare gli auguri to offer good
     wishes;
   fare l'autostop to hitchhike;
   fare bella figura to make a
     good impression;
   fare il bagno to take a bath;
   fare un brindisi to offer a
     toast;
   fare il campeggio to go
     camping;
   fare colazione to have
     breakfast;
   fare la conoscenza (di) to make
     the acquaintance (of);
   fare la doccia to take a shower;
   fare il dottore (l'ingegnere, ecc.)
     to be a doctor (an engineer,
     etc);
   fare un'escursione to take an
     excursion;
   fare la fila to stand in line;
   fare una foto to take a picture;
   fare un giro to take a walk or
     a ride
   fare una gita to take a day trip;
   fare legge (matematica,
     medicina, ecc.) to major in
     law (mathematics, medicine,
     etc.);
   fare parte (di) to take part (in);
   fare una passeggiata to take a
     walk;
   fare una pausa to take a break;
   fare presto to hurry;
   fare un regalo to give a
     present;
   fare sciopero to be on strike;
   fare la siesta to take a nap;
   fare la spesa to buy groceries;
   fare le spese to go shopping;
   fare dello sport to take part in
     sports, to exercise;
   fare una telefonata to make a
     phone call;
   fare il tifo to be a fan;
   fare le valigie to pack;
   fare un viaggio to take a trip;
   fare una visita to pay a visit;
   farsi* male to hurt oneself

la farina   flour
la farmacia   pharmacy
il/la farmacista   pharmacist
faticoso   tiring
il fatto   fact, event
il fattore   factor, element
la favola   fable
il favore   favor;
   per favore   please
il fazzoletto   handkerchief
febbraio   February
la febbre   fever
fedele   faithful, loyal
felice   happy
la felicità   happiness
Felicitazioni!   Congratulations!
la felpa   sweatshirt
femminile   feminine
le ferie   paid annual vacation
fermare   to stop (someone or
   something);
   fermarsi*   to stop (oneself)
fermo   still, stopped
il Ferragosto   August 15th
   (a national holiday)
ai ferri   broiled
la ferrovia   railroad
ferroviario   of the railroad
la festa   holiday, party
festeggiare   to celebrate
la festività   festivity
la fetta   slice
il fidanzamento   engagement
fidanzarsi*   to become engaged
il fidanzato/la fidanzata   fiancé/
   fiancée
la fiducia   trust;
   avere fiducia   to trust
il figlio/la figlia   son/
   daughter;
   figlio unico/figlia unica
      only child;
   i figli   children
la figura   figure;
   fare bella figura   to make a
      good impression
la fila   line;
   fare la fila   to stand in line
il film   movie;
   dare un film   to show a movie
filmare   to make a movie
la filosofia   philosophy
finalmente   finally, at last
finanziario   financial
finché   until
la fine   end
il fine-settimana   weekend
la finestra   window

il finestrino   window (of a car,
   bus, train, etc.)
finire (-isc-)   to finish, to end
fino   a until; as far as
finora   until now
il fiore   flower
fiorentino   Florentine
fiorito   flowering
Firenze   Florence
la firma   signature
firmare   to sign;
   firmare una ricevuta   to sign a
      receipt
fischiare   to whistle; to boo
la fisica   physics
fisico   physical
fissare un appuntamento
   to make an appointment
il fiume   river
il flauto   flute
il foglio   sheet;
   foglio di carta   sheet of paper
la folla   crowd
fondare   to found
la fontana   fountain
la forchetta   fork
la forma   form, shape
il formaggio   cheese
formare   to form;
   formare il numero   to dial
il fornaio   baker
i fornelli   range (stove)
il forno   oven;
   forno a microonde
      microwave oven
forse   maybe, perhaps
forte   strong
la fortuna   fortune, luck;
   buona fortuna   good luck;
   per fortuna   luckily
fortunato   lucky
la forza   strength;
   forza!   come on!
la foto(grafia)   picture,
   photography;
   fare una foto(grafia)   to take a
      picture
il foulard   scarf
fra   between, among, in
la fragola   strawberry
francese   French
il francobollo   stamp
la frase   sentence
il fratello   brother
il freddo   cold;
   avere freddo   to be cold;
   fa freddo   it is cold;
frequentare   to attend (school)

fresco   cool, fresh
la fretta   hurry;
   avere fretta   to be in a hurry;
   in fretta   in a hurry
friggere   to fry
il frigo(rifero)   refrigerator
la frittata   omelette
fritto   fried
frizzante   sparkling, carbonated
la frutta   fruit
fumare   to smoke
il fumatore/la fumatrice
   smoker
il fumetto   bubble (in comic
   strips);
   i fumetti   comic strips
il fungo (pl. funghi)   mushroom
funzionare   to function
il fuoco (pl. fuochi)   fire
fuori (di, da)   out (of), outside
il futuro   future

G

la galleria   arcade; gallery;
   la galleria d'arte   art gallery
la gamba   leg
il gamberetto   shrimp
la gara   race; competition
il gatto   cat
la gelateria   ice-cream parlor
il gelato   ice cream
i gemelli   twins
generale   general;
   in generale   in general
la generazione   generation
il genere   gender;
   in genere   generally
i generi alimentari   groceries
il genero   son-in-law
generoso   generous
il genio   genius
il genitore   parent
gennaio   January
Genova   Genoa
la gente   people
gentile   kind
la geografia   geography
geografico   geographic
la Germania   Germany
il gesso   chalk
il ghiaccio   ice
già   already; I understand, I see
la giacca   coat, jacket;
   la giacca a vento   winter jacket
giallo   yellow
il Giappone   Japan
giapponese   Japanese

il giardino   garden;
   i giardini pubblici   public
      gardens
la ginnastica   gymnastics
il ginocchio (pl. le ginocchia)   knee
giocare (a)   to play (a game);
   giocare a carte   to play cards
il giocatore/la giocatrice   player
il giocattolo   toy
il gioco (pl. giochi)   game
il giornale   newspaper
il/la giornalista   journalist
la giornata   day (in descriptions);
   Buona giornata!   Have a nice
      day!
il giorno   day;
   buon giorno   good morning,
      hello
giovane   young;
   il/la giovane   young man/
      woman;
   i giovani   young people
il giovanotto   young man
il giovedì   Thursday
la gioventù   youth
girare   to turn; to tour;
   girare un film   to make a movie
il giro   tour
la gita   trip, excursion, tour;
   la gita scolastica   field trip
il giudizio   judgment
giugno   June
giusto   just, right, correct
gli gnocchi   potato dumplings
la gola   throat;
il mal di gola   sore throat
il golf   sweater (cardigan)
il golfo   gulf
la gonna   skirt
gotico   gothic
governare   to rule
il governo   government
la grammatica   grammar
grande   big, wide, large, great
grasso   fat
il grattacielo   skyscraper
gratuito   free (of charge)
grave   grave; serious
grazie   thank you;
   grazie a   a thanks to;
   mille grazie   thanks a lot
greco (pl. greci)   Greek
gridare   to shout
grigio   gray
griglia   grill;
   alla griglia   grilled
i grissini   breadsticks
grosso   huge, big

il gruppo   group
guadagnare   to earn
i guanti (pl.)   gloves, mittens
guardare   to look at, to watch
guarire (-isc-)   to cure, to recover
la guerra   war
la guida   guide, tourist guide;
   guidebook; driving
guidare   to drive
il gusto   taste; preference
gustoso   tasty

I

l'idea   idea
ideale   ideal
l'idealista   idealist
l'idraulico   plumber
ieri   yesterday;
   l'altro ieri   the day before
      yesterday;
   ieri sera   last night
ignorante   ignorant
illuminare   to illuminate, to light
imitare   to imitate
immaginare   to imagine
l'immaginazione (f.)
   imagination
immediatamente   immediately
imparare   to learn
impaziente   impatient
l'impazienza   impatience
l'impermeabile (m.)   raincoat
l'impiegato/l'impiegata   clerk
l'impiego   employment, job
importante   important
l'importanza   importance
importare   to be important,
   to matter;
   non importa!   never mind!
l'importazione (f.)   import
impossibile   impossible
improvvisamente   suddenly
in   in, at, to
incantevole   charming
incerto   uncertain
l'incidente (m.)   accident
l'inclinazione (f.)   inclination
includere (p.p. incluso)   to include
incominciare   to begin
incontrare   to meet
l'incontro   encounter; meeting
incoraggiare   to encourage
l'incrocio   intersection
indeciso   undecided; indecisive
l'indicazione (f.)   direction
indifferente   indifferent
indipendente   independent

l'indipendenza   independence
l'indirizzo   address
indispensabile   indispensable
indovinare   to guess
l'indovinello   puzzle; guessing
   game
l'industria   industry
industriale   industrial
inefficiente   inefficient
inesperto   inexperienced
infatti   in fact
infelice   unhappy
l'infermiere/l'infermiera   nurse
l'inferno   hell
l'inflazione (f.)   inflation
l'influenza   flu
influenzare   to influence; to affect
l'informatica   computer science
l'informazione (f.)   information
l'ingegnere (m.)   engineer
l'ingegneria   engineering
ingessare   to put in a cast
l'Inghilterra   England
inglese   English
ingrassare   to gain weight
l'ingrediente (m.)   ingredient
l'ingresso   entrance, entry
l'iniezione (f.)   injection
iniziare   to initiate, to begin
l'inizio   beginning
innamorarsi* (di)   to fall in love
   (with)
innamorato (adj.)   in love
inoltre   besides
l'inquilino/l'inquilina   tenant
l'inquinamento   pollution
inquinare   to pollute
l'insalata   salad
l'insegnamento   teaching
l'insegnante (m.& f.)   teacher,
   instructor
insegnare   to teach
insieme   together
insomma   in short,
   in conclusion;
   insomma!   for heaven's sake!
intelligente   intelligent
l'intenzione (f.)   intention;
   avere intenzione di
      (+ inf.)   to intend
interessante   interesting
interessare   to interest;
   interessarsi* di (a)   to be
      interested in
l'interesse (m.)   interest
internazionale   international
interno   internal, interior,
   domestic

l'interpretazione (f.) interpretation
l'intervista interview
intervistare to interview
intimo close, intimate
intitolato entitled
intorno a around
introdurre (p.p. introdotto) to introduce
l'introduzione (f.) introduction
inutile useless
invece instead
inventare to invent
l'inventore/l'inventrice inventor
invernale (adj.) winter
l'inverno winter
inviare to send
invitare to invite
l'invitato guest
l'invito invitation
irlandese Irish
l'ironia irony
irregolare irregular
iscriversi* (p.p. iscritto) to enroll, to register
l'isola island
ispirare to inspire;
   ispirarsi* to get inspired
istruire to educate, to instruct, to teach;
   istruirsi* to educate oneself
l'istruttore/l'istruttrice instructor
l'istruzione (f.) instruction, education
l'Italia Italy
italiano Italian;
   l'italiano Italian language;
   l'Italiano/l'Italiana Italian person
   all'italiana in the Italian way

L

là there, over there
il labbro (pl. le labbra) lip
il lago (pl. laghi) lake
lamentarsi* (di) to complain (about)
la lampada lamp
il lampadario chandelier
la lana wool;
   di lana woollen
largo (pl. larghi) wide
lasciare to leave (someone or something); to quit; to let, to allow
il latte milk

la lattina can
la laurea university degree
laurearsi* to graduate
il laureato university graduate
il lavabo wash-basin
la lavagna blackboard
il lavandino sink
lavare to wash;
   lavarsi* to wash (oneself)
la lavastoviglie dishwasher
la lavatrice washing machine
lavorare to work
il lavoratore/la lavoratrice worker
il lavoro work, job;
   lavoro a tempo pieno full-time job
legale legal;
   studio legale law office
la legge law;
   Facoltà di Legge Law School
leggere (p.p. letto) to read
leggero light
il legno wood;
   di legno wooden
lento slow
la lettera letter;
   le Lettere humanities
la letteratura literature
il letto bed;
   letto singolo (matrimoniale) single (double) bed;
   camera da letto bedroom
il lettore/la lettrice reader
la lettura reading
la lezione lesson; class
lì there
la libbra pound
libero free, available; vacant (apartment)
la libertà freedom
la libreria bookstore
il libro book;
   libro di cucina cookbook
licenziare to fire (employee)
il liceo high school
il limite limit;
   limite di velocità speed limit
il limone lemon
la linea aerea airline
la lingua language; tongue;
   lingue straniere foreign languages
lirico lyric
la lista list
litigare to fight
il litro liter
il locale room;

locale (adj.) local
la località place
la Lombardia Lombardy
Londra London
lontano (da) far (from)
la luce light; electricity
luglio July
luminoso bright
la luna moon;
   luna di miele honeymoon
il lunedì Monday
lungo (pl. lunghi) long; (adv.) along;
   a lungo for a long time
il luogo (pl. luoghi) place;
   avere luogo to take place
di lusso deluxe
lussuoso sumptuous

M

ma but
la macchina car, machine, engine;
   macchina fotografica camera;
   macchina da presa movie camera;
la macedonia di frutta fruit salad
la madre mother
maestoso majestic
il maestro/la maestra elementary-school teacher
maggio May
la maggioranza majority
maggiore bigger, greater, older;
   la maggior parte most (of)
magico magic
la maglietta T-shirt
il maglione sweater
magnifico magnificent, splendid
magro thin; skinny
mai ever;
   non... mai never
il malato sick person; (adj.) sick, ill
la malattia illness, disease
il male ache;
   male di denti toothache
male (adv.) badly;
   non c'è male not bad
malvolentieri reluctantly
la mamma mom
la mancanza lack
mancare to miss;
   mi manca la famiglia I miss my family
la mancia tip;
   dare la mancia to tip

mandare   to send
mangiare   to eat
la maniera   manner
il manifesto   poster
la mano (*pl.* le mani)   hand;
   dare la mano   to shake hands
la marca   make; brand name
il marciapiede   sidewalk
marcio   rotten
il mare   sea;
   al mare   at the seashore;
   il Mar Tirreno   Tyrrhenian Sea
la margarina   margarine
il marito   husband
la marmellata   jam
il marmo   marble
marrone   brown
il martedì   Tuesday
marzo   March
la maschera   mask; masked
   character
maschile   masculine
massimo   greatest, maximum;
   al massimo   at the most
la matematica   mathematics
la materia   subject (scholastic)
la matita   pencil
il matrimonio   marriage, wedding
la mattina/il mattino   morning;
   di mattina   in the morning
matto   crazy;
   da matti   a lot
maturo   mature; ripe
il mazzo di fiori   bouquet of flowers
il meccanico   mechanic
la medicina   medicine
il medico   doctor, physician
medievale   medieval
mediocre   mediocre
il Medio Evo   Middle Ages
meglio (*adv.*)   better
la mela   apple
la melanzana   eggplant
il melone   cantaloupe
il membro   member
la memoria   memory;
   a memoria   by heart
meno   less; minus;
   a meno che   unless;
   Meno male!   Thank God!
la mensa   cafeteria
mensile   monthly
mentre   while
il menù   menu
meravigliosamente   wonderfully
meraviglioso   wonderful
il mercato   market;
   a buon mercato   cheap

il mercoledì   Wednesday
meridionale   southern
mescolare   to mix
il mese   month
il messaggio   message
messicano   Mexican
il mestiere   trade, occupation
la metà   half
la metropolitana   subway
mettere   to put, to place, to wear;
   mettersi*   to put on, wear;
   mettersi* a   to start
la mezzanotte   midnight
i mezzi di diffusione   mass media
i mezzi di trasporto   means of
   transportation
mezzo (*adj.*)   half
il mezzo   means; middle;
   per mezzo di   by means of;
   il mezzogiorno   noon;
   il Mezzogiorno   Southern Italy
il miglio (*f. pl.* miglia)   mile
migliorare   to improve
migliore (*adj.*)   better
Milano   Milan
il miliardario   billionaire
il miliardo   billion
il milionario   millionaire
il milione   million
mille (*pl.* mila)   thousand;
   Mille grazie!   Thanks a lot!
la minestra   soup
il minestrone   vegetable soup
minimo   smallest
minore   smaller, younger
il minuto   minute
misto   mixed
misurare   to measure
mite   mild
il mobile   piece of furniture
la moda   fashion;
   di moda   fashionable
il modello/la modella   model
moderno   modern
modesto   modest
il modo   way, manner;
   ad ogni modo   anyway
la moglie   wife
molto   much, a lot of; (*inv.*) very
il momento   moment
mondiale   worldwide
il mondo   world
la moneta   coin
monetario   monetary
il monolocale   studio apartment
la montagna   mountain
il monte   mount
il monumento   monument

la moquette   wall-to-wall carpet
morire* (*p.p.* morto)   to die
la morte   death
la mostra   exhibition
mostrare   to show
il motivo   motive
la moto(cicletta)   motorcycle
il motore   motor
il motorino   motorscooter
la multa   fine
il muro (exterior)   wall;
   le mura   city walls
il museo   museum
la musica   music;
   musica folcloristica   folk
      music;
   musica operistica   opera music;
   musica classica
      classical music;
   musica leggera   light music
il/la musicista   musician

N

napoletano   Neapolitan
Napoli   Naples
nascere* (*p.p.* nato)   to be born
la nascita   birth
il naso   nose
il Natale   Christmas;
   Babbo Natale   Santa Claus;
   Buon Natale!   Merry
      Christmas!
la natura   nature;
   natura morta   still life
naturale   natural
naturalmente   naturally
la nave   ship
nazionale   national
la nazionalità   nationality
la nazione   nation
né... né   neither . . . nor
neanche   not even
la nebbia   fog
   c'è nebbia   it is foggy
necessario   necessary
negare   to deny
negativo   negative
il negozio   store, shop
nemmeno   not even
nero   black
nervoso   nervous
nessuno   nobody, no one, not
   anyone
la neve   snow
nevicare   to snow
niente   nothing, not anything;
   nient'altro   nothing else

il nipote nephew, grandchild;
  la nipote niece,
    granddaughter;
  i nipoti grandchildren
no no
la noia boredom; (*pl.*) trouble
noioso boring
noleggiare to rent (a car, a bicycle,
  skis)
il nome noun, name
nominare to name
non not
il nonno/la nonna grandfather/
  grandmother;
  i nonni grandparents
nonostante in spite of
il nord north
la notizia news
noto well-known
la notte night
novembre (*m.*) November
la novità news;
  nessuna novità nothing new
le nozze wedding;
  viaggio di nozze honeymoon
    trip
nubile (*f.*) unmarried, single
il numero number;
  numero di telefono phone
    number
numeroso numerous
la nuora daughter-in-law
nuotare to swim
il nuoto swimming
nuovo new;
  di nuovo again
la nuvola cloud
nuvoloso cloudy

O

o or
obbligatorio compulsory
l'occasione (*f.*) opportunity;
  approfittare dell'occasione di
    to take advantage of
gli occhiali (*pl.*) eyeglasses;
  occhiali da sole sunglasses
l'occhio eye;
  costare un occhio della testa
    to cost a fortune;
  dare un'occhiata to take a look
occidentale western
occupare to occupy;
  occuparsi* (di) to deal with, to
    take care of
occupato busy
l'oceano ocean

l'oculista (*m. & f.*) eye doctor
offendere (*p.p.* **offeso**)
  to offend
l'offerta offer
offrire (*p.p.* **offerto**) to offer
l'oggetto object
oggi today
ogni each, every
ognuno everyone, each one
olimpico Olympic
l'olio oil;
  olio d'oliva olive oil
oltre a besides
l'ombrello umbrella
l'ombrellone beach
  umbrella
l'onomastico name day
l'opera work, opera;
  l'opera d'arte work of art;
  cantante d'opera opera singer
l'operaio/l'operaia factory
  worker, laborer
l'opinione (*f.*) opinion
oppure or
ora now
l'ora hour, time;
  è ora che it is time that;
  è ora di it is time to;
  le ore di punta rush hours;
  non vedo l'ora I can't wait
orale oral
l'orario schedule;
  in orario on time
l'orchestra orchestra
ordinare to order,
  to prescribe
ordinato neat
l'ordine order
l'orecchio (*pl.* **le orecchie**) ear
organizzare to organize
l'orgoglio pride
orgoglioso proud
orientale oriental, eastern
originale original
l'origine (*f.*) origin
l'oro gold;
  d'oro golden
l'orologio watch, clock
l'ospedale (*m.*) hospital
l'ospite (*m. & f.*) guest; host
l'ossigeno oxygen
l'osso (*f. pl.* **le ossa**) bone
l'ostello della gioventù youth
  hostel
ostinato stubborn
ottenere to obtain
l'ottimista optimist
ottimo excellent

ottobre October
l'ovest west
l'ozono ozone;
  lo strato d'ozono ozone layer

P

il pacco package, parcel
la pace peace;
  fare la pace to make up, to be
    reconciled
la padella frying pan
il padre father
il padrone owner, boss;
  padrone di casa landlord
il paesaggio landscape, scenery
il paese country; town, village
pagare to pay
la pagina page
il paio (*f. pl.* **le paia**) pair
il palazzo palace, building
il palcoscenico stage
la palestra gym
la palla ball
la pallacanestro basketball
la pallanuoto water polo
la pallavolo volleyball
il pallone ball (soccer)
il pane bread
il panino roll;
  panino imbottito sandwich
la paninoteca sandwich shop
la panna cream
i pantaloncini shorts
i pantaloni pants, trousers
le pantofole slippers
il Papa Pope
il papà dad
paragonare to compare
il paragone comparison
parcheggiare to park
il parcheggio parking
il parco park
il/la parente relative;
  i parenti relatives
parere (*p.p.* **parso**) to seem;
  non ti pare? don't you
    think so?
la parete (interior) wall
Parigi Paris
la parità equality, parity
parlare to speak, to talk;
  parlare male (bene) di to say
    bad (good) things about
il parmigiano Parmesan cheese
la parola word
il parrucchiere/la parrucchiera
  hairdresser

la **parte**   part, role;
   fare la **parte**   to play the role;
   da **parte** di   from
partecipare a   to take part in
la **partenza**   departure
particolare   particular
partire*   to leave, to depart
la **partita**   match, game
il **partito**   political party
la **Pasqua**   Easter;
   Buona **Pasqua!**   Happy Easter!
il **passaggio**   ride, lift;
   dare un **passaggio**   to give a ride
il **passaporto**   passport
passare*   to pass, to pass by;
   passare   to spend (time)
il **passatempo**   pasttime, hobby
il **passato**   past;
passato (*adj.*)   last, past
il **passeggero**/la **passeggera**
   passenger
la **passeggiata**   walk;
   fare una **passeggiata**   to take a
   walk
la **passione**   passion
la **pasta**   dough, pasta, pastry;
   le **paste** (*pl.*)   pastries
la **pastasciutta**   pasta dish
la **pasticceria**   pastry shop
il **pasto**   meal
la **patata**   potato;
   patate fritte   fried potatoes
la **patente**   driver's license
paterno   paternal
la **patria**   fatherland, native land
il **pattinaggio**   skating
i **pattini**   skates
la **paura**   fear;
   avere **paura**   to be afraid;
   avere una **paura** da morire
     to be scared to death
il **pavimento**   floor
paziente   patient
il/la **paziente**   patient
la **pazienza**   patience;
   avere **pazienza**   to be patient
Peccato!   Too bad!
il **pedone**   pedestrian
peggio (*adv.*)   worse
peggiore (*adj.*)   worse
la **pelle**   skin; leather
la **penisola**   peninsula
la **penna**   pen
pensare   to think;
   pensare a   to think about;
   pensare di (+ *inf.*)   to plan,
     to intend (to do something);
   penso di sì   I think so

il **pensiero**   thought
il **pensionato**   senior citizen,
   retired person
la **pensione**   pension;
   boardinghouse;
   andare in **pensione**   to retire
la **pentola**   pot
il **pepe**   pepper
per   for;
   per (+ *inf.*)   in order to;
   per caso   by any chance
la **pera**   pear
perché   why; because
perdere (*p.p.* **perduto, perso**)
   to lose, to waste (time);
   perdersi*   to get lost
perfetto   perfect
il **pericolo**   danger
pericoloso   dangerous
la **periferia**   outskirts, periphery
il **periodo**   period (time)
Permesso?   May I come in?
permettere (*p.p.* **permesso**)   to allow
però   but, however
la **persona**   person
il **personaggio**   character
la **personalità**   personality
personale   personal
pesante   heavy
la **pesca**   peach; fishing
pescare   to fish
il **pesce**   fish;
   pesce fritto   fried fish
la **pesistica**   weightlifting
il **peso**   weight
il/la **pessimista**   pessimist
pettinarsi*   to comb one's hair
il **pettine**   comb
il **pezzo**   piece;
   un due pezzi   a two-piece suit;
     a bikini
il **piacere** (*m.*)   pleasure;
   con piacere   with pleasure,
     gladly;
   per piacere   please;
   Piacere!   Pleased to meet you!
piacere*   (*p.p.* **piaciuto**)   to like, to
   be pleasing
piacevole   pleasant
il **pianeta**   planet
il **piano**   floor; plan
il **pianterreno**   ground floor
il **piano(forte)**   piano
la **pianta**   plant; map (of a city)
la **pianura**   plain
il **piatto**   dish;
   primo piatto   first course;
   secondo piatto   second course

la **piazza**   square
piccante   spicy
piccolo   little, small
il **piede** (*m.*)   foot;
   a piedi   on foot
il **Piemonte**   Piedmont
pieno (di)   full (of);
   fare il **pieno**   to fill up (with
     gasoline)
pigro   lazy
la **pioggia**   rain
piovere   to rain
la **pipa**   pipe
la **piscina**   swimming pool
i **piselli**   peas
il **pittore**/la **pittrice**   painter
pittoresco   picturesque
la **pittura**   painting
più   more;
   non più   no longer;
   più o meno   more or less;
   più... di   more ... than
piuttosto   rather
la **platea**   orchestra section
   (theater)
poco   little, few;
   un po' di   some; a little bit of
il **poema**   poem
la **poesia**   poetry; poem
il **poeta**/la **poetessa**   poet
poi   then, afterwards
poiché   since
la **polenta**   cornmeal mush
politico   political
la **politica**   politics
il **poliziotto**   policeman
il **pollo**   chicken;
   pollo allo spiedo   rotisserie
     chicken;
   pollo arrosto   roast chicken
la **polpetta**   meatball
la **poltrona**   armchair; orchestra
   seat (theater)
il **pomeriggio**   afternoon
il **pomodoro**   tomato
il **pompelmo**   grapefruit
il **ponte**   bridge
popolare   popular
popolato   populated
la **popolazione**   population
il **popolo**   people, population
la **porta**   door
il **portafoglio**   wallet
portare   to carry, to bring; to wear;
   to take
il **portinaio**/la **portinaia**
   concierge
il **porto**   port, harbor

le posate   silverware
possibile   possible;
   il meno possibile   as little as
     possible
la possibilità   possibility
il postino/la postina   mailman,
   mailperson
la posta   post office; mail
postale (*adj.*)   post, mail;
   cassetta postale   mailbox;
   codice postale   zip code
il posto   place, seat, position
potere   to be able to, can, may;
   può darsi   it could be
povero   poor
pranzare   to have lunch
il pranzo   lunch;
   sala da pranzo   dining room;
   l'ora del pranzo   lunch time
praticare   to practice
pratico   practical
preciso   precise
la preferenza   preference
preferibile   preferable
preferire (-isc-)   to prefer
preferito   favorite
il prefisso   area code (*phone*)
pregare   to pray; to beg
Prego!   Please!, You're welcome!,
   Don't mention it!
il premio   prize, award
prendere (*p.p.* preso)   to take,
   to pick up;
   prendere in giro   to tease
prenotare   to reserve
la prenotazione   reservation
preoccuparsi* (di)   to worry (about)
preoccupato   worried
la preoccupazione   worry
preparare   to prepare;
   prepararsi*   to prepare oneself,
     to get ready
la preparazione   preparation
presentare   to introduce;
   presentarsi*   to introduce
     oneself
presente (*adj.*)   present
il presidente/la presidentessa
   president
prestare   to lend
presso   in care of (c/o)
il prestito   loan
presto   early, soon; fast,
   quickly;
   il più presto possibile
     as soon as possible;
   (Fa') presto!   Hurry up!;
   A presto!   See you soon!

la previsione   forecast
prezioso   precious
il prezzo   price
prima (*adv.*)   before, earlier,
   first;
   prima di (*prep.*)   before;
   prima che (*conj.*)   before
la primavera   spring
primo   first
principale   main; leading
privato   private
probabile   probable
la probabilità   probability
il problema (*pl.* problemi)
   problem
il produttore/la produttrice
   producer
la professione   profession
il/la professionista
   professional man/woman
il professore/la professoressa
   professor, teacher
profondo   deep
il profumo   perfume, scent
progettare   to plan
il progetto   project, plan
il programma (*pl.* programmi)
   program; schedule
il programmatore/
   la programmatrice
   programmer
il progresso   progress
proibire (-isc-)   to prohibit
promettere (*p.p.* promesso)
   to promise
la promozione   promotion
il pronome   pronoun
pronto   ready;
   Pronto!   Hello! (*telephone*)
il pronto soccorso   emergency
   room
a proposito   by the way
la proposta   proposal
il proprietario/la proprietaria
   owner
proprio (*adv.*)   exactly, indeed
la prosa   prose
il prosciutto   cured Italian ham
prossimo   next
il/la protagonista   main character
proteggere (*p.p.* protetto)
   to protect
protestare   to protest,
   to complain
provare   to try, to try on
il proverbio   proverb
la provincia   province
la psicologia   psychology

lo psicologo/la psicologa
   psychologist
pubblicare   to publish
la pubblicità   advertising
il pubblico   public, audience; (*adj.*)
   public
il pugile   boxer
il pugilato   boxing
pulire (-isc-)   to clean
pulito   clean
il pullman   tour bus
punire (-isc-)   to punish
il punto   point;
   punto di vista
     point of view;
   in punto   on the dot
puntuale   punctual
purché   provided that (+ *sub.*)
pure   by all means
purtroppo   unfortunately

Q

il quaderno   notebook
il quadro   painting, picture
qualche   some
   qualcosa   something;
   qualcos'altro   something else
qualcuno   someone
quale?   which?; which one?
la qualifica   qualification
la qualità   quality
quando   when;
   da quando?   since when?
quanto   how much;
   per quanto   although;
   quanto tempo fa?   how long
     ago?
il quarto   quarter (of an hour)
quarto   fourth
quasi   almost
quello   that
la questione   question, issue,
   matter
questo   this
qui   here

R

la racchetta da tennis   tennis
   racket
raccomandare   to recommend
   la raccomandazione
     recommendation
raccontare   to tell, to relate
il racconto   short story, tale
radersi* (*p.p.* raso)   to shave
raffreddare   to cool

il raffreddore   cold (virus);
   prendere il raffreddore   to
     catch a cold
il ragazzo/la ragazza   boy,
   young man; girl, young woman;
   boyfriend/girlfriend
la ragione   reason;
   avere ragione   to be right
il ragioniere/la ragioniera
   accountant
rapido (adj.)   fast, quick;
   il rapido   express train
il rapporto   relation
rappresentare   to represent;
   to stage (theater)
la rappresentazione
   performance (theater)
raramente   rarely, seldom
raro   rare
reagire   to react
il/la realista   realist
la realtà   reality
recente   recent
recentemente   recently
recitare   to perform; to play
   (a part)
la recitazione   recitation,
   performance
la referenza   reference
regalare   to give a present
il regalo   gift, present
la regione   region
il/la regista   movie director
le relazioni internazionali
   international relations
rendersi* conto (p.p. reso)
   to realize
il reparto   department (store)
la repubblica   republic
repubblicano   republican
il requisito   requirement
respirare   to breathe
responsabile   responsible
la responsabilità   responsibility
restare*   to stay, to remain
restituire (-isc-)   to return
   (something)
il resto   change (money); remainder
la rete   network
riassumere   to summarize
il riassunto   summary
la ricchezza   wealth
ricco (pl. ricchi)   rich
la ricerca   research
la ricetta   recipe; prescription
ricevere   to receive
la ricevuta   receipt
il riciclaggio   recycling

riciclare   to recycle
riconoscente   grateful
riconoscere   to recognize
ricordare   to remember;
   ricordarsi*   to remember
il ricordo   memory, souvenir
ridere (p.p. riso)   to laugh
i rifiuti   garbage
la riforma   reform
la riga (pl. righe)   line
rimanere (p.p. rimasto)   to remain
il Rinascimento   Renaissance
il ringraziamento   thanks;
   il giorno del Ringraziamento
     Thanksgiving
ringraziare   to thank
rinunciare (a)   to renounce, to give
   up
riparare   to repair, to fix
ripassare   to review
ripetere   to repeat
riposante   relaxing
   riposare   to rest;
   riposarsi*   to rest
riscaldare   to warm
riservato   reserved
il riso   rice; laughter
il risotto   creamy rice dish
risparmiare   to save
il risparmio   saving
rispettare   to respect
rispondere (p.p. risposto)
   to answer, to reply
la risposta   answer, reply
il ristorante   restaurant
ristrutturare   to restore,
   to remodel
il risultato   result, outcome
il ritardo   delay;
   in ritardo   late
ritornare   to return, to come back
il ritorno   return
il ritratto   picture, portrait
ritrovare   to find again
la riunione   reunion, meeting
riunirsi* (-isc-)   to gather
riuscire* (a)   to succeed (in)
rivedere (p.p. rivisto)   to see again
la rivista   magazine
la roba   stuff
Roma   Rome
romano   Roman
romantico   romantic
il romanzo   novel;
   romanzo rosa (giallo, di
   fantascienza, di avventure)
   love story (mystery,
   science-fiction, adventure)

rompere (p.p. rotto)   to break;
   rompersi* un braccio   to break
     an arm
rosa (inv.)   pink
la rosa   rose
rosso   red
rubare   to steal
il rumore   noise
il ruolo   role
russo   Russian

S

il sabato   Saturday
la sabbia   sand
il sacchetto   bag
il sacco   bag, sack;
   sacco a pelo   sleeping bag;
   un sacco di   a lot of
il saggio   essay
la sala   living room;
   la sala da pranzo   dining room
il salario   salary
il sale   salt
salire   to climb, to go up, to get on
il salmone   salmon
il salone   hall
il salotto   living room
la salsa   sauce
le salsicce   sausages
la salumeria   delicatessen
   salutare   to greet, to say
     good-bye;
salutarsi*   to greet each other
la salute   health
il saluto   greeting;
   cordiali saluti
     cordial regards;
   distinti saluti   sincerely
salvare   to save; to rescue
il salvataggio   rescue
Salve! (colloq.)   Hello!
i sandali   sandals
sano   healthy;
sapere   to know, to know how (to
   do something)
la Sardegna   Sardinia
sbagliarsi*   to make a mistake
sbagliato   wrong, incorrect;
   è sbagliato   it is wrong
lo scaffale   shelf
la scala   ladder; staircase
scambiare   to exchange
lo scambio   exchange
la scampagnata   outing in the
   coutryside
lo scapolo   bachelor
scapolo   single (male)

la scarpa   shoe;
   scarpe da tennis   tennis shoes
gli scarponi da montagna
   hiking boots
la scatola   box
scegliere (p.p. scelto)   to choose
la scelta   choice
la scena   scene
scendere (p.p. sceso)   to descend,
   to come down; to get off
la scherma   fencing
scherzare   to joke
lo scherzo   joke
la schiena   back (of a person)
lo sci (inv.)   ski;
   lo sci acquatico   water skiing;
   lo sci da discesa   downhill
      skiing;
   lo sci da fondo   cross-country
      skiing
sciare   to ski
la sciarpa   scarf
lo sciatore/la sciatrice   skier
scientifico   scientific
la scienza   science;
   le scienze politiche   political
      science;
   le scienze naturali   natural
      sciences
lo scienziato   scientist
scioperare   to strike
lo sciopero   strike;
   fare sciopero   to go on strike
scolastico   scholastic, pertaining
   to the school system
scolpire   to sculpt, to carve
la sconfitta   defeat
scontento   unhappy
lo sconto   discount;
   sconto del venti per cento
      twenty-percent discount
lo scontrino fiscale   receipt
la scoperta   discovery
scoprire (p.p. scoperto)
   to discover
scorso   last;
   il mese scorso   last month
lo scrittore/la scrittrice   writer
la scrivania   desk
scrivere (p.p. scritto)   to write;
   scrivere a macchina   to type
lo scultore/la scultrice   sculptor
la scultura   sculpture
la scuola   school;
   scuola elementare
      elementary school;
   scuola media   middle school,
      junior high school

la scusa   excuse
scusarsi*   to apologize;
   Scusa! (fam. s.); Scusi! (form. s.)
      Excuse me!
se   if;
   anche se   even if
sebbene   although
secco   dry
il secolo   century
secondo   according to; (adj.) second
sedersi*   to sit down
la sedia   chair;
   sedia a sdraio   beach chair
segnare   to score (sports)
il segretario/la segretaria
   secretary
la segreteria telefonica
   answering machine
il segreto   secret
seguente   following
seguire   to follow, to take (a course)
il semaforo   traffic light
sembrare   to seem
il semestre   semester
semplice   simple
sempre   always
sentimentale   sentimental
il sentimento   feeling
sentire   to hear, to feel, to smell;
   sentirsi* bene (male)   to feel
      well (sick)
   sentir dire   to hear say
senza (prep.)   without;
   senza che (conj.)   without
i senzatetto   homeless people
   separare   to divide;
separarsi*   to separate, to part
la separazione   separation
la sera   evening;
   la (di) sera   in the evening
la serata   evening (duration)
sereno   clear (weather)
seriamente   seriously
servire   to serve
il servizio   service;
   i doppi servizi   two baths
il sesso   sex
la seta   silk
la sete   thirst;
   avere sete   to be thirsty
settembre   September
settentrionale   northern
la settimana   week;
   fra una settimana   in a week
severo   strict
sfavorevole   unfavorable
la sfilata   fashion show
la sfortuna   bad luck

sfortunato   unfortunate
sì   yes
   si mangia bene qui   one eats
      well here
sia... che   both . . . and
siccome   since, because
Sicilia   Sicily
siciliano   Sicilian
sicuro   sure; safe
la siesta   siesta, nap;
   fare la siesta   to take a nap
la sigaretta   cigarette
significare   to mean
il significato   meaning
la signora   lady, Mrs., ma'am
il signore   gentleman, Mr., sir
la signorina   young lady, miss
il silenzio   silence
la sillaba   syllable
il simbolo   symbol
simile   similar
simpatico   nice, likeable
la sinfonia   symphony
la sinistra   left;
   a sinistra   to the left
il sintomo   symptom
il sistema (pl. sistemi)   system
situato   situated, located
la situazione   situation
smettere (p.p. smesso)   to stop
SMS (esse emme esse)   text
   message
snello   slim, slender
la società   society, company
socievole   sociable
la sociologia   sociology
soddisfatto   satisfied
soffrire (p.p. sofferto)   to suffer
soggiornare   to stay (in a hotel)
il soggiorno (la sala)   living room;
   stay, sojourn
la sogliola   sole (fish)
sognare   to dream
il sogno   dream
solamente   only
i soldi   money;
   un sacco di soldi   a lot of money
il sole   sun;
   c'è il sole   it is sunny;
   prendere il sole to sunbathe
solito   usual;
   al solito   as usual;
   del solito   than usual;
   di solito   usually, generally
la solitudine   loneliness
solo (adj.)   alone; (adv.) only;
   da solo   by oneself
soltanto   only

la **somma** sum, total; addition
il **sonno** sleep;
 avere sonno to be sleepy
sopra above, on top of
il/la **soprano** soprano
soprattutto above all
la **sorella** sister
sorgere (*p.p.* **sorto**) to rise
sorprendere (*p.p.* **sorpreso**)
 to surprise
la **sorpresa** surprise
sorpreso surprised
sorridere (*p.p.* **sorriso**) to smile
sotto under, below
sottolineare to underline
spagnolo Spanish
lo **spazio** space
spazioso spacious
lo **specchio** mirror
speciale special
lo/la **specialista** specialist
specializzarsi* (in) to specialize
 (in)
la **specializzazione** major (studies)
specialmente especially
spedire (-isc-) to send; to mail
spegnere (*p.p.* **spento**) to turn off
spendere (*p.p.* **speso**) to spend
sperare to hope
la **spesa** expense; grocery
 shopping
 fare la spesa to go (grocery)
 shopping
spesso often
spettacolare spectacular
lo **spettacolo** show, performance;
 sight
lo **spettatore**/la **spettatrice**
 spectator
la **spiaggia** beach
spiegare to explain
la **spiegazione** explanation
gli **spinaci** spinach
sporco dirty
lo **sportello** (teller) window
sportivo athletic, sporty
sposare to marry;
 sposarsi* to get married
sposato(a) married
lo **sposo**/la **sposa** groom/
 bride;
 gli **sposi** newlyweds
la **spremuta di frutta** freshly
 squeezed fruits
lo **spumante** sparkling wine
lo **spuntino** snack
la **squadra** team
squisito exquisite, delicious

lo **stadio** stadium
la **stagione** season;
 di mezza stagione in between
 seasons
stamattina this morning
la **stampa** press, printing
stancare to tire;
 stancarsi* to get tired
stanco tired;
 stanco morto dead tired
la **stanza** room
stare* to stay;
 stare attento to be careful;
 stare bene to be well, to feel
 well;
 stare a dieta to be on a diet;
 stare male to feel ill;
 stare per to be about to;
 stare zitto to be quiet
stasera this evening, tonight
statale of the state
lo **stato** state
la **statua** statue
la **stazione** station
la **stella** star
stesso same;
 lo **stesso** the same
lo **stile** style
lo/la **stilista** designer
lo **stipendio** salary
lo **stivale** boot
la **stoffa** fabric
lo **stomaco** stomach
la **storia** history; story
storico historical
la **strada** street, road
stradale of the street or highway
straniero (*adj.*) foreign
lo **straniero**/la **straniera** foreigner
strano strange
stretto narrow, tight
lo **strumento** instrument;
 strumento musicale musical
 instrument
lo **studente**/la **studentessa**
 student
studiare to study
lo **studio** study; study room
studioso studious
stupendo magnificent, splendid
stupido stupid
su above, on top of;
 Su! Come on!
subito immediately
succedere (*p.p.* **successo**)
 to happen;
 Cos'è successo? What
 happened?

il **successo** success
il **succo** juice;
 succo d'arancia orange juice
il **sud** south
il **suffisso** suffix
il **suggerimento** suggestion
suggerire (-isc-) to suggest
il **suocero**/la **suocera**
 father-in-law/mother-in-law
suonare to play an instrument, to
 ring
il **suono** sound
superare to exceed (speed); to
 overcome; to pass (a car)
la **superficie** area
superiore superior
il **supermercato** supermarket
surgelato frozen
lo **svantaggio** disadvantage
la **sveglia** alarm clock
svegliarsi* to wake up
la **svendita** sale
lo **sviluppo** development
la **Svizzera** Switzerland
svizzero Swiss

T

la **taglia** size
tagliare to cut;
 tagliarsi* to cut oneself
le **tagliatelle pasta** cut into thin
 strips
il **talento** talent
tanto much, so much;
 Così tanto! That much!;
 tanto... quanto as much as
il **tappeto** rug
tardi late;
 è tardi it is late
la **tasca** pocket
la **tassa** tax;
 tassa universitaria tuition
il **tassì** (*inv.*) taxi, cab
il **tassista** cab driver
la **tavola**/il **tavolo** table;
 A tavola! Dinner's ready!;
 tavola calda snack bar;
 il **tavolino** end table
la **tazza** cup
il **tè** tea
teatrale theatrical, of the
 theater
il **teatro** theater
tedesco (*pl.* **tedeschi**) German
la **telecamera** TV camera
il **telecomando** remote control
il/la **telecronista** newscaster

il telefilm   TV movie
telefonare   to phone
la telefonata   phone call;
  telefonata interurbana
    long-distance phone call;
  telefonata a carico del
    destinatario   collect phone
    call
il telefono   telephone;
  telefono cellulare (telefonino)
    cellular phone
il telegiornale   TV news
il teleromanzo   soap opera
il telespettatore/la telespettatrice
  TV viewer
la televisione   television;
  alla televisione   on TV
televisivo   pertaining to television
il televisore   TV set
il tema (pl. temi)   theme,
  composition
temere   to fear
la temperatura   temperature
il tempo   time; weather;
  a tempo pieno   full-time;
  a metà tempo   part-time;
  Che tempaccio!   What bad
    weather!
  Che tempo fa?   What is the
    weather like?
la tenda   tent;
  montare la tenda   to pitch the
    tent
le tende   curtains
tenere   to keep, to hold
il tenore   tenor (singer);
  il tenore di vita   standard of
    living
terminare   to finish, to end
il termometro   thermometer
la terra   earth, ground, land;
  per terra   on the floor, on the
    ground
il terremoto   earthquake
terribile   terrible
il territorio   territory
la tesi di laurea   dissertation
il tesoro   treasure;
tesoro! (affect.)   honey, sweetheart
la tessera   membership card
la tessera sanitaria   medical card
la testa   head
il tetto   roof
il Tevere   Tiber river
il tifo (sports)   enthusiasm;
  fare il tifo per   to be a fan of
tifoso   fan
timido   timid, shy

tipico   typical
tirare   to pull;
  tirare vento   to be windy
il titolo   title;
  il titolo di studio   school degree
la tivù (colloq.)   television
il topo   mouse;
  Topolino   Mickey Mouse
Torino   Turin
tornare*   to return;
Ben tornato!   Welcome back!
la torre   tower
la torta   cake; pie
torto   wrong;
  avere torto   to be wrong
toscano   Tuscan
la tosse   cough
il totale   total
il Totocalcio   soccer lottery;
  schedina del Totocalcio
    soccer lottery ticket
la tovaglia   tablecloth
il tovagliolo   napkin
tra (or fra)   between, among;
  tra un'ora   in one hour
tradizionale   traditional
la tradizione   tradition
tradurre (p.p. tradotto)
  to translate
la traduzione   translation
il traffico   traffic
la tragedia   tragedy
il tram   streetcar
la trama   plot
tramontare   to set (sun, moon)
il tramonto   sunset
tranquillo   quiet
traslocare   to move (to another
  place)
il trasloco   moving
la trasmissione   transmission,
  broadcasting
il trasporto   transportation
trattare   to treat; to deal with;
  si tratta* di   it has to do with
la trattoria   restaurant
il treno   train;
  perdere il treno   to miss the
    train
il trimestre   quarter (academic year)
triste   sad
il trofeo   trophy
la tromba   trumpet
troppo   too much
la trota   trout
trovare   to find;
  trovarsi*   to find oneself; to be
    situated

il/la turista   tourist
turistico   pertaining to tourism;
  la classe turistica   economy
    class
il turno   turn
la tuta   overall;
  la tuta da ginnastica   sweatsuit
tutti/tutte   everybody/all;
  tutti e due   both
tutto (adj.)   all, every; the whole;
  tutto (pron.)   everything;
  tutti (pron.)   everybody, all
tutto il giorno   the whole day

U

ubbidire (-isc-)   to obey
ubriaco   drunk
l'ufficio   office;
  l'ufficio postale   post office
uguale   equal
ultimo   last
umido   humid
l'umore (m.)   humor, mood;
  essere di buon (cattivo) umore
    to be in a good (bad) mood
unico   unique;
  figlio unico   only child
l'unificazione (f.)   unification
l'unione (f.)   union
unire (-isc-)   to unite
unito   united
uno   one (number);
  un, uno, una (art.)   a, an
l'università   university
universitario (adj.)   university
  related
l'uomo (pl. gli uomini)   man
l'uovo (pl. le uova)   egg;
  le uova strapazzate
    scrambled eggs
usare   to use, to take
usato   used, secondhand
uscire*   to go (come) out
l'uscita   exit
l'uso   use
utile   useful
l'uva   grapes

V

la vacanza   vacation, holiday
la valigia (pl. valigie or
  valige)   suitcase;
  fare le valigie   to pack
la valle   valley
la valuta   currency
il vantaggio   advantage

vantaggioso advantageous
il vaporetto waterbus (in Venice)
la varietà variety
vario varied
la vasca (da bagno) (bath)tub
il vaso vase
vecchio old
vedere (*p.p.* visto, veduto) to see
il vedovo/la vedova widower/ widow
vegetariano(a) vegetarian
la vela sail;
  barca a vela sailboat;
  andare in barca a vela to sail
veloce fast
la velocità speed;
  limite di velocità speed limit
vendere to sell
la vendita sale;
  in vendita for sale
il venerdì Friday
Venezia Venice
veneziano Venetian
venire* (*p.p.* venuto) to come
il vento wind;
  tira vento it is windy
veramente truly; really, actually
il verbo verb
verde green;
  essere al verde to be broke
la verdura vegetables
la vergogna shame;
  Che vergogna! How shameful!
la verità truth
vero true;
  È vero! That's right!
versare to pour
il verso line (of poetry);
  verso (*prep.*) toward
vestirsi* to get dressed
il vestito dress; suit
i vestiti clothes
il veterinario veterinarian

la vetrina shop window, display window
il vetro glass
via (*adv.*) away, off
la via street, way
viaggiare to travel
il viaggiatore/la viaggiatrice traveler
il viaggio trip, voyage;
  viaggio d'affari (di piacere) business (pleasure) trip;
  viaggio di nozze honeymoon;
  Buon viaggio! Have a nice trip!
la vicinanza vicinity
vicino (*adv.*) close, nearby;
vicino a (*prep.*) near
il vicino/la vicina neighbor
il videoregistratore videorecorder
vietato (entrare, fumare, ecc.) prohibited (entrance, smoking, etc.)
la vigna vineyard
la vignetta drawing, cartoon
il villaggio village
il villeggiante vacationer
la villeggiatura summer vacation
vincere (*p.p.* vinto) to win
il vino wine
viola (*inv.*) purple
la violenza violence
il violino violin
il violoncello cello
la visita visit
visitare to visit; to examine
la vita life
la vitamina vitamin
il vitello veal;
  arrosto di vitello roast veal
la vittoria victory
Viva! Hurrah!
vivere (*p.p.* vissuto) to live

vivo alive, living
il vocabolario vocabulary; dictionary
la vocale vowel
la voce voice;
  ad alta (bassa) voce in a loud (low) voice
la voglia desire;
  avere voglia di to feel like
volentieri gladly; willingly
volere to want;
  voler dire to mean;
  volersi* bene to love each other;
  ci vuole, ci vogliono it takes
il volo flight
la volontà will, willingness
la volta time;
  una volta once;
  (c'era) una volta once upon a time;
  due volte twice;
  qualche volta sometimes;
  ogni volta every time
le vongole clams
votare to vote
il voto grade; vote;
  un bel (brutto) voto a good (bad) grade
il vulcano volcano
vuoto empty; vacant

Z

lo zaino backpack
lo zero zero
lo zio/la zia uncle/aunt
zitto silent;
  sta' zitto! be quiet!
la zona zone, area
lo zoo zoo
lo zucchero sugar
la zuppa di verdure vegetable soup

English–Italian Vocabulary

A

to be able to   potere
about   circa, di
above   sopra, su;
   above all   soprattutto
abroad   all'estero
absent   assente
abstract   astratto
abundant   abbondante
academic   accademico
to accept   accettare
accident   l'incidente (m.)
to accompany   accompagnare
according to   secondo
accountant   il ragioniere/
   la ragioniera
act   l'atto;
to act (a role)   recitare
activity   l'attività
actor   l'attore
actress   l'attrice
ad   l'annuncio pubblicitario
address   l'indirizzo
to admire   ammirare
to admit   ammettere
   (p.p. ammesso)
adult   l'adulto/l'adulta
advance   l'anticipo;
   in advance   in anticipo
advantage   il vantaggio
adventure   l'avventura
advertising   la pubblicità
advice   il consiglio
to advise   consigliare
affection   l'affetto
affectionate   affezionato
to be afraid   avere paura
African   africano
after   dopo
afternoon   il pomeriggio
afterward   poi
again   ancora
against   contro
age   l'età
ago   fa;
   How long ago?   Quanto tempo
      fa?
to agree   essere* d'accordo
air   l'aria
air conditioning   l'aria
   condizionata
airline   la linea aerea
airplane   l'aereo, l'aeroplano

alarm clock   la sveglia
all   tutto
to allow   permettere
   (p.p. permesso), lasciare
almost   quasi
alone   solo (adj.; adv.)
along   lungo;
   to get along   andare d'accordo
already   già
also   anche
although   benché (+ subj.)
always   sempre
amateur   dilettante
American   americano
among   fra (or tra)
amusement   il divertimento,
   lo svago
amusing   divertente
analysis   l'analisi (f.)
ancient   antico
and   e, ed
animal   l'animale (m.)
anniversary   l'anniversario
to announce   annunciare
announcer   l'annunciatore/
   l'annunciatrice
another   un altro
answer   la risposta
to answer   rispondere
   (p.p. risposto)
antique   antico
anyway   ad ogni modo
apartment   l'appartamento;
   studio apartment   il
      monolocale
to apologize   scusarsi*
to appear   apparire* (p.p. apparso)
to applaud   applaudire
applause   l'applauso
apple   la mela
to apply   fare domanda
appointment   l'appuntamento
to appreciate   apprezzare
to approach   avvicinarsi*
April   aprile
arcade   la galleria
architect   l'architetto
architecture   l'architettura
architectural   architettonico
area   la superficie;
   area code   il prefisso
to argue   litigare
arm   il braccio (pl. le braccia)

armchair   la poltrona
around   intorno (a), verso
arrival   l'arrivo
to arrive   arrivare*
art   l'arte (f.)
artichoke   il carciofo
article   l'articolo
artistic   artistico
as   come;
   as soon as   appena
to ask   domandare, chiedere
   (p.p. chiesto)
asleep   addormentato;
   to fall asleep   addormentarsi*
at   a, in, da (at the house of);
   at least   almeno
athlete   l'atleta (m. or f.)
athletic   sportivo
to attend   assistere;
   to attend a course   seguire,
      frequentare un corso
attention   l'attenzione (f.)
to attract   attirare
attractive   attraente
audience   il pubblico
August   agosto
aunt   la zia
author   l'autore/l'autrice
autobiography   l'autobiografia
automobile   l'automobile (f.)
autumn   l'autunno
available   libero, disponibile
away   via

B

backpack   lo zaino
bad   cattivo;
   Too bad!   Peccato!
bag   la borsa; il sacchetto;
   handbag   la borsetta;
   sleeping bag   il sacco a pelo
balcony   il balcone, la galleria
ball   la palla; il pallone (soccer)
ballet   il balletto
bank   la banca
bartender   il barista
basketball   la pallacanestro (f.)
bath   il bagno;
   to take a bath   fare il bagno;
   bathroom   il bagno, la stanza
      da bagno;
   bathtub   la vasca da bagno

to be essere* (p.p. stato);
   to be able to potere;
   to be acquainted with conoscere;
   to be bad for fare male a;
   to be born nascere;
   to be broke essere al verde;
   to be called (named) chiamarsi*;
   to be careful stare* attento;
   to be on a diet essere* a dieta;
   to be distant distare;
   to be a doctor (a lawyer, etc.) fare il dottore (l'avvocato, ecc.);
   to be enough bastare*;
   to be a fan (of) fare il tifo (per);
   to be in a hurry avere fretta;
   to be necessary bisognare (mainly used in the third-person sing.: bisogna);
   to be ... years old (afraid, cold, hot, hungry, thirsty, right, wrong, sleepy) avere... anni (paura, freddo, caldo, fame, sete, ragione, torto, sonno)
beach la spiaggia;
   beach chair la sedia a sdraio
beard la barba
beautiful bello
beauty la bellezza
because perché;
   because of a causa di
to become diventare*;
   to become ill ammalarsi*
bedroom la camera da letto
beer la birra
before (prep.) davanti a; prima di (conj.), prima che (+ subj.)
to begin (in)cominciare
beginning l'inizio
behind dietro
to believe credere (a)
bell tower il campanile
to belong appartenere*
below sotto
besides inoltre
between tra (or fra)
bicycle la bicicletta
big grande;
   bigger maggiore, più grande
bill il conto
billion il miliardo
biology la biologia
birth la nascita
birthday il compleanno;
   Happy Birthday! Buon compleanno!
bitter amaro
black nero

blackboard la lavagna
blond biondo
blouse la camicetta
blue blu;
   light blue azzurro
boat la barca
body il corpo
to boil bollire
bone l'osso (pl. le ossa)
book il libro
bookstore la libreria
boot lo stivale
to border confinare
bored annoiato
   to get bored annoiarsi*
boredom la noia
boring noioso
born: to be born nascere* (p.p. nato)
boss il capo, il/la capoufficio
to bother dare fastidio
bottle la bottiglia
bouquet il mazzo (di fiori)
boy, boyfriend il ragazzo
box la scatola
boxer il pugile
boxing il pugilato
bread il pane;
   breadsticks i grissini
to break rompere (p.p. rotto); rompersi*
breakfast la colazione;
   to have breakfast fare colazione
bright luminoso
brilliant brillante
to bring portare
broke: to be broke essere al verde
brother il fratello;
   brother-in-law il cognato
brown castano, marrone
to build costruire (-isc-)
builder il costruttore
building l'edificio; il palazzo
bulletin board la bacheca
bus l'autobus (m.);
   bus stop la fermata dell'autobus
business l'affare (m.)
busy occupato
but ma, però
butter il burro
to buy comprare
by da

C

cab il tassì (inv.)
cafeteria la mensa
cake la torta
calculator la calcolatrice

calculus il calcolo (math.)
calendar il calendario
to call chiamare;
   to be called chiamarsi*
calm calmo
camera la macchina fotografica
camping il campeggio;
   to go camping fare campeggio
can (to be able) potere
can la lattina
to cancel cancellare, annullare
candies le caramelle
capital la capitale
car l'auto(mobile) (f.), la macchina;
   car racing l'automobilismo
carbonated frizzante
careful attento;
   to be careful stare attento
carpet il tappeto
to carry portare
car (train) la carrozza
   pay cash pagare in contanti
cashier il cassiere/la cassiera
castle il castello
cat il gatto
cathedral il duomo, la cattedrale
cause la causa
to celebrate festeggiare
cellar la cantina
central centrale
century il secolo
certain certo
chain la catena
chair la sedia
chalk il gesso
champion il campione, la campionessa
change il cambiamento; la moneta
to change cambiare;
   to change one's clothes cambiarsi*;
   to change one's mind cambiare idea
channel il canale
chapel la cappella;
   Sistine Chapel la Cappella Sistina
chapter il capitolo
character il personaggio
charity la beneficenza
cheap economico, a buon mercato
check il conto; l'assegno
to check controllare
cheerful allegro
cheese il formaggio

chemistry   la chimica
chicken   il pollo
child   il bambino/la bambina; (pl.)
    i bambini, i figli;
    only child   il figlio unico/
        la figlia unica;
    grandchild   il/la nipote;
        il nipotino/la nipotina
    as a child   da bambino
Chinese   cinese
chocolate   il cioccolato;
    chocolate candy
        il cioccolatino
choice   la scelta
to choose   scegliere (p.p. scelto)
Christmas   il Natale
church   la chiesa
cigarette   la sigaretta
citizenship   la cittadinanza
city   la città
civilization   la civiltà
clams   le vongole
class   la classe, la lezione
classmate   il compagno/
    la compagna di classe
clean   pulito
to clean   pulire (-isc-)
clear   sereno
clerk   l'impiegato/l'impiegata
client   il/la cliente
climate   il clima
to climb   salire
clock   l'orologio;
    alarm clock   la sveglia
to close   chiudere (p.p. chiuso)
closet   l'armadietto
clothes   i vestiti
clothing   l'abbigliamento
cloudy   nuvoloso
coach   l'allenatore/l'allenatrice
to coach   allenare
coast   la costa
coat   la giacca;
    winter coat   il cappotto
coffee, coffee shop   il caffè
cold   freddo;
    to be cold   avere freddo;
    it is cold   fa freddo;
    to catch a cold   prendere il
        raffreddore
colleague   il/la collega
to come   venire* (p.p. venuto);
    to come back   ritornare*;
    to come down   discendere
        (p.p. disceso);
    to come in   entrare*;
    Come on!   Dai!
comedian   il comico

comedy   la commedia
comfort   la comodità
comfortable   comodo
comic   comico
comment   il commento
common   comune
to communicate   comunicare
company   compagnia, ditta,
    azienda
to compare   paragonare
competition   la concorrenza,
    la competizione; la gara
to complain   lamentarsi* (di)
completely   completamente
complicated   complicato
to compose   comporre
    (p.p. composto)
composer   il compositore/
    la compositrice
compulsory   obbligatorio
computer science   l'informatica
concert   il concerto
concierge   il portinaio/la portinaia
conclusion   la conclusione
condition   la condizione
to confirm   confermare
confusion   la confusione
Congratulations!
    Congratulazioni!
congressman/congresswoman
    il deputato/la deputata
connection (train, plane)
    la coincidenza
to consider   considerare;
    to consider oneself
        considerarsi*
consideration   la considerazione
to consist (of)   consistere* (di)
consultant   il/la consulente
continent   il continente
continually   continuamente
to continue   continuare
contract   il contratto
contrary   il contrario;
    on the contrary   anzi
to control   controllare
conversation   la conversazione
cook   il cuoco/la cuoca
to cook   cucinare
cooking   la cucina
cookie   il biscotto
cool   fresco
to cool off   raffreddare
cordial   cordiale
corner   l'angolo
to correct   correggere
    (p.p. corretto)
cornmeal mush   la polenta

cost   il costo
to cost   costare*
costume   il costume
cotton   il cotone
couch   il divano
cough   la tosse
to count   contare
country   il paese; la patria;
    countryside   la campagna
couple   la coppia
courage   il coraggio
courageous   coraggioso
course   il corso
cousin   il cugino/la cugina
covered   coperto
crazy   pazzo;
    to go crazy   impazzire*
cream   la crema
crisis   la crisi (pl. le crisi)
critic   il critico (m. or f.)
to criticize   criticare
to cross   attraversare
crowded   affollato
cruise   la crociera
cup   la tazza
to cure   guarire
curious   curioso
currency   la valuta
curtain   la tenda; il sipario
customer   il/la cliente
customs   la dogana
to cut   tagliare;
    to cut oneself   tagliarsi*
cute   carino

D

dad   il papà
to damage   rovinare
damaging   dannoso
to dance   ballare
danger   il pericolo
dangerous   pericoloso
dark   buio;
    dark-haired   bruno
date   la data; l'appuntamento
daughter   la figlia;
    daughter-in-law   la nuora
day   il giorno, la giornata;
    the next day   il giorno dopo
dear   caro
death   la morte
debt   il debito
December   dicembre
to decide   decidere (p.p. deciso)
decision   la decisione
to declare   dichiarare
deep   profondo

defeat   la sconfitta
to define   definire (-isc-)
degree   il titolo di studio
delicatessen   la salumeria
delicious   delizioso, squisito
deluxe   di lusso
democracy   la democrazia
dentist   il/la dentista
departure   la partenza
to depend   dipendere*;
   it depends (on)   dipende (da)
to descend   (di)scendere
   (*p.p.* disceso)
to describe   descrivere
   (*p.p.* descritto)
description   la descrizione
designer   lo/la stilista
desk   la scrivania
dessert   il dolce
to detest   detestare
development   lo sviluppo
to dial   formare il numero
dialect   il dialetto
dialogue   il dialogo
diary   il diario
dictionary   il vocabolario
to die   morire* (*p.p.* morto)
diet   la dieta;
   to be on a diet   stare a dieta,
   essere a dieta
dietician   il dietologo/la dietologa
difference   la differenza
different   differente
difficult   difficile
difficulty   la difficoltà
digit   la cifra
dinner   la cena;
   dining room   sala da pranzo;
   to have dinner   cenare
direction   l'indicazione (*f.*)
directly   direttamente
director   il direttore/la direttrice
disadvantage   lo svantaggio
disappointment   la delusione
discovery   la scoperta
to discuss   discutere (*p.p.* discusso)
discussion   la discussione
disease   la malattia
dish   il piatto
dishonest   disonesto
dishwasher   la lavastoviglie
distance   la distanza
distant   distante;
   to be distant   distare
district   il quartiere
to divide   dividere (*p.p.* diviso)
divorced   divorziato
to do   fare (*p.p.* fatto)

doctor   il dottore/la dottoressa; il
   medico
document   il documento
documentary   il documentario
dog   il cane
dollar   il dollaro
dome   la cupola
door   la porta
doubt   il dubbio
to doubt   dubitare
downtown   il centro; in centro
dozen   la dozzina
draperies   le tende
to draw   disegnare
drawer   il cassetto
drawing   il disegno
dream   il sogno
to dream   sognare
dress   l'abito, il vestito;
   to get dressed   vestirsi*
to dress   vestire
drink   la bevanda
to drink   bere (*p.p.* bevuto)
drinking water   l'acqua potabile
to drive   guidare
driver   l'automobilista (*m.* or *f.*)
driving   la guida
drunk   ubriaco
dry   secco
to dry   asciugare;
   to dry oneself   asciugarsi*
during   durante
duty   il dovere

E

each   ogni
ear   l'orecchio (*pl.* le orecchie);
   earache   mal d'orecchio
early   presto
to earn   guadagnare
earth   la terra
Easter   la Pasqua
eastern   orientale
easy   facile
to eat   mangiare
ecological   ecologico
economy   l'economia
to educate   istruire (-isc-)
education   l'istruzione (*f.*)
egg   l'uovo (*pl.* le uova)
either . . . or   o... o
election   l'elezione (*f.*)
electricity   l'elettricità
elegant   elegante
elementary   elementare
elevator   l'ascensore
to eliminate   eliminare

to embrace   abbracciare
emergency room   il pronto soccorso
emotion   l'emozione (*f.*)
employee   l'impiegato/
   l'impiegata
employment   l'impiego;
   employment agency
   l'agenzia di collocamento
empty   vuoto
to encourage   incoraggiare
end   la fine
to end   finire (-isc-)
engagement   il fidanzamento;
   l'impegno
engineer   l'ingegnere (*m.*)
engineering   l'ingegneria
England   l'Inghilterra
English   inglese
to enjoy   godere;
   to enjoy oneself   divertirsi*;
   Enjoy your meal!   Buon
   appetito!
enough   abbastanza;
   to be enough   bastare
to enroll   iscriversi* (*p.p.* iscritto)
to enter   entrare* (in)
entertaining   divertente
enthusiastic   entusiasta
entire   intero
entitled   intitolato
equal   uguale
equality   l'uguaglianza, la parità
error   l'errore (*m.*)
especially   specialmente
ethnic   etnico
euro   l'euro (*inv.*) **(Italian currency)**
Europe   l'Europa
even   perfino;
   not even   neanche, nemmeno
evening   la sera, la serata;
   Good evening!   Buona sera!;
   this evening   stasera
event   l'avvenimento
every   ogni (*inv.*);
   everybody   ognuno;
   everyone   ognuno
exact   esatto
exactly   esattamente
exam   l'esame (*m.*);
   to take an exam   dare un esame
example   l'esempio;
   for example   ad esempio,
   per esempio
excellent   eccellente, ottimo
except   eccetto
exception   l'eccezione (*f.*)
to exchange (money)   cambiare
excursion   l'escursione (*f.*)

excuse   la scusa;

   Excuse me!   Scusi!, Scusa!

exercise   l'esercizio

exhibition   la mostra

to exist   esistere* (p.p. esistito)

expense   la spesa

expensive   caro, costoso

experience   l'esperienza

experienced   esperto

experiment   l'esperimento

expert   esperto

to explain   spiegare

explanation   la spiegazione

to express   esprimere
   (p.p. espresso)

expression   l'espressione (f.)

eye   l'occhio

   eye doctor   l'oculista (m. or f.)

eyeglasses   gli occhiali (pl.)

F

fable   la favola

face   la faccia

fact   il fatto;

   in fact   infatti

factory   la fabbrica

fair   giusto

faithful   fedele

fall   l'autunno

to fall   cadere*

familiar   familiare

family   la famiglia

family tree   l'albero
   genealogico

famous   famoso

fan   tifoso;

   to be a fan (of)   fare il
   tifo (per)

fantastic   fantastico

far (from)   lontano (da)

farmer   il contadino/la contadina;
   l'agricoltore

fascinating   affascinante,
   avvincente

fashion   la moda

fashionable   di moda,
   alla moda

fast   rapido, veloce

fat   grasso

father   il padre;

   father-in-law   il suocero;

   grandfather   il nonno

favor   il favore

favorable   favorevole

fear   la paura, il timore

to fear   temere

February   febbraio

to feel   sentire, sentirsi*;

   to feel like   avere voglia di

feeling   il sentimento

feminine   femminile

fencing   la scherma

festivity   la festa

fever   la febbre

few   pochi(e);

   a few   alcuni(e)

fiancé/fiancée   il fidanzato/
   la fidanzata

field   il campo

to fill   riempire;

   to fill it up (with gas)   fare il
   pieno

final   definitivo

finally   finalmente

to find   trovare

fine   la multa

finger   il dito (pl. le dita)

to finish   finire (-isc-)

fire   il fuoco;

   fireplace   il caminetto

to fire   licenziare

firm   la ditta

first   (adj.) primo,
   (adv.) prima

fish   il pesce;

   fried fish   pesce fritto

to fish   pescare

to fit   andare* bene

flag   la bandiera

flaw   il difetto

flight   il volo;

   flight attendant   (m. & f.)
   l'assistente di volo

floor   il pavimento; il piano

Florence   Firenze

flour   la farina

flower   il fiore

flu   l'influenza

flute   il flauto

fog   la nebbia

to follow   seguire

following   seguente

fond (of)   appassionato (di)

food   il cibo

foot   il piede;

   on foot   a piedi

for   per

to forbid   proibire (-isc-)

foreign   straniero

foreigner   lo straniero/
   la straniera

to forget   dimenticare

fork   la forchetta

fountain   la fontana

free   libero, gratuito

freeway   l'autostrada

freezer   il congelatore

French   francese

fresco   l'affresco

Friday   il venerdì

fried   fritto

friend   l'amico/l'amica

friendship   l'amicizia

from   da, di

frozen   surgelato

fruit   la frutta;

   piece of fruit   il frutto;

   fruit smoothie   il frullato
   di frutta

to fry   friggere (p.p. fritto)

full   pieno

fun   il divertimento;

   to have fun   divertirsi*

to function   funzionare

furious   furioso

furnishing   l'arredamento

furniture   i mobili (pl.);

   piece of furniture   un mobile

G

to gain   guadagnare;

   to gain weight   ingrassare*

gallery   la galleria;

   art gallery   la galleria d'arte

game   il gioco, la partita

garbage   i rifiuti

garden   il giardino

garlic   l'aglio

gasoline   la benzina

to gather   riunirsi* (-isc-)

gender   il genere

general   generale

generally   in genere

generous   generoso

genius   il genio

gentleman   il signore

geography   la geografia

German   tedesco

Germany   la Germania

to get   prendere;

   to get along   andare*
   d'accordo;

   to get bored   annoiarsi*;

   to get engaged   fidanzarsi*;

   to get lost   perdersi*;

   to get mad   arrabbiarsi*;

   to get married   sposarsi*;

   to get near   avvicinarsi* (a);

   to get sick   ammalarsi*;

   to get tired   stancarsi*;

   to get up   alzarsi*;

   to get used to   abituarsi* (a)

gift   il regalo
girl   la ragazza;
   little girl   la bambina;
   girlfriend   la ragazza
to give   dare;
   to give back   restituire (-isc);
   to give a present   regalare;
   to give a ride   dare un
    passaggio
glad   contento
glass   il bicchiere
glasses   gli occhiali;
   sunglasses   occhiali da sole
gloves   i guanti (pl.)
to go   andare*;
   to go back   ritornare*;
   to go camping   fare
    campeggio;
   to go down   scendere;
   to go in   entrare*;
   to go near   avvicinarsi*;
   to go out   uscire*;
   to go (grocery) shopping   fare
    la spesa (le spese);
   to go up   salire
gold   l'oro
good   buono, bravo;
   Good-bye!   Arrivederci!
    (fam.); ArrivederLa! (form.);
    Ciao!;
   Good night!   Buona
    notte!
government   il governo
grade   il voto
to graduate   laurearsi*;
   diplomarsi*
grammar   la grammatica
grandfather   il nonno;
   grandmother   la nonna;
   grandparents   i nonni
grapes   l'uva
grass   l'erba
grateful   riconoscente
gray   grigio
great   grande
green   verde
to greet   salutare
greeting   il saluto;
   greetings   saluti
grill   la griglia
grilled   alla griglia
groom   lo sposo
group   il gruppo
to grow   crescere
to guess   indovinare
guest   l'ospite (m. or f.), l'invitato/
   l'invitata
guide   la guida

guilty   colpevole
guitar   la chitarra
gulf   il golfo
gym   la palestra
gymnastics   la ginnastica

H

hair   i capelli;
   dark-haired   bruno
hairdresser   il parrucchiere/
   la parrucchiera
half   la metà, mezzo (adj.)
hand   la mano (pl. le mani);
   to shake hands   dare la mano
handkerchief   il fazzoletto
handsome   bello
to happen   succedere*
   (p.p. successo)
happiness   la felicità
happy   felice;
   Happy Easter!   Buona Pasqua!;
   Happy New Year!   Buon Anno
    Nuovo!
hard   duro
to hate   detestare, odiare
to have   avere;
   to have a birthday   compiere
    gli anni
   to have breakfast   fare
    colazione;
   to have dinner   cenare;
   to have fun   divertirsi*;
   to have a headache (toothache,
    stomachache, backache,
    sore throat)   avere mal di
    testa (denti, stomaco, schiena,
    gola);
   Have a nice day!   Buona
    giornata!;
   Have a nice vacation!   Buone
    vacanze!;
   to have to   dovere
head   il capo, la testa
health   la salute
to hear   sentire
heart   il cuore
heavy   pesante
hell   l'inferno
hello   buon giorno, salve, ciao;
   pronto (telephone)
help   l'aiuto
to help   aiutare
here   qui;
   Here is . . . !   Ecco... !
hero   l'eroe (m.)
high   alto
hill   la collina

to hire   assumere (p.p. assunto)
historical   storico
history   la storia
to hit   colpire (-isc-)
hitchhiking   l'autostop (m.)
to hitchhike   fare l'autostop
holiday   la festa, la vacanza
home   la casa;
   at home   a casa
homeless people   i senzatetto
homework   il compito
honeymoon   la luna di miele
to hope   sperare
horse   il cavallo
hospital   l'ospedale (m.)
hot   caldo;
   to be hot   avere caldo;
   it is hot   fa caldo
hotel   l'albergo
hour   l'ora;
   rush hour   l'ora di punta
house   la casa;
   at the house of   a casa di;
   at his/her house   a casa sua
housewife   la casalinga
how?   come?;
   How much?   Quanto?;
   How are you?   Come sta? (form.
    s.), Come stai? (fam. s.), Come
    va?;
   How come?   Come mai?
however   comunque, però
huge   enorme, grosso
humid   umido
hundred   cento (inv.)
hunger   la fame;
   to be hungry   avere fame
hurry   la fretta;
   to be in hurry   avere fretta;
   in a hurry   in fretta
to hurt oneself   farsi* male
husband   il marito

I

ice   il ghiaccio;
   ice cream   il gelato
   ice-cream parlor   la gelateria
idea   l'idea
ideal   ideale
if   se
ignorant   ignorante
ill   (am)malato
to become ill   ammalarsi*
illness   la malattia
imagination   l'immaginazione (f.)
to imagine   immaginare
immediately   immediatamente

impatience   l'impazienza
impatient   impaziente
impolite   maleducato
importance   l'importanza
important   importante
impossible   impossibile
to improve   migliorare
in   in, a; fra
to include   includere (*p.p.* incluso)
included   compreso
increase   l'aumento
to increase   aumentare
indeed   davvero, veramente
independent   indipendente
industrial   industriale
inexperienced   inesperto
inflation   l'inflazione (*f.*)
information   l'informazione (*f.*)
ingredient   l'ingrediente (*m.*)
inhabitant   l'abitante (*m.*)
to inherit   ereditare
inheritance   l'eredità
to initiate   iniziare
inn   la pensione, l'albergo
insensitive   insensibile
inside   dentro, in
instead (of)   invece (di)
instructor   l'istruttore/ l'istruttrice
instrument   lo strumento
insurance   l'assicurazione (*f.*)
intellectual   intellettuale
intelligent   intelligente
to intend   avere intenzione di, pensare di
intention   l'intenzione (*f.*)
interest   l'interesse (*m.*);
   to be interested in
      interessarsi* a
to interest   interessare
interesting   interessante
interior designer   l'arredatore/ l'arredatrice
intersection   l'incrocio
interview   il colloquio
to introduce   presentare;
   to introduce oneself
      presentarsi*
to invent   inventare
to invite   invitare
Irish   irlandese
island   l'isola
issue   la questione
Italian   italiano;
   Italian language   l'italiano
Italy   l'Italia
item   l'articolo

J

jacket   la giacca
January   gennaio
Japan   il Giappone
Japanese   giapponese
job   il lavoro;
   full-time job   lavoro a tempo pieno;
   part-time job   lavoro a metà tempo
to joke   scherzare
journalist   il/la giornalista
joy   la gioia
juice   il succo;
   orange juice   il succo d'arancia
July   luglio
to jump   saltare
June   giugno
just   (*adj.*) giusto; (*adv.*) appena

K

to keep   tenere;
   to keep up to date   aggiornarsi*
key   la chiave
to kill   uccidere (*p.p.* ucciso)
kilogram   il chilo (chilogrammo)
kilometer   il chilometro
kind   gentile; il genere
kiss   il bacio
to kiss   baciare
kitchen   la cucina
knee   il ginocchio (*pl.* le ginocchia)
knife   il coltello
to know   conoscere (*p.p.* conosciuto), sapere;
   to know how   sapere;
   Who knows!   Chissà!
knowledge   la conoscenza

L

lack   la mancanza
ladder   la scala
lady   la signora
lake   il lago
lamp   la lampada
land   la terra
landlord/landlady   il padrone/la padrona di casa
landscape   il paesaggio
language   la lingua;
   foreign language   la lingua straniera
large   largo, grande
last   ultimo, scorso

to last   durare*
late   tardi;
   to be late   essere* in ritardo
to laugh   ridere (*p.p.* riso)
laughter   il riso
law   la legge
lawyer   l'avvocato/l'avvocatessa
lazy   pigro
to learn   imparare
leather   il cuoio, la pelle
to leave   lasciare, partire*
lecture   la conferenza
left   la sinistra, (*adj.*) sinistro;
   to the left   a sinistra
leg   la gamba
legal   legale
to lend   prestare
less   meno
lesson   la lezione
to let   lasciare
letter   la lettera
library   la biblioteca
license (driver's)   la patente
lie   la bugia
to lie   dire (*p.p.* detto) una bugia
life   la vita;
   still life   la natura morta
lifeguard   il bagnino/la bagnina
lift   il passaggio;
   to give a lift   dare un passaggio
light   la luce; (*adj.*) leggero;
   traffic light   il semaforo
to light   accendere (*p.p.* acceso)
like   come
to like   piacere* (*p.p.* piaciuto)
limit   il limite;
   speed limit   il limite di velocità
line   la fila;
   to stand in line   fare la fila
lip   il labbro (*pl.* le labbra)
to listen to   ascoltare
liter   il litro
literature   la letteratura
little   piccolo
to live   abitare, vivere (*p.p.* vissuto)
London   Londra
long   lungo;
   for a long time   a lungo
to look (at)   guardare;
   to look (+ *adj.*)   avere un'aria;
   to look for   cercare;
   to look like   assomigliare a
to lose   perdere;
   to get lost   perdersi*;
   to lose weight   dimagrire

lot (a lot)   molto, un sacco (di)
love   l'amore (*m*.);
   to be in love (with)   essere*
     innamorato (di);
   love (closing a letter)   con
     affetto
to love   amare
low   basso
luck   la fortuna;
   bad luck   la sfortuna;
   Good luck!   Buona fortuna!, In
     bocca al lupo!
luckily   per fortuna
lucky   fortunato
lyric   lirico

M

mad: to get mad   arrabbiarsi*
magazine   la rivista
magnificent   stupendo
to mail   spedire (-isc-)
main   principale
major (studies)
   la specializzazione
majority   la maggioranza
to make   fare   (*p.p.* fatto);
   to make the acquaintance
     fare la conoscenza;
   to make an appointment
     prendere un appuntamento;
   to make a movie   girare
     un film;
man   l'uomo (*pl.* gli uomini)
to manage   dirigere (*p.p.* diretto)
manager   il dirigente
manner   la maniera
map   la carta geografica;
   la pianta (di una città)
marble   il marmo
March   marzo
market   il mercato
marriage   il matrimonio
to marry   sposare;
   to get married   sposarsi*;
   married   sposato
masculine   maschile
mask, masked character
   la maschera
mass media   i mezzi di diffusione
masterpiece   il capolavoro
match (sports)   la partita
mathematics   la matematica
mature   maturo
May   maggio
may   potere;
   it may be that   può darsi che
maybe   forse

meal   il pasto
mean   cattivo
to mean   significare, voler(e) dire
meaning   il significato
means   il mezzo;
   by means of   per mezzo di;
   means of transportation
     i mezzi di trasporto
meat   la carne
meatball   la polpetta
mechanic   il meccanico
medicine   la medicina
medieval   medievale
to meet   conoscere
   (*p.p.* conosciuto); incontrare
meeting   la riunione
memory   la memoria
message   il messaggio
messy   disordinato
meter   il metro
midnight   la mezzanotte
mild   mite
mile   il miglio (*pl.* le miglia)
milk   il latte
million   il milione
millionaire   il milionario
minute   il minuto
mirror   lo specchio
miss   signorina
to miss   sentire la mancanza (di);
   to miss the train   perdere il
     treno
mistake   l'errore (*m.*)
mister   signore
to mix   mescolare
mixed   misto
model   il modello/la modella
modern   moderno
modest   modesto
mom   la mamma
moment   il momento
Monday   il lunedì
monetary   monetario
money   il denaro, i soldi
month   il mese
monthly   mensile (*adj.*)
monument   il monumento
moon   la luna
more   più; ancora, di più
morning   il mattino, la mattina;
   in the morning   di mattina;
   this morning   stamattina;
   Good morning!   Buon giorno!
mother   la madre;
   mother-in-law   la suocera;
   grandmother   la nonna
motive   il motivo
motorcycle   la motocicletta

motorist   l'automobilista
   (*m.* or *f.*)
mountain   la montagna
mountain climbing   l'alpinismo
moustache   i baffi
mouth   la bocca
to move   traslocare
moving   il trasloco
movie   il film;
   to go to the movies   andare* al
     cinema
movie theater   il cinema
much   molto;
   too much   troppo
museum   il museo
mushroom   il fungo
music   la musica;
   opera music   musica
     operistica;
   folk music   musica folcloristica
musician   il/la musicista
must   dovere

N

name   il nome;
   last name   il cognome
napkin   il tovagliolo
Naples   Napoli
narrow   stretto
nation   la nazione
nationality   la nazionalità
naturally   naturalmente
nature   la natura
Neapolitan   napoletano
near   vicino;
   to get near   avvicinarsi*
neat   ordinato
necessary   necessario;
   to be necessary   bisognare
   (mainly used in the third-
   person sing.: bisogna)
neck   il collo
need   il bisogno
to need   avere bisogno di
neighbor   il vicino/la vicina
nephew   il nipote
nervous   nervoso
never   mai
nevertheless   ciò nonostante
new   nuovo;
   What's new?   Cosa c'è di
     nuovo?
news   la notizia
newscaster   l'annunciatore/
   l'annunciatrice
newspaper   il giornale
newsstand   l'edicola

next to vicino (a);
   next week la settimana
     prossima
nice simpatico
niece la nipote
night la notte;
   Good night! Buona notte!;
   last night ieri sera;
no no
nobody nessuno
noise il rumore
noon il mezzogiorno
northern settentrionale
nose il naso
not non
notebook il quaderno
notes gli appunti
nothing niente
to notice notare
noun il nome
novel il romanzo
November novembre
now adesso, ora
number il numero;
   phone number il numero telefo
     nico
nurse l'infermiere/l'infermiera

O

to obey ubbidire (-isc-)
object l'oggetto
to obtain ottenere
occasion l'occasione (f.);
   la circostanza
to occupy occupare
ocean l'oceano
October ottobre
of di
to offend offendere (p.p. offeso)
offer l'offerta
to offer offrire (p.p. offerto)
office l'ufficio;
   Post Office la Posta, l'ufficio
     postale
often spesso
oil l'olio
OK, very well va bene
old vecchio
Olympic olimpico
on su, sopra
once una volta;
   once upon a time c'era una
     volta;
   once more ancora una volta
onion la cipolla
only solo (adv.), solamente,
   soltanto; appena

open aperto
to open aprire (p.p. aperto)
opera l'opera
opinion l'opinione (f.)
opportunity l'occasione (f.)
opposite il contrario
optimist ottimista
or o
oral orale
orange l'arancia;
   orange (color) arancione;
   orange juice il succo d'arancia;
   orange smoothie la spremuta
     d'arancia
order l'ordine (m.);
   in order to per;
   in order that affinché
to order, to put in order
   ordinare, riordinare
to organize organizzare
oriental orientale
origin l'origine (f.)
original originale; l'originale (m.)
other altro
out fuori
outdoors all'aperto
outside fuori
outskirts la periferia
oven il forno;
   microwave oven il forno
     a microonde
to owe dovere
owner il proprietario/
   la proprietaria

P

to pack fare le valigie;
   backpack lo zaino
package il pacco
page la pagina
pain il dolore
to paint dipingere (p.p. dipinto)
painter il pittore/la pittrice
painting la pittura, il quadro
pair il paio (pl. le paia)
palace il palazzo
pants i pantaloni
paper la carta
parents i genitori
park il parco
to park parcheggiare
parking lot il parcheggio
particular particolare
party la festa; il partito (**political**)
to pass passare
passenger il passeggero/
   la passeggera

passport il passaporto
past il passato; passato (adj.)
pastry (a piece of) il pasticcino, la
   pasta
patience la pazienza
patient paziente
to pay pagare;
   to pay attention fare
     attenzione;
   to pay a visit fare visita
paycheck lo stipendio
peace la pace
peach la pesca
pear la pera
peas i piselli
peasant il contadino/
   la contadina
pedestrian il pedone
pen la penna
pencil la matita
peninsula la penisola
pension la pensione
people la gente;
   some people alcune persone
pepper il pepe
perfect perfetto
perfectly alla perfezione
to perform rappresentare, recitare
performance la rappresentazione
perfume il profumo
perhaps forse
period il periodo
person la persona
personality la personalità
pessimist pessimista
pet l'animale domestico
pharmacy la farmacia
philosophy la filosofia
phone il telefono;
   phone call la telefonata;
   collect call telefonata a
     carico del destinatario
to phone telefonare
phone book l'elenco telefonico
photograph la foto(grafia)
physician il medico
physics la fisica
picnic il picnic
picture la fotografia, il quadro
picturesque pittoresco
pie la torta
pineapple l'ananas
pink rosa (inv.)
place il luogo, il posto
to place mettere
plan il progetto
to plan progettare, pensare
   (di + inf.)

play la commedia, il dramma,
il lavoro teatrale
to play an instrument suonare;
  to play a game giocare;
  to play a part recitare
player il giocatore/la giocatrice
playwright il commediografo/la
commediografa
pleasant piacevole
please per piacere, prego
pleasure il piacere;
  with pleasure con piacere,
volentieri;
  My pleasure! Il piacere è mio!
plot la trama
plumber l'idraulico
plus più
pocket la tasca
poem il poema/la poesia
poet il poeta
poetry la poesia
point il punto;
  point of view il punto di vista
police la polizia
policeman il poliziotto
polite educato
political politico
politics la politica
pollution l'inquinamento
poor povero
popular popolare
popularity la popolarità
populated popolato
portrait il ritratto
position il posto, la posizione
possibility la possibilità
possible possibile;
  as little as possible il meno
possibile
postcard la cartolina
poster il manifesto;
  electoral poster il manifesto
elettorale
post office l'ufficio postale
pot la pentola
potato la patata;
  fried potatoes le patate fritte;
  potato dumplings
gli gnocchi
to pour versare
practical pratico
to practice allenarsi*; esercitarsi*
to pray pregare
precious prezioso
precise preciso
to prefer preferire (-isc-)
preferable preferibile
preference la preferenza

to prepare preparare
prescription la ricetta
present il regalo
present (*adj.*) attuale
president il presidente/la
presidentessa
press la stampa
pretty carino
price il prezzo
print la stampa
private privato
prize il premio
probable probabile
problem il problema
(*pl.* i problemi)
producer il produttore/
la produttrice
production la produzione
profession la professione
professor il professore/
la professoressa
program il programma
(*pl.* i programmi)
to prohibit proibire (-isc-)
project il progetto, il piano
to promise promettere
(*p.p.* promesso)
pronoun il pronome
proposal la proposta
protest la protesta
to protest protestare
provided purché
proud orgoglioso
psychology la psicologia
public il pubblico
publicity la pubblicità
to publish pubblicare
publisher l'editore (*m.*)/l'editrice
(*f.*)
punctual puntuale
to punish punire (-isc-)
puppet il burattino
purchase l'acquisto
purple viola (*inv.*)
purpose il fine, lo scopo
to put mettere (*p.p.* messo);
  to put on mettersi*;

Q

qualification la qualifica
quality la qualità
quarrel il litigio
to quarrel litigare
quarter il trimestre, il quarto
question la domanda;
  to ask a question fare una
domanda

quiet tranquillo;
  to be quiet stare zitto
to quit abbandonare, lasciare

R

race la gara, la corsa
rain la pioggia
to rain piovere
raincoat l'impermeabile (*m.*)
rare raro
rather piuttosto
to react reagire (-isc-)
to read leggere (*p.p.* letto)
reader il lettore/la lettrice
reading la lettura
ready pronto
reality la realtà
to realize rendersi* conto
(*p.p.* reso)
really davvero
reason la ragione
receipt la ricevuta, lo scontrino
to receive ricevere
recently recentemente
recipe la ricetta
to recite recitare
to recognize riconoscere
(*p.p.* riconosciuto)
record il disco
to recover guarire (-isc-)
red rosso
referee l'arbitro
reform la riforma
refrigerator il frigo(rifero)
region la regione
relation la relazione;
  international relations
le relazioni internazionali
relationship il rapporto,
la relazione
relative il/la parente
to remain rimanere*
(*p.p.* rimasto), restare*
remarkable notevole
to remember ricordare,
ricordarsi*
remote control il telecomando
Renaissance il Rinascimento
to renounce rinunciare
renowned noto, famoso
rent l'affitto
to rent affittare;
  to rent (a car) noleggiare
to repair riparare
to repeat ripetere
to reply rispondere (*p.p.* risposto)
to reproach rimproverare

republic   la repubblica
requirement   il requisito
to remodel   ristrutturare
research   la ricerca
reservation   la prenotazione
to reserve   prenotare
to rest   riposare, riposarsi*
restaurant   il ristorante, la trattoria
result   il risultato
to retire   andare in pensione
retiree   il pensionato/la
   pensionata
return   il ritorno
to return   ritornare*; restituire
   (-isc-) **(to give back)**
reunion   la riunione
rice   il riso
rich   ricco
ride   il passaggio;
   to give a ride   dare un
      passaggio
to ride a bicycle (a horse)
   andare* in bicicletta (a cavallo)
riding (horses)   l'equitazione (*f.*)
right   giusto;
   to be right   avere ragione;
   to the right   a destra
ring   l'anello
river   il fiume
road   la strada
role   la parte;
   to play the role (of)   recitare la
      parte (di)
romantic   romantico
Rome   Roma
roof   il tetto
room   la camera, il locale,
   la stanza;
   living room   il soggiorno
      (la sala);
   bedroom   la camera da letto;
   hotel room with bathroom
      camera con servizi
roommate   il compagno/
   la compagna di stanza
rose   la rosa
rowing   il canottaggio
rug   il tappeto
run   la corsa;
   to run   correre (*p.p.* corso)

S

sad   triste
safety   la sicurezza; la salvezza
sailing: to go sailing   andare* in
   barca a vela
salad   l'insalata

salary   lo stipendio, il salario
salesperson   il commesso/
   la commessa
salmon   il salmone
salt   il sale
same   stesso
sand   la sabbia
sandals   i sandali
sandwich   il panino imbottito;
   sandwich shop   la salumeria, la
      paninoteca
sarcastically   sarcasticamente
satisfied   soddisfatto
Saturday   il sabato
sauce   la salsa
sausage   la salsiccia
to sauté   rosolare
to save   risparmiare; salvare
saving   il risparmio
to say   dire (*p.p.* detto);
   to say good-bye, to say hello
      salutare
scarf   la sciarpa; il foulard
scene   la scena
schedule   l'orario
scholarship   la borsa di studio
scholastic   scolastico
school   la scuola;
   elementary school   la scuola
      elementare;
   junior high school   la scuola
      media;
   high school   il liceo; la scuola
      media superiore
science   la scienza;
   political science   le scienze poli
      tiche
scientist   lo scienziato
to score   segnare
to scream   gridare
to sculpt   scolpire
sculptor   lo scultore/la scultrice
sculpture   la scultura; la statua
sea   il mare
serious   grave
season   la stagione
seat (theater)   il posto,
   la poltrona
seated   seduto
second   secondo; il secondo
secret   il segreto
secretary   il segretario/
   la segretaria
to see   vedere (*p.p.* visto, veduto)
to seem   parere* (*p.p.* parso),
   sembrare*
selfish   egoista
to sell   vendere

semester   il semestre
to send   mandare, inviare
sensitive   sensibile
sentence   la frase
September   settembre
to serve   servire
to set (the table)   apparecchiare (la
   tavola)
several   diversi(e)
sex   il sesso
shape   la forma
to share   dividere, condividere
   (*p.p.* diviso, condiviso)
sharp (time)   in punto
to shave   radersi* (*p.p.* raso)
sheet (of paper)   il foglio
   (di carta)
shelf   lo scaffale
ship   la nave
shirt   la camicia
shoe   la scarpa;
   hiking shoes   gli scarponi
      da montagna;
   tennis shoes   le scarpe
      da tennis
shop   il negozio
shopping: to go shopping   fare le
   spese;
   to go grocery shopping   fare la
      spesa
short   basso, breve
shorts   i pantaloncini
to shout   gridare
show   la mostra, lo spettacolo;
   to show   (di)mostrare;
   to show a movie   dare un film
shower   la doccia;
   to take a shower   fare
      (*p.p.* fatto) la doccia
Sicilian   siciliano
Sicily   la Sicilia
sick   ammalato, malato
sidewalk   il marciapiede
sign   il cartello
to sign   firmare
signature   la firma
silence   il silenzio
silent   silenzioso
silk   la seta
silverware   le posate
similar   simile
similarity   la somiglianza
simple   semplice
since   siccome; da quando
to sing   cantare
singer   il/la cantante
single   nubile **(woman)**; celibe,
   scapolo **(man)**

sink   il lavandino, il lavabo
sir   signore
sister   la sorella;
   sister-in-law   la cognata
to sit   sedersi*
situation   la situazione
size   la taglia
skates   i pattini
skating   il pattinaggio
to ski   sciare
skier   lo sciatore/la sciatrice
skiing   lo sci (inv.)
to skip   saltare
skirt   la gonna
sky   il cielo
skyscraper   il grattacielo
sleep   il sonno;
   to be sleepy   avere sonno
to sleep   dormire
slice   la fetta
slim   snello
slippers   le pantofole
slow   lento
slowly   adagio, lentamente
small   piccolo
to smile   sorridere (p.p. sorriso)
to smoke   fumare
snack   lo spuntino;
   snack bar   la tavola calda
snow   la neve
to snow   nevicare
   so   così;
   so much   così tanto;
   so that   affinché (+ subj.)
soccer   il calcio
sock   il calzino
sofa   il divano
solitude   la solitudine
some   alcuni (alcune), qualche, di
   + def. art., un po' di
someone   qualcuno
something   qualcosa
sometimes   qualche volta
son   il figlio;
   son-in-law   il genero
song   la canzone
soon   presto;
   as soon as possible   appena
   possibile;
   See you soon!   A presto!
sorry   spiacente;
   to be sorry   dispiacere*
   (p.p. dispiaciuto)
soup   la minestra;
   vegetable soup   il minestrone
south   il sud; il Mezzogiorno
southern   meridionale
souvenir   il ricordo

Spanish   spagnolo
sparkling   frizzante
to speak (about)   parlare (di)
special   speciale
specialist   lo/la specialista
specially   specialmente
spectator   lo spettatore/
   la spettatrice
speech   il discorso
speed   la velocità
to spend   spendere (money)
   (p.p. speso); passare (time)
spicy   piccante
splendid   splendido, magnifico
spoon   il cucchiaio
sporty   sportivo
spring   la primavera
square   la piazza
stadium   lo stadio
stage   il palcoscenico
to stage   rappresentare
stamp   il francobollo
to stand in line   fare la fila
to start   incominciare
state   lo stato
station   la stazione
statue   la statua
to stay   restare*, stare*; alloggiare,
   soggiornare
steak   la bistecca
to steal   rubare
still   fermo; ancora (adv.)
stingy   avaro
stocking   la calza
to stop   smettere (p.p. smesso);
   fermare, fermarsi*
store   il negozio
story   la storia;
   short story   il racconto
straight   diritto, dritto;
   straight ahead   avanti diritto
strange   strano
strawberry   la fragola
street   la strada;
   street corner   l'angolo della
   strada
strict   severo
strike   lo sciopero
to strike   scioperare
strong   forte
stubborn   ostinato
student   lo studente/la studentessa
studio (apartment)   il monolocale
studious   studioso
study   lo studio
to study   studiare
stuff   la roba
style   lo stile

subject   l'argomento, il soggetto
subtitles   le didascalie; i sottotitoli
subway   la metropolitana
to succeed (in)   riuscire* (a)
success   il successo
suddenly   improvvisamente
to suffer   soffrire (p.p. sofferto)
sugar   lo zucchero
to suggest   suggerire (-isc-)
suit   il completo;
   bathing suit   il costume da
   bagno
suitcase   la valigia
summary   il riassunto
summer   l'estate (f.)
sumptuous   lussuoso
sun   il sole
Sunday   la domenica
sunglasses   gli occhiali da sole
sunny: it is sunny   c'è il sole
supermarket   il supermercato
supper   la cena;
   to have supper   cenare
sure   sicuro, certo
surface   la superficie
surgeon   il chirurgo
surprise   la sorpresa
to surprise   sorprendere;
   surprised   sorpreso;
   to surround   circondare
sweater   il maglione
sweatsuit   la tuta da ginnastica
sweet   dolce
to swim   nuotare
swimming   il nuoto;
   swimming pool   la piscina
system   il sistema

T

table   il tavolo, la tavola;
   coffee table   il tavolino
tablecloth   la tovaglia
to take   prendere (p.p. preso),
   portare;
   to take a bath (a shower, a walk,
   a ride, a trip, a picture,
   a break)   fare (p.p. fatto)
   il bagno (la doccia, una
   passeggiata, un giro, un
   viaggio, una foto, una pausa);
   to take care of   curare;
   to take a class   seguire
   un corso;
   to take part (in)
   partecipare (a);
   to take place   avere luogo;
   it takes   ci vuole*, ci vogliono*

to talk (about) parlare (di)
tall alto
to tan abbronzarsi*
tape recorder il registratore
taste il gusto
tasty gustoso, saporito
tax la tassa
tea il tè
to teach insegnare
teacher il maestro/la maestra
team la squadra
telephone il telefono;
  telephone book l'elenco telefo
    nico;
  telephone operator
    il/la centralinista
to telephone telefonare
television la televisione;
  TV set il televisore;
  TV news il telegiornale
to tell dire (*p.p.* detto); raccontare
tenant l'inquilino/l'inquilina
tent la tenda
terrible terribile
thank you grazie;
  Thank God! Meno male!
  thanks i ringraziamenti;
  Thanksgiving il giorno del
    Ringraziamento;
  thanks to grazie a
to thank ringraziare
that che; quello;
  that is cioè
theater il teatro;
  movie theater il cinema
then allora, poi;
  since then da allora
theory la teoria
there là, lì;
  there is c'è;
  there are ci sono
therefore perciò
thesis la tesi
thin magro
thing la cosa
to think (of) pensare (a)
thirsty: to be thirsty avere sete
this questo
thought il pensiero
thousand mille, (*pl.*) mila
through attraverso
Thursday il giovedì
ticket il biglietto;
  round-trip ticket il biglietto di
    andata e ritorno;
  ticket window la biglietteria
tie la cravatta
tight stretto

time il tempo; la volta; l'ora;
  it is time to è (l')ora di;
  to be on time essere in orario
timid timido
tip la mancia
tire la gomma;
  flat tire gomma a terra
to tire stancare, stancarsi*
tired stanco
tiring faticoso
title il titolo
to a, in da
today oggi
together insieme
tomato il pomodoro
tomorrow domani;
  the day after tomorrow
    dopodomani
tonight stasera
too anche;
  too much troppo;
  Too bad! Peccato!
tooth il dente;
  toothache mal di denti
topic (for discussion) l'argomento
tour il giro, la gita;
  tour bus il pullman
to tour girare
tourist il/la turista
towel l'asciugamano
toward verso
tower la torre
town il paese, la città
toy il giocattolo
trade il mestiere
traffic il traffico;
  traffic light il semaforo
tragedy la tragedia
train il treno
to train allenarsi*
tranquil tranquillo
travel il viaggio;
  travel agency l'agenzia
    di viaggi
to travel viaggiare
traveler il viaggiatore/
  la viaggiatrice
to treat curare
tree l'albero
trip il viaggio;
  business (pleasure) trip
    viaggio d'affari (di piacere);
  to take a trip fare un viaggio;
  Have a good trip! Buon
    viaggio!
trousers i pantaloni
trout la trota
true vero

truly veramente
trumpet la tromba
trunk (of a car) il portabagagli
truth la verità
to try cercare di + *inf.*;
  to try on provare
T-shirt la maglietta
tub la vasca
Tuesday il martedì
tuition la tassa universitaria
to turn girare;
  to turn on accendere
    (*p.p.* acceso);
  to turn off spegnere
    (*p.p.* spento)
to type scrivere a macchina

U

ugly brutto
umbrella l'ombrello;
  beach umbrella l'ombrellone
uncertain incerto
uncle lo zio
undecided indeciso
under sotto
to understand capire (-isc-)
unemployed disoccupato
unemployment
  la disoccupazione
unfavorable sfavorevole
unfortunately purtroppo
unhappy infelice, scontento
union l'unione (*f.*)
university l'università
unless a meno che (+ *subj.*)
unlucky sfortunato
unpleasant antipatico
until (*prep.*) fino a, (*conj.*) finché;
  until now finora
use l'uso;
  to use usare;
  to get used to abituarsi*
useful utile
useless inutile
usual solito;
  usually di solito;
  as usual come al solito

V

vacant libero, vuoto
vacation la vacanza;
  summer vacation la
    villeggiatura;
  vacationer il villeggiante
valley la valle
vase il vaso

veal   il vitello;
  roast veal   arrosto di vitello
vegetables   la verdura;
  cooked vegetables   verdura
    cotta
Venice   Venezia
verb   il verbo
very   molto
victory   la vittoria
video recorder
  il videoregistratore
view   la vista
village   il villaggio
vineyard   la vigna, il vigneto
violin   il violino
visit   la visita
to visit   visitare, esaminare,
  andare* a trovare
vocabulary   il vocabolario
voice   la voce;
  in a loud voice   ad alta voce;
  in a low voice   a bassa voce
vote   il voto
to vote   votare
vowel   la vocale
voyage   il viaggio

W

to wait (for)   aspettare
waiter   il cameriere
waitress   la cameriera
to wake up   svegliarsi*
walk   la passeggiata;
  to take a walk   fare una
    passeggiata
to walk   andare* a piedi,
  camminare
wall   il muro, la parete
wallet   il portafoglio
to want   volere
war   la guerra
wardrobe   l'armadio
warm   caldo
to wash   lavare;
  to wash oneself   lavarsi*
to waste (time)   perdere (tempo)
watch   l'orologio
to watch   guardare

water   l'acqua;
  drinking water   l'acqua
    potabile;
  water polo   la pallanuoto
way   il modo;
  anyway   ad ogni modo
weak   debole
wealth   la ricchezza
to wear   mettere, mettersi*; portare
weather   il tempo;
  weather forecast   le previsioni
    del tempo
wedding   il matrimonio
Wednesday   il mercoledì
week   la settimana
weekend   il fine-settimana
weight   il peso;
  to lose weight   dimagrire*
    (-isc-)
welcome   benvenuto
well   be' (bene);
  to be well   stare* bene
western   occidentale
what?   che? che cosa? cosa?
when   quando
where   dove
wherever   dovunque
which   quale; che
while   mentre
white   bianco
who, whom   che, il quale;
  who?, whom?   chi?
whoever   chiunque
whole   tutto;
  the whole day   tutto il giorno
whose?   di chi?
why   perché
wide   largo
widow/widower   la vedova/
  il vedovo
wife   la moglie
willingly   volentieri
to win   vincere (p.p. vinto)
wind   il vento
window   la finestra, la vetrina
  (shop)
wine   il vino
winter   l'inverno
wish   il desiderio, l'augurio

to wish   desiderare, augurare;
  I wish   vorrei
with   con
without   senza, senza
  che (+ subj.)
witty   spiritoso
woman   la donna
to wonder   domandarsi*
wonderful   meraviglioso
wonderfully
  meravigliosamente
wood   il bosco; il legno
wool   la lana
word   la parola
work   il lavoro, l'occupazione (f.);
  work of art   l'opera d'arte
to work   lavorare
worker   l'operaio/l'operaia
world   il mondo;
  worldwide   mondiale
worry   la preoccupazione
to worry   preoccupare,
  preoccuparsi* (di);
  worried   preoccupato
Wow!   Caspita!
to write   scrivere (p.p. scritto)
writer   lo scrittore/la scrittrice
wrong   sbagliato;
  to be wrong   avere torto

Y

year   l'anno;
  to be . . . years old   avere...
    anni;
  New Year's Day   il Capodanno
yellow   giallo
yes   sì
yesterday   ieri;
  the day before yesterday
    l'altro ieri
yet   eppure;
  not yet   non ancora
young   giovane;
  young lady   signorina;
  young man   giovane,
    giovanotto
youth hostel   l'ostello per
  la gioventù

Index